Wie man Gott findet

Weitere Bücher von Harold Klemp:

Ask the Master, Book 1
Das Buch der ECK Parabeln, Band 1
The Book of ECK Parables, Volume 2
The Book of ECK Parables, Volume 3
The Book of ECK Parables, Volume 4
Kind in der Wildnis
The Living Word
Seelenreisende des Fernen Landes
The Spiritual Exercises of ECK
The Temple of ECK
The Wind of Change

The Mahanta Transcripts Series
Journey of Soul, Book 1
The Secret Teachings, Book 3
The Golden Heart, Book 4
Cloak of Consciousness, Book 5
Unlocking the Puzzle Box, Book 6
The Eternal Dreamer, Book 7
The Dream Master, Book 8
We Come as Eagles, Book 9

Dieses Buch wurde vom Lebenden ECK Meister, Sri Harold Klemp, geschrieben und unter seiner Aufsicht veröffentlicht. Es das Wort von ECK.

Wie man Gott findet

Harold Klemp

ECKANKAR
Minneapolis, MN

Wie man Gott findet
Vorträge des Mahanta, Band 2

Copyright © 1994 ECKANKAR

Alle Rechte vorbehalten. Dieses Buch ist eine Übersetzung von *How to Find God,* Mahanta Transcripts, Book 2 von Harold Klemp, Copyright © 1988 ECKANKAR.

Kein Teil dieses Buches darf ohne vorherige schriftliche Genehmigung von ECKANKAR reproduziert, in einem Datenrückgewinnungssystem gespeichert oder in irgendeiner Form durch ein elektronisches, mechanisches, fotokopierendes, aufzeichnendes Gerät oder sonstiges übertragen werden.

Die Ausdrücke ECKANKAR, ECK, EK, MAHANTA, SEELENREISEN, SOUL TRAVEL und VAIRAGI sind, neben anderen, Schutzmarken von ECKANKAR, P.O. Box 27300, Minneapolis, MN 55427 U.S.A.

Printed in U.S.A.

Zusammengestellt von Joan Klemp
Textbearbeitung Anthony Moore und Mary Carroll Moore
Umschlaggesstaltung von Lois Stanfield
Umschlagillustration von Edith Freimanis
Foto auf der Rückseite von John Jenkins
Foto auf Seite viii von Helen Baird

Mit besonderem Dank an alle,
die an der deutschen Ausgabe mitgearbeitet haben.
Für sie war es ein Geschenk der Liebe.

Inhaltsverzeichnis

Einleitung vii
1. Die zwei Pflaumenbäume 1
2. Kälberpfade des Verstandes 17
3. Geschichten von ECK im Leben 31
4. Die spirituellen Übungen: Ein Schlüssel zum Himmel 43
5. Etwas an das Leben zurückgeben 77
6. Wahrheit kennt keine Geheimnisse 99
7. Dienen in ECK 107
8. Die Suche nach dem Glück 129
9. Die Verbindung mit dem Licht und dem Ton 151
10. ECKANKAR—ein direkter Weg zu Gott 167
11. Der verlorene Schlüssel 189
12. Das ferne Land 203
13. Einen Weg zu Gott finden 227
14. Das Licht Gottes 247
15. Wie man ein Meister wird 269
16. Wie man Gott findet 289
17. Die Vairagi ECK-Meister 303

18. Die kreative Kraft der Seele 319
19. Mein Gott ist größer 333
20. Die Geschichte von ECK in Kürze 351
21. Schritte zur Selbstmeisterung 363
22. Die drei Stufen des Wissens 383
Glossar 395
Index 397

Vorwort

Der Weg des Ewigen, *Das Shariyat-Ki-Sugmad,* Buch Eins, stellt fest: »Das Wissen, das der wahre lebende Meister vermittelt, ist direkt und augenblicklich und kommt von tatsächlichen Seelenerfahrungen, die von den physischen Sinnen und dem menschlichen Bewußtsein getrennt sind. Seine Worte sind von den ECK-Strömen aufgeladen, die in ihm wogen. Sie sinken in das innere Selbst des Zuhörers und hinterlassen wenig Zweifel an der Existenz der Seelenerfahrungen.«

Sri Harold Klemp, der Mahanta, der Lebende ECK-Meister, reist durch die ganze Welt um die heilige Lehre von ECK zu verkünden. Viele seiner öffentlichen Vorträge wurden auf Tonbandkassetten herausgegeben, manche aber sind nie zugänglich gewesen, abgesehen von dem speziellen Seminar, auf dem er sprach.

Als ein besonderer Dienst für die Schüler von ECK und die Wahrheitssucher überall werden jetzt alle öffentlichen Vorträge von Sri Harold aufgezeichnet und unter seiner Leitung herausgegeben. Jetzt können diese Aufzeichnungen zum Studium mit dem Ziel größeren spirituellen Verstehens beitragen.

Wie man Gott findet, Vorträge des Mahanta, Band 2, enthält seine Vorträge aus den Jahren 1982–83. Mögen sie dazu dienen, die Seele zu weiteren Bereichen des Bewußtseins anzuheben.

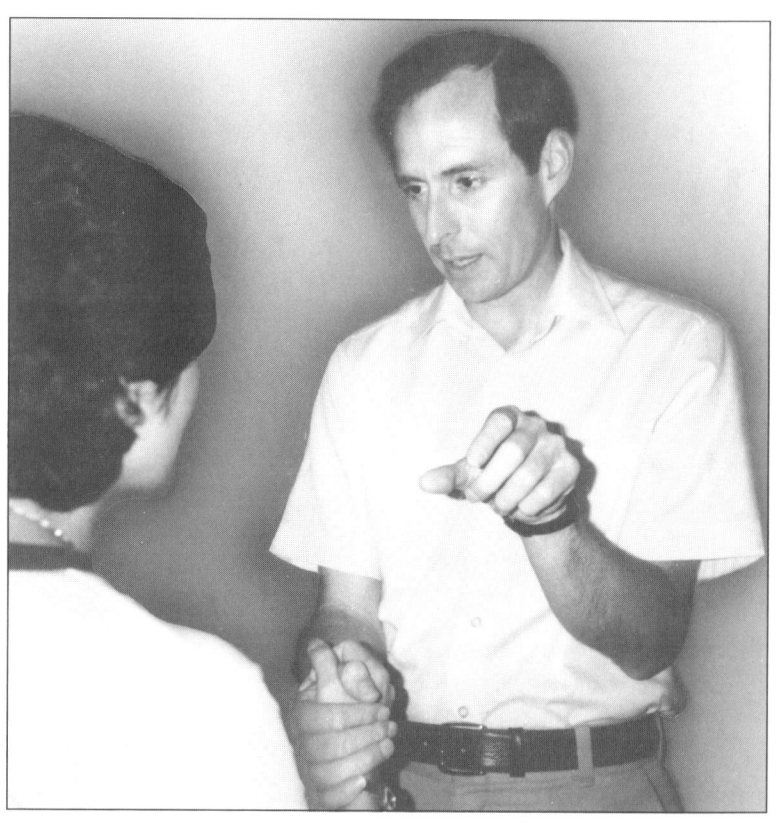

Darshan: die Begegnung mit dem Meister. Sri Harold Klemp, der Mahanta, der Lebende ECK-Meister, trifft sich mit Chelas in Singapore beim Regionalen Seminar im November 1982.

1
Die zwei Pflaumenbäume

Ein ECK-Chela erzählte einmal, wie er eines Tages joggen ging. Er kam zu einer Laufstrecke an einer Oberschule und sah, wie ein Mann, der einige Jahre älter war als er, ganz gemächlich und vergnügt um die Bahn lief. Der ECKist, als der Jüngere, dachte sich: Na ja, ich werde einmal anfangen, meine Runden zu laufen und ihn als Schrittmacher benutzen. Nach etwa einem Kilometer mußte der ECKist stehenbleiben, um auszuruhen, während der andere geradewegs weiterlief. Er wartete, bis der Mann wieder vorbeigekommen war und lief dann hinter ihm, um nicht in die Verlegenheit zu kommen, sich von dem Älteren überholen zu lassen.

Der Mann lief weiter mit sehr weichen, fließenden Bewegungen, aber ziemlich bald mußte der ECKist wieder stehenbleiben. Und dieses Mal gestand er es sich auch ein: Der andere Mann war besser in Form als er.

Er zog die Parallele, daß in gleicher Weise der Mensch, der beginnt, sich auf den Weg zu Gott zu machen, seine Ausdauer aufbauen muß. Es kann eine Weile dauern, bis er fähig ist, seine Runden zu laufen und mit demjenigen Schritt zu halten, der es schon länger macht, der sich sehr gleichmäßig zu bewegen scheint und geradewegs weiterläuft.

Erfahrung auf dem Weg des Lebens

Es gibt einen Unterschied zwischen ECKANKAR und allen anderen religiösen Lehren, und er besteht einfach darin, daß wer auch immer die Spirituellen Übungen von ECK gewissenhaft macht, das himmlische Königreich erreichen kann, während er noch im physischen Körper lebt. Dies ist das einzigartige Merkmal von ECKANKAR. Ich weiß, daß es so ist, aber ich bin nicht in der Lage, es Ihnen zu beweisen. Es ist etwas, das Sie für sich selbst herausfinden müssen. Ich kann zu Ihnen über Erfahrungen aller Art sprechen, aber das bringt dem Gottsucher kaum mehr als eine Predigt von der Kanzel. Es ist unsere eigene Erfahrung auf dem Weg des Lebens, die für unsere spirituelle Entfaltung wichtig ist.

In ECK ziehen wir uns nicht vom Leben zurück; wir gebrauchen unseren gesunden Menschenverstand, und wir gehen hinaus und genießen das Leben. Wir geben jeden Tag unser Bestes. Wenn wir Interessen haben wie Schule, Hobbies oder Sport, so lassen wir diese nicht fallen. Daß wir auf dem Weg von ECK sind, bedeutet nicht, daß wir unsere Freunde aufgeben, die nicht den Weg von ECK gehen. Es ist nicht notwendig, abrupte Veränderungen in Ihrem Leben vorzunehmen. Man kann etwas in kleinen Schritten ändern. Freundschaften, die zwischen uns und unserem Ziel der Gottrealisation stehen, werden auf ganz natürliche Weise austrocknen, ebenso wie der Strom des Karma.

Der Kern der Lehren von ECK

Im Kern der Lehren von ECK steht der Ton Gottes. In ECK haben wir sowohl den Ton als auch das Licht. Wer von Ihnen die ECK-Kurse seit einigen Jahren studiert oder die ECK-Bücher gelesen hat, ist sich dieses Tons des Heiligen Geistes bewußt. Es ist ein wirklicher Ton. Er hat eine Realität, die den meisten Religionen unbekannt ist. Einige haben ihn in verwässerter Form, eine schwache Erinnerung an den Ton und das Licht.

Wir können den Ton Gottes klar hören, wenn wir die Spirituellen Übungen von ECK ausführen. Diese findet man in Büchern wie *ECKANKAR — der Schlüssel zu geheimen Welten*. Vier oder fünf Übungen sind dort angegeben.

In dem Buch *In meiner Seele bin ich frei* von Brad Steiger, einer Biographie von Paul Twitchell, steht eine Technik mit der Bezeichnung »Der leichte Weg«. Dies ist die Technik, die ich benutzt habe, als ich anfing ECKANKAR zu studieren, und ich war eigentlich ziemlich überrascht, mich in einem höheren Bewußtseinszustand wiederzufinden. Ich schrieb an Paul Twitchell darüber, und meine Erfahrung — die des jungen Soldaten in Übersee — wurde in das Buch aufgenommen.

Als das Buch *In meiner Seele bin ich frei* im Jahre 1968 herauskam, diente ich in Fort Meade, Maryland. Ich ging eines Tages in die Buchhandlung, und da war es. Als ich es vom Regal nahm und den Namen Paul Twitchell sah, freute ich mich sehr für Paul, daß diese reine Lehre jetzt an die Öffentlichkeit kommen konnte. Bis dahin hatte ich gedacht, ECKANKAR sei so etwas wie eine kleine private Studiengruppe.

Obwohl ich zu dieser Zeit ein Schüler von ECK war, hatte ich überhaupt keinen Kontakt zu anderen ECKisten. Es gab erst sehr wenige, als ich 1967 dazu kam, und auch ein Jahr später, 1968, war ich noch keinem begegnet. Als ich das Buch öffnete und zu lesen begann, war ich daher natürlich sehr begeistert, die Erfahrung jenes jungen Soldaten in Japan zu finden.

Es gibt vier Bewußtseinszustände, von denen ich hier sprechen kann. Da ist der Schlafzustand, der Wachzustand, der Zustand des Wissens um sich selbst und dann die objektive Realisation. Der Zustand des Wissens um sich selbst ist das, was wir als Selbstrealisation kennen, und die objektive Realisation ist das, was wir als Gottrealisation kennen.

Sehr häufig arbeite ich mit den einzelnen Menschen im Traumzustand. Der Lebende ECK-Meister ist ermächtigt, sowohl im Traumzustand als auch im Äußeren zu arbeiten, wo ich Sie zu einem der ECK-Bücher führen kann.

Ich habe nicht vor, irgend jemandem zu beweisen, daß dies der einzige Weg zu Gott ist. Es wird nicht der Weg für jeden von Ihnen sein. Wenn wir alle feststellten, daß ECK mit unseren Bedürfnissen auf dem spirituellen Weg zu dieser Zeit übereinstimmt, so würde ich dies als einen sehr glücklichen Zufall bezeichnen.

Aspekte von ECKANKAR

Es gibt verschiedene Aspekte von ECKANKAR, wie das ECK-Vidya, die uralte Wissenschaft der Prophezeiung. Jemand sagte zu mir heute nachmittag: »Du bist der Lebende ECK-Meister und der Innere Meister, der Mahanta; man sollte annehmen, daß Du alle Dinge weißt. Warum war Dir eine bestimmte Situation nicht bekannt?« Vielleicht war sie mir bekannt, vielleicht auch nicht. Ich hatte das ECK-Vidya vor langer Zeit ausgeübt. Es erfordert Disziplin, genauso wie wenn man lernt, mit dem Traumzustand zu arbeiten.

Die ECK-Meister führten mich zu dieser Disziplin oder zeigten sie mir, und ich nahm sie auf mich. Ich spreche nicht von etwas hoch Esoterischem wie Atemübungen, sondern ganz einfach davon, ein Notizbuch am Bett zu haben und die Selbstdisziplin aufzubringen, nachts aus dem Bett zu kriechen, wenn es im Raum eiskalt ist, und mitten aus dem tiefen Schlaf heraus mit Schreiben zu beginnen. Das ist hart. Es erfordert viel Disziplin.

Ich könnte einen Blick in das ECK-Vidya tun, um einige der Situationen vorherzusehen, die im ECK-Büro auftauchen. Aber da wäre eine ganze Belegschaft nötig, zehnmal größer, als wir sie jetzt haben, nur um die Dinge in Ordnung zu bringen. Ich müßte ihnen sagen, daß in irgendeiner Gegend etwas vorgeht, noch bevor jemand uns anschreibt oder die Situation erkennt. Verstehen Sie, wie mich das in die Lage bringen würde, ständig jemand zu sagen, was er tun soll? Ich tue das so selten wie möglich. Ich gebe Ihnen die Gelegenheit, durch Ihre eigenen Erfahrungen zu lernen.

Traumlehren

Die alten Ägypter lehrten durch den Traumzustand. Sie hatten zu diesem Zweck Tempel eingerichtet. Die Griechen übernahmen es von ihnen und hatten über dreihundert Tempel, die dem Lernen durch Träume gewidmet waren. Aber die Priester und die Orakel stellten sich zwischen Gott und den Menschen.

Als der Lebende ECK-Meister tue ich das nicht. Ich gebe nur dann Hilfe, wenn Sie sie wollen. Ich sage niemals, daß der Weg über mich geht. Ich sage nicht, daß ich oder von mir ernannte Mitarbeiter die einzigen sind, die Ihnen Ihre Träume richtig deuten können. Das ist nicht wahr. Sie müssen lernen, Ihre eigenen Träume zu deuten; Ihre Träume können Ihnen das geheime Wissen von den anderen Welten vermitteln.

Wir können unsere Träume in disziplinierter Weise studieren, oder uns einfach nicht darum kümmern, aber unser Erfolg hängt in gewissem Maße davon ab, wieviel wir darin von uns selbst einbringen. Dies gilt für jede Situation, ob wir nun einen Hochschulabschluß oder die mittlere Reife anstreben. Es ist alles das gleiche. Erfolg kommt nicht einfach über Nacht.

Obwohl ich hier draußen in der Öffentlichkeit bin, gibt es eine ganze Reihe von ECK-Meistern, die im Hintergrund stehen, die Hilfe geben und in den verschiedenen Welten Gottes arbeiten. Jemand wollte Rebazar Tarzs sehen, den großen ECK-Meister, der normalerweise in einem kurzen, knielangen, rotbraunen Gewand dargestellt wird.

Derjenige hatte eine innere Erfahrung, aber er sah nur Lichter, die sich bewegten. Jemand anderer, der dort schon gewesen war und diese Lichter sehen konnte, erklärte, daß diese in Wirklichkeit die ECK-Meister seien, Wah Z, das ist mein spiritueller Name auf den inneren Ebenen, und Rebazar Tarzs. Rebazar Tarzs nahm jenen Chela dann mit zu dem Haus des Unvergänglichen Wissens auf der fünften Ebene, der Seelenebene. Er hatte sich das Recht erworben, in seinem Bewußtsein auf diese besondere Stufe des Himmels angehoben zu werden, die über das hinausgeht, was die orthodoxen Religionen kennen.

Rebazar Tarzs kann zu Ihnen im Traumzustand kommen und mit Ihnen arbeiten. Ein anderer erkannte ihn nicht, weil er zu ihm in hellbraunem Hemd und Hose kam, anstelle der kurzen, knielangen, rotbraunen Kutte.

Als Rebazar Tarzs kam, dachte er in keiner Weise daran, daß dies ein ECK-Meister sein könnte, obwohl er den Eindruck eines gütigen Menschen machte und eine gewisse Dynamik ausstrahlte. Dieser Mann hatte es zugelassen, daß ein Bild ihn in einen Kasten sperrte, aus dem er nicht heraus konnte. Schließlich erfuhr er, daß die ECK-Meister in jeder Kleidung, die sie wählen, herumgehen können.

Die ECK-Meister arbeiten mit uns in jeder Weise, zu jeder Zeit, um Schutz zu geben, um Heilung zu geben, aber oft verstehen wir nicht die Art der Heilung, die kommt.

Spirituelles Wachstum

Ich traf heute verschiedene Personen, die noch dabei sind, ihre spirituellen Lektionen zu lernen. Wir alle tun das. Ich entfalte mich immer noch weiter, und das tun auch alle ECK-Meister. Auch sie versuchen, den nächsten Schritt zu tun.

Einer von denen, die ich traf, versuchte, einen Maßstab an den Stand oder die Qualität seines spirituellen Lebens anzulegen. Er fragte, was er als Meßlatte oder Maß für den Erfolg verwenden könne. Jedesmal, wenn etwas geschah und er etwas Geld bekam, nahm er dies als ein Zeichen, daß die letzte Realität oder Gott — was wir als das SUGMAD bezeichnen — ihm dies gegeben habe. Ohne es zu wissen, setzte er spirituelles Wachstum mit materiellem Erfolg gleich.

Daran ist nichts auszusetzen. Während wir den spirituellen Weg gehen, können wir Erfolg in vielfältiger Weise auf spirituellem, materiellem und emotionalem Gebiet haben. Aber wenn wir nicht vorsichtig sind, ist es möglich, daß die negative Kraft uns fehlleitet. Ich spreche nicht oft über die negative Kraft, oder Satan, aber sie existiert. Mark Twain hatte auch einen Namen dafür: Old Scratch. Er schrieb darüber in *Der geheimnisvolle Fremde*.

Die negative Kraft oder Satan ist nur ein Lehrer, der Gottes irdisches Klassenzimmer leitet, wo die Seele Ihre Reinigung erfährt, so daß Sie eines Tages wieder in den himmlischen Bewußtseinszustand der Bewußtheit eintreten und ein Mitarbeiter Gottes werden kann.

Sie und ich — Seele — wir wurden im Herzen Gottes erschaffen und in die niederen Welten geschickt, weil wir einfach anderen nicht dienen wollten. Wir dienten nur uns selbst, genossen unser Leben auf der Seelenebene und in anderen Welten und wollten in keiner Weise irgend etwas geben. Und so kamen wir in die niederen Welten.

Viele von Ihnen schreiben und fragen: »Was ist meine Aufgabe im Leben?« Es ist, ganz genau gesagt, die Aufgabe, ein Mitarbeiter Gottes zu werden. Wie das auf Ihre speziellen Fähigkeiten umzusetzen ist, ist eigentlich eine Sache zwischen Gott und Ihnen. Es ist nicht an mir, das zu sagen.

Die Verbreitung der Botschaft von ECK

Jemand schrieb mir aus seiner Hütte im Norden der Vereinigten Staaten. Er beschrieb, wie der Wind draußen blies, wie die Hütte ächzte und ein Feuer im Ofen brannte. Er war umgeben von diesen angenehmen Geräuschen: dem Knacken des Holzes und dem Heulen des Windes. Er war drinnen, geschützt, sicher und warm, horchte auf den Ton des Heiligen Geistes und hörte die Musik Gottes. Es war in diesem Brief ein so ruhiges Gefühl von Harmonie, daß ich wünschte, ich hätte da oben in dieser kleinen Hütte sein können, um mich auch daran zu erfreuen. Er schrieb und fragte: »Aus welchem Grunde sollte ich mich der äußeren Organisation von ECKANKAR anschließen, wenn ich doch den Ton Gottes jetzt schon bei mir habe?«

Wir tragen die Botschaft von ECK weiter, hinaus in das Leben, und warum machen wir uns die Mühe? Weil die Seele in der Gegenwart anderer angehoben und gereinigt wird. Der ECK-Satsang — und das ist die wahre Organisation hier auf der Erde, nicht das Internationale Büro — ist ein Mittel, durch das dieser Göttliche Geist in die Gemeinschaft fließen kann.

Wir tun überhaupt nichts, um diese Kraft zu steuern, denn das ECK in eine Richtung zu lenken wird zu schwarzer Magie. Eine Form, den Heiligen Geist zu lenken, ist das Gebet. Ich würde hier nicht jede Art von Gebet einschließen, aber eben ein Gebet, welches ohne Erlaubnis des anderen gesprochen wird, um für denjenigen Heilung zu erbitten oder darum zu bitten, daß er seine Religion ändert. Dies ist ein Versuch, den Heiligen Geist auszurichten, und es ist überhaupt nichts anderes als schwarze Magie. Die meisten Menschen, die so ernsthaft für andere beten, machen sich nicht klar, daß wir alle unseren Bewußtseinszustand selbst gewählt haben.

Die Wahl unseres eigenen Bewußtseinszustandes

Wir alle wählen unseren eigenen Bewußtseinszustand. Es dauert bei vielen Menschen, sogar bei vielen ECK-Initiierten, eine Weile, bis sie das erkennen. Wir schaffen uns unsere eigene Welt. Was wir heute sind, ist die gesamte Summe dessen, was wir durch alle Zeitalter hindurch gedacht haben und gewesen sind. Oft, wenn wir in den Spiegel schauen, fragen wir uns: Ist das wirklich das Höchste von allem? Ist es das, was ich erreicht habe? Ich habe mir diese Frage auch oft gestellt. Ich habe mich dann immer angeschaut und gedacht, daß Bewußtsein etwas sein muß, das im Spiegel nicht zu sehen ist.

Aber wir machen uns darüber keine Sorgen. Wir gehen unsere Schritte auf dem spirituellen Weg; wir erklimmen die Leiter zu Gott. Jesus sagte: »Kommt zu mir, und ihr werdet erhöht werden.« Was er zu erklären versuchte, war einfach dies: Die Gnade Gottes steigt nicht zu uns herab. Das ist etwas, was die Religionen oft nicht verstehen. Sie haben das Gefühl, die Gnade Gottes kommt zu uns, nur weil wir darum bitten. In gewisser Weise ist das so, aber zuerst müssen wir sie uns verdienen. Wir müssen mindestens einige Anstrengung unternehmen, bevor die Gnade Gottes zu uns kommt; aber wenn sie kommt, werden wir zu ihr emporgehoben.

Die ECK-Meister haben ihren Platz in den hohen Bewußtseinszuständen. Sie weilen in den hohen Himmeln, bereit jedem zu helfen, der gewillt ist, ein Wissen über sich selbst zu erlangen, das wir als Selbstrealisation bezeichnen, und schließlich das Wissen des Gottbewußtseins zu erreichen. Aber wir müssen durch die Schulung hindurchgehen, und wir kennen diese Schulung als die Spirituellen Übungen von ECK. Diese werden allein zu Hause ausgeführt, und kein anderer weiß, daß Sie sie machen. Niemand anders weiß, ob Sie erfolgreich sind, ob Sie Fortschritte auf dem Weg machen oder nicht. Niemand außer dem Inneren Meister und Ihnen.

Ein weiterer Punkt ist, ein karmafreies Leben zu führen. Zu handeln, ohne zusätzliches Karma zu schaffen, bedeutet, alles im Namen Gottes oder im Namen jenes Inneren Meisters in Ihnen zu tun. Dies ist ein einfacher Weg, durch das Leben zu gehen.

Der Weg von ECK ist abenteuerlich. Alles, was Ihnen gegeben wird, erhalten Sie, weil Sie in der Lage sind, damit umzugehen. Ganz gleich was in Ihrem Leben geschieht, Sie haben genügend innere Stärke, sonst hätte Ihnen der Meister diesen nächsten Schritt in Ihrer spirituellen Entfaltung nicht ermöglicht.

Spirituelle Lektionen

Zu oft denken wir, die Heilungen, die Christus vollbrachte, seien von Dauer gewesen. Wir haben keinen Bericht über den Zeitpunkt der Heilung hinaus. Waren sie dauerhaft oder nicht? Und wie lange hielten sie an? Es kommt uns nie in den Sinn, daß, auch wenn jemand von einer sehr schweren Krankheit geheilt wurde, die Heilung sich vielleicht abnutzen könnte? Wie ist es mit denen, die von den Toten auferweckt wurden? Leben diese Menschen auch heute noch? Wir haben nie darüber nachgedacht.

Wir suchen Hilfe bei dem Heiligen Geist, und wir bekommen sie. Sei es nun eine physische Heilung, oder sei es, daß wir genug Stärke bekommen, um zu ertragen, was wir ertragen müssen bis zu dem Zeitpunkt, zu dem wir unsere Lektion gelernt haben und sie abgelegt werden kann. Wir arbeiten das Karma ab, das wir brauchen, um die spirituelle Lektion zu lernen, die uns überhaupt erst in diese Lage gebracht hat. Unsere Gesundheitsprobleme kommen von irgendeiner Geisteshaltung in der Vergangenheit her, wo wir das schufen, was wir heute haben. Und es dient alles nur unserer spirituellen Entfaltung. Der Grund dafür ist niemals Strafe.

Als ECKisten haben wir die Gelegenheit, jene anderen Welten zu erreichen. Wir können in die Himmel hineingehen und tatsächliche Erfahrungen in Bereichen haben, die jenseits des dritten Himmels liegen, von dem der heilige Paulus im Neuen Testament spricht. Wir können darüber hinausgehen, und wir tun es.

Aufbau einer spirituellen Grundlage

Wenn Ihnen diese Erfahrung von Gott in Ihrem Leben zuteil wird, was machen Sie damit? Oft führe ich jemand sehr langsam vorwärts. Ich sage: »Nimm dir Zeit. Sei nicht in Eile mit dem Studium von ECK. Lies bitte nicht ein Buch nach dem anderen und schlinge nicht so viele ECK-Kurse wie möglich in Dich hinein.« Sie können dabei spirituelle Verdauungsstörungen bekommen, und schließlich geht Ihnen einfach der Dampf aus.

Jemand erwähnte, daß ein Bekannter von ihm durch die Kraft des positiven Denkens Erfolg in sein tägliches Leben gebracht hatte, und daß dies eine lange Zeit sehr gut funktionierte. Er war in der Lage, Geld zu verdienen, sein eigenes Geschäft zu eröffnen und die Arbeit für jemand anderen aufzugeben. Ein Erfolg führte zum nächsten. Dann verlor eines Tages das Faß den Boden. Alles brach zusammen, und er fragte sich, warum.

Der Grund war, daß diese Kraft des positiven Denkens aus den niederen Welten von Materie, Energie, Raum und Zeit kommt. Wir wollen in die reinen spirituellen Welten gehen, die mit der Seelenebene beginnen und darüber hinausgehen bis hin zu Gott. Diese Kraft der niederen Welten muß versagen, denn sie ist unbeständig. Eine Weile lang wird sie funktionieren, und gerade wenn Sie denken, Sie hätten sie ganz für sich eingespannt, wird alles unter Ihnen zusammenbrechen, und Sie werden am Boden in einem Haufen von Staub und Asche liegen. Dann müssen Sie irgendwie die ganze Sache wiederherstellen und auch sich selbst wieder aufbauen.

Mir wäre es lieber, Sie bauen Ihre spirituelle Grundlage sorgfältig auf, so daß Sie, wenn die psychischen Wellen kommen und Zweifel und Angst, Probleme und gesundheitliche Schwierigkeiten mit sich bringen, stark genug sind, um zu sehen und zu wissen, warum Sie da hindurchgehen, und daß es vorübergehen wird. Wir wissen in ECK, daß eines Tages vorübergehen muß, was auch immer heute da ist. Das liegt in der Natur des Lebens. Der Frühling gibt uns das Beispiel: Die Natur erneuert sich selbst jedes Jahr; sie erneuert alles Leben.

Die zwei Pflaumenbäume

Eine Frau schrieb mir aus Europa eine Geschichte von zwei Pflaumenbäumen. Die Geschichte ist in gewissem Sinn ein Beispiel für Reinkarnation und spirituelle Erneuerung. Es liegt in der Natur des Lebens, sich selbst zu erneuern. Wenn die Nacht am finstersten scheint, warten Sie ab: Der Morgen kommt. Der Meister ist immer bei Ihnen.

An einem schönen Sommermorgen war diese Frau in der Küche und schaute aus dem Fenster. Eine Freundin arbeitete draußen im Garten und freute sich an der Frische des Tages, als ein Wagen mit zwei Männern heranfuhr. Sie blieben unmittelbar an der Einfahrt stehen und sprangen heraus, um den Garten anzusehen.

Die Männer standen da und schauten prüfend zwei tote Pflaumenbäume in ihrem Garten an. Sie beschlossen, gar nicht erst zu fragen, sondern dieser Frau einen Gefallen zu tun und die Bäume für sie zu fällen, denn es kostet Geld, Bäume zu fällen. Sie hatten eine Kettensäge, also dachten sie, sie würden die Bäume eben absägen und der Frau das Holz für den Winter aufschichten, und alles wäre in Ordnung.

Sie gingen zu der Freundin hin, die im Garten arbeitete und sagten: »Wir sind gekommen, um die zwei toten Pflaumenbäume zu fällen.« Die Freundin sagte: »Aber warum?« Sie antworteten: »Weil die Bäume keine Früchte mehr tragen, und wozu sollte man zwei Pflaumenbäume haben, die verdorrt sind?«

Einer der Männer ging dann zum Auto, holte seine Kettensäge heraus und kam wieder in den Garten zurück.

In der Zwischenzeit hatte die Eigentümerin des Hauses die Küche verlassen und kam herausgelaufen. »Moment mal«, sagte sie, »ich verbiete Ihnen, meine zwei Pflaumenbäume abzusägen.« Aber der Mann war hartnäckig. Vielleicht dachte er, sie wäre zu höflich, von irgend jemandem zu erwarten, daß er ihr diesen Gefallen umsonst täte.

Wieder sagte sie: »Halt!« aber die Männer gingen unbeirrt auf die Bäume zu. Sie wußten nicht, daß sie vorhatte, verschiedene Zweige auf die Stümpfe aufzupfropfen, und auf diese Weise hoffte, die Bäume zu erneuern, ohne daß sie die Stümpfe und Wurzeln ausgraben mußte. Sie wußte, daß sie diese Bäume retten mußte.

So kam sie herangestürmt und sagte: »Sägen Sie diese Bäume nicht ab! Kommen Sie mit! Ich möchte Ihnen etwas zeigen.« Sie führte sie zu dem Stumpf eines Kirschbaums und zeigte auf die jungen Zweige, die aus ihm herauswuchsen. Sie hatten geblüht und trugen nun alle Arten von süßen Kirschen. »Nehmen Sie welche«, sagte sie. Nachdem sie die Früchte gegessen hatten, fragte sie: »Na, waren das nicht die süßesten Kirschen, die Sie je gegessen haben?« Die beiden Männer stimmten zu.

Sie sagte: »Die beiden Pflaumenbäume werden auch wieder auf genau die gleiche Weise Früchte tragen.« Die beiden Männer schüttelten nur den Kopf. Sie glaubten es eigentlich nicht, aber schließlich fuhren sie weg.

Als sie dies den beiden Männern erklärte, versuchte die Frau ihnen etwas von der Erneuerung des Lebens zu zeigen. Manchmal bezeichnen wir das als Reinkarnation, manchmal als spirituelle Entfaltung. Dann wiederum erkennen wir es als die Seele, die Ihren Weg zurück zu Gott geht.

Ich möchte Ihnen danken, daß Sie heute abend gekommen sind. Achten Sie auf Ihre Träume. Arbeiten Sie mit ihnen.

Es möge Segen sein.

*Weltweites Seminar von ECK, San Francisco, Kalifornien
Freitag, 22. Oktober 1982*

2
Kälberpfade des Verstandes

Ich möchte Sie heute abend willkommen heißen bei ECKANKAR, einer universalen Lehre vom Licht und Ton Gottes. Es ist eine Lehre, die darin einzigartig ist, daß dem Menschen gezeigt wird, wie er für sich selbst Erfahrungen mit der Stimme Gottes machen kann.

Wir kennen die Stimme Gottes als den Heiligen Geist oder das Wort. Im Neuen Testament sagte der heilige Johannes: »Im Anfang war das Wort . . . und das Wort ward Fleisch.« Wir kennen Es ebenfalls als den Hörbaren Lebensstrom, der aus den hohen Welten Gottes kommt, und den man als Ton hören und als Licht sehen kann. Diese Klänge und die verschiedenen Farben des Lichtes werden in den ECK-Büchern beschrieben, wie zum Beispiel im Buch *Spirituelle Aufzeichnungen*.

Die Ebenen des Himmels

Es gibt verschiedene Ebenen des Bewußtseins oder, wenn Sie wollen, verschiedene Himmel. Jesus sagte: »In meines Vaters Haus gibt es viele Wohnungen.« Der heilige Paulus sagte, er hätte vor vierzehn Jahren einen Mann gekannt, der sogar bis in den dritten Himmel angehoben worden sei. Während meines Theologiestudiums haben meine Professoren niemals irgend etwas über den Himmel Nummer drei gesagt, geschweige denn über Nummer zwei oder eins. Man nahm an, es sei genug zu wissen, daß ich nach dem Tode entweder in den Himmel oder in die Hölle käme.

Im Radio sagte neulich ein Mann, daß die Macht der Kirche in der Behauptung liege, sie hätte die Antwort auf die Frage über das Leben nach dem Tode. Wer auch immer unter Kontrolle hat, was Ihnen nach dem Tode geschieht, hat Sie auch in diesem Leben unter Kontrolle.

Ich würde Ihnen gerne ein wenig Verständnis davon vermitteln, was in den anderen Himmeln geschieht, und von der Wirklichkeit des Lichts und des Tons Gottes. Diesen Ton kann man auf vielfältige Weise hören.

Es gibt viele Klänge des Heiligen Geistes, viele Töne von ECK. Einer davon ist das Summen von Bienen. Man kann es auf einer bestimmten Stufe hören, die wir die ätherische Ebene nennen. Ein weiterer Klang ist ein Brummen, das man auf einer anderen Stufe vernimmt. Oder Sie können die Flöte Gottes hören. Die Bedeutung dieser Klänge in unserer spirituellen Entfaltung liegt darin, daß, wenn wir den Ton Gottes hören — der normalerweise als Musik oder einem Laut der Natur ähnlich wahrgenommen wird — der Heilige Geist uns anhebt und in unserem Bewußtseinszustand reinigt.

Fragen der Jugend

Diesen Nachmittag besuchte ich den Teenager-Raum. Die Teenager sind die Zukunft von ECKANKAR. Eine junge Dame fragte mich: »Was ist der Unterschied zwischen Gott und dir?« In Wirklichkeit stellte sie damit zwei Fragen: Was ist die Rolle des Lebenden ECK-Meisters?

Welche Beziehung hat die Seele zu Gott?

Die Seele ist die Essenz Gottes. Seele ist nicht Gott — Sie kann niemals Gott sein. Wir können niemals eins mit Gott sein, obwohl wir eins mit dem Heiligen Geist sein können.

Ein anderer Teenager fragte: »Was sollen wir tun, wenn man uns in der Schule beten läßt?« Es ist interessant, daß es soweit gekommen ist, daß wir in diesem Land die Freiheit haben zu beten — oder uns passiert etwas. Ich fragte: »Wieviele von euch, die zur Schule gehen, werden gezwungen zu beten, ohne Rücksicht auf ihren Glauben?« Von vielleicht siebzig oder achtzig Jugendlichen im Raum gingen etwa zehn Hände hoch. Ich sagte: »Was macht Ihr, wenn es dazu kommt?« Eine junge Dame antwortete: »Meistens senke ich eben den Kopf und schaue auf den Blauen Stern von ECK.«

Die ECK-Meister möchten nicht immer in die Öffentlichkeit gehen und unsere Gesetzgeber daran erinnern, worum es in der Verfassung überhaupt geht, und wie wichtig sie heute für die Stärke der Vereinigten Staaten ist. Es gibt viele Erwachsene, die vergessen, daß ein Kind, auch wenn es nicht gezwungen wird zu beten und das Klassenzimmer verlassen könnte, zum Außenseiter wird, wenn es das tut. Haben die Älteren ihre eigene Kindheit vergessen?

Einige von den Fragen der Jugendlichen waren recht interessant. Sie reichten von dem, was man für die Gesundheit tun sollte bis zur spirituellen Entfaltung. Sie sind dabei, einiges über ihre Körper zu lernen. So um die dreizehn, vierzehn oder fünfzehn Jahre herum fangen sie ganz plötzlich an zu wachsen, wie wir damals auch. Und wenn man im Inneren früher noch so groß war, jetzt reicht man nicht mal mehr bis an die Fingerspitzen. Man läßt Sachen fallen. Andere nennen einen tolpatschig. Man stolpert und tut alle möglichen ungeschickten Dinge. Man ist eben in diesem Körper, der ein bißchen zu groß ist, und man hat sich noch nicht ganz daran gewöhnt. Aber die Geschicklichkeit kommt schon.

Es ist genauso mit unserer spirituellen Entfaltung. Wenn wir uns ein bißchen weiter entfalten, kommen wir zu einer neuen Bewußtseinsstufe, wo sich die Gesetze des Heiligen Geistes, die wir bis dahin gelernt haben, vielleicht ändern und umkehren. Was bisher immer funktionierte, geht nicht mehr. Wir fragen uns vielleicht: Warum hat Gott mich verlassen? Dies nennt man oft die dunkle Nacht der Seele, von der der heilige Johannes vom Kreuz sprach.

Ein Pfennig und das Gesetz des Karma

Eines der Dinge, die wir als Eltern tun können, ist, unseren Kindern Respekt für den Freiraum und das Eigentum anderer beizubringen. Als ich jung war, ging ich immer in die Telefonzelle, um nachzusehen, ob jemand ein Zehn- oder Fünfzigpfennigstück darin liegengelassen hatte. So etwas tut man, wenn man jung ist. Ab und zu fand ich mal ein paar Münzen, und ich konnte das immer ungestraft tun. Aber wenn man ein wenig im spirituellen Leben im Zuge seiner Entfaltung fortschreitet, dann kann man nicht mehr die gleichen Dinge ungestraft tun wie früher. Je höher man im Bewußtseinszustand wächst, desto schneller kommen die eigenen Handlungen auf einen zurück. In der Bibel sprach der heilige Paulus von diesem Gesetz des Karma, als er sagte: »Was ein Mensch sät, das soll er auch ernten.«

Allzuoft wird das von den orthodoxen Glaubensrichtungen nicht anerkannt. Der Grund dafür ist, daß das Karma vielleicht zwanzig Jahre lang nicht zur Zahlung fällig wird, oder es kommt erst im nächsten Leben. Wenn ich in die Telefonzelle ging und ein Zehnpfennigstück nahm, sagte ich: »Prima! Das gehört niemand« — und ich kaufte mir etwas davon. Aber schließlich kam es soweit, daß ich dann das nächste Mal am Zeitungskasten ein Fünfzigpfennigstück verlor.

Neulich ging ich zum Schulhof mit meiner Tochter, die in die Grundschule geht. Da kam so ein kleiner Kerl an — er sagte, er sei neun Jahre alt, aber er sah aus wie etwa sieben — und er sagte, er spiele seit vier Jahren Fußball. Ich verstand überhaupt nichts von Fußball, und ich war doppelt so groß wie er, aber ich fragte ihn: »Wie spielt man das?«

Das ist die Haltung, die wir im Leben auf dem Weg zu Gott annehmen. Wir sagen nicht: »Ich habe Angst, ins Leben hinauszugehen, weil ich als unwissend hingestellt werde.« Wir gehen kühn und mutig los. Wir lernen etwas. Wir sind bereit, uns zum Narren zu machen, nur um dabei Erfahrungen zu machen oder zu lernen.

Der kleine Kerl war wirklich gut. Er schoß den Ball, lief herum und traf ins Tor. Einmal hielt ich einen seiner Torschüsse, und das störte ihn richtig. Ich hatte den Vorteil, daß meine Arme doppelt so lang waren wie seine.

Als wir mit dem Spiel fertig waren, setzten wir uns eine Weile auf die Schaukeln. Ich schaukelte richtig hoch, als mir vom Schaukeln ein wenig schlecht wurde; also sagte ich meiner Tochter, ich würde jetzt die Stangen hochklettern. Sie schaukelte noch ein paar Minuten weiter und ging dann auch los, um die Stangen hochzuklettern. Als sie an der Stelle vorbeiging, wo ich geschaukelt hatte, sagte sie: »He, Papa, ich habe einen Pfennig gefunden.« Ich sagte: »Laß ihn liegen!« Sie hat die Geschichte von der Telefonzelle und dem Karma so oft von mir gehört, daß sie ihn lieber liegenließ, als eine Lektion erteilt zu bekommen. Ein Pfennig ist eine Lektion über Karma nicht wert.

Aber bald sagte sie:»Ich habe zehn Pfennig gefunden.« Ich sagte:»Zehn Pfennig! Wir steigern uns ja.«

»Und hier sind fünfzig Pfennig.«

»Fünfzig Pfennig?« Ich lief hinüber und faßte in meine inzwischen leeren Hosentaschen. Als wir die Sägespäne durchwühlten, sagte ich:»Ich habe hier unten eine ganze Menge Geld verloren.«

Sie konnte nicht widerstehen zu sagen:»Aber bist du sicher, daß es deines ist, Papa?«

»Ich weiß, daß es meines ist — nur bei dem Pfennig bin ich nicht sicher!«

Und genauso ist es, wenn wir durch das Leben gehen.

Stufen spiritueller Bewußtheit

Man sagt uns, daß wir auf dem spirituellen Weg zuerst das Königreich Gottes suchen sollen. In ECK wissen wir, daß wir Weisheit, Macht und Freiheit erhalten werden, wenn wir die höheren Zustände der Realisation erreichen. Wir erreichen die Weisheit, zu wissen, wie wir eine weitere Stufe auf der Leiter zu Gott erklimmen können. Wir bekommen Macht, aber nicht über andere; nicht um ihnen zu sagen, wie sie ihr Leben leben sollen, und nicht einmal, um dafür zu beten, was wir für das Richtige für sie halten. Dazu haben wir kein Recht. Und wir gewinnen Freiheit; nicht um in den Bewußtseinszustand eines anderen hineinzutreten, denn der ist heilig, sondern die Freiheit, uns zu öffnen, um ein Werkzeug für den Heiligen Geist zu sein. Dies ist die Mission der Seele: ein Mitarbeiter Gottes zu werden.

Wenn wir uns für den Heiligen Geist öffnen, gibt es eine Menge Ballast, den wir über Bord werfen müssen. Jemand erwähnte ein Treffen mit Paul Twitchell, dem ECK-Meister, der ECKANKAR im Jahre 1965 an die

Öffentlichkeit brachte. Am Ende eines Vortrags, den er eines Tages hielt, schaute Paul in sein Publikum und sagte: »Es sind einige hier, die eine Menge Gepäck fallenlassen müssen.« Er sprach dabei von Karma.

In ECK haben wir Stufen spiritueller Bewußtheit, die wir durch die Initiation kennzeichnen. Es handelt sich dabei um eine Initiation in den Ton und das Licht des Heiligen Geistes. Meine Rolle als Lebender ECK-Meister ist es, die Seele mit dieser göttlichen Essenz des Höchsten zu verbinden, die als der Hörbare Lebensstrom oder der kosmische Strom bezeichnet wird. Die Bibel kennt Ihn als den Heiligen Geist oder den Tröster. Diese Initiation kommt nach zwei Jahren Studium in ECK.

Wir zerren nicht die Leute von der Straße weg und sagen: »Werde Mitglied von ECKANKAR!« Ich tat das, als ich in ECK begann, aber ich wußte es nicht besser. Es ist den Aufwand nicht wert. Jeder Mensch sollte die Freiheit haben, seinen eigenen Weg zu Gott zu wählen. Gott hat viele verschiedene Wege zur Verfügung gestellt, damit die Seele Ihren Weg wieder zurückfinden kann.

Die Realität der ECK-Meister

Einige der ECK-Meister vom Orden der Vairagi arbeiten mit den Initiierten von ECK. Diese ECK-Meister kommen zu uns manchmal Jahre, bevor wir auf den Pfad von ECK stoßen, denn der Weg muß vorbereitet werden.

Wir haben einmal mit einer Firma für Öffentlichkeitsarbeit Kontakt aufgenommen, um zu sehen, ob sie irgendwelche Ideen hätte, wie wir die Botschaft von ECK mitten in das zwanzigste Jahrhundert hinausbringen könnten, wobei sie aber rein und einfach bleiben sollte, ohne auf sensationelle Aspekte einzugehen. Zum Beispiel ist Rebazar Tarzs einer der ECK-Meister, der die Fähigkeit lang zu leben erworben hat. Es gibt auch Berichte von Yogis, die hundert Jahre und länger gelebt haben, und manche dieser ECK Meister haben die gleiche Langlebigkeit.

Als die Public-Relations-Fachleute hörten, wie alt Rebazar Tarzs ist — das ist in einigen der ECK-Bücher erwähnt — sagten sie: »Wie wäre es damit, ihn auf eine Werbefahrt mitzunehmen?« Es war schwierig, ihnen zu erklären, daß Rebazar Tarzs im allgemeinen nur im Seelenkörper arbeitet, obwohl er hier tatsächlich einen physischen Körper hat. Sie verstanden das nicht, und ich glaube, daß deshalb dieses Projekt dann irgendwann fallengelassen wurde.

Viele haben darüber berichtet, daß sie Rebazar Tarzs getroffen haben. Eine ECK-Initiierte schrieb und erzählte von einer solchen Erfahrung. Als sie ihre Spirituellen Übungen von ECK machte, war sie plötzlich auf einem graswbewachsenen Hügel im Gespräch mit Rebazar Tarzs. Er war diesmal in sein knielanges, rotbraunes Gewand gekleidet und trug einen großen Stock, den er benutzt, wenn er in den Bergen wandert.

Er sprach mit ihr eine Weile über verschiedene Dinge, und dann stand er ganz plötzlich auf, nahm seinen großen, starken Eichenstock und brach ihn über dem Knie entzwei mit einer Leichtigkeit, als wäre es ein Kienspan. Zuerst war sie beunruhigt. Was hatte sie getan, um diesen ECK-Meister zu verstimmen? Welche spirituelle Lektion hatte sie übersehen?

Dann erkannte sie, daß er etwas von dem Karma übernommen hatte, das sie ausarbeiten mußte. Sie hatte alle Lektionen aus diesem speziellen Teil des Karma gelernt, und er hatte es genommen, in Form seines Stocks, und hatte es über dem Knie entzweigebrochen. Durch diese Erfahrung erkannte sie die Liebe und die Hilfe, die die ECK-Meister geben können — nicht nur im Physischen, denn das ist nur ein kleiner Teil der spirituellen Entfaltung, die jede Seele erhält, sondern auch auf den inneren Ebenen.

Die ECK-Meister haben die Fähigkeit, mit Ihnen im Traumzustand zu arbeiten. Oft geschieht dies Jahre bevor Sie von ECKANKAR hören. Für einen Psychologen wäre es leicht zu denken, die Anhänger von ECK seien programmiert, das Bild ihres Lehrers im Geiste zu sehen. Es wäre sehr leicht für ihn zu behaupten, sie seien Roboter. Aber wie würde er den Fall von jemand erklären, der Erfahrungen mit den ECK-Meistern hatte, Jahre bevor er überhaupt von ECKANKAR gehört hatte, sogar Jahre vor 1965, als Paul Twitchell es an die Öffentlichkeit brachte? Eine Erklärung ist, daß die ECK-Meister aus dem Orden der Vairagi eine Realität sind.

Das Vairag ist der losgelöste Bewußtseinszustand. Er kommt mit der Gottrealisation. Losgelöst heißt nicht ohne Mitgefühl, gleichgültig oder ohne Liebe. Es bedeutet einfach, daß man Mitgefühl haben kann, sich des Lebens freuen kann, aber daß Sorgen, die ins Leben treten, einen nicht bis ans Ende der Tage belasten. Man ist in der Lage, die Hand Gottes darin zu sehen.

Der Schlüssel zu den spirituellen Werken

Als Kind lernte ich ein Gedicht mit dem Titel *Die zwei Weber*. Es ging etwa so:

Zwei Weber, bei ihrer Arbeit die Zeit
mit freundlichem Gespräch vertreibend,
sprachen über den Preis von Fleisch,
für einen Weber viel zu hoch.

»Was ist mit meinen Kindern und meiner kranken Frau,«
sagte Dick, »ich bin des Lebens fast müde;

meine Arbeit so hart, der Lohn so karg,
das ist mehr, als ein Sterblicher ertragen kann.«

Der andere Weber schaute ihn an, während sie an einem Teppich arbeiteten, und antwortete:

»So wie beim Blick auf diese Fetzen und Enden
wir nicht erkennen, was das Ganze werden soll,
so auch sind Dinge, die auf Erden merkwürdig
  scheinen,
doch im Dienst irgendeines göttlichen Planes.«

Als Seele suchen wir nur Erfahrungen, ob in dieser Welt oder in den anderen Welten. Wir haben in ECK nicht den Begriff der Sünde. Das heißt nicht, daß wir nur zu unserem eigenen Vergnügen leben. Wir kennen etwas viel Mächtigeres, und das ist die Eigenverantwortung mit unverzüglicher Bezahlung. Das ist besser als die Drohung des Todes irgendwann später für die begangenen Sünden.

Der Schlüssel zu den gesamten spirituellen Werken von ECK liegt in den Spirituellen Übungen von ECK. Es gibt eine Reihe von Übungen oder kreativen Techniken. Sie sind in einigen der ECK-Bücher angegeben, zum Beispiel in *ECKANKAR — der Schlüssel zu geheimen Welten* oder im Buch *In meiner Seele bin ich frei*, einer Biographie von Paul Twitchell. Darin beschreibt er die »Technik des leichten Weges«. Die spirituellen Techniken sind wichtig.

Wenn Sie sich für den Pfad von ECK interessieren, so ist der erste Schritt, ein Buch zu lesen. Versuchen Sie die spirituellen Übungen und sehen Sie, ob sie für Sie funktionieren. Nehmen Sie sich Zeit — zwei oder drei oder sogar vier Jahre.

Drei gute spirituelle Übungen stehen in dem Buch *Spirituelle Aufzeichnungen*, einem weiteren Buch von Paul Twitchell. Sie sollen Ihnen helfen, das Licht Gottes zu sehen, den Ton Gottes zu hören, und sie beide zu erkennen, wenn sie zusammentreffen in der Form des Inneren Meisters. Sie können dann selbst die Realität der Werke von ECK erkennen. Sie brauchen sich dafür nicht auf mein oder irgend jemandes Wort zu verlassen.

Wählen Sie Ihren Weg

Wenn Spirit in Ihr Leben eintritt, wird Er Sie anheben und Ihnen Verständnis für die Probleme und die Freuden Ihres täglichen Lebens geben. Er weist Ihnen die Richtung, und für viele Menschen ist es das erste Mal, daß sie dies gefunden haben. Er gibt dem Leben Bedeutung und Sinn und beantwortet Fragen, wie die, warum ein Säugling stirbt, wenn er nur fünf Tage alt ist, oder warum jemand Jahr um Jahr leiden muß, bevor er schließlich stirbt. Er gibt uns Antworten, weil das Verständnis von Reinkarnation und vom Gesetz des Karma uns eine Sicht gibt, die über Grenzen hinausgeht, dorthin, wo sich Wissenschaftler nicht hinwagen. Die Naturwissenschaft kann nicht über die Grenzen dieser physischen Welt hinausgehen, und die spirituellen Welten liegen alle jenseits dieser Grenzen. Die Wissenschaftler mögen eine Ahnung davon haben, aber sie werden nie die Essenz von diesem Licht und Ton Gottes begreifen.

Wenn Sie sich also für ECK interessieren, prüfen Sie es für sich selbst; lassen Sie sich von niemand einreden, dies sei der Weg für Sie. Ich hätte auch nicht gerne, daß irgend jemand mir sagt, ich solle dies oder jenes tun, denn ich war immer ziemlich starrsinnig. Ich hatte vielleicht das Gefühl, es sei der richtige Weg für mich, aber ich wollte ihn selbst auswählen. Ich bestand auf dem Recht, meine Entscheidung selbst zu treffen.

Jemand schickte mir ein Gedicht. Der Titel hieß "The

Calf Path" [Der Kälberpfad], und eine der Zeilen darin lautete »die Kälberpfade des Verstandes«. Es erzählt eine interessante Geschichte.

Vor dreihundert Jahren war einmal ein kleines Kalb auf dem Weg nach Hause. Es ging in Bögen und Schleifen auf seinem Weg, der durch einen Wald führte, und wie es so wanderte und sich seinen Pfad bahnte, verschwand es im Dunkel der Geschichte. Am nächsten Tag kam ein Hund des Wegs. Er ging gerade spazieren, als er diese Spuren witterte, und er beschloß, dem Weg des Kalbs zu folgen. Ein paar Tage später kam der Leithammel einer Herde dahin, und irgendwie zufällig folgte er der Spur, die das Kalb und der Hund gelegt hatten.

Nach einigen Jahren begannen Menschen auf diesem gleichen Pfad zu gehen, und obwohl sie bitter darüber fluchten, wie krumm er war, folgten sie ihm doch. Zeit verging, viele Jahre verflossen, und dieser Tierpfad wurde eine Landstraße. In ein paar Jahrzehnten entwickelte sie sich zu einer Durchgangsstraße durch eine Stadt, und schließlich, nach weiteren Jahren, wurde daraus die Hauptstraße einer Großstadt. Aber sie war immer noch so krumm, daß man drei Meilen fahren mußte, um eine Meile vorwärtszukommen.

Die Menschen fuhren zu Tausenden, zu Hunderttausenden diese krumme Straße entlang, Tag für Tag, Jahr für Jahr. Sie fluchten darüber, weil sie dreimal soweit fahren mußten, wie die wirkliche Entfernung war, und trotzdem folgten sie weiterhin diesem verschlungenen Pfad des Kalbs von vergangenen Jahrhunderten.

ECKANKAR ist nicht der einzige Weg zu Gott, aber es ist der direkteste. Es ist der gerade Weg nach Hause. Es gibt andere Wege, aber die sind seit Jahrhunderten begangen und befahren von denen, die nicht davon loskommen, die über die vielen Windungen fluchen, die über die Dunkelheit fluchen, aber kein Licht anmachen.

In ECK verstehen wir, daß der Verstand in Rillen läuft. Wir nehmen als Kinder Gewohnheiten an, die uns in die Teenager-Jahre begleiten, und während wir älter werden, verhärten und verfestigen sie sich. Ärger und andere Haltungen des Verstandes stammen von diesen Gewohnheiten. Das einzige, was größer ist als der Verstand, ist die Seele. Sie steht über der Macht des Verstandes und ist das einzige, was den Verstand aus seinen Rillen stoßen kann.

Ich lade diejenigen von Ihnen ein, die irgendein Interesse an ECK haben, sich die Einführungsbücher anzusehen; schauen Sie diese unvoreingenommen durch, und legen Sie sie dann für ein Weile zur Seite. Lesen Sie nicht zuviel in den Werken von ECK, nicht mehr, als Sie auf irgendeinem anderen spirituellen Weg tun würden. Es führt sonst zu spiritueller Gefräßigkeit und zu spirituellen Verdauungsstörungen. Das geht schief, denn Sie nehmen zuviel Licht und Ton in sich auf, bevor Sie in der Lage sind, es in Taten des Dienens und der Liebe Ihren Mitmenschen wieder zurückzugeben.

Ich lade Sie also ein, den Pfad von ECK mit Offenheit anzusehen. Ob er nun für Sie richtig ist oder nicht; sie sollten erkennen, daß es nicht so wichtig ist, einen bestimmten Weg zu gehen; wichtiger ist die Fähigkeit, die Freiheit wahrzunehmen und selbst den Weg zu Gott zu wählen, der für Sie richtig ist, und darüber hinaus anderen die gleiche Freiheit zu gewähren.

Ich danke Ihnen herzlich. Es möge Segen sein.

Weltweites Seminar von ECK, San Francisco, Kalifornien
Samstag, 23. Oktober 1982

3
Geschichten von ECK im Leben

Wenn wir das Leben von ECK leben, möchten wir gerne wissen, wie Es in unserem Alltagsleben wirkt. Ein Berufsmusiker kam kürzlich zu mir und sagte, bei ihm habe sich ein Nervenzittern eingestellt. Es ging so viel von dem kreativen Fluß durch ihn hindurch, daß er nicht in der Lage war, sich die Zeit zu nehmen, um das mit irgendeiner Art von körperlicher Beschäftigung auszugleichen. Er ging früher viel spazieren; er konnte einige Zeit draußen an der frischen Luft verbringen. Aber heute ist er so beschäftigt mit seiner Musik, daß er es nicht fertigbringt, irgendeine physische Aktivität in seinen Tagesablauf einzubringen.

Ein anderer Musiker erzählte, er habe sich einer Basketballmannschaft angeschlossen. Der Musiker konnte so seine Bewegung bekommen. Es ist wichtig, in unserem physischen Leben das Gleichgewicht zu halten. Wenn das ECK in uns hineinfließt, möchten wir allzu häufig unsere gesamte Aufmerksamkeit auf die ECK-Bücher und die kontemplativen Übungen legen, und wir vergessen, daß wir auch von Tag zu Tag leben müssen.

Das Bewußtsein eines Kindes

Ich war gestern im Kinderraum. Ich fragte einige der Kinder: »Seht ihr manchmal den Inneren Meister?« Sie antworteten sehr direkt: »Oh ja.« Keine Fragen, keine Erklärungen. Sie haben Erfahrungen, sind aber oft nicht fähig, sie in Worte zu bringen.

Als Eltern müssen wir die Disziplin stärken, damit die Kinder aufwachsen können und in der Gesellschaft ihren rechtmäßigen Platz als Führer in ECK einnehmen können. An der Schule meiner Tochter gibt es eine altmodische Lehrerin. Sie liebt die Lesen-Schreiben-Rechnen-Methode. Und sie bringt den Kindern bei, den Freiraum anderer Menschen zu respektieren und nicht in deren Bewußtseinszustand einzugreifen. Ihre Regel ist etwa folgende: Behalte deine Hände, deine Füße und deinen Mund bei dir. Ich necke meine Tochter deswegen. Aber wenn Kinder diese Regeln bekommen, lernen sie etwas.

Meine Tochter wurde neulich ausgewählt, beim Essenausteilen in der Schule Dienst zu tun, was als große Ehre gilt. Sie haben auch ein Programm, in dem die Schüler einen Tag lang Klassensprecher werden. Eines Tages kam sie strahlend nach Hause und verkündete: »Ich bin Klassensprecher!« Sie war sehr stolz. Dann sagte sie: »Für heute.«

Dies ist das junge Bewußtsein, das wir in Kindern sehen. In den spirituellen Werken heißt es sinngemäß, daß wenn wir nicht so werden wie kleine Kinder, wir nicht in das himmlische Reich kommen können. Damit ist dieses junge Bewußtsein gemeint, welches das Leben mit Augen anschaut, die vorher noch nichts gesehen haben. Alles ist neu für ein Kind. Es hat keine vorgefaßten Meinungen darüber, wie etwas sein sollte.

Es ist bekannt, daß Kinder bis zum Alter von sechs

Jahren sehr schnell lernen. Sie lernen durch Nachahmung. Manche von uns haben vielleicht vergessen, daß ein Kind seine Eltern nachahmt. Wenn Sie ein Vater mit einem kleinen Sohn sind, dann können Sie einen Schritt tun, sich umsehen, und dann ist da Ihr kleiner Schatten. Er nimmt Sie als Beispiel.

Auch in ECKANKAR blicken wir auf diejenigen, die auf dem Weg höher stehen und bemerken, wie diese Menschen in ECK leben. Deshalb müssen wir als Initiierte von ECK Beispiele sein, die das spirituelle Verstehen widerspiegeln, das in unser Leben eintritt. Wir setzen eine höhere Ethik nicht zum Ziel, aber die höhere Ethik ist eine natürliche Folge von wachsender spiritueller Entfaltung. Das sollte sich in unserem Leben, in unseren Geschäftsbeziehungen und in unserem Umgang mit anderen zeigen.

Blick auf frühere Leben

Einige von Ihnen haben Musik lieben gelernt. Ich hatte es in diesem Leben mit der Musik sehr schwer. In der Volksschule hatten wir Musikunterricht, bei dem der Lehrer uns in den Bänken des Musiksaals sitzen ließ, und wir mußten Musiktheorie und die Musikgeschichte vom Mittelalter an erleiden. Ich hatte nie ein wirkliches Interesse daran, und es hat Jahre gedauert, es zu entwickeln. Früher hatte ich Country-music gerne und davor Popmusik. Während wir uns entwickeln, haben wir eine Weile lang eine bestimmte Art von Musik gerne, und während wir fortschreiten, lassen wir sie fallen und wenden uns etwas anderem zu.

Es gab einen ECK-Initiierten, der jahrelang keinerlei innere Erfahrung gehabt hatte, bei denen er in seine vergangenen Leben zurückblicken konnte. Er wünschte sich, daß sich das ECK-Vidya öffnete, damit er zurückblikken und sehen könnte, was die Ursache einiger seiner Probleme in diesem Leben sei. Hierin liegt der einzige Sinn, die Vergangenheit zu kennen. Wir können das ECK-Vidya benutzen, um zu verstehen, wie die Vergangenheit uns heute helfen kann.

Als er diese Erfahrung erhielt, stellte er fest, daß er im neunzehnten Jahrhundert ein amerikanischer Musiker gewesen war, der viel herumreiste. Er hatte Freude an seiner Musik, hatte eine Schar von Verehrern, in jedem Hafen eine Frau, und er brach manches Herz. Nicht, weil er gefühllos gewesen wäre; er merkte einfach nicht, daß er anderen Leuten wirklich etwas bedeutete.

Deshalb geschahen in seinem jetzigen Leben zwei Dinge. Er hatte Schwierigkeiten, Liebesbeziehungen aufrechtzuerhalten, und er mochte keine Musik. Er hatte in jenem früheren Leben genug davon bekommen.

In ECK steht es uns frei, Musik zu lieben, zu lernen, uns so zu entwickeln, daß wir sie lieben, wenn wir das wollen, oder sie nicht zu lieben. Jemand erwähnte mir gegenüber, daß er vor Jahren, als Paul Twitchell hier war, eine Abneigung gegen Musik hatte. Er hatte eine Gelegenheit, Paul zu fragen, warum er diese Abneigung hatte. Paul befragte das ECK-Vidya für ihn und fand heraus, daß er in verschiedenen früheren Leben auf einer anderen Ebene Musiklehrer gewesen war. Wenn irgend jemand von Ihnen Musiklehrer ist und versucht hat, Schülern, die nicht lernen wollen, einige Töne beizubringen, wird er vielleicht zustimmen, daß das seine Gefühle für Musik in den kommenden Lebenszeiten beeinflussen könnte.

Das ECK-Vidya kann uns ein Verständnis von uns selbst vermitteln, so daß wir die Schranken in unserem jetzigen Leben öffnen können, die aus der Vergangenheit stammen, und den Ausschnitt der Zukunft sehen können, der uns hilft, ein reiner Kanal oder ein Werkzeug für den Heiligen Geist zu werden. Der ganze Sinn unserer Existenz liegt darin, uns für das ECK zu öffnen.

Der Fluß nach innen und nach außen

Ich habe es immer als ein großes Privileg empfunden, an den ECK-Seminaren teilzunehmen. Es gab eine Zeit, da saß ich gerne im Publikum und saugte einfach alles auf. Paul und die Höherinitiierten sprachen über dies oder jenes, und jeder Vortrag gab mir ein wenig mehr Verständnis. Schließlich war es dann zuviel, um es in mir zu behalten. Ich wurde unruhig und mußte aufstehen und in den Gängen herumgehen; ich konnte einfach nicht mehr im Zuschauerraum stillsitzen. Ich stellte fest, daß dies deshalb geschah, weil ich nur eine gewisse Menge aufnehmen konnte, und es dann nach außen zurückgeben mußte.

So suchte ich nach Wegen, diese Liebe des Heiligen Geistes nach außen fließen zu lassen. Ich ging dann oft hinaus auf den Gang und kam mit irgend jemandem ins Gespräch. Manchmal sprachen wir dann über ECK und manchmal auch nicht, aber das spielte keine Rolle. Als ich weiter fortschritt, konnte ich Dienste verrichten und in irgendeiner Weise helfen. Ich überbrachte Botschaften oder tat irgend etwas, um nützlich zu sein, und das brachte mehr Freude in mein Leben. So ist es auch in unserem persönlichen Leben.

Das Leben ist ein Geheimnis, bis wir auf den Weg von ECK kommen. Wir beginnen zu verstehen, daß wir die Schöpfer unserer eigenen Welt sein können und daß in Wahrheit das, was wir heute sind, die Schöpfung dessen ist, was wir in der Vergangenheit getan haben. Es gibt einen Weg, die Zukunft zu ändern, und wir können es tun.

Aber man schafft es nicht, indem man es sich wünscht.

Wenn jemand die Gottrealisation sucht, muß das etwas mehr sein, als nur eine vorübergehende Idee. Es ist nicht wie eine Mode, die man nur eine Saison lang trägt; das hohe Streben nach Gott vergißt man nicht einfach. Es muß etwas sein, das auf sanfte Weise in Ihrem Herzen lebt. Sie wissen, daß, ganz gleich, was auf dem Weg geschieht, es immer dazu dient, Sie dichter an die Quelle der Erschaffung der Seele im Herzen Gottes zu führen. Die Seele will nach Hause zurückkehren.

Innere Hingabe an den Heiligen Geist

Das Leben geht auf und ab. Es gibt Zeiten, in denen alles so geht, wie wir es wollen, aber es gibt auch Zeiten, wo wir ganz unten sind. Wenn wir uns selbst für den Heiligen Geist offen halten, wird es ein Gleichgewicht geben. Das ist es, was mit dem losgelösten Zustand gemeint ist: Wenn unser Schicksal am tiefsten Punkt ist, ergeben wir uns dem Heiligen Geist. Dann können wir in natürlicherer Weise wieder aufwärtsgehen, und wir werden diesen Lebensrhythmus beibehalten. Während das Leben um uns weitergeht, ist der losgelöste Zustand der, welcher gerade durch die Mitte geht; wir sind die ausgeglichenen Menschen, die im Seelenbewußtsein arbeiten.

Um Gottrealisation zu erreichen, müssen wir die Hingabe an den Heiligen Geist lernen, bei der wir im Inneren alles aufgeben — nicht im Äußeren.

Mark Twain erzählte die Geschichte von einer älteren Frau, die so viele körperliche Leiden hatte, daß sie das Gefühl hatte, sie werde nicht mehr lange leben. Sie entschloß sich, doch lieber schnell zu einem Arzt zu gehen. Nachdem er sie untersucht hatte, sagte der Arzt: »Ja, sie haben wirklich eine ganze Reihe von Leiden, und wir müssen sehen, ob wir irgend etwas tun können, um Ihr Leben zu verbessern und Ihre Gesundheit wiederherzustellen. Zunächst einmal werden Sie das Rauchen aufgeben müssen.«

»Aber, Herr Doktor«, sagte sie, »ich rauche nicht.«

»Nun gut, dann müssen Sie eben das Trinken aufgeben.«

»Ich trinke auch nicht«, sagte sie stolz.

»Dann werden Sie eben Ihr Fluchen aufgeben müssen«, feuerte er zurück.

Sie setzte sich aufrecht in ihren Stuhl. »Herr Doktor, ich fluche nie!«

Er erhob seine Hände in Verzweiflung. »Gnädige Frau, es gibt nichts, was ich für Sie tun kann. Sie haben ihre Angewohnheiten vernachlässigt!«

Diese Angewohnheiten, von denen Mark Twain sprach, sind das, was wir als die fünf Leidenschaften des Verstandes kennen. Sie führen zu Klatsch und Gefräßigkeit und allen Verirrungen. Es gibt Gegengewichte zu den fünf Leidenschaften, wie Demut, Zufriedenheit und andere. Wir finden dieses Gleichgewicht, indem wir Losgelöstheit suchen. Losgelöstheit bedeutet nicht mangelndes emotionales Interesse am Leben. Sie bedeutet, daß wir bereit sind, das Leben so anzunehmen, wie wir es vorfinden, mit seinen Höhen und Tiefen. Dann wird gestern eben nur gestern, und wir können durch Kinderaugen blicken und sagen: Was gibt es heute für mich?

Freiheit des Bewußtseins: Abtreibung und Gebet

Ich möchte einen Brief vorlesen, den einer der Initiierten an einige Regierungsbeamte und Zeitungen geschickt hat. Er betraf die Frage des Gebets in Schulen. Einige der Teenager in ECK machten sich darüber Gedanken und wollten wissen, was sie tun könnten. Der Grund, daß ich dies hier erwähne, liegt darin, daß wir am Bewußtsein interessiert sind. Das einzige, was ich tun kann, ist, Sie zu den ECK-Büchern zu führen und Ihnen zu zeigen, wo Sie etwas Verständnis finden können, als Ausgangspunkt, Sie in die inneren Welten mitzunehmen. Dort können Sie alles überprüfen, was Ihnen hier auf der physischen Ebene gesagt wird, und selbst herausfinden, ob es in irgendeiner Weise gültig ist. Dort können Sie zur Quelle des Wissens werden, dadurch, daß es durch Sie hindurchfließt.

Indem ich diesen Brief über das Gebet in der Schule vorlese, spreche ich über die Freiheit unseres Bewußtseinszustandes, die uns von der Verfassung der Vereinigten Staaten garantiert wird. Das ist der Grund, warum ECKANKAR in einem Land wie Amerika herauskommen konnte, das als Quelle dient, von der aus die ganze Welt erreicht wird. Wir müssen bereit sein, die Individualität jedes Menschen zu schützen. Dies ist mein einziges Anliegen. Wenn es darum geht, für unsere Freiheit des religiösen Glaubens die Stimme zu erheben und dafür einzustehen, müssen wir diesen Einsatz leisten.

Der Brief lautet:

Sehr geehrte Damen und Herren,

lassen Sie mich diesen Brief damit beginnen, Ihnen zu sagen, daß ich kein Schriftgelehrter bin. Wenn ich die Bibel lese, wie viele andere, dann gebrauche ich eben meinen gesunden Menschenverstand, um ihren Sinn zu verstehen. Ich möchte zwei Dinge ansprechen, die in der öffentlichen Meinung in vorderster Linie stehen. So wie ich die Bibel lese, zeigt sie klar gewisse Prinzipien, die einen direkten Bezug zu diesen beiden Punkten haben.

Und hier spricht er das Thema der Abtreibung an.

Im wesentlichen hängt die Auseinandersetzung über das Problem der Abtreibung mit der Frage zusammen, ob der menschliche Fötus ein lebendes Wesen ist oder nicht, denn wenn er es ist, dann ist Abtreibung falsch, und wenn er es nicht ist, dann hat Abtreibung keine Bedeutung.

Präsident Reagan hat gesagt, es sei unmöglich, die Antwort auf diese Frage zu wissen. Ich frage mich, ob er seine Bibel in letzter Zeit einmal zu Rate gezogen hat. Genesis 2, Vers 7, stellt fest: »Und Gott der Herr machte den Menschen aus einem Erdenkloß, und er blies ihm ein den lebendigen Odem in seine Nase. Und also ward der Mensch eine lebendige Seele.«

Erst wird der Mensch geformt, und wenn ihm der Atem des Lebens eingehaucht wird, dann wird er ein lebendiges Wesen. Und erst, wenn der Atem des Lebens in den Fötus kommt, wird er ein lebendiges Wesen. Diese Körper sind Werkzeuge für den Heiligen Geist. Ein Werkzeug für den Heiligen Geist zu werden, bedeutet, daß wir benutzen, was wir haben. Obwohl der Körper versorgt werden muß, ist es doch das Bewußtsein, das Seelenbewußtsein, an dem wir interessiert sind.

In der Seelengestalt benutzen wir alles, was wir haben, um die Botschaft von Licht und Ton Gottes weiterzutragen. Wir tun es, um andere die Realität dieser beiden Aspekte, die aus dem Ozean der Liebe und Güte entspringen, wissen zu lassen, damit die Seele sie benutzen kann, um auf der Tonwelle zu reiten, auf diesem Ton und Licht, zurück in das Herz Gottes — zurück nach Hause.

Der Brief geht weiter:

Dementsprechend wird der Mensch ein lebendes Wesen, wenn er seinen ersten Atemzug tut. Soweit ich weiß, beginnt ein Säugling zu atmen, nachdem er geboren ist und nicht vorher. Wenn das, was die Bibel darüber sagt, wahr ist, dann bedeutet die Abtreibung eines Fötus nicht, daß einem lebenden Wesen das Leben genommen wird.

Dann geht er auf die Frage des Gebets ein:

Kommunikation mit Gott ist ein sehr heiliger Teil des Lebens vieler Menschen. Eine Form, die diese Kommunikation annimmt, ist das Gebet. Ein persönliches Gebet zu Gott kann eine erhebende spirituelle Erfahrung sein. Es gibt Menschen, die es gerne hätten, wenn das Gebet mehr eine öffentliche Handlung wäre. Diejenigen, die das öffentliche Gebet in den Schulen vertreten, möchte ich nur bitten, Matthäus 6, Vers 5 und 6 zu lesen, wo es heißt: »Wenn ihr betet, macht es nicht wie die Heuchler. Sie stellen sich beim Gebet gern in die Synagogen und an die Straßenecken, damit sie von den Leuten gesehen werden... Du aber geh in deine Kammer, wenn du betest, und schließ die Tür zu. Dann bete zu deinem Vater, der im Verborgenen ist. Dein Vater, der auch das Verborgene sieht, wird es dir vergelten.«

Wir sprechen davon als nach innen gehen. Wir gehen dahin, wo wir Gott direkt treffen können. Es gibt keinen Grund, unsere Kommunikation mit Gott nach außen zur Schau zu stellen oder daraus ein Gesetz zu machen. Die Kinder, die ihren Gott nicht in einer bestimmten Weise ansprechen wollen, zu einer bestimmten Zeit, die von jemand anders vorgeschrieben wird, sollten diese Freiheit haben, ohne daß von ihnen erwartet wird, daß sie den Raum verlassen und Ausgestoßene unter ihren Klassenkameraden werden.

Wenn Sie nach Hause gehen, werden Sie diese Liebe von ECK, die in Ihr Herz gekommen ist, mitnehmen und mit sich tragen. Einige von Ihnen werden feststellen, daß andere zu Hause und bei der Arbeit einen Schein um Sie wahrnehmen werden. Obwohl sie ihn vielleicht nicht sehen, können sie ihn fühlen. Und sie werden diesen ruhigen Frieden und die Zufriedenheit bemerken, die daher kommt, gelernt zu haben, wo man diese Liebe Gottes, diese Liebe des Göttlichen Geistes findet. Wir haben die Quelle; wir wissen den Weg: durch die Spirituellen Übungen von ECK.

Ich möchte Ihnen danken, daß Sie gekommen sind. Wenn Sie nach Hause reisen, seien Sie gewiß, daß Sie spirituell meine Liebe und meinen Schutz haben.

Es möge Segen sein.

Weltweites Seminar von ECK, San Francisco, Kalifornien
Sonntag, 24. Oktober 1982

4

Die spirituellen Übungen
Ein Schlüssel zum Himmel

Für diejenigen unter Ihnen, denen die Lehre von ECK, die Lehre vom Heiligen Geist, neu ist, möchte ich den HU Chant erklären. HU ist ein alter Name für Gott, den Sie in der Stille in Ihrem persönlichen Leben benutzen können, wenn Sie in eine Situation kommen, in der Sie ein wenig Einsicht, ein wenig spirituelle Anhebung oder Schutz haben möchten. Ich habe den HU Chant nicht immer so gerne, wenn unter Ihnen solche sind, die noch nie vorher von ECKANKAR gehört haben, denn wenn ich zu einer anderen Gruppe gehen sollte, und die sagten: »Also, wir chanten jetzt dies«, dann hätte ich nicht gerne das Gefühl, mitmachen zu müssen. Wir laden Sie ein, am HU Chant teilzunehmen, aber nur, wenn Sie wollen, doch er hilft wirklich, einen zu spiritualisieren und anzuheben.

Die vielen Wege zu Gott

Wir haben an diesem Wochenende ziemlich viel über die Aufgabe der Seele und darüber, warum wir auf Erden sind, gesprochen. Ich ging hier in einen Buchladen und fand es recht interessant. Die Menge an Worten, die über den spirituellen Weg geschrieben worden ist, ist ungeheuerlich. Man schaut auf alle diese Worte, und man stellt sich vor, daß irgendwo darin die Wahrheit liegt. Natürlich ist das so, aber jeder von uns braucht eine andere Stufe der Wahrheit.

Zum Beispiel sagen die Anhänger der meisten christlichen Konfessionen, daß sie der gleichen christlichen Bibel folgen. Aber es gibt hunderte von verschiedenen Konfessionen. Was könnte die Erklärung dafür sein? Ganz einfach die, daß es viele verschiedene Bewußtseinsstufen gibt.

Sie und ich sind Seele. Seele — jeder von uns — ist eine einzigartige Schöpfung; ein Funke Gottes. Es gibt unter uns keine zwei, die sich gleichen. Diejenigen unter uns, die ähnliche Vorstellungen vom Leben haben, gewonnen aus persönlicher Erfahrung, könnten sich zu einer Gruppe vereinigen und sie eine Kirche oder eine Gemeinschaft nennen. Wir sind auf unsere eigene Weise auf dem Weg zu Gott, zu unserer eigenen Zeit, und jeder von uns sollte die Freiheit haben, Gott so zu finden, wie er will.

In den frühen Tagen des Christentums gab es eine Gruppe von Menschen, die als die Gnostiker bezeichnet werden, von denen es hieß, sie hätten einen dualistischen Glauben. Sie gingen von der Voraussetzung aus, daß jedes Wissen von Gott auf persönlicher Erfahrung beruhen müsse. Im Laufe der Zeit verloren die religiösen Führer die Fähigkeit, in die anderen Welten zu gehen und die göttliche Weisheit von dort zu ihren Anhängern zu bringen. Das nächstliegende und beste, was sie tun konnten, um die Kontrolle zu behalten, war, alle Praktiken zu verbieten, die den einzelnen lehrten oder dazu ermutigten, diese inneren Bereiche auf eigene Faust zu erforschen. Die Gnostik war ein solcher Weg, und sie wurde verboten.

Eine der frühen Schulen von ECKANKAR wurde in Ägypten um 3000 v.Chr. gegründet. Die Astrologie hatte damals eine breite Gefolgschaft, und obwohl ihre Anhänger die Fähigkeit hatten, mit den entsprechenden Tafeln umzugehen, gab es sehr wenige, die mit dem arbeiten konnten, was wir als das ECK-Vidya bezeichnen, die uralte Wissenschaft der Prophezeiung. Dann wurden Verfolgungen in Gang gesetzt, und die ECK-Lehren wurden von den ECK-Meistern zurückgenommen in den Untergrund. Seit damals haben wir still im Hintergrund gearbeitet. Viele verschiedene Bruderschaften sind an der Arbeit, und jede ist in ihrer Weise wertvoll. Es gibt eine Bruderschaft, die hinter den Aktivitäten des politischen Lebens steht, und dahinter steht eine andere Bruderschaft und dahinter noch eine.

Wir tun was wir können, um das Licht des Heiligen Geistes unseren Mitmenschen in einer Weise zu bringen, die ihnen die Freiheit gibt zu sagen: »Nein, ich habe meinen eigenen Weg.« Wir erkennen für jeden Menschen das Recht an, seinen eigenen Weg zu Gott zu wählen, ohne Beschuldigung oder Vorurteil.

Meine theologische Ausbildung fand in der Lutherischen Kirche statt, und das war ein sehr strenger, sehr orthodoxer Zweig des Christentums. Ich lernte vieles über Literatur; ich lernte vieles über Biologie. Aber wenn ich eine Frage hatte wie z.B.: »Kommt ein Mensch wirklich in die Hölle, wenn er niemals von Christus gehört hat?«, dann war die einzige Antwort, die ich bekam: »Ja, so ist es.« Wenn ich sagte, das sei doch nicht fair, sagte man mir nur, ich sollte Vertrauen haben und glauben.

Die Gnostiker lehnten den Glauben als einziges Kriterium für die Erfahrung mit Gott oder die Annahme Gottes ab, weil es nicht genug war. In ECK wissen wir, daß wir mit dem Glauben beginnen müssen, aber sobald wir den Glauben haben, muß noch etwas dazukommen. Deshalb sprechen wir in ECK von den zwei Aspekten des Heiligen Geistes, dem Ton und dem Licht.

Was an ECK anders ist

Was ECKANKAR von den meisten religiösen Lehren unterscheidet — nicht von allen, aber von den meisten — ist der Ton und das Licht des Heiligen Geistes. Der Heilige Geist ist die Stimme Gottes, die aus dem Reich Gottes, der Heimat der Seele, in all die niederen Welten der Schöpfung kommt. Auf diese Stimme als das Wort bezieht sich auch die Bibel. Zum Beispiel sprach der heilige Johannes davon so: »Im Anfang war das Wort ... und das Wort wurde Fleisch.«

Wir haben jahrhundertelang gesucht, und manche von Ihnen finden vielleicht eine Antwort in den ECK-Büchern. Statt daß Sie sich auf alles verlassen, was Sie heute von mir hören, möchte ich Ihnen nur empfehlen, ein ECK-Buch zu lesen und sich Zeit zu lassen. Der Schlüssel dafür, mit diesem Licht und Ton des Heiligen Geistes Kontakt aufzunehmen, sind die Spirituellen Übungen von ECK. Einige davon sind in dem Buch *ECKANKAR — der Schlüssel zu geheimen Welten* aufgeführt. Das ist ein sehr preiswerter Weg, eine Einführung in ECKANKAR zu bekommen und diese spirituellen Techniken für sich selbst auszuprobieren. Nehmen Sie das Buch mit nach Hause und versuchen Sie sie. Wenn es für Sie funktioniert, gut. Wenn nicht, suchen Sie weiter. Es schadet nie, den Sinn offenzuhalten und zu sehen, ob tatsächlich eine weitere Stufe in unserem Bewußtseinszustand für uns erreichbar ist. Was wir suchen, ist die direkte Erfahrung mit dem Göttlichen ECK oder dem Heiligen Geist.

Unser Name für den Geist Gottes ist einfach ECK.

Dieses ECK ist das, was die Bibel als den Heiligen Geist, den Tröster, bezeichnet. Es ist die gleiche Manifestation, die den Aposteln an Pfingsten erschien. Sie hörten einen Ton wie das Rauschen des Windes. Das ist einer der Klänge des Heiligen Geistes. Es gibt noch viele andere, wie den Klang der Flöte; viele ECKisten haben Ihn gehört.

Das Lernen der Gesetze des Heiligen Geistes

Der Sinn des Tones ist es, die Seele zu reinigen, während Sie nach Weisheit, Barmherzigkeit und Freiheit strebt. Die Weisheit entsteht aus der Fähigkeit, in die höheren Bewußtseinszustände oder Himmel im Inneren zu reisen. Wir nennen es nach innen gehen. Sie erlangen in kleinen Schritten immer mehr Gottwissen. Dieses Gottwissen kann man ins tägliche Leben zurückbringen und praktisch nutzen.

Barmherzigkeit ist das, was die Bibel den guten Willen nennt. Wir nennen es Vairag oder Losgelöstheit. Wenn wir jemand anderen mit Problemen und Schwierigkeiten sehen, können wir Mitgefühl haben; aber wir verstehen, daß er sich irgendwo auf seinem Weg diese Probleme durch seine eigenen Taten geschaffen hat. Wir lassen ihm die Freiheit, seine Schwierigkeiten zu haben. Wenn er in diesem oder jenem Sinn um Hilfe oder Mitgefühl bittet, können wir sie geben, aber wir werden uns sicherlich nicht in die Probleme eines anderen einmischen und sie auf uns nehmen, indem wir sagen: »Ich werde für seine Heilung beten.« Wir lernen die Gesetze des Heiligen Geistes.

Es gibt Verletzungen dieser Gesetze. Eine davon ist der Mißbrauch des Gebets; das heißt, das Gebet zu benutzen, um den Bewußtseinszustand eines anderen zu ändern ohne dessen Erlaubnis. Ein klassisches Beispiel dafür ist es, wenn der Verurteilte am Galgen seinen letzten Atemzug tut. Ein Priester kommt angerannt und entlockt ihm eine Bekehrung in letzter Minute. Alle anderen haben ein gutes Gefühl dabei — Ah, dieser Mann ist für immer gerettet — aber in Wirklichkeit erreichte er den Verurteilten in einem Augenblick großer Wehrlosigkeit.

Menschen, die psychisches Heilen praktizieren, können dabei vielleicht jahrelang ungeschoren bleiben, denn das Karmagesetz hat keine Eile. Der Heilige Geist hat viel Zeit; Er hat keine Eile, die Schulden einzutreiben, die ein Mensch erzeugt hat. Ein psychischer Heiler kann vielleicht zehn, zwanzig oder sogar vierzig Jahre lang sehr gut sein; aber es könnte sein, daß sich dann ganz plötzlich seine Gesundheit verschlechtert. Das Karma ist zurückgekommen; es muß bezahlt werden. Er weiß nicht, was geschehen ist, nur daß er andere heilen kann, aber nicht sich selbst. Außerdem weiß er nicht, warum es geschehen ist. Er versteht absolut nicht, daß er die Gesetze des Heiligen Geistes verletzt hat.

Wir kommen zum Verständnis der umfassenden Verantwortung, die jede Seele für Ihre eigenen Gedanken und Handlungen trägt. In ECK erkennen wir weder die Sünde an noch die Schuld, die damit einhergeht. Die Last der Schuld ist oft schwerer als die Leidenschaft des Verstandes, die sie erzeugt hat. Wir sprechen von diesen Leidenschaften als Bindung, Lust, Eitelkeit, Gier und die ganz große — Ärger. Viele unserer Krankheiten werden durch Ärger erzeugt. Ich will keine speziellen Leiden nennen, denn wenn Sie eines haben und ich es erwähne, dann werden Sie sagen: »Oh nein, ich bin ein ärgerlicher Mensch.« Dann habe ich Sie in eine kleine Schachtel gesteckt, und das will ich nicht. Was ich will, ist nur, Ihnen Informationen über den Ton und das Licht des Heiligen Geistes zu geben.

Es gibt eine Art, sich selbst spirituell anzuheben, sich selbst aus dem Bereich des Materialismus in die wahre spirituelle Realität hinaufzuziehen. Ich sprach von Weisheit und Barmherzigkeit. Der dritte Teil ist Freiheit. Die Freiheit, die wir suchen, ist die spirituelle Befreiung, die uns aus dem Reich des Karma herausnimmt, so daß, wenn für uns die Zeit kommt, diesen Körper zu verlassen und in die anderen Welten zu gehen, wir in das Gebiet jenseits der Reichweite des Karma kommen.

Die Aufgabe der Seele

Die Aufgabe der Seele ist es, ein Mitarbeiter Gottes zu werden. Dies ist Ihr einziger Zweck. Das ist auch nicht so eine trostlose Angelegenheit. Wenn Sie das so mißverstehen, daß es Flügel und Heiligenscheine bedeutet, mit denen Sie in alle Ewigkeit herumflattern wie Schmetterlinge um Blumen, dann könnten Sie sagen: »Kein Interesse.« Das liegt daran, daß die meisten von uns daran interessiert sind, in irgendeiner Weise zu wachsen und sich weiterzuentwickeln. Ich spreche von denen, die sich auf höheren Bewußtseinszuständen befinden und nach irgendeinem Weg suchen, sich zu entfalten. Das setzt sich auch noch fort, nachdem wir den physischen Körper verlassen haben.

Wir werden nicht in ein zwei Meter tiefes Loch hineingepflanzt und hoffen dann auf den Tag, an dem Körper und Seele auf irgendeine wunderbare Weise wieder zusammengesetzt werden. Wenn Sie ein Seemann wären, der von einem Hai gefressen wurde, der dann später wieder von anderen Haien gefressen wurde, die dann alle in hundert verschiedene Richtungen auseinanderschwammen, dann würden Sie sich wohl fragen, wie Sie jemals das Ganze wieder zusammenbringen könnten.

Einige religiöse Lehren glauben, Körper und Seele seien ein und dasselbe. Wir glauben, daß die Seele kommt und den physischen Körper als Tempel annimmt, den Sie benutzt, um sich in dieser physischen Welt bewegen zu können.

Wir suchen nach der Befreiung der Seele, bei der diejenigen, die über die Welten von Materie und Reinkarnation hinauswachsen wollen, dies tun können — um ihren rechtmäßigen Platz in den spirituellen Welten als Mitarbeiter Gottes einzunehmen, sowohl jetzt, als auch nach dem Ablegen des physischen Körpers. Und dann können Sie freiwillig eine vorübergehende Tätigkeit irgendwo annehmen. Sie können, wenn Sie wollen, zur Erde zurückkehren, aber Sie müssen nicht; Sie haben die Auswahl. Sie könnten wählen, als irgend jemandes Nachbar zurückzukommen. Sie wissen vielleicht zwanzig oder dreißig Jahre lang nicht einmal, wer Sie sind, bis Ihnen dann wieder einmal die Chance gegeben wird, sich für den Heiligen Geist zu öffnen. Oft arbeiten Menschen unbewußt als Werkzeuge für den Heiligen Geist, und häufig tragen sie das Licht des Heiligen Geistes, ohne es überhaupt wahrzunehmen.

Psychische Strömungen

Wir sind daran interessiert, mit diesem Göttlichen Geist in bewußter Weise zu arbeiten. Als Seele suchen wir die totale Bewußtheit. Das bedeutet, daß wir der subtilen psychischen Strömungen gewahr werden, die immer um uns herum fließen und unsere Nachbarn und Völker über viele Dinge in emotionale Raserei treiben.

Menschen werden von politischen Kräften hin- und hergerissen, von den Politikern und anderen, denen es zu ihrem eigenen Zwecke dient. Du mußt einen Streitfall finden, eine Menge Anhänger gewinnen, die ihn unterstützen, und wenn du ihn gewinnst, dann wirst du wiedergewählt. Ich habe daran nichts auszusetzen, aber es ist wichtig, sich darüber bewußt zu werden, was wir tun und warum, so daß wir wissentlich Ursache oder sogar wissentlich Wirkung sein können. Es ist gleichgültig, welches von beiden wir sind, solange wir wissen, was mit uns geschieht. Das sind wir uns schuldig.

Sudar Singhs Suche nach der Wahrheit

Einer der ECK-Meister, die hier arbeiteten, bevor Paul Twitchell die ECK-Botschaft im Jahre 1965 herausbrachte, war Sudar Singh.

Sudar Singh lebte in Indien um die Jahrhundertwende. Er war der Sohn eines reichen Mannes. Er hätte sein Erbe annehmen und damit für den Rest seines Lebens sehr gut leben können, aber er wollte stattdessen die Wahrheit wissen. Eines Tages zog er sich Lumpen an, wenn sie auch aus sehr gutem Stoff waren, — es ist schwer, demütig zu sein, wenn man sich etwas Besseres leisten kann — und er ging hinaus auf die Straße, um die Wahrheit zu finden. Er hatte von diesem Rebazar Tarzs gehört, einem Lehrer irgendeiner uralten Weisheit, der oben in den Himalaja-Bergen lebte, und beschloß, mit ihm Kontakt aufzunehmen. Durch Nachfragen wurde er an einen der Schüler von Rebazar Tarzs verwiesen, der zufällig ein wichtiger Regierungsbeamter war, und so machte er sich auf der staubigen Straße auf, um ihn zu finden. Als er am Haus dieses Mannes ankam, wurde er hereingebeten und verbrachte die nächste Woche damit, seinem Gastgeber eine Frage nach der anderen zu stellen.

Der Diener, der angewiesen war, Sudar Singh während seines Aufenthaltes zu bedienen, war Rebazar Tarzs in Verkleidung, der den Sucher sehr sorgfältig beobachtete, wenn er ihm Essen und Trinken brachte. Sudar Singh nahm einen Einblick in die Lehren von ECK, und nach etwa einer Woche kam er zu dem Schluß, daß in den Lehren von ECKANKAR nichts für ihn sei. Er nahm sehr traurig Abschied. Rebazar Tarzs stand nur dabei, um zu sehen, in welche Richtung er gehen würde, und gab ihm völlige Freiheit der Entscheidung.

Ein Jahr später, nachdem er sich vergeblich eine Reihe anderer religiöser Lehren angesehen hatte, war Sudar Singh am Ende. Er fragte sich, ob es noch irgend etwas gäbe, für das es sich lohnte zu leben. Eines Tages, als er in den Vorgebirgen des Himalaja herumstreifte, hungrig und müde, fiel er in einen leichten Schlaf. Plötzlich wachte er auf, und da stand Rebazar Tarzs mit einem irdenen Krug voll Milch, um ihm etwas Nahrung zu geben. Diesmal erkannte ihn Sudar Singh, und von diesem Zeitpunkt an begann er ernsthaft seine eigenen Schritte auf dem Weg zu Gott zu gehen.

Die Rolle des Lebenden ECK-Meisters

Welche Rolle spielt der Lebende ECK-Meister? Nicht die, den Weg für Sie zu gehen; nicht die eines Mittlers zwischen Ihnen und Gott. Es ist Ihr Weg; Sie müssen ihn gehen.

Wenn Sie einen Führer wollen, wenn sie um Hilfe bitten wollen, sie ist da. Der Lebende ECK-Meister ist ermächtigt, mit Ihnen auf der physischen Ebene zu arbeiten, aber er hat auch die Macht, auf den inneren Ebenen zu arbeiten. Er arbeitet mit Ihnen sowohl mit Hilfe des Traumzustandes, als auch direkt durch die Erweiterung des Bewußtseins, die gelegentlich als Seelenreisen bezeichnet wird.

Es liegt an Ihnen, für sich selbst herauszufinden, ob dies die Wahrheit ist. Der spirituelle Weg ist ein individuelles Unternehmen. ECK beginnt nach einiger Zeit sehr subtil zu wirken. Ich billige die Vorstellung nicht, daß der einzelne eine Marionette von irgend jemand wird, der ihn durch irgendwelche inneren Fäden lenkt. Es gibt keinen Grund dafür. Wir sehen zu, daß wir in unsere eigene Richtung gehen.

Eltern und Kinder

Wir sprechen davon, daß wir wie Kinder werden müssen, um das himmlische Reich zu betreten. Das bedeutet, wir müssen kindlich in unserem Bewußtseinszustand werden. Das heißt nicht, daß Kinder immer Engel wären; manchmal können sie regelrechte Ungeheuer sein, weil sie das soziale Bewußtsein noch nicht gelernt haben. Sie sind der Welt auf Gedeih und Verderb ausgeliefert, aber auf der anderen Seite dreht sich die ganze Welt um sie. Manche arbeiten mit primitiven Instinkten von Geburt an. Es ist gut, daß Kinder nicht gleich zu Anfang 1,80 m groß werden, bevor sie lernen, sich in die Gesellschaft einzufügen und den psychischen Freiraum anderer Menschen zu respektieren.

Es ist unsere Verantwortung als Eltern, unseren Kindern zu zeigen, wie sie sich an die Gesetze des Heiligen Geistes anpassen und sie verstehen können, wenn sie hinausgehen und versuchen, ihren eigenen Weg im Leben zu gehen. Wir müssen sie über ihre Verantwortung belehren. Wir zeigen ihnen, wie das Karmagesetz wirkt. Mit anderen Worten, sie lernen, daß man stehlen kann, wenn man will, aber daß man dafür seine Schulden bezahlen wird.

Es ist die Verantwortung der Eltern, ihrem Kind zu

zeigen, wie man sich in dieses Leben einfügt, die spirituellen Gesetze versteht und auf eigenen Füßen steht. Dies ist auch, was der ECK-Meister tut — im Spirituellen — nur nicht ganz so direkt wie die Eltern. Die Eltern sind durch Gesetz verpflichtet, dafür zu sorgen, daß das Kind sich hier auf den Weg macht und weiß, worum es geht und worum nicht, aber der Lebende ECK-Meister kann nur dann Hilfe geben, wenn er darum gebeten wird.

Um Hilfe bitten

Wenn Sie jetzt irgendwelche Fragen haben, ich bin bereit, einige zu beantworten.

F: Müssen wir ständig den Inneren Meister um seine Anwesenheit und Hilfe bitten, oder nur gelegentlich?

HK: Eine gute Technik ist folgende: Sie können morgens in irgendeiner Formulierung, die Ihnen gefällt, so etwas sagen wie: »Ich bitte Gott, mir diesen Tag lang Führung zu geben, so daß alle meine Worte, Gedanken und Gefühle dazu dienen, all jene anzuheben, die ich treffe.«

Das hilft, sich zu sammeln, wenn man den Tag beginnt. Oder Sie können das HU still im Inneren chanten, wenn Sie tagsüber in irgendwelche Schwierigkeiten kommen. Sie können ihre Aufmerksamkeit auf den spirituellen Teil Ihres Selbst legen.

F: Ist das Chanten eine Einladung für die Anwesenheit des Inneren Meisters?

HK: Ja. Wenn Sie um Hilfe bitten, wenn Sie um Wahrheit bitten, werden Sie sie erhalten. Wenn Sie beginnen, jemanden auf den inneren Ebenen zu sehen, — und das kann Jesus oder einer der anderen großen Führer sein — wenn Sie sich bei diesem Führer wohl fühlen, dann folgen Sie den Lehren, die er zu geben hat.

Spirituelle Lehrer

In der Hierarchie wird ein Schüler, wenn er alles gelernt hat, was er von einem Meister lernen kann, zum nächsten Lehrer weitergeleitet. Unter den spirituellen Lehrern auf den inneren Ebenen gibt es nichts von der Eifersucht, wie wir sie hier haben; dafür gibt es keinen Grund. Jeder arbeitet an seinem besonderen Platz in der spirituellen Hierarchie, kennt seine Stellung und arbeitet als ein demütiger Mitarbeiter Gottes. Die kleinlichen Eifersüchteleien, die wir hier unten auf der physischen Ebene kennen, werden in Wirklichkeit von Menschen verursacht, die keinerlei spirituelle Erfahrungen gemacht haben, oder von ihren Anhängern, die genauso wenig davon haben.

Manchmal ist eine Demonstration der Macht die einzige Art, wie sie den Anspruch durchsetzen können, daß ihr spiritueller Weg größer sei. Sie beruht nicht auf der wahren spirituellen Erfahrung, bei der Ton und Licht des Heiligen Geistes kommen und die Seele reinigen oder anheben. Die Schwingungen des Seelenkörpers werden angehoben. Wenn dies geschieht und Sie in einen anderen Zustand Ihrer Entfaltung gelangen, ändert sich Ihr äußeres Leben.

Viele Menschen werden in einem bestimmten Bewußtseinszustand geboren, behalten ihn ihr ganzes Leben lang und sterben damit. Ihr Leben läßt sich so einfach aufzeichnen wie die Fahrt eines Flugzeugs, das über das Land fliegt. Sehr genau vorherzusagen. Aber wenn Sie den spirituellen Weg betreten und beginnen, dieses Licht und diesen Ton aufzunehmen, dann wird sich Ihr Leben ändern.

Mit der Veränderung Schritt halten

Ich behaupte nicht, dies sei der Weg von Freude und Sonnenschein, denn es gibt Zeiten, in denen er es nicht ist. Es gibt Zeiten, in denen wir spirituell zu Zuständen größerer Bewußtheit fortgeschritten sind, während wir physisch, mental und emotional nachhängen, im Rückstand bleiben und uns an das klammern, was wir früher waren. Das sind Zeiten, in denen der Konflikt entsteht und die Funken fliegen.

Für die Menschen, die sich entfalten und mitgehen, ändern sich die Gesetze bei jedem Schritt. In jedem Himmel oder jedem Bewußtseinszustand, den wir erreichen, verschieben sich die spirituellen Gesetze. Was vorher richtig war, muß jetzt nicht mehr richtig sein, oder es ist vielleicht richtiger als vorher. Sie selbst müssen diese neuen Gesetze mit Hilfe des Inneren Meisters lernen — finden Sie heraus, was sie für Sie bedeuten und wie Sie sie benutzen können, um Ihr Leben einfacher und besser zu gestalten. Wenn Sie die Gesetze schnell lernen, geht es glatter; wenn nicht, ist es ein bißchen schwieriger. Aber es ist ein abenteuerlicher Weg, denn diejenigen unter Ihnen, die Gott finden oder realisieren wollen, müssen in ihrem Wesen kühn und wagemutig sein. Feiglinge kommen da nicht hin. Gott will die Sanften nicht haben. Jemand machte einmal einen Scherz über die Sanften, die die Erde erben werden. Das ist wahr, sie werden die Erde erben — aber wer wollte die schon?

Wir sind Seele

F: Kann ein Medium, das behauptet, mit früheren Persönlichkeiten zu kommunizieren, tatsächlich den Gesichtspunkt dieser Wesenheit erfassen?

HK: Wir erkennen, daß die Seele ewig ist; Sie hat keinen Anfang und kein Ende. Wenn jemand daher diesen physischen Körper verläßt, so existiert er weiter, meist auf einer höheren Ebene des Bewußtseins. Sehr selten kommen die höheren Lehrer herunter, um zu helfen.

Dies ist der Zweck der spirituellen Übungen: Sie müssen die Disziplin auf sich nehmen, um Ihren Bewußtseinszustand in einen Bereich anzuheben, wo diese Lehrer sind und Ihnen helfen können. In gewissem Sinne werden wir zu dem Glauben verleitet, daß die Gnade Gottes zu uns herabsteigt, aber in Wirklichkeit ist es so, wie Jesus sagte, als er seinen Anhängern mitteilte, sie sollten zu ihm kommen, und er würde sie anheben.

Die Aufgabe der spirituellen Übungen ist es, uns anzuheben, damit wir diese spirituellen Reisenden treffen können, die im Seelenkörper arbeiten. Es dreht sich nicht darum, mit Menschen zusammenzuarbeiten, die als Persönlichkeiten auf der Astralebene leben. Die Persönlichkeit ist ein Teil des Verstandes, der nicht so hoch steht wie die Seele, und daher unterliegt sie der Illusion und Irrtümern.

F: Wenn ein derartiger Kontakt hergestellt wird, bezieht er sich nur auf einen Teil dieser Wesenheit und nicht auf den gesamten Geist?

HK: Sie schauen das Leben so an, als ob »wir dies seien, und eine Seele haben.« Ich sehe es so: Ich bin Seele, und ich habe einen Körper. Es ist eben ein anderer Gesichtspunkt, aber er ist ein bißchen schwer verständlich zu machen.

Wenn jemand in die höheren Bewußtseinszustände hineingeht, geht er in die anderen Welten als eine vollständige Wesenheit, weil er hier eine vollständige Wesenheit ist. Vollständig heißt nicht vollkommen — so etwas wie endgültige oder totale Vollkommenheit gibt es nicht. Es gibt immer noch etwas mehr, immer einen weiteren Schritt zum Himmel, einen weiteren Schritt zur Entfaltung. Aber es ist die totale Bewußtheit dieses Individuums, das den physischen Körper als eine nutzlose

Hülle abgeworfen hat, wenn es damit fertig ist. Der Körper ist abgenutzt, oder er hat seine Aufgabe hier beendet. Aber diese Seele existiert weiter als vollständige Einheit und arbeitet in den anderen Ebenen des Seins.

Was sind wir? Sind wir Seele, oder haben wir eine Seele? Der Spiritismus arbeitet in der Richtung, von der Sie sprechen. Wenn Sie möchten, könnten sie das Buch *ECKANKAR — der Schlüssel zu geheimen Welten* lesen, nur um eine Vorstellung von den verschiedenen Körpern zu bekommen, aus denen sich der Mensch zusammensetzt.

F: Wenn jemand reinkarniert, bringt er nur einen Teil seiner früheren Persönlichkeit mit, oder löst sich die ganze Persönlichkeit auf und gibt dem Geist die Möglichkeit weiterzuleben?

Die Verteilung des Karma

HK: Schön, hier kommen wir zum Karma und wie es verteilt wird. Solange wir unter dem Gesetz des Karma sind, ist die Persönlichkeit sehr eng an die Seele gebunden. Das ist der Fall in den Welten, die wir die niederen nennen, der physischen, astralen, kausalen und ätherischen Welt.

Aber wenn Sie das Karma aus dem Zustand der Selbstrealisation, der Seelenebene, zugeteilt bekommen, ändert sich das. Die Persönlichkeit ist nicht mehr mit der Seele verbunden. Man erkennt sie als eine Hülle; man erkennt den Körper als etwas, das zurückgelassen werden muß. Die Seele geht in die verschiedenen Ebenen und nimmt Sich einen Körper, um dort zu arbeiten, in der gleichen Weise, wie wir einen physischen Körper haben müssen, um hier zu wirken.

Es liegt eine Reinheit in dem Wirken aus dem Bewußtsein der Seele heraus; dagegen, wenn man unter dem Gesetz des Karma arbeitet und sich noch durch

Selbsterkenntnis festigen muß, dann gibt es immer noch eine Persönlichkeit, die als Hülle die Seele umgibt. Sie ist ein Teil dessen, was reinkarnieren muß und was mitgeschleppt wird, während man sich in seinem Bewußtseinszustand in diesen verschiedenen Himmeln bewegt.

Die Entwicklung der schöpferischen Vorstellungskraft

F: Kannst Du uns noch etwas über die Bedeutung der Vorstellungskraft sagen?

HK: Die Vorstellungskraft ist der kreative Funke in uns. Es ist jene göttliche Fähigkeit, die wir benutzen, um unseren Weg zurück zu Gott zu finden. Das Vorstellungsvermögen wird durch die kreativen Techniken entwickelt, die in den ECK-Büchern beschrieben sind.

Wenn wir in diese Welt kommen, wird uns ein gewisses Maß an Fähigkeiten mitgegeben, den Status quo zu erhalten; mit anderen Worten, um uns von der Geburt bis zum Tod mit den üblichen Lebensproblemen und Lebenssituationen zu bringen. Aber wenn wir den spirituellen Weg betreten wollen und anfangen, den Weg zurück zu Gott zu gehen, dann müssen wir dafür etwas tun. Die Art dafür zu arbeiten ist nicht, etwas im Physischen zu tun; stattdessen beginnen wir, unsere Vorstellungskraft zu nutzen, um anzufangen, die Welt so zu erschaffen, wie wir sie haben wollen. Alles, was wir heute haben — von unserer Vorliebe uns zu kleiden bis hin zu unserer Stellung in der Familie, in der wir nun einmal reinkarniert sind — ist eigentlich ein Ergebnis unserer Haltungen, wie sie sich über Jahrhunderte geformt haben. Was wir also versuchen, ist, unser Bewußtsein spiritueller zu machen, und das tun wir, indem wir mit der schöpferischen Vorstellungskraft arbeiten.

Wir wissen, daß wir unsere Zukunft gestalten können. Das ist der Grund, warum ich nicht so besonders daran interessiert bin, die Zukunft zu lesen. Ich habe es früher einmal getan; normalerweise tue ich es nicht mehr, weil die Zukunft ungeformt ist. Sie können daraus machen, was Sie wollen, aber zuerst müssen Sie fähig sein, sich das, was Sie wollen, sehr klar bildhaft vorzustellen. Leider suchen die meisten Menschen materialistische Ziele wie Geld, Gesundheit, Wohlstand und Partnerschaft. Aber ich muß wieder einmal dies erwähnen: Wie Jesus sagte: »Sucht zuerst das Reich Gottes ... und alle diese Dinge werden euch gegeben werden.« Sorgen Sie dafür, daß Ihr Ziel die Mühe wert ist.

Um diese schöpferische Vorstellungskraft zu entwickeln, arbeiten Sie mit den Spirituellen Übungen von ECK! Experimentieren Sie ganz frei mit diesen Techniken. Wonach Sie suchen, ist, Erfahrung mit dem Ton und dem Licht zu gewinnen, wobei Sie Abenteuer in den anderen Welten erleben werden.

Einige von Ihnen werden diese Art von Erfahrung nicht haben, denn wir sind alle verschieden. Einige Menschen kommen direkt zu einer Wahrnehmung des Sehens, Wissens und Seins. Sie arbeiten direkt aus den spirituellen Welten heraus.

Jeder von uns ist anders. Ich kann nicht sagen, daß Sie Seelenreisen-Erfahrungen haben werden, denn vielleicht werden Sie sie nicht haben. Es könnte sein, daß Sie nicht dafür arbeiten wollen. Jeder von Ihnen hat die Mittel, diese Fähigkeit zu entwickeln, und viele von Ihnen sind erfolgreich. Andere haben einige Erfolge, dann geht es eine Zeitlang nicht weiter, und dann wieder sind sie erfolgreich. Es ist wie alles andere im Leben: Es hängt davon ab, wieviel Interesse und Einsatz Sie hineinlegen. Ich empfehle Ihnen, *ECKANKAR — der Schlüssel zu geheimen Welten* zu lesen, wenn Sie sich in dieser Sache weiterentwickeln wollen.

Wenn Leute nach ECKANKAR fragen, ist meist das einfachste, was man tun kann, sie nur zu fragen, ob sie nicht ein ECK-Buch lesen möchten. Wenn sie ja sagen, empfehlen Sie ihnen eines der einführenden Bücher. Wenn sie nein sagen, ist es auch in Ordnung.

Die schöpferischen Techniken bedeuten sehr wenig für jemand, der sie nicht wirklich ausprobiert hat. Was ich sage, hat mehr Bedeutung, wenn Sie ein wenig Erfahrung besitzen und experimentiert haben — ganz gleich ob mit oder ohne Erfolg. Sie haben ein wenig von sich selbst hineingelegt, und Sie haben eine bessere Grundlage zum Verständnis. Wenn Sie an ECK nur ein bißchen interessiert sind, kann einiges davon für Sie zu hoch sein; und deshalb empfehle ich einfach, daß sie eines der einführenden ECK-Bücher lesen. Nehmen Sie es mit heim, niemand wird Sie dort stören. Wenn es Ihnen gefällt, schauen Sie weiter; wenn es Ihnen nicht gefällt, geben sie das Buch weiter.

Die Gestaltung unserer persönlichen Welt

F: Du sagtest, daß wir anfangen sollten darüber nachzudenken, wie wir uns die Welt wünschen und in dieser Weise unsere Vorstellungskraft benutzen.

HK: Unsere persönliche Welt, ja.

F: Ich wüßte gerne, wie Du Dir Deine persönliche Welt wünschen würdest.

HK: Nun, ich hätte gerne ein bißchen Glück jeden Tag. Es gab Zeiten, bevor ich auf dem Weg von ECK war, da hatte ich das nicht. Wir können an die großen Dinge denken — einen guten Partner und all das; aber es gibt auch die kleinen Dinge, zum Beispiel, daß man heute nicht waschen muß, weil man schon saubere Kleider hat, die man morgen zur Arbeit anziehen kann. Wenn ich in meinem Leben etwas anfange — ob es nun eine Arbeit ist oder ob ich mich nur auf eine Verabredung zum Abendessen festlege — kann ich doch auch versuchen, meine Freude daran zu haben.

F: Das geht sehr vom Alltäglichen aus. Was ist mit Kriegen oder anderen großen Ereignissen? Oder geht mich das alles nichts an — sollte ich mich nur um meine eigene persönliche Welt und darum kümmern, ein kleines bißchen Glück zu haben.

HK: Wenn wir ein Werkzeug für den Heiligen Geist sind, tun wir, was wir können, wo auch immer wir sind. Wir lassen uns hineinziehen, aber wir erkennen auch, daß dies ein kriegerisches Universum ist. Es ist soviel über Frieden gesprochen worden. Das meiste davon ist eigentlich aus Palästina und jener Gegend gekommen, in der das Christentum entstand. Aber bisher sind sie dort einfach nicht imstande, miteinander zu leben, und es sieht auch nicht so aus, als würden sie es in den nächsten zweitausend Jahren besser machen.

Wir tun, was wir können, denn die Zerstörungen, von denen jeder spricht, müssen nicht geschehen. Es hängt von uns ab. Wenn wir nicht in der Lage sind, es zu schaffen und eine Krise abzuwenden, dann werden wir nicht deshalb gemütskrank, weil wir versagt haben. Wir erkennen, wie der ECK-Meister Rebazar Tarzs sagte, daß die Erde die Mülltonne des Universums ist. Aber sie ist eine ausgezeichnete Schule für das Training der Seele. Wir tun, was wir können, aber wir fühlen uns nicht schuldig und lassen uns nicht aus dem Gleichgewicht bringen. Wir arbeiten mit anderen gleichgesinnten Menschen, um etwas zu erreichen; es ist nicht so, daß wir im Leben einfach unsere Hände in den Schoß legen und mit der ganzen

Sache nichts zu tun haben wollen.

In den Vereinigten Staaten versucht die Regierung gerade das Gebet in den öffentlichen Schulen zu erzwingen. Als Eltern müssen wir nicht einfach die Hände in den Schoß legen und nichts tun, wenn wir damit nicht einverstanden sind: Wir tun etwas dagegen. Wir sprechen mit der Schulverwaltung, wir wählen Beamte, wir stimmen dafür, daß Beamte aus ihrem Amt ausscheiden. Aber wir tun dies als einzelne, nicht als Gruppe der ECKisten. Das ist eine individuelle Angelegenheit — wir wollen nicht die spirituellen Werke als politische Kraft zur Manipulation benutzen.

Wie man den Körper verläßt

F: Wie kann ich auf die beste Art versuchen, meinen Körper zu verlassen? Ich habe es so oft probiert. Ich habe es satt, Bücher zu lesen, was ist also der nächste Schritt, den ich tun sollte?

HK: Bücher können uns Gott nicht bringen, aber sie helfen und zeigen uns die Richtung. Fangen Sie an, im Traumzustand zu arbeiten, indem sie ihren Träumen auf der Spur bleiben. Sie könnten ein Tagebuch eröffnen und ihre Träume beobachten. Aber der Innere Meister wird Sie nicht über den Bereich hinausgehen lassen, der ihrer Fähigkeit entspricht, weil es Sie verwirren würde.

Schreiben Sie regelmäßig ein Tagebuch Ihrer Träume, sehen Sie es jeden Monat durch, und warten Sie einfach und schauen Sie, was geschieht. Sie werden eine Veränderung in Ihren inneren Erfahrungen beobachten, wenn Sie ehrlich sind. Wenn Sie Lust haben, mir zu schreiben und mich wissen zu lassen, was geschieht, tun Sie es auf alle Fälle — auch wenn es nicht sicher ist, ob ich Ihnen im Physischen antworte. Es ist eine spannende Angelegenheit, aber ich möchte mit Ihnen nicht zu schnell vorwärts gehen.

Initiationen

F: Ich habe den Klang der Flöte gehört, die man auf der Seelenebene hört, aber ich bin kein Fünftinitiierter. Was bedeutet das?

HK: Sehen Sie, wenn wir den Pfad betreten, gehen wir durch die verschiedenen Ebenen. Wir gehen durch die Physische oder erste Initiation, und dann durch die Astralebene, oder die Zweite, und so weiter nach oben. Wir können zur Seelenebene als Besucher gehen, aber es geht darum, sich dort fest einzurichten. Während der zweiten Initiation wird man in einen Tempel der Goldenen Weisheit auf der Seelenebene mitgenommen, welcher das Haus des Unvergänglichen Wissens heißt. Wir besuchen ihn viele Male, bevor wir uns dort wirklich niederlassen. Wo immer Sie hingehen, was immer Sie sehen und hören, ist eine Sache zwischen dem Inneren Meister und Ihnen. Wir bezeichnen den Inneren Meister, diesen hohen Bewußtseinszustand, als den Mahanta.

Viele Male, wenn wir die Musik der Seelenebene hören, während wir noch in der ersten, zweiten oder dritten Initiation stehen, sagen wir: »Ah, ich stehe höher, als es scheint.« Wir versuchen, anderen Eindruck zu machen. Aber es bedeutet ganz einfach, daß wir das Recht erworben haben, dorthin zu Besuch mitgenommen zu werden. Wenn Sie vorhätten nach England zu ziehen, würden Sie vielleicht zuerst ein paar Mal zu Besuch dorthin fahren, um sicherzugehen, daß Sie wirklich alles hinter sich lassen und dort bleiben wollen. Genauso ist es auf den inneren Ebenen.

Sie werden zu Besuch mitgenommen, und dann, wenn

Sie das Recht dazu erworben haben — wenn Sie durch die zweite, dritte und vierte Initiation gegangen sind und sich auf jeder dieser Ebenen eingerichtet haben — lassen Sie sich auf der Seelenebene nieder, wenn Sie die äußere Initiation erhalten.

Manchmal kann der äußeren Initiation eine innere Initiation um ein bis vier Jahre oder mehr vorangehen. Die innere Initiation ist für das Innere, und die äußere ist für das Äußere; aber Sie brauchen die äußere Initiation, um die innere zu vervollständigen. Wenn Sie also die Töne der Seelenebene oder sogar der Ebenen jenseits davon hören, ist es zu Ihrer eigenen Bereicherung.

Heilen

F: Ist es in Ordnung, die Heilungstechniken zu verwenden, um einem anderen zu helfen?

HK: Nein. Sie beginnen sonst, Karma aufzunehmen. Sogar wenn Jesus Heilungen vollbrachte, sagte er den anderen: »Wie ihr geglaubt habt, so soll es geschehen.« Mit anderen Worten, es ist so, wie man es verdient hat. Wenn man etwas verdient hat, bewußt oder unbewußt, dann wurde das Geschenk schon gegeben, und man muß es nur noch annehmen.

Es gibt verschiedene Techniken des Heilens, aber es sollte Selbstheilung sein. Sobald man beginnt, jemand anderen zu heilen, kommt man in eine Menge karmischer Probleme — man übernimmt das Karma des anderen. Es ist besser, ein Verständnis dafür zu gewinnen, warum Krankheit und andere Arten von Problemen uns heimsuchen. Es geschieht, weil wir eines der spirituellen Gesetze verletzt haben. Manchmal verletzen wir sie mit »Dingen, die Spaß machen«, wie Klatsch und Ärger, und wir lernen, daß es nicht so spaßig ist, wenn wir die

Schulden zurückzahlen müssen.

Bevor man den spirituellen Weg betritt, hat man in der Regel eine Lebenszeit oder zwei hinter sich, die man zurückzahlt, und man kann dann die Verbindung nicht herstellen zwischen dem, was man in der Vergangenheit falsch gemacht hat, und der Bezahlung, die jetzt fällig wird. Wenn Sie auf dem spirituellen Weg weitergehen, kommt es umso schneller zurück, je höher Sie gehen. Wenn Sie etwas tun, das zwischen einem anderen Menschen und der Gottrealisation steht, dann stellen Sie sehr schnell fest, daß Sie ein spirituelles Gesetz gebrochen haben. Es kommt manchmal innerhalb einer Woche, einiger Minuten oder gar Sekunden auf Sie zurück. Es kommt so schnell zurück, daß Sie erkennen: Ah! Dieser Schmerz ist das Ergebnis eines Mangels an Verständnis für jenes spirituelle Gesetz.

Während Sie auf dem spirituellen Weg weitergehen, kann es schwieriger werden, aber es wird auch ehrlicher. Jetzt wissen Sie genau, was Sie tun. Sie werden bereit, die vollständige Verantwortung für Ihre Handlungen zu übernehmen. Sie überwachen Ihre Handlungen weit sorgfältiger, als jemand, der die Rechtfertigung seiner Sünden darin sucht, daß vor vielen tausenden von Jahren das Blut eines anderen vergossen wurde. Wenn Sie das glauben, dann könnten Sie denken, Sie können ihr Leben so leben, wie es Ihnen gerade paßt, vorausgesetzt, sie bereuen kurz bevor Sie gehen. Und das ist nicht spirituell ehrlich.

Den Verstand fallenlassen

F: Was geschieht mit dem Verstand, wenn man in die höheren spirituellen Ebenen geht?

HK: Der Verstand wurde schon eine, zwei oder drei Ebenen vorher fallengelassen. Der Verstand ist nicht in der Lage, in die reinen spirituellen Welten einzutreten; er muß zurückgelassen werden. In den höheren Welten arbeitet man mit Sehen, Wissen und Sein. Man hat eine direkte Wahrnehmung dessen, was ist, und man muß nicht durch den mühsamen Verstandesprozeß gehen. Es ist anders. Wir können uns vom Arbeiten ohne den Verstand eigentlich keine Vorstellung machen, denn sich etwas vorzustellen, ist natürlich eine Verstandesfunktion. Es gibt eine Möglichkeit dahinzugehen und diese Erfahrungen zu haben, aber man muß den Verstand fallenlassen, bevor man in die spirituellen Welten geht.

F: Wie kann man ohne den Verstand wissen, wann das geschehen ist?

HK: Es kann sein, daß etwas davon im Verstand eingespeichert wird, der es den Sinnen weitergibt, so daß man es im physischen Bewußtseinszustand wahrnehmen kann.

Der Verstand kann die Dinge des Heiligen Geistes nicht verstehen, aber das ist der Bereich, in dem wir arbeiten. Darum schreiben wir Bücher. Sie bieten die Möglichkeit, Techniken weiterzugeben, damit der Verstand etwas hat, mit dem er als Werkzeug arbeiten kann, um sich jener spirituellen Ebene zu nähern.

Der Innere Meister ist manchmal in der Lage, Ihnen in die reinen spirituellen Welten hineinzuhelfen. Dort ist es anders, und ich kann es wirklich nicht mit Worten erklären. Worte reichen nicht so weit. Es ist etwas, das Sie erfahren müssen, und Sie werden es erfahren, wenn Sie so weit sind.

Jesus als spiritueller Lehrer

F: War Jesus Christus ein Meister?

HK: Er war ein spiritueller Lehrer, der eine Botschaft verkündete, die für seine Zeit wichtig war. Er sagte oft, daß die Dinge, die er tat, auch andere tun könnten, und noch mehr, und daß auch sie wie Söhne Gottes sein würden. Das ist die Natur der Seele; es ist unser Erbe. Aber leider wurden diese Aussagen im Lauf der Jahrhunderte unter den Teppich gekehrt von solchen Menschen, wie dem Konzil von Nizäa, welches auch dazu beitrug, die Gnostik in den Untergrund zu drängen, weil die Führer die Fähigkeit verloren hatten, die Dinge zu tun, die Jesus tat.

Seele und Verstand

F: Wenn ich während der Kontemplation etwas auf dem inneren Bildschirm sehe, bleibt das Bild nur für einige Sekunden, und dann ist es weg. Bilde ich mir das ein oder ist es real?

HK: Ja, es ist real. Die Seele schaut, sieht und erkennt sofort, aber der Verstand ist viel langsamer als die Seele. Der Verstand muß durch die mentalen Prozesse gehen. Der Vergleich zwischen Seele und Verstand ist wie ein Vergleich zwischen der Geschwindigkeit des Lichtes und der des Schalls. Letzterer ist verhältnismäßig langsam, aber die Dinge werden wahrgenommen, und was Sie gesehen haben, ist da.

F: Kann der Verstand uns helfen, die Fähigkeit zum Astralreisen zu erwerben?

HK: Ja, wenn Sie astralreisen wollen, aber es ist eine begrenzte Bewußtseinsform. Man kann sie entwickeln, aber Seelenreisen ist ein besserer Weg.

F: Wäre es nicht besser, Schritt für Schritt zu beginnen?

HK: Astralreisen ist so begrenzt; es ist schwierig, und es sind auch Gefahren damit verbunden. Wenn Sie außerhalb des Körpers astralreisen und jemand erschreckt Sie, dann kann es passieren, daß Sie die Silberschnur durchtrennen. Wenn Sie zu schnell in den Körper zurückkehren, dann schnellen sie zurück wie ein Gummiband; aber im Seelenkörper geschieht das in der Regel nicht so. Wenn sie in ECKANKAR mit den verschiedenen Bewußtseinszuständen arbeiten, steht Ihnen jemand zur Seite, um Sie zu schützen und sicherzustellen, daß so etwas nicht passiert.

Als ich mich einmal in einem Flugzeug ausruhte, hob ich ab, um mich anderswo zu erfreuen. Die Dame, die vor mir saß, benutzte aus irgendeinem Grund gerade diese Zeit, um im Gepäckfach über mir herumzukramen. Ich war fest eingeschlafen, und plötzlich fiel mein Jackett herunter und traf mich mitten im Gesicht. Ich kam schnell wieder zurück! Wenn ich auf einer Astralreise gewesen wäre, hätte ich mindestens eine wunde Stelle im Magen gehabt, wo es ein Zentrum gibt, das direkt mit dem Astralkörper verbunden ist. Seelenreisen ist sicherer, und es ist eigentlich die Ausdehnung des Bewußtseins.

Die Gegenwart des Mahanta

F: Während ich die erste Kursserie studierte, wurde ich mir bewußt, daß ich eine goldene Scheibe sah. Was ist das? Ist es die Gegenwart des Meisters?

HK: Ja, es ist der Mahanta, und es ist für jeden anders. Normalerweise sehen Sie als ersten Schritt das Licht — das Blaue Licht, den Blauen Stern, oder eine Kugel oder Scheibe. Das ist der Innere Meister. Er kommt einfach zuerst als Licht: Das ist der Anfangsschritt. Als nächstes werden Sie in der Regel den Ton hören können — einen der Töne Gottes. Wenn Sie das Licht und den Ton haben, dann kommt gewöhnlich der Innere Meister in Ihr spirituelles Blickfeld. Durch seine Gegenwart, dadurch, daß Sie ihn sehen, haben Sie das Licht, und wenn er spricht, haben Sie den Ton. Es ist alles in einem; er ist wirklich in der Lage, mit Ihnen zu kommunizieren, und das nennen wir die Realität des ECK — bei der Sie die innere Kommunikation haben.

Manchmal beginnen die ECK-Meister mit den Menschen zu arbeiten, Jahre bevor diese auf den Pfad von ECK kommen, und sie können das Blaue Licht des Mahanta sehen. Es ist dieser hohe Bewußtseinszustand, der vorausgeht, um den Weg zu bereiten, damit dann, wenn Sie wirklich bereit sind, den Weg zu betreten, der Übergang sehr glatt und natürlich ist. Sogar dann können Sie noch Zweifel haben, aber es ist doch einfacher, als wenn Sie gar keine Vorbereitung gehabt hätten.

Eins werden mit dem Heiligen Geist

F: Können wir eins mit Gott werden?

HK: Nun, eigentlich wird man eins mit dem Heiligen Geist, aber niemals eins mit Gott. Eins mit Gott zu werden würde bedeuten, Gott zu werden. Das ist eine Art selbstauslöschende mentale Vorstellung. Wir werden eins mit dem Heiligen Geist und Mitarbeiter Gottes.

Wir können die Eigenschaften Gottes realisieren — oder entwickeln — , und diese sind Allwissenheit, Allgegenwart und Allmacht. Wir können diese Eigenschaften entwickeln, aber wir werden niemals Gott. Wir können diese Fähigkeiten als Seele haben, als Teil der Ausdehnung Ihres Bewußtseins zum Zustand der totalen Bewußtheit, und trotzdem sind wir nicht Gott. Wir werden der spirituelle Reisende, und damit ist Weisheit, Macht und Freiheit verbunden.

Die Seele und der physische Körper

F: Du hast Situationen erwähnt, wo ein Körper wieder zum Leben gebracht werden kann. Wenn die Seele diesen

Körper verlassen und Sich dann einen anderen Körper genommen hat, kann irgend jemand anders diesen toten Körper bewohnen?

HK: Ja, das kann vorkommen. Darum lassen die ECK-Meister ihre Körper verbrennen, wenn sie gehen — so daß keine Wesenheiten hineinkommen können. Sie sind damit fertig, und sie wollen nicht, daß die Körper von anderen übernommen werden, die dann eine Menge Menschen in die Irre führen würden. Verbrennung ist auch wesentlich sauberer.

Manche Menschen wollen sich lieber begraben lassen, weil sie auf jene Auferstehung warten, bei der Körper und Seele wieder zusammen auferstehen. In einem solchen Fall, wenn die Seele nicht irgendwoanders hingegangen und der Körper noch in gutem Zustand ist, wäre es denkbar, daß Sie in den Körper zurückginge in gleicher Weise, wie Sie Sich entschließt, in ein neugeborenes Baby einzutreten.

Die Form des Babys ist einfach ein Hilfsmittel. Die Seele schaut und sieht, ob die Bedingungen für jene Lebenszeit vollständig richtig sind, soweit Sie es in Ihrer spirituellen Entfaltung beurteilen kann. Wenn irgendein Faktor nicht stimmt, kommt die Seele nicht hinein, und dann ist es eine Totgeburt. Manchmal wird der Fötus geboren und beginnt sogar zu atmen, aber die Seele schwebt immer noch herum und beobachtet ihn eine Zeitlang. Oder Sie tritt in den Körper nur für kurze Zeit ein, weil Sie nur eine kurze Erfahrung braucht, und dann verläßt Sie ihn wieder. Die Eltern, da sie das Verhalten der Seele nicht verstehen, sind ganz untröstlich und fragen sich, in welcher Weise sie versagt haben oder was sie getan haben, um Gott zu mißfallen. Gar nichts.

F: Sagst Du damit, daß eine Wesenheit einen Körper

übernehmen könnte, wenn die Seele in einen anderen Körper gegangen ist?

HK: Ja, das könnte sein, aber es gibt auch Wächter, die auf so etwas aufpassen. Es gibt Arbeiter auf den inneren Ebenen — ähnlich wie die Polizei hier — die nicht zulassen, daß die Dinge vollständig außer Kontrolle geraten. Wenn jemand sich für die negativen oder psychischen Kräfte öffnet, dann zieht er manchmal Wesenheiten an, verliert das Gleichgewicht und muß die Hilfe eines Fachmanns in Anspruch nehmen. Das geschieht einfach, weil derjenige sich durch schwarze Magie oder Drogen irgendwie geöffnet hat. Und darum raten wir vom Gebrauch von Drogen und Alkohol ab. Sie öffnen die psychischen Zentren; man öffnet die Türen weit für Wesenheiten, die immer um uns sind.

Drogen, Alkohol und Zigaretten

F: Was sind eigentlich die Wirkungen von Drogen, Alkohol und Zigaretten?

HK: Zigaretten zu rauchen kann den Schutz des Inneren Meisters unterbrechen, aber Drogen und das Rauchen von Marihuana tun noch mehr. Drogen sind besonders schlecht, weil sie nicht nur den physischen Körper für lange Zeit schädigen, sondern auch das ganze Innere für das Eindringen von Wesenheiten öffnen. Oft kommen Menschen zu ECK, nachdem sie schon drei, vier oder fünf Jahre lang frei von Drogen sind, aber sie tragen immer noch etwas von der karmischen Last. Sie sind immer noch dabei, das Karma, das sie erzeugt haben, abzuschließen. Jetzt müssen sie es vollständig ausarbeiten. Wenn eine zu große Lücke klafft zwischen ihrem jetzigen Bewußtseinszustand und dem, den man auf dem Weg zu Gott braucht, dann bitte ich sie manchmal einfach, zur Seite zu treten, bis sie die richtige medizinische Hilfe bekommen können. Sie sollten mindestens versuchen, in irgendeiner Weise mit ihrer geistigen Gesundheit wieder festen Fuß zu fassen, was ihnen dann helfen wird, die psychischen Zentren wieder zu schließen.

F: Kann das Rauchen von Opium, wie es in China üblich ist, denen, die es tun, helfen, den Körper zu verlassen?

HK: Sie verlassen den Körper, aber sie kommen nicht weit. Es ist interessant, daß, nachdem die Briten im achtzehnten Jahrhundert das Opium im Orient eingeführt hatten, um damit Geld zu verdienen, sehr merkwürdige Dinge geschahen. Die Zerstörung des Britischen Weltreichs wurde teilweise dadurch verursacht, daß sie etwas derartig Zerstörerisches an ein anderes Volk weitergaben.

Das ist es auch, was den Niedergang des Römischen Reiches verursachte, aber vorher geschah bei ihnen noch etwas anderes. Sie brachten zum Beispiel aus dem Orient die Lehre des Manichäismus mit, die der Gnostik sehr ähnlich war. Sie war etwas vollständig Fremdes für die strenge und harte Disziplin, die notwendig war, um die Soldaten zusammenzuhalten und draußen kämpfen zu lassen. Später kamen sie dann auch auf Drogen und andere Laster, und das war wirklich der Grund für den Niedergang des Römischen Weltreichs.

Das ist es, was dabei geschieht; es ist das Karma eines Volkes. Einiges davon ist positiv und anderes ist negativ, und das ist in jedem Land der Fall. Es gibt normalerweise gutes und schlechtes Karma, das mit jedem Volk genauso wie mit jedem Individuum verbunden ist.

Männlich oder weiblich?

F: Warum wird von Gott immer als von einem Mann und nie als von einer Frau gesprochen?

HK: Es hat nichts zu tun mit der Bewegung des Feminismus, sondern mit der Art, wie die inneren Welten aufgebaut sind. Wenn beispielsweise jemand eine der Gottheiten der Astralebene zu sehen bekommt — vielleicht Jehova, der soviel prächtiger ist als jeder, den wir auf der physischen Ebene kennen — dann erscheint dieser Gott in der Gestalt des Mannes. So sind die Dinge nun einmal. Daher bringt der Mensch die Vorstellung vom männlichen Geschlecht mit. Die Gottheiten, die die verschiedenen Ebenen innerhalb der ganzen niederen Welten verwalten, erscheinen alle in männlicher Gestalt, und das erklärt die Vorstellung, daß Gott ein Mann sei. Aber Gott ist weder Mann noch Frau; auch die Seele ist weder Mann noch Frau.

Man kommt zur Seelenebene, indem man die positiven und negativen Teile in sich selbst ins Gleichgewicht bringt; sie kommen auf der Seelenebene in ein vollkommenes Gleichgewicht. Von diesem Augenblick an haben wir Selbstrealisation. Das ist der erste Schritt zu dem, wonach wir streben. Von diesem Moment an ist Ihr Leben anders, Sie sehen durch andere Augen. Manchmal wird an diesem Punkt Ihr ganzes Leben auf den Kopf gestellt, und es kann sein, daß Sie nicht wissen, was geschieht. Es ist eine spirituelle Umwandlung, die hier geschieht — Sie werden tatsächlich ein neuer Mensch. Sie sind jetzt im Zustand der Selbsterkenntnis: Sie wissen, wer Sie sind, was Sie sind, und was Ihre Aufgabe im Leben sein könnte.

Zusammenarbeit mit den Meistern

F: Wenn ein Meister hinübergeht und die physische Ebene verläßt, was geschieht mit denen, die unter diesem Meister initiiert worden sind?

HK: Wenn Sie jemand sind, der unter einem bestimmten Meister initiiert worden ist, wird dieser Meister mit Ihnen spirituell arbeiten, bis Sie sich in den Gottebenen niedergelassen haben, wenn Sie das zulassen. Jedoch hier auf der physischen Ebene brauchen wir einen physischen Meister. Als Paul Twitchell hinüberging oder starb und in die anderen Ebenen ging, konnten diejenigen spirituellen Schüler, die nicht mit ihm in Kontakt kommen konnten, weil sie sich noch nicht weit genug angehoben hatten, mit seinem Nachfolger im Äußeren weiterarbeiten.

Auf allen Ebenen steht der Lebende ECK-Meister an der Spitze der spirituellen Hierarchie, weil das die Aufgabe dieser Position ist, aber die anderen ECK-Meister können auch mit Ihnen zusammenkommen. Wenn Sie auf der Astralebene sind, können Sie mit einem bestimmten ECK-Meister arbeiten; auf der Kausalebene wird ein anderer ECK-Meister mit Ihnen arbeiten, oder es können auch zwei oder drei auf der Kausalebene sein.

Es ist so: Gehen Sie nach innen und schauen Sie, bei wem Sie sich wohlfühlen. Sie können mit Jesus oder Buddha oder irgend jemandem arbeiten. Gehen Sie in den Tempel in Ihrem Inneren und schauen Sie, wer für Sie da ist. Was Sie sehen, ist nur der Heilige Geist, der diese Bewußtseinszustände manifestiert, und der Heilige Geist ist in sich nicht teilbar. Das Gesicht des Meisters, der erscheint, ist eigentlich der hohe Bewußtseinszustand in einer Form, die Sie erkennen können. Es macht wirklich keinen Unterschied. Sie können mit demjenigen arbeiten, der zu Ihnen kommt, denn manchmal fühlen wir uns zu einem bestimmten ECK-Meister hingezogen, weil wir mit ihm in einem früheren Leben zusammengewesen sind. Die ECK-Meister wechseln sich sehr leicht ab.

Spirituelle Übungen

Sehen Sie sich die Spirituellen Übungen von ECK an; probieren Sie sie aus, und wenn sie funktionieren, tun Sie den nächsten Schritt! Lesen Sie ein Buch wie *Der Zahn des Tigers*! Es beschreibt eine Reise in die Himmel, die jenseits der Sinne und der physischen Augen und Ohren liegen. Vielleicht denken Sie, das ist Fiktion, und vielleicht ist es das für Sie, aber lesen Sie das Buch; versuchen Sie, dorthin zu gehen! Das Buch *Spirituelle Aufzeichnungen* führt auch einige kreative Techniken an, die Sie probieren können. Experimentieren Sie damit! Dies sind Ihre eigenen Welten, die Sie erforschen können.

Regionales Seminar, Sydney, Australien
4. November 1982

5
Etwas an das Leben zurückgeben

Gestern schafften wir es, uns im falschen Hotel zu melden. Die Frau an der Rezeption, die unsere Reservierungen bearbeitet hatte, verteilte uns auf das ganze Hotel. Als wir darum baten, unsere Räume etwas näher zusammenzulegen, mußte sie alles umstoßen und neu zusammenstellen. Sie war sehr freundlich dabei, aber sie sagte: »Es gibt Tage, da lohnt es sich gar nicht aufzustehen.« Kurz nachdem wir in unsere Zimmer gegangen waren, stellte sich heraus, daß wir im falschen Hotel waren. Wir mußten unser ganzes Gepäck wieder nehmen und hinuntergehen, um es der Dame zu sagen, die vorher an der Rezeption gewesen war, aber sie war nicht da. Vielleicht stand sie hinten und weinte. So kamen wir mit großem Trara und gingen mit großem Trara wieder — alles innerhalb einer halben Stunde.

Es geschehen merkwürdige Dinge, und das sind die Gelegenheiten, wo wir uns in Geduld üben. Man muß viel Geduld und einen Sinn für Humor haben. Jemand fragte einst Paul, welche Charaktereigenschaft jemand haben müßte, um mit ihm arbeiten zu können, und er sagte: »Einen guten Sinn für Humor.« Ich konnte das nie verstehen — Paul sah so streng aus, daß ich mich oft fragte, ob er wohl jemals lachte. Viele Leute sagten, er hätte einen wunderbaren Sinn für Humor, aber ich bekam eine harte Erziehung, als er der Innere Meister war, und ich sah kaum einmal etwas von diesem Humor.

Der Fluß nach innen und nach außen

Ich möchte heute morgen gerne über den Fluß nach innen und nach außen sprechen. Ich lege seit einiger Zeit etwas mehr Aufmerksamkeit auf das Dienen in ECK. Ich versuche, das den Menschen klarzumachen. Wenn Sie die spirituellen Übungen tun und mehr Ton und Licht des Heiligen Geistes in Sie hineinfließt, was machen Sie damit? Meistens möchten die Menschen nur kontemplieren, die inneren Erfahrungen mit Licht und Ton genießen, und einfach nur faul dasitzen. Sie denken, das ist alles, was nötig ist. Manchmal schaufeln sie nur immer mehr und mehr in sich hinein; und dann ganz plötzlich gehen die Dinge schief, und sie bekommen Schwierigkeiten. Sie haben mir vielleicht ein oder zwei Jahre lang nicht geschrieben, und plötzlich bekomme ich Briefe über alle ihre Probleme. Es ist absolut notwendig für das spirituelle Überleben, daß man an das Leben etwas zurückgibt, wenn das ECK in einen hineinfließt.

Als Erstinitiierter las ich die Bücher und stopfte mich richtig voll. Ich las und las nur und nahm alle ECK-Kurse, die ich bekommen konnte. Zuerst ist unser Gefäß leer, und dann strömt das ECK hinein und füllt es. Und Es füllt es immer weiter bis etwa zum zweiten oder dritten Studienjahr. Dann ist es voll — und wir müssen beginnen zurückzugeben.

Eine Möglichkeit, es im Äußeren festzustellen, ist bei einem Seminar. Zuerst sind wir damit zufrieden, einfach dazusitzen und jeden Vortrag anzuhören. Wir können nicht genug hören. Dann kommt ein Punkt, wo wir feststellen, daß wir unruhig werden und nicht mehr in der Lage sind, alle Sitzungen und Vorträge hindurch dazusitzen. Und manchmal fragen wir uns: Verliere ich das Interesse an ECK? Nein. Es ist das ECK, was Sie aus Ihrem Stuhl treibt, um zu dienen. Wenn man das nicht versteht, dann glaubt man, man habe das Interesse an ECK verloren. Aber das ECK versucht in Wirklichkeit, Sie auf die nächste Stufe zu bringen, auf die des Dienens, welche der erste Schritt ist, ein Mitarbeiter Gottes zu werden. Manchmal bedeutet es nur, eine Weile im Bücherraum oder vielleicht im Kinderraum zu helfen.

Wir erhalten die erste Initiation, und im Äußeren lernen wir die Aufgaben, die zum Überleben nötig sind. Auf der nächst höheren Stufe, mit der zweiten Initiation, kommt der Heilige Geist sehr schnell durch; es kommt mehr von dieser Kraft, von diesem Licht und Ton, zu uns durch. Nun, was machen wir damit?

Der Verstand ist im Schritthalten ein bißchen langsam. Mit seiner Routine und seinen Gewohnheiten will der Verstand das, was er bisher getan hat, nicht ändern. Er möchte weiter lesen und seinen Spaß haben. Aber der Heilige Geist geht weiter, und der Verstand, die Emotionen und alles andere folgen nach. Wenn wir nicht willens sind, uns diesen unvorhergesehenen Veränderungen zu stellen, von denen Rebazar Tarzs sprach, dann haben wir es schwer in unseren Initiationen.

Der Schritt von einer Initiationsstufe zur nächsten sollte ein sehr leichter und glatter Übergang sein. Wir müssen bereit sein, alte Haltungen aufzugeben und für den Heiligen Geist sehr offen zu bleiben, wenn Er versucht, uns zu höherer Bewußtheit zu führen. Wenn Sie sich einmal für den Heiligen Geist geöffnet haben, wird der Innere Meister kommen — soweit Sie es ihm erlauben — und Sie zu größerer Sicht führen. Wenn die Seele Ihre Erlaubnis gegeben hat, aber die niederen Körper das nicht wissen, dann werden Sie sagen, Sie hätten eine Menge Probleme.

Jetzt ist es Zeit, daß Sie anfangen, von sich selbst etwas zu geben. Es muß nicht unbedingt innerhalb des ECK-Programms sein, aber Sie müssen in irgendeiner Weise anfangen, an das Leben zurückzugeben. Tun Sie dies entsprechend Ihren Talenten und Interessen. Manche Menschen halten gerne Vorträge, andere nicht; sie sind starr vor Angst. Wenn das der Fall ist, halten Sie keine Vorträge! Manche arbeiten gerne mit Kindern, während andere — vielleicht die, die selbst Eltern sind — sagen mögen: »Ich habe mein Teil getan; jetzt soll einmal jemand anders drankommen.«

Wie wir unsere Erfolge messen

Wenn Sie beginnen, dem ECK zu dienen, ist das Leben voller Erfüllung und Wachstum, und Sie werden feststellen, daß sich Ihr Leben in allen Bereichen verbessert. Das bedeutet nicht unbedingt in finanzieller Hinsicht — ich verspreche Ihnen die Goldquellen des Himmels und nicht der Erde. Aber sogar wenn Sie arbeitslos werden, ist es nicht die Katastrophe, die es einmal war. Der Heilige Geist bringt Sie in ein anderes Umfeld, auf einen anderen Weg. Sie müssen nach wie vor hinausgehen und eine Arbeit suchen, aber Sie verstehen jetzt Prinzipien, die für Sie früher dunkle Geheimnisse waren, und es wird einfacher, sich an den Platz zu begeben, der schon für Sie vorbereitet ist. Es gibt immer einen Platz für uns, weil die Schöpfung in den niederen Welten beendet ist. Sie sehen ihn in der Vorstellung; Sie sehen und wissen, was schon das Ihre ist. Sie nehmen das Geschenk an, weil es schon gegeben wurde.

Die Werke von ECK dauern lebenslang. Zu oft suchen wir kurzfristige Erfolge. Konnte ich seelenreisen? Habe ich den Mahanta in meinen Träumen gesehen? Habe ich das Licht gesehen oder den Ton gehört? Wenn Sie eineAntwort nicht sofort oder innerhalb eines oder zweier Jahre bekommen, denken Sie vielleicht, Sie hätten versagt. Oder Sie erhalten vielleicht ganz plötzlich die Erfahrungen, aber während Sie sich entfalten und die Manifestationen des Heiligen Geistes sich ändern und subtiler werden, haben Sie vielleicht das Gefühl, irgend etwas stimmt nicht — es ist nicht mehr so, wie es immer war.

Die Menschen, die zu Pauls Zeiten auf den Weg von ECK kamen, hatten ihre ersten Erfahrungen schon von der ersten Initiationsstufe ab. Als sechs Jahre später im Jahre 1971 sein Nachfolger kam, hatten sie nicht mehr die gleichen Erfahrungen. Wenn ein neuer Meister kommt, dann sind ganz plötzlich die Dinge im Äußeren anders, und man wird im Inneren sehr bewußt. Sie begannen sich zu fragen: Was passiert jetzt? Wie fällt der Vergleich mit den Tagen des früheren Meisters aus? Und sie stellten fest, daß es nicht dasselbe war. Natürlich war es nicht dasselbe, weil *sie* nicht dieselben waren. Sie erkannten nicht, daß sie sich entfaltet hatten. Sie hatten sich schlafen gelegt — sich einige Jahre dahintreiben lassen — und siehe da, ein neuer Meister tauchte auf. Das zwang sie, sich selbst einmal gut anzusehen, und sie stellten fest, daß sich die Dinge verändert hatten: Sie hatten sich entfaltet.

Die Meister erkennen

Jemand fragte draußen im Flur: »Warum gibt es in ECKANKAR alle diese Bilder der ECK-Meister? Was ist der Zweck so vieler Bilder? Es sieht ein bißchen nach Vergötterung aus.«

Das ist es überhaupt nicht. Es gibt viele Menschen, die erst noch auf den Weg von ECK kommen müssen, die einen der ECK-Meister auf den inneren Ebenen im Traumzustand oder in einem Augenblick erweiterten Bewußtseins gesehen haben. Sie haben einen ECK-Meister gesehen, ohne zu wissen, wer es war, und sich jahrelang über dieses Wesen, das zu ihnen kam, den Kopf zerbrochen. Gopal Das ist ein ECK-Meister, der in Ägypten um 3000 v.Chr. arbeitete und seinen Dienst als der Mahanta, der Lebende ECK-Meister, versah. Er wird oft mit Christus verwechselt, denn er hat langes Haar, aber es ist blond.

Die Bilder helfen dabei, diese ECK-Meister zu erkennen, und das ist der Zweck, sie zu zeigen. Die ECK-Meister sind ausschließlich daran interessiert, der Seele zu helfen, Ihren Weg zurück zu Gott zu finden — wenn Sie das will.

Sich in den Grenzbereichen aufhalten

Jede religiöse Lehre hat Anhänger, die sich in den Grenzbereichen aufhalten; sie sind weder hier noch dort. Jeder, der mit beiden Beinen auf der Erde steht, möchte mit ihnen wirklich nichts zu tun haben, und das gilt für jede Organisation. Je größer die Organisation, desto mehr davon gibt es, weil es einen gewissen Prozentsatz von Personen gibt, die sich immer in den Grenzbereichen der geistigen Gesundheit bewegen. Einige von ihnen haben mit Drogen herumgespielt; andere haben sich in einem früheren Leben den negativen Kräften geöffnet, indem sie auf die eine oder andere Art mit schwarzer Magie gespielt haben.

Das geschah auch Milarepa, dem tibetischen Heiligen. Er spielte mit schwarzer Magie und fühlte sich dabei ganz wohl. Er entwickelte all die niederen psychischen Fähigkeiten, lernte, wie man sich in die Lüfte erheben kann und alle derartigen Tricks, weil er glaubte, dies gehöre zur Spiritualität. Aber es kam eine Zeit, wo er diese Dinge fallenlassen mußte, weil ihm bewußt wurde, daß sie zwischen ihm und Gott standen.

Verbindung aufnehmen mit der Stimme Gottes

Ton und Licht sind die Zwillingsaspekte des Heiligen Geistes. Es ist die Stimme Gottes. Es gibt eigentlich drei Dinge, für die wir uns interessieren, wenn wir den spirituellen Weg beschreiten. Das erste ist der Gedanke. Wir benutzen unseren Verstand und die Techniken der bildlichen Vorstellung, wenn wir mit den Spirituellen Übungen von ECK arbeiten. Mit Hilfe der Spirituellen Übungen von ECK versuchen wir bewußt, mit diesem Licht und Ton Gottes Verbindung aufzunehmen. Die Stimme Gottes zu erfahren ist ein lohnendes Ziel: Es bedeutet, daß wir Verbindung zur Gottheit haben.

Der Gedanke ist der erste Teil; das Licht ist der zweite. Während wir in unserer spirituellen Entfaltung fortschreiten, stellen wir fest, daß wir mit dem Licht Frieden, Weisheit und Freude erhalten. All das kommt aus dem Licht. Man kann es wirklich sehen, meist als blaues Licht.

Nach dem Vortrag in Sydney beantwortete ich Fragen und stellte fest, daß ziemlich viele Menschen da waren, die noch nie vorher an einer ECK-Veranstaltung teilgenommen hatten. Dennoch hatten sie Verbindung mit dem Blauen Licht des Mahanta. Dies ist ein hoher Bewußtseinszustand, der über das kosmische Bewußtsein hinausgeht. Ein Mann sagte: »Ich habe diese Scheibe aus Licht gesehen — was bedeutet das?« Er hatte Verbindung mit dem Licht Gottes aufgenommen. Immer, wenn Sie mit dem Licht Gottes in Berührung kommen, nehmen Sie die Macht Gottes sehr bewußt wahr.

Nach dem Licht kommt später der dritte Teil, das ist der Ton. Den Ton Gottes kann man auf viele verschiedene Weisen hören, vom Klang einer Flöte bis zum Summen von Bienen. Diese Töne und das Licht sind in dem Buch *Spirituelle Aufzeichnungen* beschrieben, in dem auch eine Darstellung mit dem Titel »Die Gottwelten von ECK« enthalten ist.

Wir interessieren uns dafür, in diesem Leben Erfahrung zu sammeln, damit wir ein Mitarbeiter Gottes werden. Wir sammeln Erfahrung, indem wir durch die Schwierigkeiten und Prüfungen des täglichen Lebens gehen. Wir wollen durch dieses Leben gehen mit Bewußtheit über die spirituellen Gesetze und die spirituellen Kräfte, die herumwirbeln und jeden beeinflussen. Sie beeinflussen auch uns. Ich verspreche Ihnen nicht, daß Sie, sobald Sie den Weg von ECK betreten, keine Schwierigkeiten mehr haben oder unabhängig und wohlhabend werden. Das einzige, was ich Ihnen versprechen kann, ist, daß Sie, während Sie den Weg gehen, bewußter werden, wer und was Sie sind und wie Sie in den Plan des Lebens hineinpassen.

Der Lebende ECK-Meister wird sich zu keiner Zeit in Ihr Leben einmischen, denn Ihr Bewußtseinszustand ist so wie Ihr Haus — es ist eine Verletzung des spirituellen Gesetzes, ohne Ihre Erlaubnis einzutreten. Die Schwierigkeiten, die wir haben, haben wir selbst erzeugt durch unsere eigene Unkenntnis dieser spirituellen Gesetze. Diese Gesetze wirken, ganz gleich, ob wir uns ihrer Wirkungsweise bewußt sind oder nicht.

Zwei der niederen Manifestationen des Göttlichen Geistes sind Magnetismus und Elektrizität. Ob Sie nun an Elektrizität glauben oder nicht, ich kann Ihnen garantieren, daß ein Agnostiker, ein Atheist und ein Christ alle die gleiche Erfahrung haben werden, wenn sie eine elektrische Leitung anfassen. Mit dem Heiligen Geist ist es genauso. Er kümmert sich nicht darum, ob Sie an ihn glauben oder nicht. Er kümmert sich nicht darum, ob Sie ein Atheist, ein Agnostiker, ein Christ oder ein ECKist sind. Er ist eine unparteiische Kraft; Er ist die Stimme Gottes.

Es gibt erprobte und bewährte Möglichkeiten, mit diesem Licht und Ton Gottes in Verbindung zu kommen, und wir nennen sie spirituelle Techniken oder die Spirituellen Übungen von ECK. Sie funktionieren. Sie haben bei anderen funktioniert und können das auch bei Ihnen.

Blinde Flecken

Wenn wir Probleme haben, dann erkennen wir nicht, daß wir sie uns selbst geschaffen haben. Wir neigen dazu, mit dem Finger auf andere zu zeigen und sie für unsere Schwierigkeiten verantwortlich zu machen. Wir beklagen uns, weil wir nicht verstehen, daß wir in erster Linie das Problem verursacht haben. Wir sind für unsere eigenen Schwächen blind.

Der Weg von ECK ist dazu da, Ihnen die Augen zu öffnen für die Art und Weise, wie der Heilige Geist in Ihr tägliches Leben eingreift und dort wirkt.

Es ist lustig, wie Menschen gegenüber ihren eigenen Schwächen und Ungereimtheiten blind sein können. Als wir gestern gerade unser Hotelzimmer in Sydney verlassen wollten, begannen wir ein Gespräch mit einer schottischen Wirtschafterin, einer reizenden Frau mit einem charmanten Akzent. Wir hatten einige Lebensmittel im Kühlschrank übrig, die wir nicht mitnehmen konnten, und so boten wir sie ihr an. Sie nahm einiges davon an, aber sie betonte ausdrücklich, daß sie niemals Fleisch ißt. »Nein, ich rühre kein Fleisch an«, sagte sie, »aber meine Leber mit Zwiebeln mag ich sehr.«

In ECKANKAR verstehen wir, daß es keinen Unterschied für Ihre Bemühungen auf dem spirituellen Weg bedeutet, ob Sie nun Fleisch oder Gemüse essen. Was Sie essen, ist eine rein persönliche Angelegenheit. Es hat nichts damit zu tun, wie Sie sich entfalten. Gott kümmert sich nicht darum, was Sie essen oder ob es gebacken oder gebraten ist. Gott interessiert sich nur für die Seele, und die Seele ißt nicht.

Die Wirtschafterin erzählte uns auch von ihrem vierundachtzig Jahre alten Vater daheim in Schottland, den sie kürzlich besucht hatte. Sie sagte, er sei genauso gesund und munter gewesen wie bei seiner Pensionierung von der Armee vor vielen Jahren. »Er ist ein großer Mann, über 1,80 m, und sein Rücken ist immer noch so gerade wie ein Besenstiel«, sagte sie. Ich fragte sie, was er dafür tue, um bei so guter Gesundheit zu bleiben. Hielt er sich an eine besondere Kost? »Nein«, sagte sie, »eigentlich trinkt er Whisky — eine Menge Whisky. Er macht übrigens seine Späße darüber. Er sagt gerne: 'Ich bin in Whisky eingelegt — das ist es, was mich vor dem Altwerden bewahrt.'« Aber damit wir ja nicht denken sollten, ihr Vater sei irgendwie verkommen, setzte sie hinzu: »Aber er raucht nicht.« Und hier führte sie uns wieder hinters Licht. »Er raucht nicht«, sagte sie, »aber seine Pfeife mag er sehr.«

Sie war eine wunderbare Frau; sie war im reinsten Sinne sie selbst, und man würde so jemand überhaupt nicht korrigieren wollen. An solchen Leuten hat man eben so viel Freude, und man läßt sie einfach so, wie sie sind. Als sie zur Tür hinausging, sagte sie: »Meine Güte, da stehe ich und rede mit Ihnen, als ob wir uns schon ein Leben lang kennen würden«, und sie schüttelte den Kopf und ging.

Sie ist einer der Menschen, die eines Tages in eine Halle gehen und eines dieser Bilder von einem ECK-Meister sehen und sagen werden: »Moment mal, den Kerl kenne ich.« Vielleicht kauft sie sogar ein Buch, um herauszufinden, worum es sich dabei dreht.

Es ist jedoch das beste, ein bißchen langsam vorzugehen, nur ein Buch auf ein Mal zu lesen. Zu sehen, ob es wirklich das ist, wonach Sie suchen, denn vielleicht ist es das nicht. Aber die Menschen haben oft schon jahrelang Verbindung mit dem Heiligen Geist, bevor sie von ECKANKAR hören. Jeder spirituelle Weg führt zu einem höheren. Mir ist es gleichgültig, auf welchem spirituellen Weg Sie gerade sind — es gibt immer noch einen weiteren Schritt.

Heute nachmittag fragte mich jemand, wo Jesus in der ganzen Hierarchie der Dinge stehe. Er wußte, daß Jesus einen der ECK-Meister getroffen hatte, der zu dieser speziellen Zeit diente. Das war ein Mann namens Zadok. Jesus brachte eine Botschaft für seine Zeit und seine Umgebung, um die Menschen anzuheben, die für den nächsten Schritt bereit waren.

Wenn Sie mit einem Meister irgendeines Weges in Verbindung stehen, gleich, ob im Äußeren oder im Inneren, wird er Sie, wenn er ein wahrer Meister ist, zu dem nächsten weiterleiten, wenn Sie alles gelernt haben, was Sie von ihm lernen können. Diese Verbindung wird oft im Traumzustand oder in der Kontemplation hergestellt. Dies ist Teil der Realität in den inneren Welten.

Wenn Sie irgendwelche Fragen haben, werde ich Ihnen gerne einige davon beantworten.

Äußere und innere Initiationen

F: Was für eine Verbindung besteht zwischen den äußeren und den inneren Initiationen?

HK: In ECKANKAR bekommt man keine Initiation, wenn man den Pfad betritt. Es dauert zwei Jahre, nachdem man als aktiver Schüler von ECKANKAR begonnen hat, bis man das Recht auf eine äußere Initiation erwirbt.

Wenn Sie eine Initiation bekommen, so öffnet diese Sie ein bißchen mehr für das Licht und den Ton des Heiligen Geistes. Darum ist sie wichtig. Ein stärkerer Strom dieser Kraft Gottes fließt durch Sie hindurch, der Sie anhebt und Ihnen noch tiefere Einsicht und eine bessere Fähigkeit zum Überleben im Alltag gibt.

Die erste Initiation kommt irgendwann zwischen sechs Monaten und einem Jahr, nachdem Sie das Studium von ECK begonnen haben, manchmal auch schon früher. Sie kommt in der Regel im Traumzustand. Die erste Initiation findet ausschließlich im Inneren statt. Vielleicht erinnern Sie sich daran, vielleicht auch nicht. Einige können es, andere nicht. Es ist besser, wenn Sie es können.

Nach zwei Jahren Studium können Sie um die zweite Initiation bitten. Menschen, die die zweite Initiation haben, berichten oft, daß sie weit über die Astralebene hinausgegangen sind und bewußte Erfahrungen auf der Seelenebene haben, welche die erste der wahren spirituellen Welten ist. Von dieser Stufe an gibt es noch sehr viele weitere Ebenen, im Grunde ohne Ende. In den ECK-Schriften werden zur Zeit zwölf Ebenen aufgezählt.

Die verschiedenen Himmel, die von den orthodoxen Religionen eingerichtet wurden, sind noch innerhalb der Welten von Materie, Energie, Raum und Zeit — der physischen, astralen, kausalen, mentalen und ätherischen Ebene. Viele der Himmel befinden sich auf der Mentalebene; hier sind die Himmel des Christentums, des Buddhismus, des Hinduismus und anderer. Der Spiritismus befindet sich auf der Astralebene. Aber es gibt immer noch einen weiteren Himmel.

Der ECKist kann vom Inneren Meister mitgenommen werden über die Stufe der Initiation hinaus, die er sich auf der physischen Ebene verdient hat. Nach einer Erfahrung auf der Seelenebene könnte er sich fragen: Bedeutet das, daß ich jetzt ein Initiierter des Fünften Kreises bin? Nein. Es heißt nur, daß man ein Besucher auf der Seelenebene ist. Diese Besuche gestatten uns, uns in kleinen Schritten an diesen Bewußtseinszustand zu akklimatisieren. Man kann zur Kausalebene mitgenommen werden, während man noch Zweitinitiierter ist. Die Kausalebene ist der Bereich, wo man sich seiner vergangenen Leben erinnert. Wenn Sie wollen, können Sie durch den Traumzustand die Fähigkeit entwickeln, herauszufinden, welche Haltungen und Kräfte aus der Vergangenheit Sie zum gegenwärtigen Zustand gebracht haben.

Die Verbindung zwischen äußerer und innerer Initiation ist folgende: Wenn Sie die äußere Initiation für irgendeine Stufe erhalten, etabliert Sie dies auf dieser inneren Ebene. Dadurch wird das notwendige Gleichgewicht zwischen dem Inneren und dem Äußeren hergestellt, und das ist der ganze Sinn der äußeren Initiation.

Kann die Seele zerstört werden?

F: Kann die Seele jemals zerstört werden?

HK: Nein, Sie kann nicht zerstört werden. Wenn Sie anfangen, im Seelenkörper auf den inneren Ebenen zu arbeiten, könnte es sein, daß Sie dort einige wirkliche Abenteuer mit Wesenheiten erleben, die Ihre Kräfte durch schwarze Magie mißbrauchen. Das geschieht in den niederen Welten, nicht in den höheren. Ob wir uns dessen bewußt sind oder nicht, wir arbeiten in diesen anderen Ebenen zur gleichen Zeit. Manchmal sieht es aus wie eine Szene aus dem *Krieg der Sterne*, wo jeder vernichtet wird. Aber Sie entwickeln die Stärke und den Schutz des Heiligen Geistes, so daß diese Dinge Ihnen keinen Schaden mehr zufügen können. Sie werden immun gegen psychische Angriffe, und die Wesenheiten können Sie nicht mehr berühren oder Ihnen schaden. Aber niemals wird die Seele zerstört.

Die Seele ist die Schöpfung aus dem Herzen Gottes. Solange Sie in den niederen Welten ist, kann Sie extrem negativ werden, aber Sie kann niemals zerstört werden. Sie muß durch Ihre Erfahrungen hindurchgehen, bis Sie gereinigt und fähig ist, auf die Seelenebene und darüber hinaus zu gehen.

Führung im Inneren

F: Du sagtest, daß das, was wir im Inneren erhalten, auch im Inneren bleiben sollte. Wie verträgt sich das mit dem Gesetz: »Wie oben, so unten?«

HK: Ich versuche, den Menschen eine Faustregel zu geben, damit sie nicht losziehen und irgend etwas Verrücktes tun aufgrund dessen, was sie im Inneren sehen. Menschen ohne den Schutz der ECK-Meister könnten einen der Herrscher der niederen Ebenen treffen, wie den der Astralebene. Weil dieses Wesen eine Menge Licht und Kraft hat, glauben sie vielleicht, sie hätten Verbindung mit Gott aufgenommen. Und was tun sie dann? Sie ziehen los und gründen ihre eigene Gruppe, tun merkwürdige Dinge und geraten aus dem Gleichgewicht.

Der Weg von ECK ist dazu da, den einzelnen zu einem Leben zu führen, das spirituell anhebend und niemals in irgendeiner Weise erniedrigend oder verdorben ist. Er soll aufbauen. Wenn Sie etwas im Inneren erhalten — einen

Hinweis, etwas zu tun — wenn es positiv und harmonisch ist, tun Sie es! Wenn es Sie aus der Fassung bringt, oder wenn es von Ihnen verlangt, daß Sie Macht über eine andere Person ausüben — mit anderen Worten, wenn der Befehl, den Sie bekommen, bedeutet, daß jemand anders die Freiheit verliert, so zu handeln, wie er möchte — dann tun Sie es nicht! Es ist die negative Kraft, und die kann sogar das Gesicht eines ECK-Meisters annehmen. Warum? Um unserer Erfahrung willen, damit wir lernen, wie wir uns ihr mit einem der heiligen Worte Gottes, zum Beispiel dem HU, entgegenstellen können. Sie können dies still chanten, und sie werden Schutz genießen. Es öffnet Sie für diesen Schutz des Heiligen Geistes.

Dies ist eine der Funktionen des HU, und es ist ein sehr nützliches Werkzeug. Sie können es jederzeit anwenden. Wenn Sie irgendeine Hilfe brauchen — vielleicht klatscht jemand über Sie oder greift Sie an — dann richten Sie es nicht gegen diese Personen, sondern Sie chanten es einfach, um sich selbst spirituell anzuheben, damit Sie entweder Einsicht gewinnen oder sich selbst schützen oder was sonst gerade nötig ist.

Vielleicht haben Sie eine Erfahrung, die nahezulegen scheint, daß Sie in der physischen Welt bestimmte Schritte unternehmen sollten. Wenn es eine anhebende Sache ist, halten Sie sanft ihre Aufmerksamkeit darauf und arbeiten Sie darauf hin, soweit Sie können, sehr sanft, ohne etwas zu erzwingen, auch wenn es fünf oder zehn Jahre dauert. ECKANKAR ist eine universelle Lehre, und eine Lebensweise für Ihr ganzes Leben.

Handeln oder passiv sein?

F: Wenn ein Unrecht geschieht, entweder einem selbst oder einer anderen Gruppe, dann werden viele den Wunsch verspüren, etwas dagegen zu tun. Gibt es in ECK irgendwelche Richtlinien für unser spirituelles Engagement in Fragen großer Ungerechtigkeit?

HK: Tun Sie als einzelner das, was Sie wollen! Wenn es etwas ist, das Sie sehr empört, kümmern Sie sich unbedingt darum! Tun Sie das als Privatperson, nicht als Teil einer Gruppe von ECKisten! Ihr Lebensweg in ECK ist eine persönliche Angelegenheit. Sie handeln im Äußeren, wo Sie es für notwendig halten: Engagieren Sie sich immer, wenn Sie eine Ungerechtigkeit sehen und etwas dagegen tun wollen! Wichtig dabei ist Ihre Haltung.

Dies ist ein kriegerisches Universum, und es wird immer Ungerechtigkeit geben, aber das bedeutet nicht, daß wir nur herumliegen und nichts tun sollen. Wir tun, was wir können, um ein Werkzeug für den Heiligen Geist zu sein und wo immer wir es können, anhebend zu wirken, entsprechend unseren Begabungen. Da ich selbst kein Revolutionär bin, würde ich persönlich im Rahmen der Gesetze und Richtlinien der Regierung des Landes arbeiten. Aber das ist persönliche Entscheidung — was auch immer Sie tun wollen. Auf jeden Fall ist es besser, irgend etwas zu tun, als nichts.

Wir sind daran interessiert zu lernen wie man das Leben voll und ganz lebt, nicht, wie man kontempliert und sich vom Leben zurückzieht. Indem wir das Leben voll leben, bekommen wir die Erfahrung, die wir brauchen, um eines Tages ein Mitarbeiter Gottes zu werden. Sie brauchen dazu jede denkbare Erfahrung. Es ist besser, loszuziehen und etwas zu tun, von dem Sie später feststellen, daß es falsch war, als nichts zu tun. Wenigstens haben Sie etwas gelernt, — und wenn es nur ist, daß Sie es nie wieder tun würden — und Sie sind dann klüger als vorher.

Die Spirituellen Übungen machen

F: Wenn man eine Arbeit oder andere Aktivitäten hat, die einem nicht die Zeit lassen, die spirituellen Übungen regelmäßig oder immer zur gleichen Tageszeit zu machen, was sollte man dann tun?

HK: Sie können Ihr geheimes Wort oder HU oder irgendeines der anderen heiligen Worte still vor sich hin chanten. Tun Sie das eine Weile lang tagsüber und wenn Sie sich abends schlafenlegen. Wenn Ihr Zeitplan so ist, daß er Ihnen nicht die Möglichkeit gibt, sich hinzusetzen und die spirituelle Übung zwanzig Minuten lang zu machen, können Sie auch eine Technik anwenden, die ich selbst recht oft benutzt habe. Unmittelbar bevor Sie einschlafen, können Sie zum Inneren Meister sagen: »Ich gebe dir die uneingeschränkte Erlaubnis, mich an den Ort mitzunehmen, den ich mir verdient habe, oder wo ich etwas lernen kann.« Dann legen Sie sich schlafen und denken nicht mehr daran.

Der Innere Meister wird anfangen, mit Ihnen im Traumzustand zu arbeiten. Oft werden Sie feststellen, daß sich mit Ihrem Bewußtsein auch die äußeren Umstände verändern. Es kann einige Jahre dauern. Dies ist die physische Welt, und es ist oft sehr schwierig. Aber die Meister beginnen, mit uns zu arbeiten, wo sie uns finden. In den spirituellen Werken fangen wir da an, wo wir sind. Wir können uns alle Freizeit der Welt wünschen, aber es ist nun einmal so, daß wir wirklich sehen müssen, wo wir sind und uns dann überlegen müssen, was wir in unserer eigenen Situation tun wollen. Das ECK wird uns innerlich Schritt für Schritt weiterführen; und das wird sich im Äußeren in irgendeiner Weise widerspiegeln. Vielleicht wird Ihr Leben nicht einfacher, aber es wird sicherlich erlebnisreicher werden.

Selbstmeisterschaft entwickeln

Man entwickelt einen Sinn für Humor, und wenn Herausforderungen auf einen zukommen, beginnt man seine Kreativität zu benutzen. Man findet Lösungen, die einem früher nie eingefallen wären. Das Leben macht mehr Spaß — man hat tatsächlich ein erlebnisreicheres Leben. Man wird in Situationen hineingeführt, in die man früher nicht gekommen wäre, weil man einen Schritt über sich selbst hinausgeht. Und wenn man sich selbst in Schwierigkeiten bringt, hat man auch die Hilfe, wieder herauszukommen, denn wenn man lernt, mit seinen eigenen Mitteln zu arbeiten, entwickelt man Selbstmeisterschaft.

Das ist es, was mich interessiert — daß diejenigen von Ihnen, die den Einsatz bringen wollen, diese Selbstmeisterschaft im Leben auch erreichen können. Sie kommen nicht dazu, daß Sie beginnen, den Heiligen Geist zu steuern oder zu beherrschen, denn der Heilige Geist läßt sich nicht beherrschen oder steuern. Menschen, die dies versuchen, benutzen die psychischen Kräfte wie schwarze Magie. Stattdessen lassen Sie den Heiligen Geist ohne irgendwelche Sperren oder Hindernisse durch sich hindurchfließen. Schließlich werden Sie Sein reines Werkzeug als ein ECK-Meister; und was auch immer Er will, Sie führen es aus. Wenn Sie eine Anweisung auf den inneren Ebenen erhalten, fangen Sie sofort an, sich Möglichkeiten auszudenken, wie man sie ausführen kann. Manchmal wird es eine Weile dauern. Sie wählen Prioritäten und arbeiten entsprechend.

Wie ist das mit ausgestorbenen Arten?

F: Gibt es eine spirituelle Antwort darauf, daß Tiere aussterben? Braucht die Seele die Erfahrung, eine bestimmte Art zu sein, nicht mehr? Und kommt Sie wieder?

HK: Sie sprechen hier über das Wesen der Seele, die in verschiedene Lebensformen eintritt, wie beispielsweise die Dinosaurier in prähistorischer Zeit, deren gesamte Art schließlich ausgelöscht wurde. Diese Lebensformen gehen ihren Weg, und die Seele braucht die Erfahrung dieser speziellen Lebensform nicht mehr. Obwohl wir tun mögen, was wir können, um die Wale und andere gefährdete Arten zu erhalten, wird eine Zeit kommen, wo diese Art ihren Zyklus durchlaufen hat. Die Seele ist nicht diese Lebensform oder dieser Körper. Die Seele kommt dann durch eine andere Tür, in einen anderen fleischlichen Tempel.

Wir kennen nicht die Seelenwanderung, bei der man vom Menschen zum Tier geht. Es gibt eher einen natürlichen Fortschritt der Seele durch verschiedene Lebensformen hindurch. In den niederen Welten ist der menschliche Bewußtseinszustand der höchste. Innerhalb des menschlichen Bewußtseinszustandes gibt es zwei Pole, vom äußersten Negativen bis ganz hin zum Positiven; jene, die im niedrigsten Bereich menschlichen Bewußtseins sind, gegenüber jenen, die in den höheren spirituellen Zuständen arbeiten.

Die Suche nach dem Glück

Innerhalb einer Stadt gibt es einen weiten Bereich verschiedener Bewußtseinszustände. Es gibt Menschen, die ihre Freizeit gerne an der Straßenecke mit einer Flasche zubringen. Das ist die Lebensweise ihrer Wahl, und ich würde so jemanden nicht mit dem Mann auf der Kanzel vergleichen. Wie Paul Twitchell schon sagte, ist der Mann mit der Flasche vielleicht genauso spirituell wie der Mann auf der Kanzel. Jeder versucht, Gott auf seine Weise zu finden. Die Suche nach Gott ist die Suche nach dem Glück. Während man danach sucht, könnte man manchmal auf den Gedanken kommen, die einzige Alternative wäre in der Flasche zu finden, also hält man sich ein oder zwei Lebenszeiten daran und zahlt den Preis dafür. So läuft das.

Wir kennen unsere blinden Flecken nicht, und deshalb müssen wir sie kennenlernen. Schmerz ist nicht ganz so schlecht — im spirituellen Sinn. Ein Spruch lautet etwa so: Das Leid des Körpers ist die Freude der Seele. Wenn die Dinge immer glücklich und anhebend wären, gäbe es für uns keinen Beweggrund, den spirituellen Weg überhaupt nur zu suchen, uns zu entfalten und nach den höheren Bewußtseinszuständen zu greifen, in denen wir unsere Erbschaft antreten als einer der Söhne Gottes, als ein Mitarbeiter.

Nehmen Sie sich Zeit

Wenn Sie sich für die Werke von ECK interessieren, dann lassen Sie sich Zeit! Es gibt eine Reifezeit, von dem Zeitpunkt an, wo man zum ersten Mal mit den ECK-Werken in Berührung kommt, bis man wirklich den nächsten Schritt tut, und das bedeutet, ein aktiver Schüler zu werden. Diese Reifezeit kann ein Jahr, zwei Jahre, drei, vier oder fünf Jahre dauern; es ist keine Eile nötig.

Wenn Sie ECKANKAR studieren und Ihr Ehepartner nicht, dann müssen Sie nicht versuchen, ihn zu bekehren. Lassen Sie ihn! Auch er hat den Schutz des Heiligen Geistes, einfach indem er offen für Ihn ist; und wenn Sie für den Heiligen Geist offen sind und Ihr Partner auch, dann ist das alles, worauf es ankommt. Und wenn er nicht dafür offen ist, was macht das schon? Er bekommt seine eigenen Erfahrungen. Lassen Sie den anderen Menschen einfach *sein*, so wie auch Sie sind.

Der spirituelle Weg ist so einfach, daß ich manchmal nicht einmal weiß, wie ich es in Worte fassen soll, und wenn Menschen komplizierte Fragen haben, ist die beste Antwort wirklich: Gehen Sie nach innen! Es ist ehrlicher, Sie an den Inneren Meister zu verweisen, und nicht an meine äußere Person.

Jeder, der versucht, einer Person zu folgen, wird schmerzlich enttäuscht werden, wenn der Führer geht, denn seine Gründe, ihm zu folgen, sind auf Sand gebaut. Wenn er geht und ein Nachfolger kommt, sind die Anhänger in Verwirrung und haben alle diese Fragen: Ist er wirklich mein Meister oder nicht? Ist dieser Mann so gut wie der letzte? Lauter solche Dinge ohne jeden Zusammenhang.

Das Problem liegt darin, daß die Aufmerksamkeit auf der Person lag, während sie auf der spirituellen Seite des Lebenden ECK-Meisters hätte sein sollen, der auf den inneren Ebenen der Mahanta ist. Dies ist die Manifestation des Heiligen Geistes, wie Er sich formt; der Ton und das Licht kommen zusammen und nehmen die Form des Inneren Meisters an, und von dort erhalten Sie Ihre Hilfe.

Ich danke Ihnen herzlich.

Regionales Seminar, Melbourne, Australien
6. November 1982

6

Wahrheit kennt keine Geheimnisse

Es gibt eine Geschichte von einem jungen Mann, der zu einem großen weisen Lehrer kam und sagte: »Ich möchte dir folgen, um den Weg zu Gott zu finden.«

»Nun«, sagte der weise Lehrer, »du wirst mir eine Menge Gold geben müssen. Wenn du mir dieses Gold bringst, dann kannst du mein Schüler sein, und ich werde dich alles lehren, was du wissen mußt.«

»Aber ich habe kein Gold«, sagte der Sucher.

»Dann geh hin und besorge es dir«, sagte der Lehrer.

So ging der Sucher und verbrachte die nächsten paar Jahre damit zu arbeiten, bis er eine Menge Gold erworben hatte. Als er meinte, er hätte genug, nahm er es und legte es dem weisen Mann zu Füßen. »Hier ist es«, sagte er. »Wirst du mich jetzt unterrichten?«

»Ich habe keine Verwendung für dieses Gold«, sagte der weise Lehrer, »denn ich habe die Segnungen Gottes in meinem Schoß, wann immer ich will. Wenn du nichts aus den Lebenserfahrungen gelernt hast, während du dieses Gold erworben hast, dann gibt es nichts, was ich dich lehren kann.«

Das ist es, wofür der Pfad von ECK da ist: ins Leben hinauszugehen und Erfahrung zu sammeln.

Die Seele geht weiter

Ein junges Mädchen fragte mich neulich, wie ich mich gefühlt hätte, als Zsa Zsa, die Katze, die ich als Junge hatte, hinüberging oder starb. Ich erwähnte diesen Vorfall in dem Buch *The Wind of Change* [Der Wind der Veränderung.] »Nun«, sagte ich, »ich hatte ein ziemlich schlechtes Gefühl dabei.« Sie sagte, sie hätte vor kurzem auch eine Katze verloren, und obwohl sie darüber traurig war, machte sie sich klar, daß die Seele nicht stirbt. Sie hatte diesen speziellen Körper verlassen, aber später würde Sie wiederkommen.

Wir hatten immer Kätzchen auf unserem Bauernhof, und etwa alle vier oder fünf Jahre schienen immer drei neue da zu sein: eine grau-weiße, eine schwarz-weiße und eine getigerte Katze. Das Leben war ziemlich hart auf dem Hof, und so starben sie meist innerhalb von ein paar Jahren. Immer wenn dies geschah, schien es, als hätten wir plötzlich die gleiche kleine Gruppe von Katzen wieder da. Die Seele nahm eine Körperform an, und wenn dieser Körper abgenutzt war, verschwand Sie für eine Weile und kam dann im Körper einer neuen Katze wieder — vielleicht, weil unser Hof so viele Mäuse hatte. Ich konnte feststellen, daß es dieselben alten Freunde waren, die wiederkamen, und deshalb gab es auch niemals Traurigkeit, wenn eines der Tiere seinen Körper verließ.

Das gleiche gilt, wenn uns Familienmitglieder oder Freunde verlassen. Es ist ganz natürlich, eine Weile traurig zu sein — daran ist nichts falsch. Aber wenn die Seele in die höheren Bewußtseinszustände gehen kann, in die Himmel, in die anderen Welten, erfährt Sie eine Freude, die zu verstehen weit über die Fähigkeiten unseres Verstandes hinausgeht.

Veränderungen annehmen

Als ich als kleiner Junge auf dem Bauernhof lebte, war es eine besondere Freude, mit meinem Vater die Straße entlang zur Käsefabrik zu gehen. Er lud dann die Milchkannen auf unseren Lastwagen, und wir fuhren zur Käsefabrik hinüber. Ich schaute zu, wie die Milch in ein großes Faß geschüttet wurde und dann in diese riesigen Tanks, in denen der Käse gemacht wurde. Manchmal gab uns der Besitzer ein Stück Käse, wenn wir da saßen und schauten, und das machte es zu einem doppelten Genuß. Das waren kostbare Zeiten, und ich war froh, einfach dabei zu sein.

Aber die Zeiten ändern sich. Bald sahen sich die Geschäfte gezwungen, wirtschaftlicher zu arbeiten. Der Käsemann mußte mehr Geschäfte machen, um mehr Profit zu machen, obwohl mir nicht ganz klar ist, warum — er war schon der reichste Mann in unserer Nachbarschaft. Die Farmer mußten mehr leisten, und schließlich konnten sie es sich nicht mehr leisten, jeden Morgen diese ein oder zwei geruhsamen Stunden damit zu verbringen, die Milch abzuliefern. Sie mußten die Zeit nutzen, um härter auf dem Hof zu arbeiten, um eben genug Geld zum Überleben zu verdienen. Der Käsemann sah, in welche Richtung sich die Zeiten veränderten: Bald würden die Bauern die Milch nicht mehr zur Fabrik bringen, und deshalb würde er einen Fahrer anstellen und einen Lastwagen halten müssen, nur um zu den Höfen zu fahren und die Milch zu holen. Und so änderten sich die Zeiten.

Es ist eine traurige Sache für ein Kind, wenn es älter wird und plötzlich feststellt, daß die Dinge, an denen es besondere Freude hatte, sich jetzt ändern. Aber in ECK schauen wir nicht auf die Vergangenheit. Wenn das Heute anders ist als das Gestern, dann akzeptieren wir das. Man nennt das, im losgelösten Bewußtseinszustand zu leben. Wir nehmen das an, was wir hier und jetzt haben, ohne der Vergangenheit irgendwie nachzutrauern.

Die Wahrheit erschließen

Wahrheit ist wirklich niemals geheim. Die Initiationen, von denen ich gestern sprach, sind in gewissem Sinne wirklich eine letzte Prüfung, damit wir uns dessen bewußt werden, was wir aus den Dingen gelernt haben, die dieser Initiation vorausgingen. Die Initiation bringt den Ton und das Licht, aber zur gleichen Zeit gibt sie uns die Fähigkeit zu sehen, wieviel Boden wir gewonnen haben.

Viele der verschiedenen religiösen Lehren haben Initiationen. Der Freimaurerorden spricht von dem verlorenen Wort. Dieses verlorene Wort ist eigentlich der Ton des HU oder der Ton Gottes. Es ist einer der heiligen Namen Gottes, und es ist ein aufgeladenes Wort. Ein solches Wort — und das schließt unser persönliches Wort mit ein — hat von sich aus keine Macht. Das Wort, das uns bei der Initiation gegeben wird, wirkt wie ein Schlüssel, um den Schutz und die spirituelle Hilfe, die vom ECK oder dem Mahanta kommt, aufzuschließen. Wir chanten oder singen dieses Wort, still oder laut, wann immer wir diese Hilfe brauchen.

Die Lehren der Wahrheit sind nicht geheim. Irgendwo in dieser Welt gibt es sie in schriftlicher Form. In ECKANKAR ist das meiste davon an einer Stelle zusammengetragen. Aber daß die Lehren für alle offenliegen, bedeutet nicht, daß jeder sie sehen und verstehen kann. Es hängt vom Bewußtseinszustand des einzelnen ab. Dies wird offenbar, wenn man ein ECK-Buch wie *Das Shariyat-Ki-Sugmad* liest, die ECK-Bibel. Sie lesen es zum ersten

Mal, und wenn Sie vielleicht ein Jahr später wieder darauf zurückkommen, stellen Sie plötzlich fest, daß Sie ein ganz neues Verständnis für das haben, was in dem Buch steht. Das ist deshalb so, weil sich Ihr Bewußtseinszustand geöffnet hat, und Sie sehen es jetzt mit neuem Verständnis.

Die spirituellen Wahrheiten sind nur solange geheim, bis der Bewußtseinszustand aufgeschlossen wird. Der Lebende ECK-Meister oder der Innere Meister, kann das Bewußtsein nach und nach aufschließen, so daß wir das tiefere Verständnis bekommen können.

Interessante Phänomene

Es geschehen phänomenale Dinge, die vielleicht auch Spaß machen, die aber in Wirklichkeit sehr wenig mit spiritueller Wahrheit und spirituellen Realitäten zu tun haben. Paul Twitchell zum Beispiel fragte einmal nach einem Vortrag, den er hielt, ob jemand Fragen hätte. Niemand meldete sich. Da schaute er zu einem der Anwesenden hin und sagte: »Ich sehe über dir ein dickes Fragezeichen.« Es stellte sich heraus, daß die betreffende Person wirklich eine Frage im Sinn hatte, die sie dann stellte. Dies sind interessante kleine Einblicke, die manche Menschen entwickeln können, aber sie haben nichts mit dem spirituellen Leben zu tun.

Ich schaue mir normalerweise die Leute nicht daraufhin an, was ihre Beweggründe und Absichten sind; ich lasse sie lieber sein. Ich gehe nicht hin und durchleuchte jemanden, um zu sehen, was er denkt oder fühlt. Offen gesagt, die meisten von uns denken und fühlen ziemlich ähnlich, und es gibt da nichts, das mich erschreckt. So weiß ich im spirituellen Sinn Bescheid, und wer und was Sie sind, geht mich nichts an. Was mich angeht, ist nur, daß die Seele, die Ihren Weg zurück nach Hause zu Gott gehen möchte, dazu jede Gelegenheit hat.

Beim Weltweiten Seminar sah ich einen Mann, der hinter der Bühne zu dem Eiswasser-Behälter ging. Er hatte in seiner Tasche eine Packung Vitamintabletten. Ich beobachtete ihn, während ich darauf wartete, auf die Bühne zu gehen. Er ging mit seinem kleinen Pappbecher zu dem Wasserbehälter, und er wollte nur seine Vitamintabletten nehmen. Aber da stand eine Gruppe von Leuten in der Nähe, und das brachte ihn in Verlegenheit — er wollte nicht wie ein Gesundheitsfanatiker aussehen. Schließlich sagte er zu sich selbst: »Ich werde die Vitamine später nehmen.« Aber es war interessant: Ich konnte sehen, wie seine astrale Hand herauskam, in seine Tasche griff, und die Vitamintabletten an den Mund hob. Das wollte er eigentlich tun, aber er hatte im physischen Körper nicht den Mut dazu. Normalerweise sage ich nichts, wenn ich so etwas sehe, aber diesmal sagte ich: »Na, was ist mit deinen Vitaminen?« Er lachte ein wenig und griff dann in seine Tasche, nahm seine Vitamintabletten, steckte sie in den Mund und spülte sie mit dem Wasser herunter.

Wir sehen so etwas vielleicht alle paar Jahre einmal, aber noch einmal, es hat nichts mit dem spirituellen Weg zu tun. Diese Dinge beweisen gar nichts. Sie machen Freude, es sind lustige kleine Erscheinungen, die nebenbei aufblitzen, aber lassen Sie sich davon nicht zu einem Umweg von Ihrem Ziel der Gottrealisation verleiten. Halten Sie Ihre Augen auf das hohe Ziel gerichtet, für das die Seele die Mühe auf Sich genommen hat, in die niederen Welten zu kommen!

Hilfe bei der Entfaltung

Wenn Sie Hilfe bei Ihrer spirituellen Entfaltung haben wollen, und Sie während der Kontemplation damit

Schwierigkeiten haben, können Sie den Mahanta bitten, Ihnen im Traumzustand zu helfen. Eine einfache Art, die spirituellen Übungen zu machen, ist es, dem Inneren Meister einfach die Erlaubnis zu geben, Ihnen zu helfen, und dann schlafen zu gehen.

Am Morgen ist es hilfreich, den Tag damit zu beginnen, daß Sie sich selbst als ein Werkzeug für den Heiligen Geist erklären. Das kann in ganz einfacher Form geschehen, indem man sagt: »Ich erkläre mich zum Werkzeug für das SUGMAD, das ECK und den Mahanta.« Verwenden Sie diese Erklärung jederzeit während des Tages wieder, wenn Sie glauben, ein wenig Hilfe zu brauchen, als eine Art Verstärker! Dann vergessen Sie einfach die äußeren Methoden, den Heiligen Geist anzuzapfen. Machen Sie weiter und tun Sie ihre Arbeit! Jemand, der seine Arbeit liebt und reine Freude daran hat, ob er nun ein ECKist ist oder nicht, lebt schon das Leben des Heiligen Geistes.

Auf welchem Weg auch immer Sie sind, wenn Sie den Pflichten Ihres Weges mit Losgelöstheit folgen — wie es in dem Buch *ECKANKAR — der Schlüssel zu geheimen Welten* heißt — dann werden Sie sich auf geradem Wege entfalten. Und wenn Sie über den Weg Ihrer Kindheit hinausgewachsen sind, dann wird ein neuer am Horizont auftauchen. Lassen Sie sich Zeit! Übereilen Sie nichts!

Ich möchte Ihnen allen danken, daß Sie gekommen sind. Die Liebe und der Schutz des ECK sind bei Ihnen auf Ihrer Heimreise.

Regionales Seminar, Melbourne, Australien
7. November 1982

7
Dienen in ECK

Wenn wir auf dem Weg von ECK sind, ist es wichtig zu verstehen, warum der Zeitpunkt kommen wird, wo der Lebende ECK-Meister sagt: »Wenn du Schwierigkeiten hast, dann kannst du sie dadurch loswerden, daß du dem Leben etwas zurückgibst, in irgendeiner Weise, in irgendeiner Art von Dienst.« Es spielt keine Rolle, ob es innerhalb des ECK-Programms ist, oder ob Sie es für jemand anderen tun — aber tun Sie etwas! In den Werken von ECK wird von dem Fluß nach innen gesprochen, wenn das ECK einströmt, und was man damit tut, ist der Fluß nach außen. Das menschliche Gefäß kann die unermeßliche Größe von ECK nicht fassen. Es muß irgendwo wieder hinausfließen. Sie müssen damit etwas tun.

Wenn Sie den Pfad betreten und den Heiligen Geist darum bitten, in Ihr Leben zu kommen und Ihnen größere Entfaltung zu geben, wird Er das tun; der Ton und das Licht strömen in Sie hinein, ob Sie sich dessen bewußt sind oder nicht. Er wird vielleicht ein oder zwei Jahre lang und manchmal noch länger einströmen; wenn Sie dann damit angefüllt sind, müssen Sie lernen, was Sie damit tun können. Das ist der nächste Schritt, dieses Lernen, wie Sie in einer Weise, die Ihnen entspricht, etwas geben können. Es wird für keine zwei Menschen das gleiche sein, und die Art zu dienen, die Sie gewählt haben, wird auch nicht immer so bleiben. Sie werden schließlich darüber hinauswachsen, und dann müssen Sie einen neuen Weg finden, etwas, das Ihnen Freude macht.

Wenn Sie Fragen haben, werde ich Ihnen gerne einige davon beantworten.

Familie und Kinder

F: Wie können wir unseren Kindern beibringen, wie wichtig es ist zu dienen?

HK: Wir müssen auf das Ziel hinarbeiten, daß wir den Kindern helfen, am ECK-Leben teilzunehmen. Wenn sie etwa acht oder neun werden, sind sie in einem Alter, wo sie Ihnen helfen wollen — sie helfen Ihnen einfach sehr gern — und wir müssen herausfinden, in welcher Weise sie es können.

Ich habe mich irgendwann einmal gefragt, ob es nicht vielleicht ein Fehler war zu heiraten und noch ein größerer Fehler, ein Kind zu bekommen — ich hatte das Gefühl, das ECK nicht mehr in gleicher Weise nach außen geben zu können wie vorher. Aber wenn das ECK hereinströmt, findet man Wege, es nach außen zu geben. Als ich verheiratet war, fand ich, daß ich nicht einfach auf die Straße gehen konnte, wenn ich das Gefühl hatte, etwas tun zu müssen, also arbeitete ich am Ort und zu Hause. Ich nahm mir dann oft einen Stapel Plakate und ließ meine Tochter mir helfen, sie fertig zu machen. Sie machte das gerne.

Wir planen auch Familienausflüge am Wochenende etwa einmal im Monat, wenn ich nicht auf Reisen bin. Wir fahren in eine Stadt, die wir noch nicht kennen, und übernachten in einem preiswerten Motel. Die Familie hat ihren Spaß, während ich hinausgehe und Plakate aufhänge, und später gehen wir alle hinaus und pflücken Obst oder finden etwas anderes, das wir gemeinsam tun können. Wir mischen die Zeit für die Familie mit der Zeit für ECK, und wir wissen, daß unsere Bemühungen gesegnet sind, wenn wir uns auf den Weg machen, ganz gleich was geschieht.

Es ist das beste zusammenzuarbeiten, besonders in einer Familie, wo der Partner nicht in ECK ist, denn sonst wird er das Gefühl haben, daß das ECK im Wege steht. Er wird denken, es steht zwischen Ihnen und ihm, und es entsteht Verstimmung. Aber Sie können Aktivitäten so verbinden, daß er Freude daran hat und mit eingeschlossen ist, wenn Sie ihre ECK-Dinge tun — irgend etwas Erschwingliches, das Sie gemeinsam tun können.

Ein typischer Tag

F: Könntest du uns etwas über einen typischen Tag im Leben des Lebenden ECK-Meisters erzählen?

HK: Wenn ich zu Hause und nicht auf Reisen bin, sorge ich morgens nach dem Aufstehen als erstes für Bewegung. Der Körper braucht das genauso, wie die Seele die spirituellen Übungen braucht und wie auch der Verstand etwas zu seiner Anregung braucht — ob das nun eine Unterrichtsstunde ist oder Berufsausbildung oder sonst etwas. Auch der Emotionalkörper braucht Bewegung: Glücklichsein, Weinen, was auch immer. So bekomme ich meine Bewegung, und dann wasche ich mich und mache mich fertig für die Arbeit. Dann arbeite ich den Vormittag über am Schreibtisch.

Den Nachmittag verbringe ich damit, die Post durchzusehen. Es gibt viele Briefe. Ein Teil der Post, wie die Bearbeitung von Buchbestellungen, übernehmen die

Mitarbeiter vom Internationalen Büro. Ich arbeite auf der spirituellen Seite der Dinge. Ich kann Ihnen nicht immer antworten, aber ich lese Ihre Briefe wirklich. Ihre Antworten werden Sie im Inneren erhalten. Was ich versuche ist, Sie und Ihre Aufmerksamkeit auf den Inneren Meister zu richten.

Ich arbeite daran einige Stunden, und dann kommt meine Tochter von der Schule nach Hause. Wenn ich sie überreden kann, auf den Spielplatz zu gehen, um Fußball oder Softball zu spielen, dann kann ich noch ein bißchen mehr Bewegung bekommen. Aber ich lasse sie denken, ich tue es nur für sie.

Häufig sagt jemand zu mir: »Ich tue doch nichts anderes, als anderen etwas zu geben.« Aber wenn wir etwas geben oder für jemanden etwas tun, dann tun wir es in Wirklichkeit für uns selbst. Und während wir dies für uns selbst tun, kann es auch anderen nützen. Manchmal sagt jemand: »Ich tue immer nur etwas für mich selbst«, und diese Menschen müssen lernen, anderen etwas zu geben.

Manchmal nach dem Abendessen oder an den Wochenenden fahren wir mit der ganzen Familie hinaus. Wenn man im Leben sehr beschäftigt ist, kann es schwierig werden, die Familie zusammenzuhalten. Man hat sein Familienleben; man versucht, seinen Lebensunterhalt zu verdienen und die Arbeit für ECK zu tun, wenn man fühlt, daß der Heilige Geist durch einen nach außen fließt. Das heißt, man muß lernen, seine eigene Zeit sehr gut einzuteilen. Wenn man das nicht tut, wird man vom Leben überrollt. Aber es gibt immer einen Weg.

Wenn Sie die Arbeit für ECK nicht bewältigen können, dann suchen Sie jemand, der aushelfen möchte, damit auch er daran wachsen kann. Das muß ich auch machen. Ich muß viele Dinge delegieren; sobald etwas Neues auf mich zukommt, delegiere ich einen Teil davon an jemand, der dazu fähig ist.

Spirituelle Erfahrungen

F: Es ist sehr schwierig, zu anderen über spirituelle Erfahrungen zu sprechen, wenn jemand noch nicht bewußt derartige Erfahrungen gemacht hat. Kannst du dazu etwas sagen?

HK: Das ist wirklich schwierig. Gewöhnlich fühlen wir uns sicher, wenn wir anderen von einer spirituellen Erfahrung erzählen, solange diese noch frisch ist. Wenn eine Erfahrung weiter zurückliegt, erinnern wir uns ihrer nicht so genau und fühlen uns vielleicht weniger geeignet, über den Weg von ECK zu sprechen.

Sie haben die inneren Erfahrungen, obwohl oft zu Ihrem eigenen Vorteil ein Vorhang davor gezogen wird. Ich kenne Menschen, die sich zum Beispiel an vergangene Leben erinnern wollten, aber als sie schließlich die Erfahrung bekamen, fanden sie diese erschreckend. Sie hatten sich nie vorgestellt, daß sie auch etwas von negativer Art enthalten könnte. Was uns in der Vergangenheit geschah, ist für die Ängste verantwortlich, die wir heute in uns tragen. Mir wäre es lieber, Sie gehen langsam vor und machen sich nicht allzu viele Gedanken darüber, ob Sie sich erinnern oder nicht.

Wenn andere etwas von Ihren Erfahrungen in ECK wissen möchten, dann brauchen Sie keine große Erklärung zu geben. Sie können das Gesetz des Schweigens beachten und ihnen einfach sagen: »Es ist nicht wichtig, welche Erfahrungen ich habe, sondern welche du hast.« Geben Sie ihnen einfach ein ECK-Buch und sagen Sie: »Probiere die spirituellen Übungen, die man in *ECKANKAR — der Schlüssel zu geheimen Welten* findet.

Wenn du feststellst, daß sie bei dir funktionieren, schön — der Weg hat dir etwas zu bieten. Wenn nicht, dann ist es vielleicht nichts für dich. Aber versuche es selbst.«

Wenn sie für sich etwas auf dem Weg von ECK finden, dann ist es, weil sie das Recht dazu erworben haben. Die spirituellen Übungen funktionieren; sie haben bei anderen funktioniert, aber sie funktionieren nicht bei jedem. Wenn jemand nicht soweit ist, ist das auch in Ordnung.

Alles, was zu lernen sich lohnt, alles wirklich Wertvolle kommt sehr selten ganz leicht. Man kann beim ersten Mal Erfolg haben, es kann aber auch länger dauern. Viel hängt davon ab, aus welchem Grund der einzelne die spirituellen Übungen macht. Was ist sein Ziel? Das Ziel sollte Gott sein. Und in einem gewissen Sinne muß es eine starke Sehnsucht nach Gott sein. Ich weiß, wir sprechen von dem Zustand ohne Verlangen — suche Gott nicht, denn wenn du es tust, zieht ES sich zurück — aber andererseits muß man diese Sehnsucht haben. Es ist ein empfindliches Gleichgewicht.

In der Bibel steht, man solle zuerst das Königreich Gottes suchen, und alle anderen Dinge werden einem dann gegeben werden. Worauf es ankommt ist, wie der einzelne sich Gott nähert. Ob man bewußte Erfahrungen gehabt hat oder nicht, ist unwichtig.

Legen Sie denen, die fragen, nahe, in eine ECK-Diskussionsgruppe zu gehen und dort mehr zu lernen. Wenn die Zeit reif ist, wird ihnen der Innere Meister das geben, wozu sie bereit sind. Aber man sollte nicht drängen, denn der Vorhang könnte sich öffnen, bevor man bereit ist. Dann fällt man in einen spirituellen Schock, und ich muß kommen und die Scherben wieder zusammensetzen.

Der Traumzustand

F: Manchmal bin ich mir bewußt, daß ich die ganze Nacht von ECKANKAR geträumt habe, aber am Morgen kann ich mich an nichts mehr erinnern. Wie kann ich besser begreifen, was im Traumzustand geschieht.

HK: Das macht man mit Training. Es gibt Leute, die sich nicht einmal erinnern, überhaupt geträumt zu haben; diesen Schritt haben Sie also schon hinter sich. Sie können diese Fähigkeit als eine Disziplin entwickeln; halten Sie ein Notizbuch und einen Stift neben Ihrem Bett bereit.

Auf der physischen Ebene scheint es, als hätte der Verstand eine große Erinnerungsfähigkeit. Aber in den Welten darüber machen wir eine ungeheure Menge von Erfahrungen: Für den physischen Verstand ist es einfach nicht möglich, alles aufzunehmen, was dort stattfindet, nicht einmal auf der Astralebene. Die Seele arbeitet gleichzeitig auf mehreren verschiedenen Ebenen. Das alles strömt hinein und verwirrt den kleinen physischen Verstand, und deshalb muß man auswählen.

Sie werden viele verschiedene Arten von Traumerfahrungen haben. Manche sind Routine, alltägliche Dinge, die nicht besonders interessant sind. Andere scheinen zerstückelt zu sein und ergeben keinen logischen Sinn. Es gibt auch die spirituellen Träume, und das sind die wichtigen, und sie können sich die Disziplin auferlegen, die Erinnerung an sie zu lernen.

Aktiv sein

F: Du hast früher einmal darüber gesprochen, wie man den aktiven Zustand des inneren Bewußtseins benutzt. Da die innere emotionale Natur eine aktive und eine passive Seite hat, sagtest du, daß es nötig sei zu wissen, wie man die aktive Seite in seinem Verlangen nach Gott einsetzt. Könntest du etwas darüber sagen, wie wir den aktiven und den passiven Zustand im täglichen Leben ins Gleichgewicht bringen können?

HK: Das menschliche Bewußtsein hat eine natürliche Neigung zur Lethargie und zum Zögern. Das liegt an der Bindung, welche eine der Leidenschaften des Verstandes ist. Wir lernen, damit umzugehen. In Ihrem persönlichen Leben lernen Sie, sich Ziele zu setzen. Setzen Sie sich kleine Ziele, irgendwelche Ziele, gerade so, daß sie etwas tun. Die Seele ist hier, um Erfahrungen zu sammeln, und ohne etwas zu tun, werden Sie nicht viel Erfahrung bekommen. Paul Twitchell und die anderen ECK-Meister haben immer versucht, uns zur Aktivität zu bringen.

Machen Sie Ihr Ziel so positiv, wie sie können. Wenn Sie nicht sicher sind, ob das, was Sie wollen, positiv oder negativ ist, tun Sie es, statt still zu sitzen und zu zweifeln, und Sie werden es herausfinden. Das Gesetz des Lebens wird es Ihnen früh genug sagen. Aber es ist wichtig, etwas zu tun.

Die kreativen Techniken

Die spirituellen Übungen selbst unterscheiden sich aus dem gleichen Grunde von der Meditation. In der Meditation, wie sie von einigen der anderen Wege gelehrt wird, geht man nach innen und versucht, passiv und still zu werden. Dies ist ein erster Schritt. Aber dann beginnen wir mit den kreativen Techniken, um in irgendeiner Weise den Inneren Meister zu treffen.

Indem wir beispielsweise die Technik der bildlichen Vorstellung benutzen, können wir uns eine Szene aufbauen: Wir sehen die Grashalme, die Wolken, die Bäume.

Dann stellen wir uns vor, daß einer der ECK-Meister vorbeikommt. Wir tun es vielleicht Abend für Abend ohne Erfolg, aber wir bleiben dran; und schließlich kann es so gut funktionieren, daß wir sogar den Wind spüren und die Blumen riechen.

Es gibt noch eine andere subtilere Technik, die denen hilft, die sich fürchten, mit den normalen spirituellen Übungen in die inneren Welten zu gehen. Unmittelbar bevor Sie zu Bett gehen, können Sie dem Inneren Meister die Erlaubnis geben, Sie in den Tempel der Goldenen Weisheit mitzunehmen, der für Sie zu dieser Zeit richtig ist, oder auf irgendein Abenteuer in den weiten Welten Gottes. Dann legen Sie sich einfach schlafen und zerbrechen sich nicht mehr den Kopf darüber. Halten Sie ein Notizbuch und einen Bleistift neben Ihrem Bett bereit. Sie können auch eine Taschenlampe verwenden oder etwas, das Ihren Partner nicht stört. Es zahlt sich nicht aus, wenn man jede Nacht das Licht anmacht — man könnte ziemlich bald feststellen, daß man nicht mehr verheiratet ist. Wenn Sie jedesmal, wenn Sie einen Traum haben, das Deckenlicht anschalten, um ihn aufzuschreiben, dann werden Sie eine Menge Erfahrungen aufzuschreiben haben, aber sie werden nicht alle von den inneren Ebenen sein!

Mit Losgelöstheit arbeiten

F: Ich habe die Möglichkeit, eine Arbeit als Sozialarbeiter anzunehmen. Ich frage mich nur, ob es bedeutet, Karma zu übernehmen, wenn man hinausgeht und Menschen hilft, ihr Geld einzuteilen oder ihnen Ratschläge in Eheproblemen gibt.

HK: Nein, nicht wenn Sie es berufsmäßig und mit Losgelöstheit tun. Sie wenden demjenigen, der vor Ihnen steht, Ihre volle Aufmerksamkeit zu, und wenn der nächste kommt, vergessen Sie den, der gerade gegangen ist, vollständig. Wenn Sie dies vom losgelösten Standpunkt aus tun können, dann lassen Sie, sobald die Menschen weggehen, ihre Probleme mit ihnen gehen; Sie haben alles getan, was Sie im Rahmen Ihres Berufs tun können, um ihnen zu helfen. Wenn Sie es loslassen können, wird es Sie niemals belästigen.

Im losgelösten Bewußtseinszustand zu arbeiten hat nichts mit einem Mangel an Mitgefühl oder Interesse zu tun. Wenn die Menschen bei Ihnen sind, tun Sie, was Sie können, um ihnen zu helfen, als Teil Ihrer Arbeit. Aber wenn der Mensch geht, lassen Sie das Problem auch gehen. Während Sie arbeiten, können Sie alles im Namen des Inneren Meisters tun, und so sind Sie immer geschützt. Auf diese Weise nehmen Sie kein Karma auf.

Die Deutung der Träume

F: Ich habe manchmal einige ganz außergewöhnliche Träume, und dann setze ich mich hin und versuche herauszubringen, worum es dabei ging. Ich weiß wirklich nicht, wie ich vorgehen soll, um die richtige Antwort zu erhalten. Könntest du mir helfen?

HK: Durch einen Traum bringt das Innere oft in symbolischer Weise Einsicht über etwas, das im äußeren Leben geschieht. Der Innere Meister versucht, Ihnen Einblick in etwas zu geben, das Ihr tägliches Leben betrifft. Zu anderen Zeiten ist es vielleicht ein spiritueller Traum, und dann haben Sie die unmittelbare Erfahrung mit dem Ton und dem Licht, und das bedarf keiner Erklärung; es hat nichts mit Symbolik zu tun. Es bezieht sich nur auf die Gegenwart der Stimme Gottes oder des Heiligen Geistes, die in unser tägliches Leben eintreten. Das ist ein spiritueller Traum, und er bringt Anhebung und Reinigung der Seele, damit die Seele sich Ihrer Aufgabe in diesem Leben bewußt wird. Das ist es, wonach wir suchen.

Zwischen dem Inneren Meister und dem physischen Bewußtsein liegt etwas, das man den Zensor nennt. Der Zensor verschlüsselt die Botschaft der Träume. Meistens glaubt er fälschlicherweise, daß Sie in Ihrem menschlichen Bewußtsein nicht stark genug sind, die unverfälschte Botschaft, wie sie vom Meister kommt, zu ertragen. Dies ist nur eine Ausrede der negativen Kraft, aber damit müssen Sie sich auseinandersetzen.

Wenn Sie durch die Spirituellen Übungen von ECK höhere Bewußtseinsstufen erreichen, arbeiten Sie unmittelbarer mit dem Wissen, was die inneren Erfahrungen für Sie in Ihrer spirituellen Entfaltung bedeuten. Sie müssen sie nicht mehr aus der Symbolik übertragen. Sie stellen auf den inneren Ebenen fest, daß Sie in der einen oder anderen Weise als Mitarbeiter für Spirit arbeiten. Sie erinnern sich in logischer Weise daran, wie ein Ereignis beginnt, weitergeht und endet; und alles paßt.

Aber wenn wir beginnen, mit dem Traummeister zu arbeiten, dann können die Teile verschlüsselt sein. Die Erfahrung selbst geschah in der richtigen Reihenfolge, vom Anfang bis zum Ende, aber sobald wir sie in unser menschliches Bewußtsein bekommen, erscheint sie so verworren wie ein Puzzlespiel, das auf den Boden gefallen ist. Die Teile sind überall verstreut, die Mitte kommt am Anfang, und Sie erhalten bruchstückhafte Bilder von dem, was die innere Erfahrung für Sie in Ihrer äußeren Entfaltung bedeutet. Studieren Sie die Symbolik! Sie dürften ziemlich schnell sehr versiert darin werden, Ihre eigenen Träume zu verstehen. Es braucht Übung.

F: Neulich hatte ich einen Traum, in dem ich im Traum erwachte und wußte, daß ich schlafend im Bett lag. Es war ganz lebensecht. Dann, vielleicht einige Minuten später, erwachte ich in meinem eigenen Bett. Ich dachte darüber lange, lange nach und ich kam zu dem Ergebnis, der Meister wollte mir sagen, daß das, was ich jetzt hier im Physischen tue, in Wirklichkeit im Traumzustand geschieht, daß mein Leben hier einfach ein Traum ist. Wäre das eine richtige Annahme?

HK: Ja, genau. Sie beginnen von den spirituellen Realitäten her zu sehen und zu arbeiten. Wenn Sie das tun, wird das physische Leben der Traum, und die innere Welt ist die Realität. In der Bibel wurde auch davon gesprochen: »In meines Vaters Haus sind viele Wohnungen.« Das heißt einfach, daß es viele verschiedene Bewußtseinszustände oder Himmel gibt.

Auf einer gewissen Stufe in Ihrem Studium der ECK-Werke erwachen Sie auf einer Ebene und denken, Sie sind im Physischen — so real ist es — und dann wachen Sie noch einmal auf. Manchmal wacht man sogar dreimal auf, bevor man sich wach auf der physischen Ebene vorfindet. Aber dann sind Sie nicht sicher, ob Sie wirklich hier sind, oder ob Sie noch einmal irgendwo anders aufwachen werden. Das liegt daran, daß Sie als Seele auf verschiedenen Bewußtseinsebenen gleichzeitig oder in schneller Folge arbeiten. Es bezeugt, daß die Seele ewig ist — keinen Anfang und kein Ende hat. Gleichzeitig weilt Sie auch in den hohen Ebenen Gottes. Dies ist für Sie ein sehr guter Schritt auf dem spirituellen Weg.

Heilung durch das ECK

F: Wenn jemand wegen eines Gemütsleidens in psychiatrischer Behandlung ist und Psychopharmaka nimmt, sperrt das den Strom des ECK oder die Gegenwart des Meisters aus dem Leben dieses Menschen aus?

HK: Wenn die Medikamente von einem zugelassenen Mediziner verschrieben wurden, ist das die Art, wie das ECK Heilung bringt. Nichts wird dabei ausgesperrt. Es bringt langsam und stetig Heilung in das Leben dieses Menschen mit einer Geschwindigkeit, die er verkraften kann, so daß er aus der Heilung lernen kann, während sie stattfindet.

Wenn jemand den Lebenden ECK-Meister um eine spirituelle Heilung bittet, kommt sie aus diesem Grunde oft in subtiler Weise — vielleicht bekommt er ein Buch über Ernährung oder wird zu einem Arzt geführt. Dies ist so, weil der Heilungsprozeß eine Lehre sein sollte. Wir sollten aus der Krankheit heraus zur Gesundheit kommen mit einem größeren Wissen darüber, wer und was wir sind.

Seelenreisen und Astralreisen

F: Viele von uns hören von Astralprojektion, während ECKANKAR von Seelenreisen spricht. Könntest du den Unterschied zwischen beiden erklären?

HK: Ich habe Astralreisen ausgeführt. Der Lebende ECK-Meister der Zeit gab mir die Erfahrung, so daß ich den Unterschied erkennen konnte. Beim Austreten mit dem Astralkörper fand ich es schwierig, den physischen Körper zu verlassen. Ich brauchte dazu wirklich den höchsten Einsatz, den ich aufbringen konnte.

Seelenreisen ist eigentlich die Ausdehnung des Bewußtseins zu höheren Bewußtseinszuständen. Es ist sehr sanft und einfach, und es gibt dabei keine der Gefahren, die mit Astralreisen verknüpft sind. Außerdem ist man, wenn man im Astralkörper auf die Astralebene geht, auf diese Ebene beschränkt; der Astralkörper kann nicht darüber hinausgehen. Es lohnt sich nicht, wenn man all die Mühe bedenkt, die nötig ist, um Astralreisen zu lernen.

Seelenreisen kann Sie auf die Astralebene bringen und dann weiter auf die kausale, mentale, ätherische bis hinauf zur Seelenebene. Wenn wir die Seelenebene erreichen und uns dort einrichten, dann werden wir nicht mehr seelenreisen. Wir gehen dann direkt in die spirituellen Zustände des Sehens, Wissens und Seins. Seelenreisen ist nur für die niederen Welten, jene, die über der physischen Ebene auf dem Weg zur Seelenebene liegen.

Wie steht es mit der Astrologie?

F: Ist Astrologie noch gültig, wenn man ein ECKist wird?

HK: Astrologische Deutungen hängen in allererster Linie vom Astrologen ab; manche können es besser als andere. Einige Leute haben mir gesagt, daß, seit sie zum Weg von ECK kamen, die Astrologen ihnen kein richtiges Horoskop mehr stellen konnten. In einem speziellen Fall hatte ein Astrologe jahrelang einer Frau Horoskope gestellt und konnte immer sehr genau sagen, wann bestimmte Krisen oder glückliche Ereignisse in ihr Leben treten würden. Aber als die Frau auf den Weg von ECK kam, funktionierte es nicht mehr. Der Astrologe war der erste, der dies zugab.

Der Grund dafür ist folgender: Astrologie ist mit Karma verbunden, und das ist in den Händen der Herren des Karma. Solange wir unter der Herrschaft der Herren des Karma sind, hält das Schicksal uns an sehr kurzer Leine. Aber sobald wir den Weg von ECK betreten, werden unsere karmischen Lasten den Herren des Karma aus der Hand genommen und vom Lebenden ECK-Meister übernommen. Astrologie funktioniert unter den Herren des Karma; ECK ist ein ganz neues Ballspiel, ein ganz neues Spielfeld.

Die Wunder Gottes

F: Sri Harold, wie kann jemand, der unter einem vorigen Lebenden ECK-Meister initiiert wurde, dem jetzigen Lebenden ECK-Meister helfen? Außerdem habe ich im Traumzustand und in den spirituellen Übungen einen Übergang vom vorigen Meister zu dir erfahren. Sogar wenn ich versuche, ihn im Blickfeld zu halten, verwandelt er sich immer in dich. Ich bin davon etwas verwirrt. Könntest du mir helfen, dies aufzuklären.

HK: Auf den inneren Ebenen gibt es keine Teilung des Heiligen Geistes. Der Heilige Geist ist eins. Er benutzt im allgemeinen die Matrix des Lebenden ECK-Meisters, aber Er kann auch das Gesicht oder die Form eines ECK-Meisters annehmen, zu dem Sie eine Beziehung aus einem anderen Leben oder aus diesem Leben haben, und mit Ihnen arbeiten. Aber Es ist immer noch das gleiche ECK. Im Äußeren nimmt der Lebende ECK-Meister der Zeit hier die Aufgaben wahr, um sicherzustellen, daß der Chela mit den spirituellen Pflichten fortfährt, den Kontakt mit dem ECK und dem Inneren Meister aufrechtzuerhalten.

Wenn Sie im Sinne Ihrer eigenen spirituellen Entfaltung als Arahata oder Führer in ECK mithelfen wollen, dann werden Sie feststellen, daß Sie daraus großen Gewinn ziehen. Häufig legen Menschen, wenn sie einen Beweis der Macht des ECK erbitten, die Hände in den Schoß und warten auf ein Wunder, und sie kommen niemals zu der Erkenntnis, daß diejenigen, die bereit sind, etwas von sich selbst im Dienst an den Heiligen Geist zu geben, auch die sind, die am ehesten die Wunder Gottes sehen werden.

Können wir unseren Verstand beherrschen?

F: Kommen wir in unserer spirituellen Entfaltung zu dem Punkt, wo wir völlige Kontrolle über unseren Verstand und über negative Gedanken haben? Wie können wir darauf hinarbeiten?

HK: Solange wir in den niederen Welten sind, müssen wir immer auf die fünf Leidenschaften des Verstandes achten. Sie begleiten uns immer, und wir müssen sie ständig im Auge behalten. Aber wenn wir weiter fortschreiten, sind wir nicht mehr so sehr daran interessiert, den Verstand unter Kontrolle zu halten. Stattdessen öffnen wir uns als ein Werkzeug für den Heiligen Geist, und wir wissen, daß was immer wir mit reinem Herzen und im Namen des SUGMAD oder des Mahanta tun, eine karmalose Handlung sein wird. Jemand anders kann uns ansehen und sagen: »Er hat etwas falsch gemacht«, aber es kann sich herausstellen, daß die Handlung für alle gut ist. Wir achten jedoch immer darauf, daß unsere Handlungen niemals ein Hindernis für einen Sucher der Wahrheit auf dem Weg zur Gottrealisation bilden, denn solch eine Handlung ist falsch.

ECK erklären

F: Selbst wenn der Rest der Familie keine ECKisten sind, es kommt die Zeit, wo sie mehr oder weniger mit ECKANKAR konfrontiert werden. Was ist der beste Weg, ihnen verstehen zu helfen, worum es dabei eigentlich geht und daß es kein Kult ist?

HK: Es gibt keine einfache Art, die Lehren von ECK

und die darin enthaltene Wahrheit zu erklären. Das Verstehen muß eine individuelle Angelegenheit sein. Das beste, was wir für unsere Familie tun können, ist, um ihr Wohlwollen zu bitten, uns den Weg unserer Wahl studieren zu lassen. Geben Sie ihnen die gleiche Freiheit und freuen Sie sich einfach als Menschen aneinander und als solche, die sich lieben. Manchmal können wir es ausarbeiten, manchmal nicht.

Ich habe es wirklich nicht gerne, wenn die Lehren von ECK zwischen den Mitgliedern einer Familie stehen, und ich empfehle ganz bestimmt nicht, sich die ECK-Kurse hintenherum zu beschaffen, zum Beispiel über ein anonymes Postfach. So etwas ist unaufrichtig. Im spirituellen Leben stellen Sie fest, daß man aufrichtig sein muß. Wir sehen nicht Ethik als unser Ziel, wir suchen Gottrealisation; aber während wir in unserer spirituellen Entfaltung Fortschritte machen, wächst unsere Ethik, und zwar mehr als auf jedem anderen Weg.

F: Wie kann man einem Nicht-ECKisten erklären, was der spirituelle ECK-Meister ist?

HK: Wer nicht in ECKANKAR ist, fragt sich, ob der Meister jemand ist, auf den der ECKist schaut und den er verehrt, und das ist er nicht. Der beste Weg, es zu erklären, ist zu sagen, er sei nur ein Führer auf dem Weg, ein spiritueller Führer. Betonen Sie, daß jeder einzelne seinen eigenen Weg zu Gott gehen muß. Es ist so, wie das Lied sagt: »Du mußt dieses einsame Tal durchwandern, du mußt selbst hindurchgehen. Niemand anders kann für dich gehen.« Auf dem Weg zu Gott ist es die gleiche Situation, aber der Lebende ECK-Meister ist der erfahrene Spirituelle Reisende, der den Weg kennt. Dennoch wird er niemals helfen oder sich einmischen, wenn man nicht darum bittet. Seine einzige Aufgabe ist, der Seele dabei zu helfen, Ihren Weg zurück zu Gott zu finden.

Die Fähigkeit sich zu erinnern

F: Daß man im Schlaf niemals ohne Bewußtheit sein soll, ist weit einfacher gesagt als getan. Was würdest du empfehlen?

HK: Es ist eine Fähigkeit, die man entwickeln muß. Und auch dann gibt es keinen Bewußtseinszustand, der vollkommen eingenommen wird, solange man in den niederen Welten lebt. Ein paar Wochen lang erinnern Sie sich vielleicht an alles, und dann eine Zeitlang nicht mehr. Das bedeutet, daß Sie Ihre Übungen oder ihren Ansatz ändern müssen. Hier kommt die kreative Seite der spirituellen Übungen ins Spiel. Sie müssen damit experimentieren und von einem anderen Winkel her arbeiten, um sie frisch zu halten, damit Sie sich an Ihre Erfahrungen erinnern können. Wenn Sie in andere Seinsbereiche gehen, müssen Sie auch neue Techniken herausfinden, um mit der Veränderung Schritt zu halten, um sich auf diese spezielle Ebene des Himmels einzustimmen.

Die ECK-Meister arbeiten zusammen

F: Kannst du etwas mehr darüber ausführen, wie die ECK-Meister im Inneren zusammenarbeiten?

HK: Wie ich schon früher erwähnte, gibt es auf den inneren Ebenen keine Unterscheidung; es gibt keine Trennung von dem Heiligen Geist. Der Mensch, der die Verantwortung als der Lebende ECK-Meister trägt, sorgt für die ECK-Kurse, die äußere Lehre, und die Bücher für jedermann, der die Wege des Heiligen Geistes und die spirituellen Gesetze lernen will. Ich werde auch auf den inneren Ebenen mit Ihnen arbeiten, aber manchmal wird einer der anderen ECK-Meister Sie unter seine Fittiche nehmen in einem der Tempel der Goldenen Weisheit.

Wir arbeiten zusammen, weil dieser betreffende Meister eine bestimmte Art zu lehren hat, die Sie zu dieser Zeit brauchen und die die Türen öffnet. Alle ECK-Meister haben ihre eigenen Talente und Fähigkeiten. Oft wird der Lebende ECK-Meister einen Schüler mit einem anderen ECK-Meister zusammenspannen, damit der Schüler die spirituelle Entfaltung bekommen kann, die auf der speziellen Ebene entwickelt wird. Das wird ihn dann auf die nächste Stufe anheben, wenn die Zeit dafür reif ist.

Rauchen und ECK

F: Ich bin daran interessiert, mehr über das Rauchen zu wissen. Vermeidet ein ECK-Meister es, sich in der Nähe eines Rauchers aufzuhalten, oder nur dann, wenn er gerade raucht? Ich glaube, du arbeitest durchaus noch mit Menschen, die rauchen, denn ich denke, viele in ECKANKAR rauchen weiter, manchmal einige Jahre lang, nachdem sie dazugekommen sind.

HK: Mit dem Rauchen ist es eine interessante Sache. Unsere ganze Gruppe ging neulich mit ein paar Rauchern aus. Der Heilige Geist hat so seine Art mit solchen Dingen, und die Unterhaltung kam natürlich auf das Rauchen. Alles, was am Tisch gesagt wurde, drehte sich um die schlechten Seiten des Rauchens, obwohl die meisten dieser Leute nicht so sind, daß sie normalerweise sagen, dies oder jenes sei schlecht. Aber diesmal taten sie es, und es dauerte eine Weile, bis sie sich dabei ertappten. In der Zwischenzeit waren die Raucher ziemlich in Verlegenheit gebracht worden.

Was das Rauchen wirklich tut, ist, den Schutz des Heiligen Geistes auszuschließen. Es bedeutet, daß Raucher ein Laster mehr lieben als die Reise zur Gottrealisation, und deshalb haben sie es noch nicht aufgegeben. Sie erhalten Hilfe, natürlich, aber es ist nicht dieser hohe Grad an Hilfe, den sie erhalten könnten, wenn sie diese Gewohnheit aufgäben. Dennoch arbeiten die ECK-Meister mit ihnen wirklich eine Zeitlang, um ihnen zu helfen, die Gewohnheit zu durchbrechen. Sie sind nicht verlassen.

Persönlichkeiten

F: Sri Harold, ich habe versucht, mit deinem Bild auf dem inneren Bildschirm zu kontemplieren, aber ich konnte dich dort nicht sehen. Stattdessen kommen zu mir unsichtbare ECK-Meister. Es liegt offenbar eine Lektion in der Tatsache, daß diese Meister keine mir sichtbare Person haben, denn ich kommuniziere mit ihnen, obwohl sie keine Form haben. Aber wenn an einem bestimmten Abend ein anderer Meister zu mir kommt, weiß ich das sofort. Ich kann feststellen, daß sie verschiedene Individuen sind. Welche Lektion liegt in der Tatsache, daß diese speziellen Meister keine Persönlichkeit haben, die ich sehen kann?

HK: Diese ECK-Meister arbeiten in den hohen Bewußtseinszuständen. Persönlichkeit kommt eigentlich nicht von einem sehr hohen Bewußtseinszustand. Allzuoft schaut der Sucher der Wahrheit auf die Persönlichkeit des Meisters, wenn er besser die spirituelle Seite ansehen sollte. Es ist die Pflicht jedes ECK-Meisters, die Aufmerksamkeit des Suchers auf das Ewige in ihm zu richten, den Göttlichen Geist oder das ECK. Man sollte nicht zuviel Hoffnung oder Vertrauen auf die äußere Form von irgend etwas setzen, und das schließt die Form des Lebenden ECK-Meisters mit ein.

Im Inneren ist es wirklich gleichgültig, ob Sie den

einen oder den anderen Meister sehen, solange die Unterweisung, die Ihnen gegeben wird, positiv und anhebend ist. Führen Sie niemals negative Anweisungen oder zerstörerische Handlungen irgendeiner Art aus, nur weil eine Wesenheit auf den inneren Ebenen Ihnen das gesagt hat. Wenn es negativ ist, dann ist es falsch, und es ist kein ECK-Meister, der zu Ihnen spricht. Es ist dann die negative Kraft, die hofft, Sie irrezuführen, denn das ist ihre Aufgabe. Sie unterliegt dabei keinerlei Beschränkungen, alles ist möglich. Ziemlich bald werden Sie spirituell so erfahren sein, daß Sie nichts mehr erschüttert. Rebazar Tarzs, der große ECK-Meister, sagte, daß nichts denjenigen bewegen sollte, der in ECK weilt. Und er meinte genau das.

Danke, daß Sie gekommen sind.

Regionales Seminar, Perth, Australien
9. November 1982

8
Die Suche nach dem Glück

Oft suchen wir eine spirituelle Heilung und haben das Gefühl, das gehöre zum spirituellen Weg. Wir machen uns kaum klar, daß die Krankheit, ganz gleich, welche wir haben, von uns selbst geschaffen ist, und daß die Heilung oft vom Heiligen Geist auf natürliche Weise zustandegebracht wird. Das könnte heißen durch ärztliche Kunst, Naturheiler oder was uns sonst noch ins Bewußtsein kommt.

Eine größere Sicht

Ein Mann erzählte mir neulich eine Erfahrung, die er hatte, als er seine Kontaktlinsen bekam. Es ist ein Beispiel, wie jemand über sich hinaus in einen anderen Bewußtseinszustand geht. Das ist es, woran die Seele interessiert ist: in immer größere Bewußtheit zu gelangen. Nachdem er den größten Teil seines Lebens eine Brille getragen hatte, entschloß er sich, den großen Sprung zu machen. Also ging er zum Augenarzt, um Kontaktlinsen zu bekommen. Als die Untersuchung beendet war, sagte der Arzt: »Versuchen Sie es mal mit diesen. Ich werden sie Ihnen ins Auge setzen.«

Dieser Mensch war sehr zimperlich und hatte Angst davor, daß ihm etwas in das Auge gesetzt werden sollte. Als der Arzt versuchte, die Linsen einzusetzen, fühlte dieser Mann plötzlich, wie ihm schlecht wurde. Mitten im Untersuchungszimmer wurde er völlig ohnmächtig. Der Augenarzt und seine Sprechstundenhilfe wußten nicht recht, was sie tun sollten. Sie legten ihn auf den Boden und versuchten, ihn wiederzubeleben. Aber er war so vollständig aus dem Körper ausgetreten, daß es aussah, als habe er die physische Ebene verlassen und sei gestorben oder hinübergegangen, wie wir in ECK sagen.

Während der Arzt und die Sprechstundenhilfe verzweifelt versuchten, sich die nächste sinnvolle Maßnahme zu überlegen, befand sich dieser Mann im Seelenkörper und beobachtete das ganze Ereignis von einem Punkt nahe der Decke. Wenn jemand in der Lage ist, sich in diesen Seinszustand zu begeben, stellt er fest, daß man sich dabei ganz gut fühlt, und so fand er die ganze Szene höchst amüsant. Der Arzt kam mit Sauerstoff angelaufen, und langsam konnten sie ihn wiederbeleben. Die ganze Szene war ihm so komisch vorgekommen, daß er lachend erwachte. Der Arzt und die Sprechstundenhilfe waren über seine Reaktion erstaunt. »Das war eine sehr ernste Angelegenheit«, sagten sie, »Sie hatten nicht einmal mehr einen Puls!«

Er hatte diese Erfahrung, und so konnte er sich seiner selbst als Seele bewußt werden, als des ewigen Wesens, welches keinen Anfang oder Ende hat. In den Werken von ECK lernen wir, wie wir in die höheren Bewußtseinszustände gehen können, so daß wir Vertrauen gewinnen und wissen, daß wir ein spirituelles Wesen sind, das über den Tod des physischen Körpers hinaus überlebt.

Lebe ich über den Tod hinaus?

Als ich mich zuerst dem Weg von ECK näherte, war ich beim Militär und in Japan stationiert. Einige Jahre zuvor hatte ich ein Theologiestudium beendet, immer noch ohne Antworten auf Fragen wie: Lebe ich über den Tod hinaus? Ich wußte nichts von den Eigenschaften des Heiligen Geistes, der in der Bibel als das Wort bezeichnet wird.

Dieses Wort Gottes, von den Griechen Logos genannt, kann man als Ton hören und als Licht sehen. Es ist wichtig für jeden, der hofft, auf dem spirituellen Weg Fortschritte zu machen, diese zwei Aspekte, die Doppelpfeiler Gottes, in seinem Leben zu haben. In ECKANKAR bieten wir besondere Techniken zum Üben an, und wir nennen sie die Spirituellen Übungen von ECK. Einige davon findet man in Büchern wie *ECKANKAR — der Schlüssel zu geheimen Welten*, worin vielleicht vier oder fünf davon aufgeführt sind, und in dem Buch *In meiner Seele bin ich frei*, welches die »Technik des leichten Weges« beschreibt.

Die ECK-Lehren hat es hier seit den frühesten Zeiten gegeben, in denen Menschen diesen Planeten bewohnten. Die ECK-Meister mußten den Menschen zuerst die einfachsten Wege zu überleben zeigen, zum Beispiel wie man mit Feuer umgeht. Der Lebende ECK-Meister jedes Zeitalters arbeitet mit dem Bewußtsein, das er vorfindet. Sein Ziel ist immer, der Seele aus den Welten der Materialität heraus in die reinen positiven Gottwelten zu helfen. Der Lebende ECK-Meister jedes Zeitalters möchte den einzelnen nur dahin führen, nach innen auf die Quelle alles Wissens, aller Weisheit und alles Verstehens zu blicken: den Ort, von dem man sich zur Selbst- und Gottrealisation hinbewegen kann.

Aber dies sind nur Worte. Ich kann hier stehen und viele Worte über Selbstrealisation und Gottrealisation sagen, aber sie werden für Sie nicht mehr Bedeutung haben, als wenn ein Pfarrer auf der Kanzel steht und von der Erlösung durch den Glauben redet. Es bedeutet nichts.

Was ECKANKAR von anderen religiösen Lehren unterscheidet, ist nicht nur der Ton und das Licht — das bis zu einem gewissen Grade auch einige andere Lehren haben — sondern die Tatsache, daß wir das Himmlische Königreich erreichen können, während wir noch im menschlichen Körper leben.

Die spirituelle Fliege

Ein ECKist begab sich auf eine nahegelegene Insel, um mit dem Fahrrad herumzufahren und die Beuteltiere zu beobachten. Während er dort war, fand er etwas, wovon das Fremdenverkehrsbüro nie gesprochen hatte: die australische Fliege. Er kam auf die Idee, sie wegen ihrer Wohltaten die spirituelle Fliege zu nennen. Eine davon ist die Verhütung eines Sonnenbrands, wenn man hinausgeht und sich an den Strand legt. Sobald man sich hinlegt, kommen alle diese Fliegen und landen auf einem. Der einzige Weg, ihnen zu entkommen, ist, sich auf sein Fahrrad zu setzen und in die Pedale zu treten. Wenn man schnell genug fährt, ist der Fahrtwind für die Fliegen zu stark, und sie können nicht mehr auf einem landen.

Ein anderer Vorteil der spirituellen Fliege ist, daß sie einen vorzeitigen Tod verhindert. Es ist so heiß im australischen Hinterland, daß die Feuchtigkeit nur so aus dem Körper herausrinnt, und der erschöpfte Reisende dort draußen täte nichts lieber, als sich hinlegen und diese Welt auf immer verlassen. Aber eins hält ihn davon ab aufzugeben — das gleiche, was den Sonnenbrand verhindert.

Sobald er sich hinlegt, setzen sich alle Fliegen auf ihn.

Dieser ECKist nennt sie die spirituelle Fliege, weil sie sich direkt auf die Gegend rund um das Spirituelle Auge zu konzentrieren scheint, während sie den übrigen Körper verschont. Ich weiß, Sie haben gelernt, über die Fliege zu lachen, denn wenn Sie das nicht täten, würde die Fliege Sie verrückt machen. Australier sind in der ganzen Welt für ihre Robustheit bekannt, und ich habe den Verdacht, daß die Fliege etwas damit zu tun hat.

Sie fragen sich, was die Fliege mit dem spirituellen Weg zu tun hat? Solange wir in den niederen Welten sind, müssen wir Prüfungen und Leiden ertragen. Wir können uns darüber ärgern und uns wünschen, diese Welt zu verlassen und in den Himmel zu kommen, aber wie jemand einst sagte: So sehr er sich wünschte, in den Himmel zu kommen, wollte er doch nicht sterben müssen, um dorthin zu gelangen.

Wie man den Himmel besucht

In ECK haben wir die Möglichkeit, die Ausdehnung des Bewußtseins zu lernen, die oft als Seelenreisen bezeichnet wird. Manchmal verwechseln es die Menschen mit Astralreisen oder Astralprojektion; das ist es nicht. Mit Seelenreisen können wir uns in andere Bewußtseinszustände begeben. Obwohl manche der Erfahrungen dem Astralreisen ähnlich sind, gehen wir weit über die Astralebene hinaus. Die Astralebene ist nur eine der vielen Himmel oder Welten Gottes. Jenseits davon haben die spirituellen Reisenden die Kausalebene, die Mentalebene, die ätherische Ebene und die Seelenebene ausgemacht. Einige andere religiöse Lehren benennen sie mit anderen Namen, aber es kommt wirklich nicht darauf an, wie sie heißen. Wichtig für den Sucher ist herauszufinden, wie man dort hinkommt.

Es gibt Orte der Weisheit und der Erkenntnis, die der Stufe entsprechen, die wir als Astralebene bezeichnen. Darunter ist auch ein Museum, welches den Prototyp jeder Erfindung enthält, die je auf der physischen Ebene gemacht werden wird. Erfinder gehen in dieses Museum auf der Astralebene — wie es auch Edison tat — und beziehen ihre Kenntnis von dort. Manchmal erinnern sie sich daran, manchmal auch nicht.

Es ist auch eine Bibliothek dort, welche alle Originalbände beherbergt, aus denen die Schriftsteller hier herausholen, was sie brauchen, um ihre eigenen Bücher zu schreiben. Herausgeber in großen Verlagshäusern sind mit dem Phänomen vertraut, daß Schriftsteller von beiden Enden eines Kontinents oder sogar aus unterschiedlichen Teilen der Welt sehr ähnliche Manuskripte einreichen. Es ist wahrscheinlich, daß jeder der beiden Autoren zu dieser gleichen Bibliothek im Inneren gegangen ist, oder sie erlebten vielleicht ein Abenteuer zusammen, kamen dann zurück und schrieben es auf, ohne sich an den anderen zu erinnern. Oft erinnern sie sich nicht einmal, daß sie in dieser Bibliothek waren.

Wofür die ECK-Meister da sind

Wenn wir auf dem spirituellen Weg gehen, arbeiten wir mit den Spirituellen Übungen von ECK. Es gibt Menschen, die damit Schwierigkeiten haben, weil sie sich fürchten. Meine Aufgabe ist es, die Angst aufzulösen, damit wir mit Vertrauen und Freude in diese anderen Regionen in den höheren Welten gehen können, das Wissen erlangen, das wir dort finden, und es zurückbringen, damit es in irgendeiner Weise zu unserer persönlichen Anhebung und zum Nutzen aller rund um uns genutzt werden kann. Es ist nicht sehr sinnvoll zu lernen, wie man sich mit der Ausdehnung des Bewußtseins bewegt, wenn man dann nichts damit anfängt. Manche spirituellen Sucher gewinnen ein bißchen Erleuchtung, gehen dann hinauf in die Berge, in eine Höhle oder ein Kloster und verbringen den Rest ihres Lebens damit, über die höheren Wahrheiten zu kontemplieren — ohne auch nur irgend etwas zu tun, um ihren Mitmenschen ein wenig Licht zu bringen.

In ECKANKAR sprechen wir von Gott, und wir nennen ES SUGMAD. Wir sprechen auch vom Göttlichen Geist, der kosmischen Energie, die als die Stimme Gottes in Erscheinung tritt. Davon sprechen religiöse Schriften in der ganzen Welt, aber nur wenigen Anhängern dieser Religionen wird gesagt, wie der Göttliche Geist arbeitet und wie Er uns in unserer spirituellen Entfaltung helfen kann. Die ECK-Meister kommen, um der Menschheit dieses Wissen zu bringen. Wenn wir spirituelle Entfaltung erreichen, gewinnen wir die Eigenschaften der Weisheit, der Macht und der Freiheit.

Die Mission der Seele

Die Seele sehnt sich danach, zu Gott zurückzukehren. Die Suche nach Gott ist eigentlich die Suche nach dem Glück und umgekehrt. Manche Menschen fühlen eine große Einsamkeit — sie suchen einen Partner; sie suchen Gesundheit, Wohlstand und Wohlergehen. Das ist das Verlangen der Seele, zu Gott zurückzukehren, wie es sich in den Gefühlen manifestiert, die wir hier auf der physischen Ebene haben. Wir suchen etwas aus dem Goldenen Zeitalter. Vielleicht haben wir uns daran in einem vergangenen Leben auf der physischen Ebene erfreut, oder wir erinnern uns an den Zustand der Seele, wie Sie wirklich auf den spirituellen Ebenen existierte, bevor Sie um der

Erfahrung willen in die niederen Welten gesandt wurde.

Die Aufgabe der Seele ist es, ein Mitarbeiter Gottes zu werden. Nur das ist es und sonst nichts.

Abenteuer warten auf jene von Ihnen, die diese Welten von ECK erforschen möchten. Von den Tempeln der Goldenen Weisheit, und wie das Licht von ECK sich auf den verschiedenen Ebenen manifestiert, davon wird in den verschiedenen Büchern von ECKANKAR gesprochen, zum Beispiel in dem Buch *Spirituelle Aufzeichnungen.*

Ein anderes Feld des Studiums ist das ECK-Vidya, die uralte Wissenschaft der Prophetie. Bei den Suchern der Wahrheit besteht ein starkes Interesse, etwas über die Zukunft sowie die Gegenwart und die Vergangenheit zu wissen. Dies ist eine Fähigkeit, die man für sich selbst entwickeln kann. Die Lehren von ECK sind ähnlich dem Vorlesungsverzeichnis einer Universität — man kann bestimmte Aspekte des spirituellen Lebens für sich studieren, was immer einen interessiert. Manche Menschen wollen nichts über die Zukunft wissen, andere haben kein Interesse daran, mit Träumen zu arbeiten. Viele möchten die Liebe und den Schutz des Göttlichen Geistes kennenlernen und sich ihrer bewußt werden. Diese können durch den Gebrauch der aufgeladenen Worte in unser Leben hineinkommen, und eines davon ist das HU.

Es gibt keine Eile, sich auf den Weg von ECK zu begeben. Wir erwarten nicht, daß jemand sofort ein aktiver Schüler wird, wenn er ein Buch in die Hand bekommt. Von der Zeit an, wo man sich ein Buch nimmt, bis die Entscheidung fällt, weiter auf dem Weg zu gehen, liegt die Inkubationszeit. Sie kann irgendwo zwischen einem und fünf Jahren oder mehr dauern. Manche Menschen haben schon vor zehn Jahren ein ECK-Buch gelesen, und sie sind noch nicht bereit — und das ist in Ordnung so. Es gibt keine Eile.

Alle Wege zu Gott werden von dem Heiligen Geist zu dem ausdrücklichen Zweck angeboten, der Seele in Ihren unterschiedlichen Bewußtseinszuständen eine Auswahl zu geben, wie Sie zu Gott zurückkehren will. Jeder Weg führt auf einen anderen Weg und dann wieder auf einen anderen. Es ist eine Sache, in einen bestimmten Bewußtseinszustand hineingeboren zu werden, aber wir sind es uns selbst schuldig, die Anstrengung zu unternehmen, höher und darüber hinaus zu greifen. Bei der Geburt wird uns alles Bewußtsein gegeben, das wir brauchen, um von der Geburt bis zum Tod zu kommen. Diese Art des Bewußtseins ermöglicht es uns, zur Schule zu gehen, ein Handwerk oder einen Beruf zu erlernen und unseren Weg zu machen. Aber es bedarf eines besonderen Einsatzes, darüber hinauszugehen und höhere Bewußtseinszustände zu erlangen. Wir können dies durch direkte Erfahrung mit dem Licht und dem Ton Gottes erreichen.

Spirituelle Maßstäbe

Es gibt zu jedem der Himmel, die man in den spirituellen Welten findet, ein Licht, das damit korrespondiert. Es kann blau, grün, rosa, gelb oder sogar violett oder blaßlila sein.

Es gibt einen Ton, den man hören kann, welcher die Seele anhebt und reinigt. Dieser Ton ist tatsächlich die Stimme Gottes. Sie kommt nicht als dröhnende Stimme aus den Wolken, sondern als einer der Klänge des Heiligen Geistes. Man kann sie als Flöte, als Summen von Bienen, als Tosen des Ozeans oder als Streichinstrumente hören.

Dies alles sind Wegweiser und Führer, um Ihnen zu zeigen, wo Sie im Augenblick in Ihrem spirituellen Bewußtseinszustand stehen. Es gibt bestimmte Maßstäbe, damit Sie erkennen können, ob dieser Weg für Sie funktioniert. Wenn Sie sich irgendeinen Weg ansehen, bitte ich Sie dringend, sich Zeit zu nehmen; prüfen Sie ihn sorgfältig, und steigen Sie nicht voreilig in etwas ein, das Ihnen ungewohnt ist.

Als ich mich zu Anfang den ECK-Lehren näherte, stellte ich fest, daß die Kraft des Heiligen Geistes mein Bewußtsein reinigte. Ins tägliche Leben übersetzt bedeutete das, daß sich mir jeden Morgen der Magen eine Zeitlang umdrehte. Ich fragte mich, warum ich mit dieser ewigen Sehnsucht nach größerer Wahrheit geschlagen war, die mir den Magen verdrehte. Ich wollte mich nur meines Lebens erfreuen, so wie es die anderen Bauern taten: die ganze Woche über hart arbeiten, mir am Wochenende ein Bier spendieren und es rechtzeitig ausschlafen, um am Sonntag morgen in die Kirche zu gehen — im Wissen, daß damit alles für die nächsten sieben Tage in Ordnung gebracht wäre — und den ganzen Zyklus wieder von vorne anfangen. Meine Nachbarn dort draußen im mittleren Westen der Vereinigten Staaten machen es noch immer so. Ich ging wieder dahin zu Besuch, und ich stellte fest, daß sie ganz vergnügt waren, und für sie ist es die richtige Art zu leben.

Aber die Regungen der Seele ließen mich nicht ruhen. Es ist Zeit vorwärts zu gehen, sagte Sie. Es ist nicht unbedingt einfach, und doch zieht es uns vorwärts. Sobald die Seele ein wenig von diesem Licht und Ton des Heiligen Geistes bekommt, wird Sie angezogen, wie die Biene von der Blume oder die Motte vom Licht. Der Heilige Geist übernimmt völlig die Herrschaft über uns.

Unser Ziel in diesem Leben

Es ist nicht unser Ziel in diesem Leben, herauszufinden, wie wir den Geist Gottes in unserem Leben benutzen können, sondern wie wir uns als Werkzeug dafür öffnen können, damit Er uns benutzen kann, wie Er will. Das Leben wird ein Abenteuer. Wir werden dafür geöffnet, in einer Weise zu lernen wie nie zuvor. Ich garantiere Ihnen nicht, daß der Weg von ECK einfach sein wird, aber ich garantiere, daß er anders sein wird als alles, was sie je vorher gemacht haben. Wenn wir uns dem Heiligen Geist zur Verfügung stellen, während Er uns in größere Bewußtheit hineinführt, können wir aufbauen und uns in ein größeres Leben ausdehnen. Dann, wenn wir zögern — wenn der Heilige Geist die Tür öffnet und wir uns weigern hindurchzugehen — dann stellen wir fest, daß das Leben schwierig wird.

Ich werde immer wieder gefragt, ob ich den spirituellen Weg für jemanden beschleunigen kann. Ich tue das nicht gerne, aber gelegentlich tue ich es. Der einzelne kann auch darum bitten, daß es langsamer geht. Ich bitte darum, solche Fragen schriftlich zu stellen, damit man sich der Tatsache sehr bewußt ist, daß der Weg beschleunigt oder verzögert wird.

Sie können ein oder zwei Jahre auf dem Weg von ECK sein, bevor Sie irgendeine bewußte Erinnerung an ihre erste Initiation haben. Diese Initiation kommt im Traumzustand etwa sechs Monate oder ein Jahr, nachdem Sie das Studium von ECK begonnen haben. Zu diesem Zeitpunkt nimmt der Innere Meister Sie in irgendeine ferne Region der anderen Welten mit, um Ihnen ein wenig Erfahrung zu geben.

Was auf dem Weg von ECK wesentlich ist

Wir erkennen verschiedene wesentliche Dinge auf dem Weg von ECK: Das erste ist Gott oder SUGMAD; das nächste ist der Göttliche Geist, jene Stimme, die von Gott kommt; und schließlich der Lebende ECK-Meister, der ich selbst im Physischen bin. Der wichtigere Teil des Lebenden ECK-Meisters ist der Innere Meister, der Sie in den Bereichen treffen kann, die man durch das Spirituelle Auge und durch die Spirituellen Übungen von ECK erreicht. Wenn ein Meister für Sie richtig ist, sollten Sie in der Lage sein, ihn ebenso auf den inneren Ebenen zu sehen wie im Physischen. Die meisten Menschen finden es am leichtesten, die inneren Welten durch den Traumzustand zu erreichen. Wenn Sie die spirituellen Übungen ausführen, die in den Büchern stehen, und wenn Sie daran interessiert sind weiterzusuchen, werden Sie anfangen diese Erfahrungen zu haben.

Manche von Ihnen werden vergangene Leben sehen. Die einzige Bedeutung eines vergangenen Lebens ist: In welcher Beziehung steht es zu Ihnen heute? Warum sind Sie, was Sie sind? Vielleicht sehen Sie auch die Zukunft, und das soll Ihnen einfach zeigen, wie Sie Ihr Leben ausrichten und sich selbst zu größerer Bewußtheit bringen können. Die Vergangenheit und die Zukunft sind nur dazu da, die Gegenwart verständlich zu machen. Das Wichtigste, was wir auf dem Weg von ECK lernen, ist, im Augenblick zu leben. Das bedeutet, daß wir beispielsweise planen, wie wir unser nächstes Geld verdienen und ausgeben, trotzdem aber, wenn wir beim Planen unser bestes getan haben, alles übrige in Gottes Hand legen.

Ich beantworte gerne einige Fragen, wenn Sie welche haben, denn sie tragen dazu bei, spezielle Punkte herauszustellen.

Die älteste spirituelle Lehre

F: ECKANKAR behauptet, daß es eine der ältesten spirituellen Lehren sei. Die Sufis tun das gleiche. Welche

Beziehung besteht zwischen den Lehren der Sufis und ECKANKAR?

HK: Das Wort HU findet sich auch in den Lehren der Sufis; es kommt aus der gleichen Quelle. Diese geht viele tausend Jahre zurück. Sie können für sich selbst mehr darüber herausfinden, wenn Sie es durch die innere Kommunikation studieren. Jeder beliebige könnte hier sitzen und Ansprüche darauf erheben, die älteste Lehre zu haben, aber was bringt das für Ihre spirituelle Entfaltung? Es liefert nur eine Information für den Verstand. Daran ist nichts Schlechtes. Aber wenn wir weitergehen, dann kommt irgendwann ein Punkt, wo wir den Verstand aufgeben müssen.

Jene Zivilisationen und Kulturen, die großen Wert auf den Verstand legen, haben es oft schwer, auf ein spirituelles Leben hinzuarbeiten. Man sollte denken, es wäre leichter, aber das ist nicht so. Der Verstand stellt immerzu Fragen über das Wesen der Seele. Die Seele ist jenseits des Verstandesbereichs, welcher auf der Mentalebene liegt. Wir können nur Hinweise auf das Wesen der Seele und das Wesen Gottes geben.

Die Geschichte von ECK steht in dem Buch *Spirituelle Aufzeichnungen*, und wenn Sie daran interessiert sind, können Sie sie studieren. Sie können auch darum bitten, im Traum mitgenommen zu werden, um einen Überblick darüber zu bekommen. Es gibt einige, die zurück in die Zeiten von Lemuria und Atlantis gegangen sind und erfahren haben, welche Rolle sie dort spielten. Was noch wichtiger ist, sie fanden heraus, wie sich das auf ihr heutiges Leben bezieht, beispielsweise, warum sie bestimmte Ängste hatten.

Oft ist es das beste, nicht in die Vergangenheit zu schauen, und deshalb wird der Innere Meister den Vorhang vorziehen. Wir suchen die Lebenszeiten in den alten

Kulturen, die für uns angenehm waren, um etwas von den Lehren zu erfahren, wie sie zu jener Zeit gegeben wurden. Es kommt uns selten in den Sinn, daß wir vielleicht manche dieser Leben unter Schwierigkeiten und Qualen verlassen haben. Wenn wir wieder durch diese Erfahrungen hindurchgehen, ist es furchterregend.

Ich habe meine eigenen Kriegsgeschichten, wie viele ECKisten. Wir gingen durch Leben, in denen wir das spirituelle Gesetz nicht gelernt haben — und wir mußten dafür leiden. Ich habe das getan und Sie auch. Wir sind viele Male einem Meister zu Füßen gesessen, wir sind viele Male dem Lebenden ECK-Meister begegnet; aber wir waren noch nicht bereit, und so sind wir weiter durch die niederen Welten gewandert. Wenn Sie daran wirklich interessiert sind, können Sie mehr darüber in dem Buch *Spirituelle Aufzeichnungen* finden. Sie können sich selbst Ihre Meinung bilden, und Sie brauchen sich nicht auf das, was ich oder irgend jemand anders sagt, zu verlassen.

Den Anweisungen folgen

F: Ich habe keine der spirituellen Praktiken von ECK ausgeführt. Ich interessiere mich für die Wirksamkeit der transzendentalen Meditation im Vergleich zu den spirituellen Praktiken von ECK. Kannst du darüber ein paar Worte sagen?

HK: Manche Menschen können in der transzendentalen Meditation spirituelles Wachstum finden. Jeder Weg kann Ihnen helfen, ganz gleich, welcher es ist, wenn Sie den Anweisungen dieses Weges folgen. Sogar in den orthodoxen Religionen werden Sie Menschen finden, die Fortschritte auf dem spirituellen Weg gemacht haben. Aber die große Mehrheit ist das nicht. Es ist eine persönliche Angelegenheit.

Die Lehren von Jesus

F: Ich habe mich gefragt, ob Jesus zu seiner Zeit versucht hat, einige der ECK-Lehren zu verbreiten. Seine frühen Lehren scheinen der ECK-Lehre von heute näher zu stehen, während es im modernen Christentum sehr wenig Parallelen gibt. Irgendwann im Lauf der Zeit scheint die christliche Lehre sich verändert zu haben.

HK: Man sagt, daß es in Wirklichkeit keine geheimen Lehren gibt, daß alles, was wir wissen müssen, für uns irgendwo offen bereitsteht. Aber es hängt von unserem Bewußtseinszustand ab, es anzunehmen. Jesus kannte die ECK-Prinzipien und die ECK-Lehren. Er kam in Berührung mit den Lehren vom Geist Gottes und gab sie den Menschen seiner Zeit weiter. Die Menschen zur Zeit von Jesus waren auf einem sehr niedrigen Bewußtseinszustand. Als er ihnen die grundlegenden Wahrheiten vom Geist Gottes brachte, wurde dies im Vergleich zu ihrem Bewußtseinszustand als eine sehr bedeutende Lehre angesehen. Die Lehren von Jesus waren für seine Zeit gedacht.

Der Lebende ECK-Meister tut das gleiche in jedem Zeitalter. Er wird versuchen, an eine Kultur mit den Ideen heranzugehen, die dort von Interesse sind, mit Dingen, die bewundert werden.

Es gab einen Lebenden ECK-Meister in der Zeit von Jesus, sein Name war Zadok. Wir haben heute nur eine unvollständige Kenntnis dessen, was in jenen Tagen eigentlich gelehrt wurde. ECKANKAR war einige tausend Jahre vorher in den Untergrund gezwungen worden unter dem Einfluß der Astrologie und der Verfolgungen während der Vorherrschaft Ägyptens. Die Priester fanden heraus, daß sie mit astrologischen Tafeln umgehen und Vorhersagen stellen konnten, aber sie hatten nicht die

Techniken des ECK-Vidya gelernt, der uralten Wissenschaft der Prophezeiung.

Der Lebende ECK-Meister

F: Wie wird der Lebende ECK-Meister ausgewählt? Geschieht dies in den anderen Welten oder hier?

HK: Dies ist ein bißchen schwierig zu beantworten, aber die Information ist im *Shariyat-Ki-Sugmad* sowie in den *Spirituellen Aufzeichnungen* enthalten. Schauen Sie einfach im Stichwortverzeichnis nach den Eintragungen unter *Lebender ECK-Meister* oder *Stab der ECK-Macht*. Demjenigen, der diese Position übernimmt, wird der Stab der ECK-Macht übergeben, und er behält Ihn, bis er Ihn an seinen Nachfolger weitergibt, der das Recht erworben hat, Ihn zu tragen.

F: Was den Lebenden ECK-Meister dieser Zeit betrifft, verstehe ich, daß es vollständig meine Entscheidung ist, ob ich den Lehren folge, die du verbreitest. Du sprichst davon, daß man die spirituellen Übungen ausprobieren soll, aber welche Bedeutung hat die Begegnung mit dem Lebenden ECK-Meister? Ist das ein wichtiger Schritt?

HK: Im Äußeren ist es keine große Angelegenheit, aber im Inneren. Der Zweck des Äußeren ist es, auf das Innere hinzuführen.

Die Erfahrung anderer Ebenen

F: Du sagst, wir können die Seelenebene kennenlernen, während wir auf dieser Ebene leben. Müssen wir, nachdem wir diese physische Ebene verlassen haben, jede andere Ebene kennenlernen? Wenn ja, wieso?

HK: Wenn wir die dritte Initiation erworben haben,

dann gehen wir beim Verlassen des Körpers unmittelbar an die Stelle in der Kausalwelt, die wir uns verdient haben. Wir müssen nicht zurück zur astralen oder physischen Ebene gehen. Wenn wir die Seelenebene erreichen, müssen wir nicht in die niederen Welten zurück, wenn wir es nicht wollen. Aber viele der Führer in den Werken von ECK entschließen sich, als Mitarbeiter Gottes zurückzukommen.

Es spielt keine Rolle, wo man sich in den Seinswelten aufhält. Man hat unmittelbaren Zugang zu dem hohen Zustand der Gottrealisation, was macht es also aus, an welcher Stelle man dient? Die Mühe und Plage für den speziellen Körper, den man hier im Physischen oder auf einer der anderen Ebenen benutzt, spielt keine Rolle, denn man gibt reinen Dienst.

Man ist nicht nur auf eine Ebene beschränkt. Man erfährt jetzt eigentlich die anderen Ebenen in der Seelenform. Was ich zu erreichen suche, ist eine bewußte Erinnerung, damit Sie jene Bewußtheit hierher mitbringen und in Ihrem jetzigen Leben davon profitieren können. Wenn Sie zum Beispiel die zweite Initiation in ECK bekommen, bedeutet dies, daß Sie sich auf der Astralebene etabliert haben, obwohl Sie hier im physischen Körper auf der physischen Ebene leben. Aber das beschränkt Ihre innere Bewegung nicht auf die Astralebene. Der Innere Meister kann entscheiden, ob er Sie zur kausalen, mentalen, ätherischen und Seelenebene und sogar darüber hinaus mitnimmt.

Zuerst besuchen Sie diese wie ein Tourist, um langsam mit diesen unterschiedlichen Zuständen vertraut zu werden, damit es dann, wenn Sie die äußere Initiation bekommen, keinen großen Schock gibt. Das ist notwendig, denn wenn Sie sich auf einer Ebene nach der anderen einrichten, werden Sie manchmal feststellen, daß sich die spirituellen Gesetze ändern. Es erscheint fast, als ob Sie rückwärts gehen und auf jeder folgenden Ebene neu lernen müssen, wie die Gesetze sind.

Wenn wir versuchen, eine oberflächliche Kenntnis dessen, was in den inneren Welten geschieht, aufzunehmen und in unserem täglichen Leben hier anzuwenden, dann stellen wir oft fest, daß unser Leben in Verwirrung gerät. Das kann passieren, wenn wir uns nicht dem Heiligen Geist übergeben, wenn Er versucht, uns zu einer höheren Lebensweise zu führen. Wir haben Erfahrungen auf den anderen Ebenen, aber manchmal ziehen wir nur durch die Eindrücke Vorteile aus diesem Wissen.

Es gibt viele Menschen, die Werkzeuge für den Heiligen Geist sind — in der Regierung, im Erziehungswesen — und die sich dessen nicht bewußt sind. Wir wollen uns unserer Rollen sowohl hier wie auch in anderen Bewußtseinszuständen bewußt werden, denn die Seele hat die Fähigkeit, im physischen Körper und gleichzeitig im astralen, kausalen, mentalen und ätherischen Körper zu weilen. Für den Verstand ist das verwirrend.

Nachteile des Okkultismus

F: Ist ein Studium der Astrologie oder anderer okkulter Wissenschaften auf dem Weg von ECK von Vorteil?

HK: Im allgemeinen ist es ein Nachteil. Astrologie, Zahlenmystik und ähnliche Gebiete kommen aus den psychischen oder okkulten Lehren. Sie sind normalerweise Vorläufer für den Weg von ECK. Initiationen auf irgendeinem anderen Weg helfen Ihnen auf dem Weg von ECK überhaupt nicht. Wenn Sie den Weg von ECK betreten, werden Sie feststellen, daß diese früheren Lehren nicht mehr funktionieren, wenn es darum geht, Ihre Zukunft vorherzusagen.

Auf dem spirituellen Weg suchen wir Selbstverantwortung. Wenn wir Schulden gemacht haben, werden wir sie zurückzahlen müssen. Das ist das spirituelle Gesetz. Diese Schuld wird Karma genannt. Wir zahlen nur soviel zurück, wie notwendig ist, um das spirituelle Gesetz verstehen zu lernen, welches wir verschiedentlich gebrochen haben, ob in diesem Leben oder in einem früheren. Wenn die Lektion gelernt wurde, nicht nur im Mentalen, sondern tief innen, dann hat der Innere Meister die Macht, das übrige Karma aufzulösen, das sich aus dieser speziellen negativen Haltung ergeben hat, welche wiederum das Karma hervorrief, das die Ursache für Krankheiten in diesem Leben bildete.

Heilungen

Viele der psychischen Heiler sind nicht in der Lage, ins Leben des Betreffenden zurückzublicken und die wirklichen Gründe seiner Krankheit herauszufinden. Sie kurieren also eigentlich nur am Symptom, und wenn sie die Symptome kurieren, dann bedeutet es, daß sie das Karma auf sich genommen haben, das notwendig ist, damit die Heilung eintritt. Und irgendwann, entweder später in diesem Leben oder im nächsten Leben, werden sie das zurückzahlen müssen.

Die ECK-Meister lernen, wie man Bitten um Heilung dem Heiligen Geist übergibt, und wenn dann der Heilige Geist sich entschließt, etwas zu tun, wird Er das tun. Wenn der Betreffende die spirituelle Heilung nicht verdient hat, muß er vielleicht mit anderen, konventionelleren Methoden arbeiten oder ihm wird die Kraft gegeben, zu ertragen, was er ertragen muß. Wenn die Erfahrungen und Schwierigkeiten des Lebens Ihnen Mitgefühl geben können, dann haben Sie gewonnen; und es wird für Sie leichter, mit Ihren Mitmenschen zusammenzuleben.

Wenn Jesus jemanden heilte, schaute er die Menschen nicht einfach an und heilte sie. Wenn er einen heilte, hätte er auch zwei heilen können; wenn er einen Menschen speiste, hätte er auch fünftausend speisen können — und er tat es. Aber er hätte alle Menschen im Lande zu jener Zeit heilen können, und das tat er nicht. Stattdessen sagte er: »Entsprechend deinem Glauben soll es dir gegeben werden«. Bei jeder Heilung spielt die Frage des individuellen Bewußtseinszustandes ein Rolle.

Eine Heilung wird nicht einfach ohne Unterschied gegeben, noch wird sie ewig dauern. Wenn es so wäre, dann gäbe es mehr als nur einen »ewigen Juden«, und sie würden alle heute noch umherirren. Auf der physischen Ebene ewig zu leben ist nicht gerade etwas, was man sich zum Ziel setzen sollte. Das spirituelle Leben ist eine spirituelle Befreiung, bei der wir das Karma abwerfen, wenn wir in der Lage sind, die Seelenebene zu erreichen. Das ist ein Ziel, das es wert ist, danach zu streben.

Die Rosenkreuzer und ECK

F: Wir haben ein Jahr lang bei den Rosenkreuzern studiert und ihre Lehren scheinen dem sehr ähnlich zu sein, was man in den ECK-Lehren findet. Worin liegt der hauptsächliche Unterschied?

HK: Die Rosenkreuzer sind ein guter Schritt. Ich habe auch eine Weile bei ihnen gelernt. Der Hauptunterschied ist, daß die Lehren der Rosenkreuzer in die Mentalebene führen, aber nicht viel weiter. Wenn das für Sie hilfreich ist, bleiben Sie auf alle Fälle dabei.

F: Du erwähntest etwas über den Dienst der spirituellen Führer, wenn sie wieder auf die Erde kommen. In welcher Weise gilt das für die vielen anderen Schüler auf dem Weg? Was ist deren Dienst?

HK: Dienst auf dem Weg von ECK ist eine Wahl des einzelnen. Wenn Sie ein Achtinitiierter in ECK werden, dann haben Sie die Wahl, ob Sie hierbleiben oder in die anderen Welten gehen wollen. Und wenn diese Entscheidung an Sie herankommt, dann könnte es sein, daß eine ziemliche Antrengung nötig ist, um im physischen Körper zu bleiben. Oder Sie können den einfachen Ausweg nehmen: Wenn Sie wollen, gehen Sie hin und genießen die Freuden des Heiligen Geistes in den höheren Bereichen.

Im *Shariyat-Ki-Sugmad*, der Bibel von ECK, steht, daß wenn ein Anwärter, der den Weg von ECK betritt, voraussehen könnte, welche Prüfungen für ihn als Sechstinitiierten notwendig sind, er vielleicht den Mut verlieren würde, den ersten Schritt zu tun. Ich sage das nicht, um Sie zu entmutigen, aber ECK ist ein Weg, der real ist. Sie sollten für sich selbst die Realität des Göttlichen Geistes bei Seiner Arbeit herausfinden, wie Er bei der Reinigung der Seele mithilft. Und wenn Sie die spirituellen Gesetze lernen, kann können Sie diesen Weg für sich sehr einfach machen.

Der spirituelle Weg kann leicht sein. Das bedeutet, daß wir unsere vorgefaßten Vorstellungen darüber, was Spiritualität ist und was sie nicht ist, aufgeben müssen. Religiöse Lehrer verschiedener Wege haben uns wegen ihres Unwissens eine Menge an Fehlinformationen gegeben. Ihnen fehlt das Wissen und Verstehen vom Licht und Ton Gottes. Sie sprechen von Doktrinen und Erlösung und was mit Ihnen passiert, wenn Sie diesen Körper verlassen haben, und vieles von dem, was sie sagen, ist völlig falsch. Ich verlange nicht, daß Sie mir oder jemand anderem Glauben schenken. Finden Sie es selbst heraus! Die Lehren von ECK stehen gerade dafür bereit, um Ihnen dabei zu helfen.

Schauen Sie in die ECK-Bücher; schauen Sie in Ihre Träume; suchen Sie das Licht und den Ton Gottes; streben Sie nach den hohen spirituellen Zielen der Selbst- und Gottrealisation! Die Lehren sind so einfach, daß ich mich manchmal frage, wie ich hier stehen und darüber zwanzig Minuten oder eine Stunde sprechen kann. Sie finden die Lehren in sich selbst.
Vielen Dank.

Regionales Seminar, Perth, Australien
10. November 1982

9

Die Verbindung mit dem Licht und dem Ton

Während ich über den Ton und das Licht des Heiligen Geistes und dessen Arbeitsweise in unserem Leben spreche, stelle ich fest, daß viele von Ihnen diese Verbindung mit dem Göttlichen Geist im Inneren haben. Die Lehren von ECK dienen ganz einfach dazu, daß Sie als einzelner in diesen Tempel im Inneren gehen können, wo Sie jene Quelle göttlicher Eingebung finden können, die Ihnen die spirituelle Anhebung gibt, nach der Sie vielleicht schon jahrelang gesucht haben.

Wie der Heilige Geist uns benutzt

Gestern abend waren wir in einem Restaurant, und einer der ECKisten schloß seine Schlüssel im Auto ein. Das war das zweite Mal, daß es auf dieser Reise passierte. Das erste Mal geschah es in Australien, und er hatte sich geschworen, daß es nie wieder vorkommen würde. Er versuchte in den Wagen zu kommen und kämpfte mit einem Draht-Kleiderbügel, den er von der Kellnerin bekommen hatte, während wir übrigen am Tisch blieben und weiteraßen, sehr langsam und geruhsam. Wir hatten diese Geschichte mit den verlorenen Schlüsseln schon einmal erlebt.

Hier in Singapur, ganz gleich wo man auch hingeht, kennt jeder irgend jemand anderen, einen Verwandten oder einen Freund. Als wir am Tisch saßen mit einem unserer Freunde, der für uns übersetzte, kam eine Dame herein und grüßte. Unser Freund erwähnte nur nebenbei: »Die Autoschlüssel sind im Wagen eingeschlossen«, und diese Dame drehte sich um zu einem Tisch, wo sich eine chinesische Familie gerade hingesetzt hatte, und zeigte auf einen Mann. »Der kann helfen«, sagte sie. Der Mann stand auf mit einem breiten Lächeln auf seinem Gesicht. Wir erfuhren, daß er eine Menge Erfahrung im Öffnen von Autotüren hatte, nachdem er sich kürzlich selbst zweimal ausgeschlossen hatte. Er ging hinaus, und in etwa fünf Minuten war die Autotür offen. Der ECKist war so erleichtert, daß er begann von allen Fotos zu machen, er nannte diesen Mann seinen Helden, denn ohne seine Hilfe hätten wir den Wagen dalassen und ein Taxi zurück zum Hotel nehmen müssen.

Manchmal benutzt uns der Heilige Geist in einer Weise, die so aussieht, als machten wir einen Fehler, aber das ist nicht so. Wir tun unser Bestes, und der Heilige Geist benutzt uns. In der Stunde, die der ECKist da draußen mit dem Versuch zubrachte, die Autotür zu öffnen, traf er eine Menge verschiedene Leute; eine ganze Schar hatte sich um ihn versammelt und versuchte, ihm zu helfen. Der Heilige Geist benützt uns oft, um einem anderen im stillen das Licht zu bringen, um die Seele zu erleuchten. Wir könnten denken, wir haben einen Fehler gemacht, zum Beispiel die Schlüssel im Auto eingeschlossen, aber das ist die Art, wie der Heilige Geist manchmal arbeitet.

Wer sind wir?

Der ECKist ist der ideale Bürger jedes beliebigen Landes, dem er angehört. Er lebt entsprechend dessen Gesetzen und Regeln. Wir arbeiten als einzelne in einem spirituellen Sinn, lernen dabei die Gesetze des Heiligen Geistes, um unser Leben ein bißchen leichter zu machen, um Verständnis zu gewinnen und die Furcht vor dem Tod abzulegen. Das ist etwas, das, zumindest in der westlichen Welt, den Menschen sehr wichtig ist. Die orthodoxen Religionen geben keine Sicherheit darüber, was mit einem geschieht, wenn man den physischen Körper verläßt. So war es für mich, als ich aufwuchs, und ich hatte Angst. Eine der Aufgaben von ECK ist es, uns ein spirituelles Verständnis davon zu geben, wer und was wir sind.

Wir versuchen nicht, andere Leute zu beeinflussen. Wir gehen nicht zu ihnen hin und drängen ihnen ECKANKAR auf, denn es könnte für sie nicht das Richtige sein. Jeder von uns hat seinen individuellen Weg zu seinem eigenen Gott. Das einzige, was ich möchte, ist, Ihnen zu zeigen, wie Sie durch die Spirituellen Übungen von ECK nach innen gehen können. Sie können damit frei experimentieren. Wenn man sie vielleicht zwanzig Minuten am Tage ausführt, sind die Spirituellen Übungen von ECK ein einfacherer Weg, nach innen zu gehen, als die Meditation. Wir gehen nicht nach draußen und drängen die Lehren des Heiligen Geistes jedermann auf, aber wir lassen das Licht von innen scheinen. Die Menschen werden sich fragen, was an uns besonderes ist; sie können feststellen, daß da etwas ist.

Anderen Freiheit geben

Solange wir in der physischen Welt leben, braucht der physische Körper Bewegung. Ich bekomme nicht immer soviel Bewegung, wie ich sollte, nicht soviel wie ich hatte, bevor ich diesen Job übernahm, aber ich spiele gerne Tischtennis. In Australien stellten wir eines Abends etwa um neun Uhr fest, daß ein Gemeindezentrum nur sechs Straßen vom Hotel entfernt lag. Wir hatten gerade neue Tischtennisschläger und -bälle gekauft und so gingen wir dorthin. Sie wollten gerade schließen, aber wir fragten, ob wir dableiben und eine kurze Zeit spielen könnten, und sie waren einverstanden. Wir sprachen mit einigen Leuten nach dem Spiel und fragten, ob sie einiges von dem ECK-Material lesen wollten, das wir bei uns hatten. Als sie bejahten, gaben wir es ihnen als eine Art Dank.

Das ist die Art, wie wir es machen. Wir drängen niemals. Wir lassen andere Menschen sein. Wenn sie eine andere Art zu glauben haben, dann lassen wir sie. Wir geben völlige Freiheit. Wenn wir selbst Freiheit haben wollen, müssen wir sie anderen gewähren. Um Liebe zu bekommen, müssen wir Liebe geben, und das gleiche gilt im Spirituellen für die Freiheit. Um Freiheit zu haben, muß man Freiheit geben, und Sie werden feststellen, daß Sie umso mehr bekommen, je mehr Sie geben können.

Der Mantel des Meisters

Jemand erwähnte vorhin, daß er bei den spirituellen Übungen eine Gänsehaut bekommt. Wenn Sie Ihre Aufmerksamkeit auf den Inneren Meister legen oder einen der heiligen Töne Gottes chanten oder singen, dann öffnet Sie das für den Heiligen Geist. Während die Liebe des Heiligen Geistes einströmt, können Sie eine Gänsehaut bekommen, Ihr Gesicht kann sich röten, oder es ensteht vielleicht ein Gefühl der Wärme, das sich wie ein Mantel über Sie breitet. Das ist die Gegenwart des Meisters — der Schutz und die Liebe, für die Sie sich geöffnet haben.

Einige von Ihnen sehen das Blaue Licht oder hören einen der Töne. Andere sehen vielleicht niemals etwas, aber sie haben die Sicherheit und das Wissen der Gegenwart des Meisters. Eine andere Art, im Leben von ECK zu sein, ist es, sehen zu können, wie der Heilige Geist mit einem im täglichen Leben arbeitet. Die beste Art, der Berührung durch diese höhere Macht sicher zu sein wie nie zuvor, ist es, wenn man feststellt, daß der Heilige Geist einem den Weg durch den Tag ebnet, wenn man Ihn läßt. Er läßt für Sie alles glatter laufen und gibt Ihnen Vertrauen und sogar Glück.

Jemand sagte, er bekomme Kopfschmerzen, wenn er die spirituellen Übungen ausführt. Das kann davon kommen, daß man zu viel tut. Wenn das der Fall ist, dann geben Sie ein bißchen nach. Wenn jemand im Inneren bittet, das Tempo etwas zu verlangsamen, dann kann ich das tun. Manchmal machen Menschen die spirituellen Übungen zu häufig oder zu lange — morgens und abends, eine Stunde lang, zwei Stunden, drei Stunden — und dann strömt zuviel Licht in sie hinein. Das kann im physischen Körper die Dinge stärker beschleunigen, als Sie sie handhaben oder in sie hineinwachsen können. Nehmen Sie sich Zeit! Wie es für Sie funktioniert, werden Sie herausfinden, während Sie weitergehen. Sie können auch einen Arzt zu Rate ziehen, denn Kopfschmerzen können auch von einer Nahrungsallergie oder von anderen Gründen herrühren.

Heilung

Der Heilige Geist kann manchmal eine wunderbare Heilung bewirken; aber das muß nicht sein, denn der Sinn des Lebens ist es, Ihnen Erfahrungen zu geben. Wenn eine Krankheit einfach so weggenommen wird, kann es sein, daß Sie niemals ein notwendiges Verständnis über sich selbst bekommen. Jede Krankheit sollte Sie etwas lehren, das Sie noch nicht gewußt haben . Der spirituelle Weg besteht gerade darin, Sie zu einem besseren Verständnis von sich selbst und den spirituellen Gesetzen zu bringen. Wenn Krankheit auftritt, bedeutet es, daß Sie jetzt an eine Stelle gekommen sind, wo Sie ein höheres spirituelles Gesetz verstehen müssen.

Während Sie sich entfalten, werden sich sogar Ihre Eßgewohnheiten ändern müssen, sehr behutsam und sehr langsam. Niemand wird Ihnen sagen, was Sie essen sollen, aber Sie werden es selbst herausfinden, einfach durch Versuch und Irrtum oder vielleicht, indem Sie zu einem Arzt gehen oder ein Buch lesen. Sie werden feststellen, daß sich auch Ihre Gesundheit bessert: Es muß so sein, denn dieser Wandel in Ihren Eßgewohnheiten spiegelt die Änderung in Ihrem Bewußtseinszustand wider, die eintritt, während Sie auf dem Pfad weitergehen.

Man sollte offenbleiben für alle Arten von Information, die kommen könnten, sogar hier unten im Physischen. Schauen Sie, ob es irgendeine Antwort darauf gibt, was eine Krankheit verursacht, so wie Kopfschmerzen. Man sollte von mir nicht erwarten, daß ich Diagnosen oder irgend etwas derartiges stelle. Wenn aber jemand den Grund sucht, wird er ihn verstehen lernen.

Wenn Sie irgendwelche Fragen haben, will ich gerne einige davon beantworten.

Sich dem Meister übergeben

F: Wenn wir etwas für uns erschaffen wollen, stellen wir es uns vor und es geschieht, oder bitten wir einfach den Inneren Meister darum, oder übergeben wir nur unseren Willen dem Meister?

HK: Wir übergeben unsere Ängste, unsere Sorgen und unsere Nöte. Währenddessen planen wir unser tägliches Leben. Wir könnten beispielsweise studieren, wenn es für eine bessere Tätigkeit nötig ist. Es reicht nicht aus, sich etwas im mentalen Strom vorzustellen und dann zu sagen: Jetzt kann ich die Hände in den Schoß legen und darauf hoffen, eine bessere Stelle, bessere Gesundheit oder den richtigen Partner zu bekommen. So geht es nicht.

Wir stellen uns etwas im Inneren vor, und dann gehen wir daran zu tun, was immer wir können, um diesen Plan zu verwirklichen. Es gibt viele Menschen, die Tausende von Ideen haben, aber wirklich selten ist der Mensch, der herausfinden kann, was er in der physischen Welt tun muß, um diesen Traum wahr werden zu lassen. Der Erfinder ist eigentlich der Mensch, der nicht nur die große Idee hat, sondern auch die Technologie herausfindet, diese zu verwirklichen. Es erfordert tatsächliche Arbeit hier unten, um das zu manifestieren, was man auf dem inneren Bildschirm, im Dritten Auge, sieht.

Wir wollen nicht unbedingt herausfinden, wie wir ECK in unserem Leben nutzen können, sondern uns eher fragen: »Wie kann ECK oder der Heilige Geist uns benutzen?« Wir wollen ein Instrument für den Heiligen Geist werden. Um dies zu tun, müssen wir die Ängste und Sorgen loswerden, die die Leitung zwischen dem Heiligen Geist und der Seele verengen und schließen. Es sind unsere Ängste und Sorgen, die wir aufgeben, nicht unser Geld oder irgend etwas derartiges. Wenn unser Ziel wirklich die Gottrealisation ist, dann werden die anderen Dinge auf uns zukommen.

Die christliche Bibel sagt: »Aber suchet zuerst das Königreich Gottes ... und alle diese Dinge sollen Euch gegeben werden.« Zuviele Menschen möchten den Heiligen

Geist für materiellen Gewinn verwenden; das ist nicht der Zweck des hohen Weges von ECK. Ich weiß, was Sie mit Ihrer Frage sagen wollen: Wie können wir den Heiligen Geist verwenden? Aber was ich auszudrücken versuche ist, daß es nicht für materiellen Gewinn, Macht über andere oder irgend etwas dieser Art sein sollte. Es geht darum, uns selbst als klares Werkzeug für den Heiligen Geist zu öffnen, dann wird Er uns benutzen nach Seinem Willen. Manchmal sind wir uns Seiner bewußt, oft sind wir es nicht. Was wir wollen ist, zu einer wirklichen Bewußtheit darüber zu kommen, wie der Heilige Geist uns benutzt, ganz gleich, was Er bringt.

F: Wenn ich eine Satsangklasse haben möchte, sollte ich meine Vorstellung benutzen, um sie zu verwirklichen?

HK: Was Sie tun können ist, eine Einladung auf den inneren Ebenen auszusenden, und dann tun Sie, was Sie hier im Äußeren tun müssen, um die Menschen zu erreichen, die daran interessiert sein könnten. Wenn Sie jemand, der daran interessiert ist, ein ECK-Buch geben, dann können Sie einfach erwähnen, daß Sie vielleicht eine Klasse oder eine Diskussionsgruppe beginnen. Aber senden Sie zuerst eine Einladung auf den inneren Ebenen aus: Bitten Sie Gott, daß er diejenigen Menschen, die bereit sind, die Botschaft von ECK zu hören, zu der speziellen Klasse bringt, die Sie im Sinn haben, und dann gehen Sie daran, mit dem Koordinator Ihrer Gegend zu arbeiten, um die Klasse zu bilden.

Nehmen Sie sich Zeit

F: Ich möchte unbedingt ein Fünftinitiierter werden, bevor ich sterbe. Ich möchte nicht wieder inkarnieren, nicht einmal auf den inneren Ebenen. Wird die Häufigkeit und die Zeit, die ich mit den spirituellen Übungen zubringe, dazu beitragen, meine spirituelle Entfaltung voranzutreiben? Wenn nicht, was wird dazu führen, die höheren Realisationen zu erreichen?

HK: Es gibt wirklich keine Eile. Wenn Sie auf irgendeinem spirituellen Weg beginnen, dann sind Sie so begeistert, daß Sie so schnell wie möglich gehen wollen. Tatsächlich öffnen Sie sich für den Heiligen Geist. Wenn Sie sich zu schnell öffnen, können Sie viele Probleme in Ihrem Leben hervorrufen: Geldprobleme, Gesundheitsprobleme, Probleme aller Art. Darum empfehle ich den Menschen allgemein, langsam zu gehen.

Ich bin mehr daran interessiert, daß Sie in irgendeiner Weise mit dem Licht und dem Ton Verbindung haben, daß Sie einen der ECK-Meister im Dritten Auge oder in einem inneren Tempel sehen. Das ist das ECK, das sich als Ton und Licht in einer inneren Form manifestiert. Dann wird der Innere Meister Sie mit der Geschwindigkeit führen, die für Sie richtig ist. Es ist etwas, das wir nicht forcieren wollen; es ist ein lebenslanger Weg.

Das ECK-Vidya ist eine Reihe von ineinander verzahnten Rädern, wie in einer alten Uhr; und wenn ein Teil schneller wird, kann es die Bewegung der ganzen Uhr durcheinanderbringen. Das könnte nicht nur Sie selbst betreffen, sondern von Ihrem Inneren aus könnte es einen größeren Kreis von Menschen um Sie herum in Verwirrung bringen — im Beruf und überall sonst — weil Sie zu schnell vorwärtsschreiten. Spirituell müssen wir harmonisch mit dem zusammenstimmen, was um uns herum ist. Ob Sie nun tatsächlich das Licht sehen, den Ton hören, den Inneren Meister sehen oder den Heiligen Geist in irgendeiner Weise spüren, sobald Sie den Ton und das Licht haben, stehen Sie in Verbindung mit der höheren Quelle. Sie wird Sie so nehmen, wie Sie sind, entsprechend Ihrer Entfaltung. Zu schnell zu gehen verursacht so viele Schwierigkeiten, die Ihren Fortschritt später auf dem Weg verlangsamen können — es ist besser, gleichmäßig vorwärtszuschreiten als schnell zu gehen und dann zurückzufallen.

Fasten

F: Ist Fasten für unsere spirituelle Entfaltung notwendig? Ich bin selbst Arzt, und während der letzten zehn Jahre mußte ich Medikamente nehmen. Wenn ich Magenprobleme habe, muß ich auch dann fasten, um spirituell vorwärtszukommen?

HK: Nein. Wenn Sie bei einem Arzt in Behandlung sind, der für Sie ein bestimmtes Programm hat, Diät oder Medikamente, dann sorgen Sie auf alle Fälle so für sich, wie Sie es müssen. Wenn der Arzt sagt, sie sollen essen, dann essen Sie! Manche Menschen sind nicht in der Lage, völlig zu fasten, und es ist nicht nötig. Es gibt andere Wege für das freitägliche Fasten.

Wo wir uns gerade mit dem Fasten am Freitag beschäftigen, für diejenigen von Ihnen, die damit nicht vertraut sind: Es gibt eigentlich drei verschiedene Arten, wie wir fasten können. Es gibt ein vollständiges Fasten, wobei Sie vierundzwanzig Stunden nur Wasser trinken. Eine andere Art ist das teilweise Fasten, bei dem Sie eine Mahlzeit am Tag einnehmen können oder nur Früchte oder Fruchtsäfte. Und dann gibt es das mentale Fasten. Das bedeutet, daß Sie Ihre Aufmerksamkeit so gut Sie können vierundzwanzig Stunden lang auf dem Inneren Meister halten, oder vierundzwanzig Stunden lang alle negativen Gedanken ausmerzen; das ist auch eine Möglichkeit. Wir haben also das vollständige Fasten, das teilweise Fasten und das mentale Fasten. Sie wählen die Art, die zu Ihnen paßt, und auch das kann sich ändern.

Unseren Fortschritt wahrnehmen

F: Gemessen an den Maßstäben, die du uns gibst und die in der ECK-Literatur stehen, um unseren Fortschritt in den spirituellen Übungen von ECK zu messen, denke ich, daß ich kaum einen Fortschritt mache. In meiner Verzweiflung gab es viele Gelegenheiten, bei denen ich dich buchstäblich um Hilfe angerufen habe, aber du scheinst nicht zu antworten. Ich frage mich, ob ich überhaupt eine Aussicht habe, mit den spirituellen Übungen vorwärts zu kommen oder nicht?

HK: Ich möchte Sie hier gerne einige Dinge fragen, wenn Sie das Gefühl haben, daß sie nicht zu vertraulich sind. Zuerst, wie lange sind Sie schon in ECK?

ECKist: Ungefähr ein Jahr lang.

HK: Nach welchen Maßstäben suchen Sie, die für Sie ein erstes Anzeichen wären, daß Sie auf dem spirituellen Weg Fortschritte machen?

ECKist: Auch wenn es nur gelegentlich geschehen würde, wäre ich sehr zufrieden, wenn ich beispielsweise das Licht oder den Inneren Meister im Tisra Til sähe. Das ist die Art von Maßstab, auf die ich mich beziehe.

HK: Erinnern Sie sich an Ihre Träume?

ECKist: Es gab da einen speziellen Traum, ich erinnere mich gerade daran, in dem du geantwortet hast.

HK: Da machen wir ja Fortschritte!

Sie sind ein Jahr dabei, und Sie machen es gut. Ein Jahr ist wirklich eine kurze Zeit. Während meiner ersten zwei Monate in ECK passierte überhaupt nichts, und dann hatte ich gewaltige Erfahrungen in den anderen Welten. Dann hatte ich wieder monatelang nichts, und jene anfänglichen Erfahrungen begannen sich abzunützen. Ich machte mir Gedanken darüber, aber ich wußte dennoch, daß irgend etwas geschah, auch wenn ich mich eigentlich nicht erinnern konnte, was geschah. Oft zieht der Innere Meister den Vorhang zu, denn in diesem frühen Stadium würde das, was wir sehen, zu erschreckend sein.

Es geht mir vor allem darum, daß das äußere Leben in harmonischem Gleichgewicht bleibt und daß Sie nicht losgehen und plötzlich merkwürdige Dinge tun — Ihre Arbeit aufgeben, alle Ihre Ersparnisse von der Bank abheben und in ein Ashram gehen. Das ist nicht das spirituelle Leben. Das spirituelle Leben besteht darin, die Pflichten auszuführen, die wir übernommen haben, wie Familie und Kinder, und Wege herauszufinden, sie zu unterstützen. Darin liegt heutzutage die Herausforderung des Lebens.

Im Traumzustand arbeiten

Manche Menschen können sehr viel im Traumzustand und andere in der Kontemplation. Im Traumzustand kann ich mit Ihnen ein wenig mehr arbeiten. Der Traumzustand ist im allgemeinen für den Inneren Meister eine sehr einfache Art, mit der Seele zu arbeiten, weil die Ängste beiseitegerückt sind.

Die sanfteste Technik, die ich kenne, ist eine, die ich ziemlich oft benutzt habe, wenn ich gegen Wände angerannt bin: Ich habe in der gleichen Weise wie immer jeden Tag meine Kontemplation gemacht, aber bevor ich abends ins Bett ging, habe ich als inneren Gedanken dem Inneren Meister nur die Erlaubnis gegeben, mich zu dem Ort mitzunehmen, den ich verdient hatte. Ich habe gesagt: »Mahanta, ich gebe dir die Erlaubnis, mich in jene Welten oder Tempel der Goldenen Weisheit mitzunehmen, die für mich von Nutzen wären.« Dann habe ich mich schlafen gelegt und mir keine Gedanken darüber gemacht. Am nächsten Tag habe ich dann gesehen, ob ich mich an irgend etwas erinnern konnte.

So oft ist die innere Erfahrung frisch, wenn wir gerade aufwachen, aber der Grund, warum wir sie vergessen, liegt darin, daß sie so alltäglich ist. Wenn Sie die Disziplin entwickeln können, unmittelbar nach dem Aufwachen niederzuschreiben, was auch immer im Traum geschah, dann werden Sie nach einer oder zwei Stunden ziemlich überrascht sein, was Sie in diesem Notizbuch vorfinden — und noch weit mehr nach einem Monat. Nehmen Sie dann diese Traumerfahrung in Ihren monatlichen Initiiertenbericht auf.

Wenn wir im Physischen reisen, sind wir in einem Zustand größerer Bewußtheit als gewöhnlich; alles ist fremd und so anders, daß wir es bemerken. Aber zu Hause ist alles alltäglicher. Wir folgen der gleichen Routine seit so vielen Jahren: Wir stehen zu einer bestimmten Zeit auf, rasieren uns, stolpern zur Tür hinaus und gehen zur Arbeit. Wenn jemand Sie bitten würde, das Haus an der Ecke, drei Straßen von ihrem Haus entfernt, zu beschreiben, Sie könnten es wahrscheinlich nicht. Es ist zu alltäglich — es gibt nichts, was dem geistigen Auge in besonderer Weise auffällt und Sie dazu bringt, sich zu erinnern.

Im Inneren ist es genauso. Viele Menschen können sich an die inneren Erfahrungen nicht erinnern, denn wenn man da ist, ist es so natürlich, daß sich das Innere und das Äußere miteinander mischen. Wenn Sie aufwachen und bewußt werden, dann finden Sie es nicht der Mühe wert, den Traum aufzuschreiben, weil er so aussieht wie etwas, das Sie immer tun. Bis Sie mit dem Rasieren fertig sind, haben Sie ihn vergessen. Wenn Sie nur ein paar Notizen aufs Papier bringen, vielleicht zwei oder drei Sätze, um das Gedächtnis anzuregen, um Ihnen einen Schlüssel zu geben, so wird dies einen Brennpunkt erzeugen, so daß Sie während des Tages versuchen können, sich das, was dort geschah, in Erinnerung zu rufen.

Initiiertenberichte

ECKist: Sri Harold, kann ich daraus schließen, daß, wenn wir mit den spirituellen Übungen fortfahren, wir Erfolg haben werden?

HK: Ja. Das ist auch der Sinn der monatlichen Berichte. Wenn Sie meinen, keine Verbindung mit dem Inneren Meister zu haben, dann schreiben Sie einen Initiiertenbericht und schicken Sie ihn mir. Wenn Sie mit Licht und Ton und dem Inneren Meister in Verbindung stehen, schreiben Sie den Bericht ebenfalls, aber Sie brauchen ihn nicht abzusenden. Es ist einfach zu Ihrem eigenen Vorteil, damit Sie sehen, was im letzten Monat geschehen ist.

Wenn ich bei meiner eigenen Entfaltung ein- oder zweimal im Monat irgendeine Verbindung mit dem Heiligen Geist hatte, war ich der Meinung, alles sei in Ordnung. Ich wollte gerne jeden Monat irgendein Anzeichen dafür haben, daß diese innere Verbindung da war. Es muß nicht in jedem Augenblick oder an jedem Tag sein; das könnte für uns zuviel sein. Es könnte uns so sehr aus dem Gleichgewicht bringen, daß wir nicht mehr in der Lage wären, unter Menschen zu leben.

F: Was den Initiiertenbericht betrifft, wird er nur von denen gefordert, welche die zweite Initiation bekommen haben. Sollen auch die, die gerade die erste Initiation hinter sich haben, Initiiertenberichte schreiben?

HK: Wenn Sie wollen. Ich öffne Ihnen die Tür, wenn sie hier ein wenig Hilfe haben möchten. Wenn Sie wollen, können Sie einfach *Initiate's Report* oder *IRO* — was *Nur*

Initiiertenbericht bedeutet — auf die linke untere Ecke des Briefumschlags schreiben. Das hilft beim Sortieren der Post im Büro. Mir hilft es, meine Arbeit etwas schneller zu erledigen.

Regionales Seminar, Singapur, Republik Singapur
13. November 1982

10

ECKANKAR — ein direkter Weg zu Gott

Ich möchte Sie willkommen heißen. Für diejenigen, die neu in der Lehre von ECKANKAR sind: Der Zweck dieses Weges ist einfach, mit den zwei Aspekten Gottes in Verbindung zu kommen, dem Licht und dem Ton.

Die Wohltaten des ECK

Es ist schwierig, die Wohltaten des ECK in Ihrem täglichen Leben in Worte zu fassen. Es kommt die Zeit, wo uns die Lebensprobleme so sehr niederbeugen, daß wir glauben, wir könnten jeden Moment erdrückt werden und niemals wieder aufstehen, um uns dem morgigen Tag zu stellen. Ganz gleich auf welchem Weg Sie sind, es gibt immer den Tropfen, der das Faß zum Überlaufen bringt. Aber es hängt von unserem Verständnis ab. Was erwarten wir von dieser Erfahrung des Lebens? Wenn wir ein Leben erwarten, das ständig aus Glück und Freude besteht, Tag für Tag, werden wir tief enttäuscht sein, wenn das nicht eintrifft.

Auf dem Weg von ECK suchen wir das Verständnis, damit wir die Kraft haben, wieder aufzustehen, wenn das Leben schwer auf uns lastet.

Wir sprechen von Gott — SUGMAD, wie wir ES nennen — der göttlichen Substanz, aus der die Seele hervorging, und über die Verbindung, die wir mit dieser Göttlichen Quelle haben. Diese Verbindung wird durch den Heiligen Geist, den Ozean der Liebe und Güte, hergestellt. Man kann den Heiligen Geist als Ton hören und als Licht sehen.

Wozu dienen der Ton und das Licht? Es gibt Geschichten von Heiligen, die Erfahrungen mit diesem Licht Gottes hatten. Es gab den mystischen Schuster Jakob Böhme, der die Erfahrung hatte, von einem rosafarbenen Licht eingehüllt zu sein. Er versuchte, anderen Menschen etwas von den spirituellen Einsichten , die ihm zuteil geworden waren, zu berichten, damit sie vielleicht selbst lernen könnten, ein besseres Verständnis für ihre Aufgabe hier zu finden — warum es der Mühe wert ist, morgens aufzustehen.

Not kennt kein Gebot

Während meines Theologiestudiums mußte ich als Teil meiner Ausbildung Latein lernen. Ich konnte mit Latein nichts anfangen und machte es meist recht schlecht, ausgenommen dann, wenn ich daran war durchzufallen. Das hätte bedeutet, daß ich die Schule hätte verlassen müssen — eine ziemliche Schande für meine Familie — und so habe ich hart gearbeitet und gerade soviel getan, daß ich auf der Schule bleiben konnte. Ich hatte die Fähigkeiten, aber nicht das Interesse am Erfolg. Außer einem oder zwei Sätzen habe ich fast alles Latein vergessen. Einer davon ist das Sprichwort *Legem non habet necessitas*, was soviel heißt wie: »Not kennt kein Gebot«.

Wenn wir mit dem Heiligen Geist in der Form von Licht und Ton in Verbindung treten, dann stellen wir fest, daß wir immer Alternativen haben, wenn wir uns im täglichen Leben mit Hindernissen konfrontiert sehen. Jemand sagte mir neulich: »Wenn ich ein Problem habe, betrachte ich es jetzt als eine Stufe, als einen Baustein in meinem Leben. Wenn ich mich diesem Hindernis stellen kann, dann kann ich meiner selbst sicherer sein, nicht nur physisch, sondern auch spirituell. Und ich werde mehr Selbstvertrauen haben, weil ich ein Hindernis im Leben überwunden habe.«

Allzuoft bitten wir Gott: Bitte, nimm mir meinen Kummer und meine Sorgen, und wir übersehen den Grund des Problems. Der Sinn von Schwierigkeiten liegt darin, uns stark zu machen, uns Erfahrung zu geben. Erfahrung wofür? Für die Aufgabe der Seele. Die Aufgabe jeder Seele, ob sie es nun weiß oder nicht, ist es, ein Mitarbeiter Gottes zu werden.

Der andere lateinische Spruch, der bei mir hängengeblieben ist, lautet: *Barba non facit philosophum*. Das heißt: »Es ist nicht der Bart, der den Philosophen ausmacht.« Es bedeutet, daß die Philosophie eines Menschen wenig Bedeutung für einen anderen hat, wenn er nicht selbst die Erfahrung gemacht hat. Es gibt bestimmte Dinge, die wir nur lernen können, wenn wir unsere Zeit darin investieren. Ein Kind mag sehr gescheit sein, aber es gibt Dinge, die nur ein älterer Mensch wissen kann. Gewisse Dinge kommen nur durch etwas Anstrengung beim Lernen, und wahrscheinlich ist es das harte Lernen im Leben, das unsere Haare grau macht.

Der Heilige Geist möchte uns anheben, damit wir das entwickeln können, was wir als spirituelles Bewußtsein oder als Selbstrealisation bezeichnen. Das ist die

Selbsterkenntnis der Wahrheit: zu wissen, wer und was wir sind, und was unsere Aufgabe im Leben sein mag. Wenn wir diesen Bewußtseinszustand erreicht haben, ist unser nächstes Ziel die Gottrealisation, und wie wir in diesem Leben in das himmlische Reich kommen können. Dann können wir uns befreien vom Rad des Karma, der Kette von Ereignissen, die uns so viele Lebensalter hier im physischen Körper festgehalten hat.

Das ECK bei der Arbeit erkennen

Einige von Ihnen glauben an Reinkarnation und andere nicht; was immer Sie glauben ist wirklich nicht von großer Bedeutung. Mein Interesse liegt darin, denjenigen, die spirituelle Erfahrungen mit Ton und Licht gehabt haben, dabei zu helfen, die Arbeitsweise des ECK wahrzunehmen und Sein Wirken in ihrem Leben zu erkennen.

Der Ton Gottes ist in dem Wort HU enthalten, einem geheimen oder heiligen Namen für das SUGMAD. Dieses Wort können Sie im stillen bei der Arbeit, zu Hause oder immer, wenn Sie in einer Krise sind, benutzen. Nachdem Sie alles getan haben, was Sie tun können, singen Sie dieses Wort im stillen, und dann treten Sie beiseite und lassen den göttlichen Geist übernehmen.

Wir erwarten zu viele Wunder. Wir erwarten, daß wenn ein Chef uns wirklich lästig ist, der Heilige Geist einschreiten und etwas Dramatisches tun wird — ihn in einer Rauchwolke aufgehen läßt oder so etwas. Aber der Geist arbeitet auf stille, indirekte Art; oft ist er so subtil, daß wir seine Wege niemals erkennen.

Schutz

Wer die hohen Bewußtseinszustände erworben hat, genießt einen Schutz durch den Geist Gottes, der dem

Durchschnittsmenschen unbekannt ist. Wenn sich Ärger oder Spott auf solch einen Menschen richten — ob er nun zum christlichen, hinduistischen oder buddhistischen Glauben oder zu ECKANKAR gehört — dann ist da ein weißes Licht, das diesen Menschen umgibt und ihn schützt. Die negativen Gedanken, die wie Speere oder Pfeile auf ihn gerichtet sind, können nur zu dem zurückkehren, der sie aussandte. Der Mensch, von dem diese Gedanken ausgingen, befindet sich plötzlich in allen möglichen Schwierigkeiten in seinem täglichen Leben. Das hält ihn so in Atem, daß er keine Zeit mehr hat, negativ über den anderen Menschen zu denken, der den Schutz genießt.

Dies ist viele Male in meinem eigenen Leben geschehen. In einem besonderen Fall vor einigen Jahren nahm ich eine Arbeit in der Druckerei eines großen Hotels in Las Vegas an. Der Mann, der mich einstellte, war dafür bekannt, daß er die Leute hinauswarf. Ich brauchte einen Job, aber ich verstand von der Arbeit wirklich nicht viel: Ich arbeitete damals in der Druckerei als Kameramann. Wir waren in diesem kleinen Betrieb nur zu fünft, diesen Manager eingeschlossen. Er pflegte die Leute mit irgendeiner fadenscheinigen Begründung zu feuern. Als sich eine Gewerkschaft da einmischte, gerade bevor ich wegging, stellte sich heraus, daß er in nur einem Jahr 51 Leute entlassen hatte. Es war eine ungeheure Fluktuation, und ich wußte, daß ich wenig Aussicht hatte, dort bleiben zu können. Aber ich überließ es nicht einfach dem Heiligen Geist, mir den Job zu erhalten. Ich setzte mein Vertrauen auf den Heiligen Geist und arbeitete so intensiv wie möglich, um alles, was er mir aufbürdete, zu lernen.

Einer der Drucker begann mich fortwährend zu kritisieren, dann ein anderer — es war ziemlich so wie bei den Tieren in der Wildnis. Wenn sie eines ihrer Art finden, das schwach und verletzbar ist, dann greifen es all die Stärkeren an. Das ist das Überleben des Stärksten. Wenn man der Schwache ist, ist die ganze Meute hinter einem her. Ich wußte nicht, was ich machen sollte, und so übergab ich es dem Heiligen Geist. Ich sagte einfach: *Ich übergebe dies an Spirit.* Und dann machte ich meine Arbeit so sorgfältig, wie ich konnte. Jede Anordnung meines Chefs wurde bis aufs I-Pünktchen ausgeführt, und alles war beim ersten Mal richtig.

Dann geschah etwas Interessantes. Einer der Drukker, der hinter mir her war, hatte einen Geländewagen, und er verbrachte viel Zeit damit, ihn zu wachsen und zu polieren. Eines Tages fuhr ihm jemand ohne erkennbaren Grund hinein. Der andere Drucker wurde entlassen, während ich noch da war.

Schließlich konnte ich unter glücklichen Umständen weggehen: Ich heiratete und zog nach Kalifornien. Mein Chef und ich gingen in angenehmer Weise auseinander. Zuerst schien er froh, mich gehen zu sehen, aber dann wollte er mich dazu bewegen zu bleiben. Ich war inzwischen ein recht guter Arbeiter geworden. Nur um zu überleben hatte ich alles mögliche getan, um ein sehr guter Arbeiter zu werden.

Der Sinn des Heiligen Geistes in unserem Leben ist es, uns spirituell anzuheben. Wir suchen verschiedene Dinge im Leben: Vor allem suchen wir jemand, der uns für den Geist in der Form von Licht und Ton öffnen kann. Dies Licht kann man auf eine Reihe von Arten sehen, eine davon ist ein sechseckiger Stern; wir nennen ihn den Blauen Stern von ECK.

Die Spirituellen Übungen von ECK sind der Schlüssel zu den ECK-Werken. Jeden Tag schließen wir die Augen und begeben uns etwa zwanzig Minuten lang in eine leichte Kontemplation — nicht sehr lang. Sie legen Ihre

Aufmerksamkeit auf das Spirituelle Auge, und Sie können das HU singen, einen heiligen Namen für Gott. Die wahre Funktion dieses Wortes ist es, uns als Instrument für den Geist Gottes zu öffnen. Die meisten haben innerhalb eines Jahres Erfolg — manchmal in einem Tag, in ein paar Wochen oder Monaten. Sie fangen an, das Blaue Licht zu sehen, das in den anderen Welten entsteht.

Ein Mitarbeiter Gottes sein

Als ich damit begann, die verschiedenen Wege zu Gott zu erforschen, wollte ich nie ein Mitarbeiter Gottes sein. Dies schien mir eine sehr langweilige und uninteressante Art, dieses Leben oder das nächste zu verbringen, oder was immer danach käme. Ein Mitarbeiter Gottes, so wie es uns einige mittelalterliche Gemälde zu glauben gelehrt haben, ist üblicherweise jemand mit Flügeln und einem Heiligenschein, der in reiner Glückseligkeit einfach herumsitzt. Ich weiß nicht, wie ich mich für den Rest der Zeiten an reiner Glückseligkeit erfreuen sollte, ohne irgend etwas zu tun. Aber es gibt Menschen, die viel Zeit in den verschiedenen Himmeln verbringen, von denen einige wirklich diese Art lethargischer Glückseligkeit bieten. Die Menschen dort sind sehr glücklich; aber es kommt in den spirituellen Werken eine Zeit, in der uns klar wird, daß es immer noch einen weiteren Himmel, immer noch eine weitere Stufe gibt.

Ganz gleich was irgend jemand sagt, so etwas wie einen vollkommenen Menschen, der heute auf unserer Erde wandelt, gibt es nicht. Keiner der ECK-Meister erhebt diesen Anspruch. Sie wissen, daß diejenigen, die früher hier auf der Erde gewesen sind, in ihrer spirituellen Entfaltung immer noch weitergehen, auch wenn sie nun in irgendwelchen anderen Ebenen oder Himmeln Gottes arbeiten.

Die Ausbildung, die ich in der religiösen Schule erhielt, sprach hauptsächlich von diesem Leben und dem Leben danach, als Himmel bezeichnet, und behauptete, die einzige Weise, dorthin zu kommen, führe über den Tod. Jemand sagte einmal, er hätte nichts dagegen, in den Himmel zu kommen, aber der Gedanke, dafür sterben zu müssen, gefalle ihm nicht. Wenn er sterben müßte, um in den Himmel zu kommen, dann ginge er lieber nicht dorthin. Ich kenne viele, die dieses Gefühl zum Ausdruck bringen. Deshalb haben wir die Spirituellen Übungen von ECK, welche einfach dazu da sind, uns dabei zu helfen, die Arbeit im Seelenkörper zu beginnen.

Wir sind Seele — Sie, ich und jeder Mensch, jede Verkörperung. Wir sind Seele; wir nehmen einen physischen Körper an, und dieser Körper durchläuft die Erfahrungen von Kindheit, Jugend, mittlerem Alter und hohem Alter. Wir gehen durch all diese Erfahrungen hindurch, und dann geben wir den Körper auf, oder er stirbt, weil er erschöpft ist. Aber die Seele ist ewig; Sie hat keinen Anfang und kein Ende. Das ist die Botschaft, die ich Ihnen heute zu bringen versuche. Sie sind Seele, und Sie können das himmlische Reich betreten, während Sie noch im physischen Körper sind.

Das Licht Gottes

Die spirituellen Übungen bringen uns das Licht und den Ton Gottes. Gewöhnlich ist die Farbe des Lichtes blau, und man kann es als blauen Stern oder als blaue Kugel sehen. Die Farbe blau bezeichnet den Bewußtseinszustand, auf den wir schauen, das Mahantabewußtsein. Dies ist der Innere Meister. Dies ist das hohe Wesen, welches Sie, Sie selbst sind; jener hohe Bewußtseinszustand, der jenseits des kosmischen Bewußtseins und des

Buddhi- und Krishnabewußtseins liegt.

Wenn das Blaue Licht in unserer inneren Sicht erscheint, wird Es sehr klar zu sehen sein. Man wird es nicht mit einer Einbildung verwechseln. Das bedeutet einfach, daß wir mit dem Licht Gottes in Verbindung getreten sind, welches ein Teil des Tonstromes ist. Das Licht und der Ton sind die Tonwelle, die Sie zurück zu Gott trägt, die Ihr Bewußtsein als Seele spirituell macht. Wenn Sie dieses Blaue Licht sehen, bedeutet es, daß der Heilige Geist — Spirit, Nam, oder die Stimme Gottes — Sie ans Schlepptau genommen hat. Er bringt Ihnen jene Lebenserfahrungen, die zu Ihrer Bereicherung beitragen und Ihnen den direkten Weg nach Hause zu Gott zeigen.

Ich sage nicht, ECKANKAR sei der einzige Weg zu Gott, aber ich behaupte, daß es der direkteste ist.

Der Tonstrom

Der andere Aspekt des Heiligen Geistes, noch wichtiger als das Licht, ist der, den wir als den Ton kennen. Dieser Tonstrom ist eigentlich die Stimme Gottes, von der in der Bibel als dem Wort gesprochen wird: »Im Anfang war das Wort ... Und das Wort wurde Fleisch und wohnte unter uns.« Diese Stimme, der schöpferische Strom, der von Gott kommt, hat die niederen Welten erschaffen. Er breitet sich aus wie eine Radiowelle von einer zentralen Sendestation. Es ist wie mit einem Stein, der in einen ruhigen See geworfen wird, und von dem kleine Wellen ausgehen. Diese Wellen laufen hinaus, aber sie müssen immer wieder ins Zentrum zurückkehren; wir sind an der rücklaufenden Welle interessiert. Das ist es, wonach die Seele sucht: in den Mittelpunkt Gottes zurückzukehren. Wenn Sie zum Mittelpunkt Gottes zurückkehrt, dann nennen wir das Gottrealisation oder Gottbewußtsein.

Ich kann Ihnen in keiner Weise einen Bewußtseinszustand beweisen, ob es nun das kosmische Bewußtsein, das Christusbewußtsein oder das Mahantabewußtsein ist. Niemand kann das beweisen. Allzuoft trifft ein Mensch jemanden, der einen dieser Bewußtheitszustände gehabt hat, und der Sucher wird sagen: »In Ordnung, liefere mir einen Beweis — tu ein Wunder.« Laß den Tisch im Raum herumschweben. Wenn der andere dies täte, wäre die nächste Frage: Wie kann ich sicher sein, daß dies die positive Kraft ist und nicht die negative? Eine Frage führt immer zur nächsten. Der Beweis, den der Fragende sucht, wird niemals da sein, weil er ihn nicht annehmen wird. Es gibt ein spirituelles Gesetz, das sagt: Kein Meister kann durch Wunder Bekehrungen erreichen.

Das Wesen der Wahrheit

Die Lehren von ECK wurden im Jahre 1965 durch Paul Twitchell an die Öffentlichkeit gebracht. Er war Schriftsteller und Zeitungsmann. Es gibt eine Reihe von ECK-Meistern, die still im Hintergrund arbeiten, und dann gibt es den Lebenden ECK-Meister. Er geht in die Öffentlichkeit, um zu sehen, ob es dort Menschen gibt, die etwas über ihr eigenes spirituelles Wesen erfahren möchten. Er gibt diesen Menschen die äußeren Werke und die äußeren Lehren, damit sie den Inneren Meister finden können und ihre eigene Autorität über das Wesen der Wahrheit werden können.

Meine Aufgabe ist es, die Seele mit dem Ton und dem Licht Gottes zu verbinden. Wenn Sie diese Verbindung bekommen, werden Sie für sich selbst der Maßstab, was Wahrheit ist und was nicht. Sie brauchen weder auf einen Mann auf der Kanzel noch auf mich zu hören, wenn ich auf dem Podium stehe und Ihnen etwas über die Wahrheit sage. Wahrheit ist für keine zwei Menschen gleich. Keine zwei Menschen haben genau die gleiche Einstellung zum Leben. Jede unserer Erfahrungen ist einzigartig; die Seele ist einzigartig.

Die Bibel enthält Wahrheit für viele Menschen, wenn diese sie und die Gesetze, die man darin findet, anwenden. Ein Beispiel ist die goldene Regel: Tu anderen so, wie du möchtest, daß sie dir tun. Dies Gesetz würde viele Menschen spirituell anheben, wenn es befolgt würde. Ganz gleich, welchem religiösen Glauben jemand folgt, es gibt überall die »Sonntagschristen«. Sie folgen ihrer Religion einmal in der Woche: gerade lang genug am Sonntagmorgen, damit sie sich weniger schuldig fühlen, daß sie am Samstagabend getrunken haben. Ich habe nichts dagegen: Die Seele gewinnt Erfahrung. Wir haben auch in ECKANKAR Menschen dieser Art.

Wenn Sie ein Gesetz des Lebens übertreten, dann stellen Sie fest, daß das Leben einen Weg findet, dieses Gesetz in Bewegung zu setzen und die Wirkung auf Sie zurückzubringen. Wir kennen dies als das Gesetz von Ursache und Wirkung. Der heilige Paulus bezog sich darauf in der christlichen Bibel, als er sagte: »Was ein Mensch sät, das soll er auch ernten.«

Des Messers Schneide

Wenn man noch nicht die hohen Zustände spirituellen Bewußtseins erreicht hat, kommt dieses Gesetz des Karma nicht unmittelbar auf einen zurück. Je höher man in seiner Bewußtheit kommt, desto schneller reagiert es. Das ist in einer Weise gut und in einer anderen schlecht. Ich möchte sagen, aufs Ganze gesehen ist es gut, denn sobald Sie zum Beispiel jemand betrügen, schlägt das

Gesetz zurück, und Sie bringen das Karma schneller hinter sich. Je höher Sie kommen, desto schmaler wird der Weg — manche bezeichnen es als des Messers Schneide.

Menschen, die wirklich keine Rücksicht auf das spirituelle Gesetz nehmen, lernen vielleicht gerade das Leben, nehmen es so, wie sie es vorfinden, betrügen, rauben und haben ihre Freude daran. Das Gesetz verlangt manchmal die Rückzahlung erst in zwei, zehn, zwanzig oder dreißig Jahren oder vielleicht erst im nächsten Leben. Wenn die Bezahlung nicht gleich fällig wird, wenn jemand das spirituelle Gesetz verletzt, glaubt derjenige, er kommt ungeschoren davon. Aber jede Handlung muß in echter Münze voll abgezahlt werden.

Das einzige, was ich als falsch ansehe, ist jede Handlung, die einen anderen auf seinem Weg zur Gottrealisation aufhält. Der Rest ist reine Erfahrung; wir lernen aus unseren eigenen Fehlern. Ich streite mit niemand, wenn er nicht meine Freiheit verletzen will. Ich nenne das in meinen psychischen Freiraum eingreifen, und hier setze ich eine Grenze.

Wenn wir den spirituellen Weg gehen, heißt das nicht, daß wir wie Schafe werden. In ECKANKAR sprechen wir nie von dem Führer und seiner Herde; wir sprechen vom Individuum. Ich habe kein Interesse an Schafen; Schafe sind dazu da, geschoren zu werden, und das passiert ihnen auch oft — das ist ihr Zweck.

Die innere und äußere Tätigkeit des Meisters

Die Seele als Individuum ist der Aspekt von Ihnen, der mich interessiert. Eine Möglichkeit, mit Ihnen zu arbeiten, ergibt sich für den Inneren Meister, wenn Sie beginnen, das Licht zu sehen. Dann hören Sie vielleicht einen Ton. Der Ton kann als Flöte kommen, als Zirpen von Grillen in einiger Entfernung, wenn es da gar keine Grillen gibt, oder als ein Summen wie von sausenden Atomen. Diese verschiedenen Töne Gottes sind in der Tat das Wirbeln der Atome in den spirituellen Ebenen. Die unterschiedlichen Klänge, die Sie hören, weisen auf den Bewußtseinszustand hin, in dem Sie sich im Augenblick befinden, und das bewirkt in gewissem Grade eine Reinigung.

Wenn Sie sich auf den spirituellen Pfad begeben, werden sich die karmischen Muster Ihres Lebens beschleunigen. Ganz plötzlich wird Ihr Leben sehr aktiv und sehr interessant, und Sie können den genauen Grund dafür nicht feststellen. Ich garantiere Ihnen nicht unbedingt ein Leben in Bequemlichkeit und Glück, wenn Sie in die ECK-Lehren hineinschauen und beginnen, dem Pfad ernsthaft zu folgen, aber ich garantiere Ihnen, daß die Dinge interessanter sein werden als zuvor.

Wir lernen mit Ihm, mit dem Heiligen Geist, zu arbeiten, um die Dinge sein zu lassen. Sogar wenn wir auf dem Pfad von ECK einen Segen geben, sagen wir nicht: Ich segne dich; stattdessen sagen wir: Es möge Segen sein. Dies gibt dem einzelnen die Wahl und die Freiheit, den Segen anzunehmen oder zurückzuweisen. Und diese Wahl sollten wir alle haben.

Normalerweise arbeite ich mit Ihnen im Traumzustand. Der wahre Test für einen Meister sollte sein, daß er mit Ihnen nicht nur im Äußeren und Physischen, sondern auch im Inneren arbeiten kann. Es gibt wenige, die diese Macht besitzen. Sogar in ECK gibt es Schüler, die sich dieser inneren Hilfe nicht bewußt sind. Das beste, was ich sagen kann, ist: Seien Sie geduldig. Ich freue mich mit jenen, die entweder mit mir selbst oder den anderen ECK-Meistern Erfahrungen haben. Der Geist Gottes ist ungeteilt; diese ECK-Meister sind nur die Manifestation des Heiligen Geistes auf einer bestimmten Ebene in den inneren Himmeln.

Vergangene Leben verstehen

Gelegentlich werde ich mit Ihnen daran arbeiten, frühere Leben zugänglich zu machen, wenn Sie dafür bereit sind. Ein Frau, die ihren Sohn sehr liebte, hatte lange Jahre die Furcht, er würde plötzlich unerwartet sterben. Dieses Gefühl hatte sie schon lange, bevor sie auf den Weg von ECK kam, aber sie hatte nie den Grund dafür verstanden. Es dauerte acht Jahre, bis sie stark genug geworden war, um bereit zu sein, den Grund für diese Furcht zu sehen.

Jedesmal, wenn sie ihren Sohn ansah, fragte sie sich: »Wann wird er sterben?« Es war eine schreckliche Belastung. Dann eines Tages, acht Jahre nachdem sie den Weg von ECK betreten hatte, war sie beim Abwaschen und schaute aus dem Fenster. Ganz plötzlich eröffnete der Innere Meister ihr die Sicht in ein vergangenes Leben. Sie hatte jetzt die spirituelle Stärke entwickelt, um zu verstehen, was diese frühere Erfahrung bedeutete. Sie sah, daß ihr Ehemann in diesem früheren Leben ihr Kind in ganz schrecklicher und brutaler Weise verwundet und getötet hatte. Nachdem die ganze Erfahrung vorüber war, konnte sie erkennen, warum sie diese Furcht hatte, und zum ersten Mal konnte sie sich ihr stellen und sie verstehen.

Die Furcht verschwand nicht über Nacht, aber wenn wir unsere Angst erst verstehen, dann beginnt sie, sich aufzulösen. Es ist wichtig, solche Ängste eine nach der anderen aufzulösen. Wenn dies geschieht, öffnen wir uns für eine größere Menge dieses Lichtes und Tones des Heiligen Geistes, und das bringt uns stets zu größerer

Bewußtheit und zu einem Bewußtsein der Umstände, die ständig um uns herumwirbeln.

Hindernisse als Trittsteine verwenden

Soweit ein Beobachter es beurteilen kann, haben wir vielleicht die gleichen Probleme wie unsere Nachbarn. Was uns unterscheidet, ist das Verständnis für den Sinn dieser Probleme. Wir können die Hindernisse in unserem Leben als Trittsteine verwenden, wogegen die gleichen Trittsteine im Leben von jemand, der sich nicht spirituell entfaltet, die Felsbrocken sein können, die ihn erdrücken.

Not kennt kein Gebot. Sie können mit diesem Wort Gottes — dem HU — das wir vorhin gesungen haben, experimentieren. Sie können es ausprobieren. Ich bitte Sie nicht, etwas nur deshalb zu glauben, weil ich es sage; probieren Sie es aus, und sehen Sie, ob es Ihnen hilft. Sie können es unmittelbar vor dem Schlafengehen singen, nur ein paar Minuten lang, und schauen, was der Innere Meister für Ihre Ausbildung bereithält.

Wenn Sie einige spezielle Fragen über den Weg von ECK haben, über seinen Ursprung, wie er für Sie wirken kann, über die Manifestationen von Licht und Ton oder irgend etwas dieser Art, werde ich gerne auf einige davon eingehen.

Die Bedeutung von ECKANKAR

F: Was bedeutet das Wort *ECKANKAR* eigentlich?

HK: Es ist ein altes Pali-Wort und bedeutet »Mitarbeiter Gottes«. ECKANKAR ist nicht das gleiche wie ECK. ECKANKAR ist die Bezeichnung für die äußeren Lehren, die Bücher und Kurse, die einen zum Heiligen Geist oder ECK führen. ECK ist die innere Bewußtheit, die wir annehmen. Wir beginnen mit den äußeren Lehren, und dann werden wir ein Mitarbeiter. ECK ist nicht nur ein Spitzname für ECKANKAR.

Außerkörperliche Erfahrungen

F: Ich wüßte gerne, ob du jemals eine außerkörperliche Erfahrung gehabt oder Astralprojektion praktiziert hast. Ist es etwas, das dir freiwillig oder unfreiwillig geschah, und kann man die Schritte oder Vorgehensweisen erklären, die dafür wirklich nötig sind?

HK: Ich möchte nicht hingehen und eine lange Liste von Geschichten darüber erzählen, was ich gemacht habe. Wenn man zu viel von seinem eigenen Programm erzählt, werden die Menschen sagen: »Ach ja.« Ich kann es Ihnen ohnehin nicht beweisen. Jeder einzelne hat es für sich selbst programmiert, in seiner Weise. Es ist ein individuelles Trainingsprogramm auf den inneren Ebenen.

In ECK sprechen wir von Seelenreisen und benutzen die Spirituellen Übungen von ECK. Dies ist die Ausdehnung des Bewußtseins, der Aspekt der Lehren, der vielleicht den Kern und das Leben von ECK darstellt. Ich habe es für mich als höchst lehrreich und erleuchtend empfunden.

In dem Buch *In meiner Seele bin ich frei* steht eine Geschichte über mich, als ich in Japan stationiert war. Das war 1967. Paul Twitchell hatte gerade im Jahre 1965 die ECK-Schriften herausgebracht. Niemand wußte wirklich etwas von ECKANKAR, aber ich fand eine kleine Anzeige in der Zeitschrift *Fate* und bestellte die Kurse. Ich hatte gerade vor zwei Monaten mit den Spirituellen Übungen von ECK begonnen, als ich eine innere Erfahrung hatte, in der ich zurück auf unseren Hof in Wisconsin mitgenommen wurde.

Aber über Seelenreisen zu sprechen ist eine Sache, und es zu praktizieren ist eine ganz andere. Für mich ist die Praxis des Seelenreisens, tatsächlich in der Lage zu sein, diese Erfahrungen in den anderen Bereichen zu haben, der ganze Schlüssel zu den spirituellen Werken von ECK. Es gibt Menschen, die diese Erfahrungen ganz natürlich gehabt haben. Mancher verläßt seinen Körper, während er krank ist, aber er findet nie einen Weg, diese Erfahrung zu wiederholen.

Versuchen Sie die spirituellen Übungen. Es sind einige in *ECKANKAR — der Schlüssel zu geheimen Welten* angegeben. Es könnte Ihnen eine Erfahrung gegeben werden, nur um Ihnen die Realität von ECK und diesem Weg zu zeigen, oder Sie könnten anfangen, im Traumzustand zu arbeiten. Sie können es ausprobieren und feststellen, ob es für Sie funktioniert.

Die ECK-Meister vor 1965

F: Gab es vor 1965 einen Lebenden ECK-Meister?

HK: Ja, es gab einen. Es war der Inder Sudar Singh, der in den vierziger Jahren starb. Dann trat Rebazar Tarzs, der Fackelträger der Führerschaft von ECK, an die Stelle, der schon einige Zeit vorher der Lebende ECK-Meister gewesen war. Er übernahm die Führung bis 1965, als Paul das Recht dazu erworben hatte. Paul Twitchell mußte es sich erwerben, wie all die anderen. Es gibt eine ununterbrochene Folge von ECK-Meistern, die sehr weit zurückgeht. Einige davon werden im Buch *Spirituelle Aufzeichnungen* beschrieben.

Zu verschiedenen Zeiten haben die ECK-Meister still im Hintergrund gearbeitet. Bis 1965 wurden die meisten Lehren wegen der Verfolgung direkt von einem zum anderen weitergeben. Und wie ich schon sagte, diese

Meister hatten kein Interesse, Anhänger durch Wunder zu gewinnen, und sie wollten auch nicht im Rampenlicht stehen und für vieles den Ruhm in Anspruch nehmen.

Ja, es gab ein Reihe von ECK-Meistern, die bis in die Gegenwart hineinreicht, und es wird andere nach mir geben. Ich arbeite schon daran, in die nächste Position zu kommen. Das tun wir immer: Wir arbeiten uns immer zur nächsten Stufe voran, ob nun in der Arbeit oder im spirituellen Leben.

Meister außerhalb von ECKANKAR

F: Erkennst du Meister außerhalb von ECKANKAR an?

HK: Ja, jeder Weg zu Gott ist gültig. Wir sind alle verschieden; wir haben unterschiedliche Bewußtseinszustände. Und doch gibt es Menschen, die ähnliche Vorstellungen haben — man könnte sie in Ermangelung einer besseren Bezeichnung den ideologischen Hintergrund nennen. Menschen, die in ihrer spirituellen Entfaltung ähnlich sind, können sich als Gruppen zusammenschließen und werden als Baptisten, Anglikaner oder als ECKisten bekannt. Aber innerhalb jeder Gruppe gibt es solche, die einen höheren Stand haben, andere, die einen niedrigeren Stand haben und jene, die sich in den äußeren Randbereichen aufhalten.

Alle Religionen wurden von Gott eingerichtet, passend für bestimmte Bewußtseinsstufen, und jede wird als Trittstein gebraucht. Nur weil wir vielleicht über einen spirituellen Weg hinausgewachsen sind, wertet ihn das nicht für jemand anders ab. Wenn ich eine bestimmte Religion verlassen habe und zu einer anderen gegangen bin, dann wäre es doch nicht richtig, wenn ich sagte: Jetzt, wo ich darüber hinausgewachsen bin, ist jeder, der noch dabeibleibt, ein Narr. Dieser Weg, diese Religion und ihre Lehrer werden immer noch von Gott zur Verfügung gestellt.

Die hohen spirituellen Meister arbeiten immer zusammen. Es sind nur ihre Anhänger, die solche Unterscheidungen aufstellen wie: Mein Meister ist größer als deiner. Auf den inneren Ebenen wird der Meister eines Weges den wahren Sucher auf sehr natürliche Weise zu dem nächsten Meister weiterleiten. Sogar auf dem Weg von ECK haben wir eine Reihe von ECK-Meistern, die still hier auf der physischen Ebene arbeiten, wie auch die, die auf den inneren Ebenen lehren. Wenn Sie das gelernt haben, was Sie an einem bestimmten Platz wissen müssen, dann haben Sie sich in gewissem Sinne qualifiziert, von dieser Stufe zur nächsten zu gehen. Es ist ein sehr natürlicher Vorgang.

Meister zeigen niemals mit Fingern aufeinander und sagen: »Du bist weniger spirituell.« Sie alle kennen ihren Platz in der spirituellen Hierarchie, und sie alle entfalten sich.

Dem Leben etwas von sich geben

F: Nach dem, was ich von den ECK-Werken gelesen habe, scheint darin ein sehr starkes Element des Selbst zu liegen, und weniger Betonung darauf, anderen zu helfen. Wenn man sein Selbst auf eine andere Ebene bringen will, ist das wohl ein etwas anderer Ansatz, als wenn man jemand anderem helfen will, dorthin zu kommen.

HK: Dafür gibt es einen Grund. So viele Menschen, die auf den Weg kommen, möchten der ganzen Welt helfen, aber oft wird man feststellen, daß sie kaum in der Lage sind, ihren eigenen Lebensunterhalt zu verdienen. Es ist zwar ein großes Ideal, aber nicht praktikabel, weil sie ihr eigenes Haus nicht in Ordnung gebracht haben.

Wenn Sie sich spirituell entfalten, hat jeder in dem Kreise Ihrer Bekannten etwas davon und wird angehoben.

Wir arbeiten im spirituellen Bewußtsein, nicht vom Ego oder von der Eitelkeit aus, und wir erkennen das Recht jedes Menschen an, seine Krankheiten und seine Probleme zu haben. Die ECK-Meister greifen niemals in den Bewußtseinszustand eines anderen Menschen ohne dessen Erlaubnis ein. Für mich ist Ihr persönliches Leben heilig, und ich möchte in keiner Weise ohne Ihre Genehmigung eindringen, nicht einmal im Traumzustand. Es gibt immer Wohltäter, die den Trinker entwöhnen wollen, wenn der Trinker vielleicht gar nicht entwöhnt werden will. Oder sie wollen die Seele des Menschen retten, der ein Verbrechen begangen hat und auf dem Weg zum Galgen ist. Wir haben dazu wirklich kein Recht. Die Seele muß die Freiheit Ihres eigenen Bewußtseinszustandes haben.

Man muß den Preis für die Verletzung des spirituellen Gesetzes zahlen, auch wenn man es in Unkenntnis tut. Das ist das höchste Gesetz. »Tue anderen so, wie du wünschst, daß sie dir tun«, dieser Spruch bedeutet wirklich: Wenn ich nicht möchte, daß sich ein anderer in mein Leben ohne Erlaubnis einmischt, sollte ich das gleiche Recht auch anderen einräumen.

Aber ja, wir haben Mitgefühl, und wir gehen in das Leben, um als Menschen anderen zu dienen. Wenn dieses Licht Gottes in uns einströmt, können wir dasitzen und davon reden, oder wir können Es in einem Dienst zurückgeben — in stillem Dienst — vielleicht in der Form einer guten Tat an jedem Tag. Denn weil Es einströmt, müssen wir Es wieder nach außen geben. Aber wir prahlen nicht damit oder erzählen jedermann, warum wir es tun. Wir dienen, weil es notwendig ist; wenn wir es nicht tun, stellen wir fest, daß in unserem Leben plötzlich etwas schiefgeht.

Der erste Schritt ist, zu erreichen, daß dieser Strom von Licht und Ton in Sie hineinfließt. Wenn Er einströmt, sind Sie schon halb am Ziel: Jetzt müssen Sie lernen, wie Sie Ihn nach außen zurückgeben können. Hier findet nun das selbstlose Geben von sich an das Leben statt, ob es nun heißt, daß man ein Kind auf der Schaukel anschiebt oder ob man jemand zuhört, der Schwierigkeiten hat. So arbeitet das spirituelle Leben. Aber wir müssen stark werden und fähig sein, uns selbst zu helfen, bevor wir irgend jemand anders helfen können.

Regionales Seminar von Hongkong, Kowloon, Hongkong
17. November 1982

11

Der verlorene Schlüssel

Ich möchte Sie heute abend bei ECKANKAR willkommen heißen. Manche von Ihnen sind etliche Meilen gereist, andere von Ihnen viele Lebenszeiten.

Die Erfahrung mit dem Licht Gottes

Ich hatte gerade eine interessante Unterhaltung mit jemand, den ich zum ersten Mal vor drei oder vier Jahren getroffen habe. Als wir über verschiedene Dinge sprachen, erwähnte er ein Erlebnis, das er mit dem Licht Gottes gehabt hatte. Es strömte so klar in ihn hinein, daß er für den Rest seines Lebens nur noch dieses Licht in sich hineinfließen lassen wollte. Aber nach dieser Erfahrung hatte er lange Zeit keine mehr, und er fragte sich, warum.

Der Grund ist folgender: Wenn das Licht Gottes in uns einströmt, kann Es uns verbrennen. Das Licht ist so rein, daß sich die Seele nichts anderes wünscht, als für alle Ewigkeit in diesem Licht zu bleiben. Während dies an sich gut klingt und wie etwas, auf das wir uns alle freuen würden, wird der Lebende ECK-Meister doch jenen, die ihr spirituelles Leben in seine Hand gelegt haben, nicht gestatten, für die Gemeinschaft nutzlos zu werden.

Viele der spirituellen Menschen, die von den verschiedenen orthodoxen Religionen als Heilige angesehen werden, haben, nachdem sie ein wenig von diesem Licht bekommen hatten, beschlossen, sich von den Menschen zu trennen und hinaus in die Wildnis zu gehen. Ihr Dasein wurde zu einer selbstsüchtigen Existenz, in der ihre Erleuchtung in keiner Weise etwas für die Mitmenschen bewirkte.

Wenn das Licht ständig einströmt, kann es den Menschen verbrennen. Deshalb blicken wir auf den zweiten Aspekt Gottes, den Ton. Es gibt eigentlich noch einen dritten Aspekt, den wir auf dem spirituellen Weg suchen: den Meister, der mit uns arbeiten kann, um die Verbindung mit dem Ton herzustellen. Das ist der Hörbare Lebensstrom, auch als das Wort Gottes bekannt. In der Bibel wird Es als der Heilige Geist oder der Tröster bezeichnet. Sobald diese Verbindung hergestellt ist, nimmt uns diese Stimme Gottes auf der spirituellen Welle mit zurück zum Zentrum Gottes, zurück zum Gottbewußtsein.

Spirituelle Befreiung

Das ist es, was wir suchen. Man nennt es spirituelle Befreiung. Spirituelle Befreiung wird eigentlich an einem Punkt erreicht, den wir Selbstrealisation nennen, und das bedeutet, daß wir von den Sorgen dieser Welt befreit sind. Ich sage damit nicht, daß wir keine Probleme mehr haben, aber jetzt verstehen wir die Dinge, die in unser Leben treten und denen wir uns stellen müssen. Wir sehen, woher sie kommen, wie wir sie verursacht haben, und was wir damit machen sollen, um ein glücklicheres Leben zu führen.

Während wir diese Erfahrungen mit dem Heiligen Geist haben und beginnen, ein Verständnis für das zu entwickeln, was in unserem täglichen Leben geschieht, sollten wir auch in der Lage sein, einen Sinn für Humor und Toleranz zu entwickeln, wenn etwas nicht so geht, wie wir es geplant haben. Allzuoft ist unsere Reaktion Ärger — ich weiß, daß es bei mir so war. Wenn ich etwas plante und es schief ging, bekam ich eine ganz schlechte Laune. Das ist einfach menschlich.

Wir freuen uns an den niederen Strömungen der menschlichen Natur, meist weil wir uns nicht klar machen, daß es einen Weg gibt, uns selbst aus diesem Zustand herauszuziehen, und daß die Probleme und Schwierigkeiten, die wir haben, alle von uns selbst geschaffen sind.

Bindungen aufgeben

Wenn das Licht und der Ton Gottes einströmen, dann erfahren wir eine spirituelle Anhebung, die uns über den Materialismus hinausträgt. Das heißt nicht, daß wir jetzt alle unsere materiellen Besitztümer aufgeben wollen, aber es bedeutet, daß wir unsere unangemessene Bindung an diese materiellen Dinge aufgeben. Wir hören nicht auf, unsere Familie und Freunde zu lieben, aber wir geben die übertriebene Bindung an sie auf.

Der Äußere Meister auf dem Weg von ECK — das bin ich — ist nur deshalb hier eingesetzt, um Ihnen zu zeigen, wie Sie den inneren Tempel und den Inneren Meister erreichen können. Das ist die Grundlage der Lehre von ECKANKAR: in den inneren Tempel zu gehen und unmittelbare Erfahrung mit dem ECK zu haben. Nur so können Sie für sich selbst herausbekommen, ob es wirklich so etwas gibt wie das Licht, das wir als blauen Stern, blaue Kugel oder blaue Scheibe sehen. Es kann irgend etwas derartiges sein.

Die lustige Seite des Lebens

Wenn Sie für ECK arbeiten, kommt viel in Ihr Leben hinein. Ich möchte nicht sagen, daß es ein einfaches Leben sein wird, aber es werden viele verschiedene Dinge geschehen. Sie lernen, sie von der lustigen Seite zu sehen.

Wir sind kürzlich zu dritt in Australien gereist, und wer mit mir in der letzten Zeit zusammen reist, scheint immer einen wichtigen Schlüssel zu verlieren. Der Mann, der im letzten Jahr mit uns zusammen war, verlor auch pflichtgemäß alle Augenblicke einen Schlüssel — als ob das zu seiner Tätigkeit gehörte. Einmal war es der Schlüssel für ein Sicherheitsfach, und als der Angestellte uns sagte: »Wenn Sie ihn nicht finden, kostet es fünfundsiebzig Dollar, einen Schlosser zu holen«, begann er seinen Koffer sehr sorgfältig zu durchsuchen.

Dieses Jahr war der Schlüssel, den wir immerzu verloren, der Schlüssel der verschiedenen Leihwagen, die wir hatten. Als es zum ersten Mal passierte, versuchten wir gerade zu einem Treffen um sieben Uhr zu kommen. Etwa um fünf vor sieben rief mein Freund an und fragte, wo der Fahrer sei. Er hatte die Autoschlüssel verloren und fand sie bis zum letzten Moment nicht. Wir dachten, damit sei es nun genug; sicher sollte jemand, der einmal den Wagenschlüssel verliert, es nicht wieder tun — nicht wahr?

Zwei Tage später, als alle Gespräche und Treffen für den Tag erledigt waren, gingen wir zum Essen in ein chinesisches Restaurant in Singapur. Als wir das Essen zur Hälfte hinter uns hatten, begann unser Freund wieder seine Taschen abzutasten, und auf seinem Gesicht war ein wunderbarer Ausdruck, der besagte, daß er etwas Wichtiges verloren hatte. »Ich glaube, ich habe wieder den Schlüssel im Auto eingeschlossen«, sagte er.

Wir schauten ihn nur an.

Nun gut, der Heilige Geist wird einen benutzen, ganz gleich wo man ist. Auch wenn es so aussieht, als machte man einen Fehler, ist es in Wirklichkeit nicht so. Der Heilige Geist benutzt einen, um ein wenig von dem Licht und Ton zu verbreiten, die infolge der spirituellen Übungen in einen hineinfließen. Man kann das Einströmen dieses Lichtes und Tons Gottes wahrnehmen oder nicht, aber man wird einen Weg finden, Es an andere Menschen zurückzugeben. Das bedeutet nicht, daß man ihnen die Ohren voll schwätzt und ihnen alles über seine großartigen Erfahrungen erzählt. Man gibt der Welt, seinem Freund, seinem Nachbar einfach irgendeinen Dienst der Liebe; und vielleicht bedeutete es nur, jeden Tag eine gute Tat zu tun, von der nie jemand etwas erfährt.

Dieser Mann also ging hinaus auf den Parkplatz — es war dunkel, heiß und schwül an diesem Abend in Singapur — und er begann an dem Schloß herumzubasteln, zuerst mit einem Draht, dann mit einem Schraubenzieher. Fünfundvierzig Minuten später stand eine ganze Menschenansammlung um ihn herum.

Als es gerade so aussah, als müßten wir den Wagen stehenlassen und ein Taxi zurück nehmen, kam eine Bekannte des ECKisten, der uns zum Essen eingeladen hatte, vorbei. Als unser Freund ihr sagte, was passiert war, zeigte diese Dame sofort auf einen chinesischen Herrn, der sich gerade mit seiner Familie hinter uns hingesetzt hatte. Dieser gelehrt aussehende Mann mit einer Brille sagte, er könne helfen.

In nur wenigen Minuten hatte er die Autotür geöffnet. »Nun, hast du gut aufgepaßt, wie er die Tür aufgemacht hat?« fragten wir unseren Begleiter. »Nein«, sagte er, »es war dunkel, und er arbeitete so schnell, daß ich keine

Möglichkeit hatte zu sehen, wie er es machte.«

Wenn etwas nötig ist, werden Sie feststellen, daß der Heilige Geist Hilfe bringt, wenn man einfach offen und geduldig bleibt.

Der Schlüssel zu den spirituellen Welten

Wo wir nun gerade bei Schlüsseln sind: Oft suchen wir nach dem Schlüssel für die spirituellen Welten und fragen uns, wo er liegt. Häufig ist er so nahe — direkt vor uns — aber wir sind zu geschäftig und reisen Tausende von Kilometern, um einen Guru hier oder dort zu besuchen, und um überall festzustellen, daß der Tempel tatsächlich in uns liegt.

Es gibt eine alte Geschichte, daß Gott, als er diese Welt, den Menschen und die ganze Schöpfung erschuf, sagte: »Aber die Seele ist etwas Kostbares, und ich will Ihr einen sicheren Platz geben. Ich glaube, ich setze Sie einfach in das Herz des Menschen; er wird niemals auf die Idee kommen, Sie dort zu suchen.«

Das dritte Mal, als wir einen Schlüssel verloren, war es spät in der Nacht, und wir entschlossen uns, den Wagen in der Tiefgarage eines Hotels zu parken und für einen Imbiß nach oben ins Restaurant zu gehen. Wir zögerten, unsere Türen zuzumachen und abzuschließen, und deshalb sagten wir zu unserem Freund: »Hast du den Schlüssel?« Er antwortete nicht, sondern schlug nur die Tür zu, und wir verstanden das als: Natürlich! Fragt mich doch nicht immerzu, ob ich den Schlüssel habe. Wir dachten, das habe er gemeint, aber kaum schlugen wir unsere Türen zu, da begann er wild zu gestikulieren. »Oh, nein!« sagten wir. »Bitte, sag uns, daß du nur Spaß machst.« Er sagte: »Ich mache keinen Spaß.« Es war heiß und schwül, und der Geruch von Kohlenmonoxid war ziemlich überwältigend in dieser Tiefgarage. Er machte uns den Vorschlag, wir sollten nach oben in das klimatisierte Foyer gehen und ein bißchen durch die Läden streifen, während er dafür sorgte, daß die Tür geöffnet wurde.

Zuerst versuchte er, den Automobilclub von Singapur anzurufen, aber die Nummer für den Rund-um-die-Uhr-Dienst gab keine Antwort. Dann sprach er mit dem Hotelboy, der zufällig einen Mechaniker entdeckte, der vorbeikam. So gingen unser Reisegefährte, der Hotelboy und der Mechaniker los in die Garage. Ich glaube, sie verbrachten dort noch eine dreiviertel Stunde, bis sie es schließlich aufgaben und wieder nach oben kamen. Wir setzten uns alle ins Restaurant und hatten einen guten kleinen Mitternachtsimbiß, während wir uns überlegten, was wir tun sollten; dann beschloß er, es noch einmal zu versuchen.

Wir gingen in die Garage hinunter und sahen ihm zu, wie er mit einem Stück Draht herumbastelte und zeigte, wie weit die Kunst, in ein Auto einzubrechen, gediehen war. Nach einer Weile kam ich darauf, wie man eine besondere doppelte Schlinge in den Draht machen konnte. Ich fädelte ihn durch die Oberkante des Fensters, bis ich ihn schließlich an dem Riegel einhakte, zog ihn hoch und öffnete die Tür. Das brachte eine Menge Beifall.

Das Leben mit dem Heiligen Geist

Dinge dieser Art geschehen im Leben mit dem Heiligen Geist. Es entsteht anscheinend ein Problem, das uns in die Gesellschaft anderer Menschen hineinwirft. Dieser Mann wurde mit Mechanikern zusammengebracht. Er könnte zu ihnen das Wort *ECK* gesagt haben oder auch nicht, aber das ist nicht wichtig; allein mit anderen zusammenzusein ist schon eine Art, das Licht und den

Ton weiterzugeben. Zur gleichen Zeit machte er seine eigenen Erfahrungen. Zu seiner Verteidigung, unser Reiseplan war anstrengend, er war viele Stunden unterwegs gewesen, und er war so müde, daß er wirklich nicht mehr recht aus den Augen schauen konnte. Danach habe ich versucht, das Tempo etwas zu verlangsamen, damit er ein wenig Ruhe bekommen konnte.

Der Heilige Geist wird uns in dieser Weise einsetzen, im ganz normalen alltäglichen Leben. Sie könnten sagen, es ist kein großes Wunder, in ein Auto einzubrechen, wenn Sie nicht die Tatsache bedenken, daß gerade derjenige, der am Tisch hinter Ihnen sitzt, darin zufällig ein Experte ist. Jedesmal geschah etwas, und wir konnten einen Ausweg finden.

Eines der spirituellen Prinzipien, die ich gelernt habe, ist, daß es immer einen Weg gibt, ganz gleich wo. Wenn wir ein Problem der Gesundheit, der Finanzen oder irgendwelcher anderer Art haben — es gibt immer einen Ausweg.

Einen Zyklus durchlaufen

Da wir gerade von Autos sprechen, ein anderer Mann hatte eine interessante Erfahrung kürzlich hier in Hawaii. Jedesmal, wenn er einen Leihwagen bekam, war irgend etwas damit nicht in Ordnung. In nur eineinhalb Tagen hatte er fünf Autos, und an jedem war etwas ernstlich defekt. Wenn man auf dem Weg von ECK ist, weiß man einfach, daß man einen solchen Zyklus durchlaufen muß, und es nicht zulassen darf, daß er einen niederschmettert oder so verärgert, daß es einem den ganzen Tag verdirbt.

Das erste Mal verlangte er ein Auto und bekam ein Jeep-ähnliches Gefährt ohne Glas in den Fenstern. »Wo sind die Fensterscheiben?« fragte er. Der Mann von dem Autoverleih sagte: »Es gibt Scheiben dafür, aber wir haben im Augenblick keine.«

»Nun, wie soll ich dann Gepäck darin verschließen?« fragte er.

»Das können Sie nicht«, sagte der Mann.

Die Außenseite von dem Jeep war so verrostet und verbeult, daß er sich schämte, damit zu fahren, und so sagte er: »Das ist nicht der Wagen für mich. Sie müssen mir irgend etwas anderes geben.«

Er bekam einen anderen Wagen, und als er und seine Frau sich hineinsetzten und wegfuhren, schien er vernünftig zu funktionieren, nur daß die Lenkung merkwürdig war. Er zog einfach von der Straße herunter. Der nächste hatte einen Auspuff, der laut klapperte, weil er nicht fest montiert war; außerdem war ein undefinierbarer Geruch in dem Wagen. Es war so schlimm, daß sie eine Dose Frischluftspray kaufen und es überall versprühen mußten. Es half nichts. Bald war der Gestank in ihren Kleidern, und er breitete sich aus und wurde schlimmer und schlimmer.

Das letzte Auto schien in Ordnung, davon abgesehen, daß es mit Beulen übersät war — der Kofferraum, das Dach, alles war voller Beulen. Und wenn man zufällig auf dem linken Hintersitz saß, konnte man die Tür nicht öffnen, um auszusteigen. Ich weiß das, weil ich es versucht habe. Jemand mußte außen um das Auto herumgehen, um sie zu öffnen. Immerhin, der Wagen schien einwandfrei zu laufen bis gestern; da kam ganz plötzlich überall Dampf heraus, weil der Kühler ein Leck bekommen hatte. Das letzte, was ich davon gehört habe, war, daß er vorhatte, den Wagen zurückzugeben und gegen einen anderen zu tauschen.

Unser inneres und äußeres Leben verstehen

So ist das Leben, wenn Sie sich auf den Pfad von ECK begeben. Es passiert etwas. Vielleicht merken Sie gar nicht, daß etwas auf den inneren Ebenen geschieht, aber Sie werden ganz gewiß feststellen, daß sich etwas ändert. Die Dinge in Ihrem gewöhnlichen, normalen, täglichen Leben beschleunigen sich.

Unsere Aufgabe ist es, das anzunehmen, was auf den inneren Ebenen geschieht und es zu nutzen, um ein Verständnis für das zu gewinnen, was hier im Äußeren passiert. Was wir hier im Äußeren lernen, können wir mit nach innen nehmen; was drinnen ist, kann man mitbringen nach draußen. Wir können von beiden Bewußtseinszuständen lernen, vom menschlichen und vom spirituellen.

Allzuoft hat man unrealistische Traumvorstellungen von dem, was man im spirituellen Sinne sucht, und man erwartet, daß der Führer ein Wunder tut. Es widerspricht dem spirituellen Gesetz, Wunder zu tun, um Anhänger zu gewinnen. Dies ist ein Gesetz, welches die spirituellen Reisenden oder ECK-Meister sehr sorgfältig beachten. Es zu verletzen bedeutet, daß derjenige, der es verletzt, leiden muß.

Wenn Sie zum Zustand der Selbstmeisterschaft gelangen, bedeutet das nicht, daß Sie jetzt die Freiheit haben, ein Leben zu leben, in dem Sie tun, was Ihnen gerade gefällt. Es bedeutet einfach, daß Sie jetzt die Gesetze des Heiligen Geistes kennen und verstehen, soweit sie Sie betreffen. Sie wissen, was Sie tun können, und was Sie nicht tun können. Und während Sie mit diesen Richtlinien Ihren Weg durchs Leben gehen, sind Sie auch ein Werkzeug für den Heiligen Geist.

Der Schlüssel zum Weg von Ton und Licht

Es gibt eine Reihe von ECK-Büchern, in denen einige der Spirituellen Übungen von ECK angegeben sind. Diese Übungen sind der Schlüssel zu diesem Weg von Ton und Licht.

Wir möchten das Licht sehen und den Ton hören. Das Licht kann auf mehrere verschiedene Arten erscheinen. Ich habe das Blaue Licht des Mahanta schon erwähnt. Das Mahantabewußtsein ist jenseits des Christus-Zustandes, des Buddhi-Zustandes und auch des kosmischen Bewußtseins — aber es gibt immer noch einen weiteren Schritt. Ganz gleich, welchen Bewußtseinszustand wir anstreben, er wird uns irgendwohin bringen, und dann gibt es einen anderen, der uns noch weiter führen wird.

Wir suchen den Himmel, aber sogar in der Bibel steht: »In meines Vaters Haus sind viele Wohnungen...« Der heilige Paulus sprach auch von einem Menschen, der bis in den dritten Himmel hinaufgenommen wurde. Das ist wichtig, denn es setzt einen ersten und zweiten Himmel voraus.

In den ECK-Werken, wie zum Beispiel im Buch *Der Zahn des Tigers*, gibt es Beschreibungen dieser verschiedenen Himmel als Wegweiser, nach denen Sie sich richten können. Wenn Sie Ihre spirituellen Übungen ausführen und diese Ebenen besuchen, kann es sein, daß Sie diese Ebenen selbst sehen, oder daß Sie das Licht sehen und den Ton hören, welche dieser Ebene entsprechen.

Dieses Licht und dieser Ton sind für die Seele wichtig. Es ist eine direkte Verständigung mit Gott. Auf diese Weise teilt sich Gott mit — durch den Göttlichen Geist, auch bekannt als der Heilige Geist, der Tröster, Nam oder wie immer Sie ihn nennen wollen. Dies ist etwas, was von vielen religiösen Lehren nicht verstanden wird.

Ich verlange nicht von Ihnen, mir zu glauben. Ich sage auch nicht, daß jeder von Ihnen die gleiche Erfahrung haben wird, denn das ist nicht so; die Seele ist ein individuelles und einzigartiges Wesen. Jeder von Ihnen hat bis jetzt unterschiedliche Erfahrungen gemacht, und deshalb wird jeder von Ihnen auch in der Zukunft andere Erfahrungen machen. So muß es sein.

Ich behaupte nicht, daß dieser Weg für jeden funktioniert, denn das ist nicht der Fall, und deshalb haben wir eine zweijährige Probezeit. Zuerst können Sie die ECK-Bücher lesen. Versuchen Sie die spirituellen Übungen, die Sie in *ECKANKAR — der Schlüssel zu geheimen Welten* finden. Dort sind verschiedene aufgeführt, einschließlich der imaginativen Technik. Es gibt auch die »Technik des leichten Weges«, die im Buch *In meiner Seele bin ich frei* beschrieben wird. Probieren Sie diese Techniken und experimentieren Sie damit ganz frei; Sie werden den Schutz des Inneren Meisters haben. Ich kann auch mit Ihnen im Traumzustand arbeiten.

Einer der Tests für denjenigen, der Ihr spiritueller Führer wird, sollte sein: Kann er mir sowohl auf der physischen Ebene als auch auf der anderen Seite helfen? Kann er mir als der Innere Meister helfen, entweder durch kontemplative Übungen oder im Traumzustand? Eine weitere Methode ist, sich der Wege des Heiligen Geistes bewußt zu sein: Können Sie das Wirken des Heiligen Geistes sehen, wie er Ihnen im täglichen Leben hilft, auch in den kleinen Dingen?

Dies ist meine einzige Aufgabe: denjenigen von Ihnen, die dazu bereit sind, die beginnen wollen, sich ihren eigenen Weg zurück zu Gott zu erarbeiten, dazu die Gelegenheit zu geben. Ich kann den Weg nicht für Sie gehen, und ich werde es nicht tun. Ich kann Ihnen bei einigen der Lasten helfen, aber ich werde sie nicht alle von Ihnen nehmen. Schulden Gott gegenüber, die einmal gemacht wurden, müssen von demjenigen zurückgezahlt werden, der sie verursacht hat. Das ist das Gesetz des Lebens: Was ein Mensch sät, das soll er auch ernten.

Natürlich gibt es ein noch größeres Gesetz, und das ist das Gesetz der Liebe. Dies ist das Gesetz des Heiligen Geistes, das Gesetz vom Licht und Ton Gottes. Sie können es in Ihr eigenes Leben aufnehmen, und wenn Sie das tun, kann es Ihnen niemand mehr wegnehmen oder Ihnen sagen, dieser oder jener Weg sei richtig für Sie. Sie werden das selbst wissen, aus direkter Erfahrung mit dem Licht und dem Ton Gottes.

Regionales Seminar von Hawaii, Honolulu, Hawaii
20. November 1982

12

Das ferne Land

In den spirituellen Werken legen wir viel Aufmerksamkeit auf die verschiedenen Ebenen, die zur ersten der rein spirituellen Welten, der Seelenebene, hinführen. Die orthodoxen Himmel liegen auf der Mentalebene, und das ist diesseits der Seelenebene. Wir bemühen uns, die verschiedenen Regionen zu besuchen — die astrale, kausale, mentale und ätherische Ebene — die zur Seelenebene, der ersten der spirituellen Welten, hinführen. Auf diese Weise können wir die verschiedenen Aspekte der Seele, denen diese unterschiedlichen Ebenen der Gottwelten entsprechen, kennenlernen und verstehen.

Das Denken in Teilen oder im Ganzen

In den niederen Welten gibt es etwas, das man als »Denken in Teilen« bezeichnen könnte. Wir wissen, daß die Astralebene und einige der anderen Ebenen mehr als hundert verschiedene Regionen enthalten. Die Ebenen sind nicht einfach übereinander gestapelt, wie es im Buch *Spirituelle Aufzeichnungen* dargestellt ist. Sie sind eher so wie Länder oder Staaten oder Provinzen innerhalb von Ländern; und jede dieser Gegenden hat ihre besondere

Art, an das Leben heranzugehen und den Bewußtseinszustand ihrer Einwohner auszudrücken.

Zum Beispiel findet man in den Vereinigten Staaten die sehr lässige Lebensweise in Hawaii, und andererseits die Hetze und Betriebsamkeit von New York. Wenn ein Besucher von einer anderen Ebene das Leben auf einer entlegenen Insel in Hawaii sähe, ein anderer aber in der Stadt New York landete, könnten sie tatsächlich in Streit darüber geraten, wer denn *wirklich* auf der physischen Ebene gewesen sei. Andererseits wüßte jemand, der an beiden Orten und in anderen Gegenden gewesen ist, daß beide Besucher auf der physischen Ebene waren, aber in unterschiedlichen Regionen.

Darum können diejenigen, die auf den inneren Ebenen, vielleicht nur auf der Astralebene, Erfahrungen haben, oft in Schwierigkeiten geraten. Sie gehen in eine bestimmte Region, haben dort Erlebnisse, sehen bestimmte Wesen, und dann kommen sie zurück und sagen: »Das ist es; ich habe die wahre Realität gesehen.« Wenn sie eine der Gottheiten, die dort angesiedelt sind, getroffen haben, so wie Jehova, dann sagen sie vielleicht: »Ich habe die höchste Gottheit gesehen, jetzt werde ich mein Leben Gott widmen.« Dann gehen sie hin und machen ihre eigene kleine Gruppe auf.

Jenseits der Seelenebene in den Welten des Heiligen Geistes beginnen wir, im ganzen zu arbeiten. Es gibt dort keine Gegenden oder Ebenen, die wir kennen; es ist einfach eine Welt aus Licht. In den niederen Regionen, in denen wir jetzt leben, kann man etwas nur durch sein Gegenteil erkennen — Wahrheit durch Unwahrheit, Licht durch Dunkelheit. Auf der Seelenebene spaltet sich dieser ECK-Strom oder Geist Gottes, der aus dem Zentrum Gottes herunterkommt, in zwei Teile, den positiven und den negativen. Es gibt Manifestationen dieser Spaltung, und obwohl wir sie als selbstverständlich ansehen, zeigt sie sich rund um uns doch überall. Wenn man bügeln will, muß man erst den Stecker in die Steckdose an der Wand stecken und benutzt dabei wechselnde Ströme — den positiven und den negativen. Wir sehen die Höhe der Berge und die Tiefe der Täler, weil die einzige Möglichkeit, etwas in diesen niederen Welten zu erkennen, im Vergleich mit dem Gegenteil liegt. Wir denken immer in Teilen.

Die griechischen Philosophen kamen dem spirituellen Blickpunkt sehr nahe. Sie versuchten, einen Überblick zu bekommen, wenn sie auf das Leben schauten, wie es hier existiert, und sie gingen vom Ganzen her daran. Im Westen spalten wir es auf — Mann und Frau, Glück und Unglück — und im allgemeinen betrachten wir das Leben in seinen Teilen.

Besuche auf den anderen Ebenen

Wenn wir beginnen, die kreativen Werke zu studieren und wenn wir die Spirituellen Übungen von ECK machen, stellen wir fest, daß die kreativen Aspekte in uns an Tempo gewinnen. Erfinder arbeiten meistens mit diesem kreativen Aspekt, auch wenn sie vielleicht noch nie von ECK gehört haben. Es kann sein, daß sie die Ideen für ihre Schöpfungen auf einer der anderen Ebenen bekommen, im allgemeinen auf der Astralebene. Denen unter Ihnen, die die ECK-Werke gelesen haben, ist das Astralmuseum ein Begriff, in dem sich ein Prototyp von jedem Gegenstand befindet, der jemals erfunden werden wird.

Jede dieser Ebenen hat ein heiliges Wort, das man singen oder chanten kann, wenn man sie besuchen will. Das gilt für alle Ebenen in den niederen Welten — die physische, astrale, kausale, mentale und ätherische Ebene

— und die Seelenebene. Wenn Sie eine dieser Ebenen im Traumzustand besuchen wollen, können Sie das Wort für diese Ebene singen, das Sie in dem Buch *Spirituelle Aufzeichnungen* finden. Singen Sie es einfach fünf oder zehn Minuten lang ganz ruhig, und gehen Sie dann schlafen. Wegen der einzigartigen Eigenschaften der Seele haben manche Menschen eher Erfolg als andere; Sie werden vielleicht einen Tag, eine Woche, sogar einen Monat oder noch länger nichts bemerken.

Jenseits der Seelenebene ist eine weitere Welt, die unsichtbare Ebene. Jenseits der unsichtbaren Ebene kommen Sie in die endlose Welt, unter diesem Namen bekannt, weil der Raum so grenzenlos ist. Ich sage *Raum*, aber in Wirklichkeit leben wir dort in Bereichen, die jenseits von Materie, Energie, Raum und Zeit sind, aus welchen die niederen Welten bestehen. Ich spreche nicht viel von den höheren Ebenen, weil sie, offen gesagt, jenseits jeder Beschreibung sind.

Wir erwerben den Bewußtseinszustand, der in diesen Bereichen entsteht, und je höher wir gehen, desto schwieriger kann es sein, hier im Physischen zu leben, wenn wir uns nicht in den Tätigkeiten des täglichen Lebens vergraben. Wir bekommen unsere Erfahrungen und wachsen hier, erfreuen uns an den Menschen und den Lektionen des täglichen Lebens.

Erfahrungen gewinnen

Wir erkennen, oder wir lernen zu verstehen, daß das Leben hier im physischen Körper einen Zweck hat: Wir sind Seele, und wir sind hier, um Erfahrung zu gewinnen. Deshalb versuchen wir nicht, durch Selbstzerstörung übereilt abzutreten. Das schließt auch Dinge wie den Mißbrauch von Alkohol ein, welcher eigentlich eine subtilere, langsamere Form der Selbstzerstörung ist.

Oft geht unser Weg, Erfahrung zu gewinnen, durch Schmerz und schwere Zeiten, aber nicht immer. Wir sollten in der Lage sein, uns in einen höheren, besseren Bewußtseinszustand anzuheben. In ECK tun wir dies durch die spirituellen Übungen.

Eines der Dinge, die wir auf unserer letzten Reise nach Australien kennengelernt haben, ist ein Phänomen, das man die australische Welle nennt. Am Flughafen sah ich ein riesengroßes Bild einer Sanddüne, die wie eine große Welle aussah, als hätte man eine der Wellen des Ozeans genommen und in Sand gegossen. Ich dachte: Das muß die australische Welle sein, von der ich gehört habe. Aber das ist sie nicht. Es gibt dort eine Fliege, das lästigste Ding, was man je gesehen hat, sie sticht nicht und ist harmlos bis auf eines: Sie braucht Feuchtigkeit wegen der Trockenheit im westlichen Australien, und so geht sie an die Augen, die Nase und den Mund. Infolgedessen wedeln die Menschen immer in der Luft herum. Aber sie lachen darüber und nennen es die australische Welle. [Anmerkung des Übersetzers: to wave = wedeln und wave = Welle, im Englischen das gleiche Wort.]

Das ist die Art von Dingen, mit denen wir uns auseinandersetzen; es ist Teil unserer Erziehung. Und da die Menschen dort die Fliegen nicht loswerden können, haben sie einen Sinn für Humor bei dieser ziemlich negativen Angelegenheit entwickelt. Die Fliege selbst ist harmlos, wie ich sagte, aber sie bleibt ständig bei einem. Als ich die ganzen Touristenbroschüren durchlas, sprachen sie von dem herrlichen Sand und den Stränden, die einfach wunderschön sind, aber aus irgendeinem Grund erwähnte nicht eine davon die Fliege oder die australische Welle.

Wenn wir durch die niederen Welten gehen und auf

den inneren Ebenen Erfahrungen haben, wie zum Beispiel auf der Astralebene, kann es sein, daß wir uns nicht daran erinnern. Einer der Vorteile des Weges von ECK ist, daß wir viel von unserem Karma auf den inneren Ebenen abarbeiten können, so daß wir hier nicht hindurch gehen müssen. Wenn wir Schulden gemacht haben, müssen wir sie an Gott zurückzahlen. Aber auf dem Weg von ECK haben wir diesen Vorteil: Sie müssen nicht immer hier im Physischen ausgearbeitet werden; sie können auf den inneren Ebenen im Traumzustand abgearbeitet werden.

Träume verstehen

Es ist interessant, mit dem Traumzustand zu arbeiten. Immer wieder berichtet jemand, er habe einen Traum von einer Hochzeit gehabt. Wenn es ein Mann ist, dann sagt er vielleicht: »Ich habe davon geträumt, eine bestimmte Frau zu heiraten.« Dann zieht er daraus den falschen Schluß, daß es bedeutet, sie seien Seelenpartner. Es gibt keine Seelenpartner in ECK; das ist ein Konzept aus dem Okkultismus.

Jede Seele ist ein individuelles und einzigartiges Wesen. In den niederen Ebenen gibt es die zwei Teile unserer niederen Natur: den positiven und den negativen. Wenn wir zur Seelenebene kommen, stellen wir fest, daß diese zwei Teile eins werden. Das nennt man den Zustand der Selbsterkenntnis, von dem Sokrates sprach, als er sagte: »Mensch, erkenne dich selbst.« Bis dahin bedeutete sich selbst zu kennen nur, das Ego, das kleine Selbst, zu kennen und nicht unser wahres spirituelles Wesen. Unser Bewußtsein verändert sich, wenn wir die Seelenebene erreichen; jetzt ist unser Blick auf das Leben im Gleichgewicht.

Im Traumzustand bedeutet eine Hochzeit einfach, daß die Seele eine innere Initiation hat, bei der Ihre beiden Teile von Ihr ein wenig enger zusammengezogen werden. Wir suchen die Verbindung der Seele mit dem ECK, diesem Göttlichen Geist, der von Gott kommt. Jedesmal, wenn Sie auf den inneren Ebenen eine Hochzeit sehen, ganz gleich welche Person Sie als Ihren Partner erkennen, bedeutet es eine engere Verbindung mit dem Heiligen Geist und mit Gott.

Zu viele mißverstehen das und belästigen die andere Person hier auf der physischen Ebene: »Ich weiß, daß wir füreinander bestimmt sind. Ich muß nur geduldig sein und warten, bis du es auch weißt, und dann werden wir heiraten und für immer glücklich leben.« Man stellt dann alle möglichen Arten von subtilen Fallen, um den anderen darin zu fangen, und wenn man sich dann schließlich durchgesetzt hat und heiratet, stellt man fest, wer wirklich in der Falle sitzt.

Anderen Freiheit geben

Es ist eine komische Sache mit dem Heiraten. Niemand gibt es gerne zu, aber mancher heiratet und zeigt sich einige Monate lang von seiner besten Seite mit dem Gedanken, daß man den anderen später ändern wird. Wenn er jetzt ein wenig trinkt, so denkt man, daß man ihm diese Gewohnheit später austreiben wird. In Wirklichkeit verändern wir niemanden. Wir sollten es nicht einmal versuchen. Das Schwierigste an einer Heirat, wenn man einmal jemand gefunden hat, mit dem man meint, leben zu können, ist, seinen Partner genau so sein zu lassen, wie er oder sie ist.

Wenn Sie auf den Weg von ECK kommen, dann wird es Veränderungen geben — aber sie werden nicht durch

Nörgeln zustandekommen. Der Lebende ECK-Meister nörgelt auch nicht an Ihnen herum oder sagt: »Gib das Rauchen und den Alkohol augenblicklich auf!« Jemand, mit dem ich einmal sprach, wollte mehr über ECKANKAR herausfinden, aber er war nicht bereit, sich auf den Weg zu machen, weil er eines mißverstand. Er dachte, sich auf den Pfad von ECK zu begeben, hieße, er müßte Rauchen und Trinken sofort aufgeben. Er war dazu nicht bereit. Er dachte, es würde jemand sagen: »Tu das nicht.«

Natürlich erwarte ich von der Führerschaft in ECK mehr. Es ist so ähnlich, wie wenn man eine Firma führt: Man möchte gute Verkäufer und Manager haben. Wenn man einen Vertreter hat, dessen Kleidung schmutzig ist und dessen Krawatte schief sitzt, dann wird das Geschäft in seinem Bereich abwärtsgehen: Dieser Mann ist kein guter Repräsentant für das, was Sie darstellen. Er spiegelt nicht das Image Ihrer Firma wieder. Deshalb erwarte ich von den Führern in ECK mehr. Aber wenn jemand auf den Pfad von ECK kommt, und er sich abmüht, diese Gewohnheiten loszuwerden, dann sage ich normalerweise nichts. Ich weiß, daß diese Gewohnheiten von alleine im Laufe einiger Jahre wegfallen werden.

ECK verträgt sich nicht mit Drogen

Wogegen ich wirklich bin, ist der Gebrauch von Drogen. Sie schaden nicht nur physisch, sondern auch im Inneren. Die inneren Zentren werden für extrem negative Einflüsse geöffnet, die sich hier im Physischen zeigen. Menschen, die Drogen nehmen, können sich meistens spirituell nicht helfen. Der Weg von ECK ist wirklich nur für diejenigen, die es mit der Rückkehr zu Gott ernst meinen.

Die Drogenerfahrung wird Ihnen nie Gott bringen.

Wenn jemand ernstlich an Drogen hängt und keinen Versuch macht, sie aufzugeben, zum Beispiel durch den aufrichtigen Einsatz in einer Entziehungskur, dann empfehle ich im allgemeinen, daß er den Weg von ECK nicht betritt.

Der Heilige Geist Selbst wird so etwas im ganzen Körper von ECK nicht dulden. Dieser wird beginnen, Sich Selbst von der Schlacke zu reinigen, und das Leben wird für den sehr schwierig, der immer noch in der Gewöhnung an Drogen lebt. Es ist aus Güte, wenn ich ihn bitte, sich nicht auf den Weg zu begeben. So kann er die Dinge ausarbeiten und die Drogengewohnheit in seinem eigenen Tempo fallenlassen. Es ist keine angenehme Erfahrung, wenn jemand versucht, Drogen und ECK zusammenzubringen. Der Heilige Geist gestattet das nicht.

Wenn Sie irgendwelche Fragen haben, die ich beantworten oder klären kann, bin ich bereit, mir dafür Zeit zu nehmen. Manchmal klärt das auch etwas in spiritueller Hinsicht, und das öffnet einen Menschen zu einem höheren Verständnis des Lebens.

Eine spirituelle Übung nur für Sie

F: Wenn ein Chela im Inneren fragt, was für ihn die geeignetste spirituelle Übung wäre, wird der Innere Meister ihm das mitteilen?

HK: Ja, aber der Innere Meister wird Sie allmählich hinführen, und Sie werden es nicht unbedingt auf den inneren Ebenen erfahren. Sie könnten gerade einen ECK-Kurs durcharbeiten und plötzlich eine Übung finden, die Ihre Vorstellung direkt anspricht; sie wird Ihnen anscheinend entgegenspringen. Denken Sie daran, mit Ihren spirituellen Übungen frei zu experimentieren, wenn sie nicht funktionieren. Sie sind Richtlinien, die Basis, von der aus Sie arbeiten. Machen Sie Versuche damit. Benutzen Sie Ihre kreative oder imaginative Fähigkeit.

Die Disziplin des Fastens

F: Gibt es Möglichkeiten, Karma auszuarbeiten ohne durch die Schmerzen und Leiden hindurchgehen zu müssen, die normalerweise ein Teil des Lebens sind. Sie scheinen ganz willkürlich auf uns zuzukommen. Ich las kürzlich in den *Schriften der Essener*, daß Jesus das Fasten mit der Entlastung von Karma in Verbindung brachte. Ist Fasten relevant für die Erleichterung von karmischen Lasten?

HK: Fasten ist eine Möglichkeit. Es ist eine Disziplin. Wir verwenden in ECK mehrere verschiedene Arten von Fasten. Sie werden einmal in der Woche vierundzwanzig Stunden lang praktiziert, üblicherweise am Freitag. Eine ist das mentale Fasten, und das kann man auf zwei Arten tun: Man kann seine Aufmerksamkeit so gut wie möglich auf dem Inneren Meister halten, oder man kann bewußt jeden negativen Gedanken, der entsteht, beiseite schieben. Man stellt sich vor, daß er in den ECK-Lebensstrom geworfen wird, wo das Licht und der Ton Gottes ihn neutralisieren können. Das mentale Fasten ist speziell für diejenigen gut, die Gesundheitsprobleme haben und auf Essen nicht verzichten können. Es gibt auch ein teilweises Fasten, bei dem man nur eine Mahlzeit oder Fruchtsäfte und Früchte zu sich nimmt. Natürlich kann man sich auch für ein Fasten entscheiden, bei dem man nur Wasser trinkt, wenn die Gesundheit es zuläßt. Sie wählen, was immer für Sie zu der Zeit richtig ist, aber das ändert sich. Fasten kann wohltuend sein, und es hilft wirklich.

Das heißt nicht, daß Sie sehr lange fasten wollen, noch

daß Sie fasten wollen, um das Bewußtsein eines anderen Menschen zu verändern. Es gibt Menschen heutzutage, die fasten, um damit zu versuchen, eine Bewußtseinsänderung in bezug auf Kernenergie oder andere Dinge zu erreichen. Wenn man fastet, um den Bewußtseinszustand eines anderen zu ändern, so ist dies eine Verletzung des spirituellen Gesetzes. Man zahlt dafür, wenn man versucht, Menschen in ihrem Seinszustand zu verändern.

Fasten ist sehr gut, um Karma abzuarbeiten. Ich zögere, dies zu sagen, denn wenn das jemand mißversteht, könnte er sich auf ein zehntägiges Fasten einlassen. Er denkt, wenn ein Tag gut ist, dann sind zehn noch besser. Und dann beginnt er, Zähne zu verlieren oder andere Unausgewogenheiten zu entwickeln, weil er das System seines Körpers durcheinandergebracht hat. Es ist besser, jede Art von längerem Fasten unter der Aufsicht eines Arztes durchzuführen, um sicher zu sein, daß Ihre Gesundheit das verträgt.

Für manche mag das von Vorteil sein, aber wir haben nichts mit Askese im Sinn, und die meisten von uns brauchen derartige Extreme nicht. Buddha begann sein Leben im Überfluß und hungerte und fastete dann, bis er nicht mehr war als Haut und Knochen. Aber er stellte fest, daß das nicht das Richtige war, und schließlich kam er auf das, was er den Mittleren Weg nannte. Und als er den mittleren Weg ging, verließen ihn viele seiner Anhänger, weil sie dachten, man müßte hungern, um spirituell zu werden. In Wahrheit kümmert sich Gott wirklich nicht darum, was Sie essen oder nicht essen.

In Harmonie arbeiten

F: Wenn ich bei einem ECK-Führer ein bestimmtes Benehmen beobachten sollte, bei dem ich das Gefühl hätte, ich könnte helfen, sollte ich einfach die Hände in den Schoß legen und abwarten, oder sollte ich denjenigen ansprechen und meine Hilfe anbieten?

HK: Von was für einer Art Benehmen sprechen Sie? Irgend etwas, was die Region zurückzuhalten scheint?

ECKist: Entweder das, oder die Qualität seiner Fähigkeiten als Führer.

HK: Wir haben normalerweise in der Führerschaft eine Hierarchie, und die ist, wie alles andere auch, nicht fehlerlos. Sie wissen, was in einer Ehe geschieht, wenn Sie versuchen, den Partner zu verändern, weil er aus Ihrer Sicht besser sein könnte. Was wir an anderen sehen sind im allgemeinen unsere eigenen Fehler.

Als Führer haben wir alle unsere blinden Flecken. Manchmal sehen wir nicht, was andere sehen. Wenn Sie das Gefühl haben, daß das Benehmen eines Menschen anderen, die das Wort von ECK hören, im Weg steht, dann könnten Sie auf jeden Fall etwas sagen. Ich würde es tun. Dann lassen Sie es dabei bewenden, und legen Sie es in die Hände des Heiligen Geistes. Der hat seine eigene Art, an einer Situation zu arbeiten. Auf diese Weise verwickeln wir uns nicht darin, an anderen herumzunörgeln. Wir können miteinander im Geiste der Kameradschaft und Liebe arbeiten.

Ich würde es einfach loslassen und tun, was ich kann, um durch Dienst in der Stille etwas von der Liebe zurückzugeben, die als Ton und Licht durch mich hindurchströmt. Ich würde sie auf irgendeine Weise nach außen weitergeben müssen, und wenn ich mit der Führerschaft nicht arbeiten könnte, dann müßte ich es im stillen auf eigene Faust tun, auch außerhalb der Werke von ECK. Eine gute Tat täglich, von der niemand anders etwas weiß, ist eine sehr gute Art, es zu tun, weil das beginnt, das Herzzentrum zu öffnen. Wenn wir anfangen, allem

Leben von uns zu geben, dann finden wir mehr Erfolg in den spirituellen Übungen.

Veränderungen schrittweise vornehmen

F: Zum Thema Fasten hast du gesagt, daß Gott sich nicht darum kümmert, was wir essen oder nicht essen. Ich habe sehr oft den Gedanken gehört, daß vegetarische Ernährung zu spirituellem Wachstum führt. Trifft das zu oder nicht?

HK: Vegetarische Kost zu essen macht einen nicht unbedingt spiritueller. Manche Leute haben festgestellt, sogar schon in der Kindheit, daß sie kein Fleisch essen können, und für sie mag der vegetarische Weg richtig sein. Aber jemand, der sein ganzes Leben lang Fleisch gegessen hat und sich plötzlich entschließt, kein Fleisch mehr zu essen, könnte feststellen, daß er Gesundheitsprobleme bekommt. Niemand sagt in ECK: Wenn du nicht vegetarisch lebst, bist du nicht spirituell. Manche Wege bestimmen, daß ihre Anhänger Vegetarier sein müssen, ob es nun für sie richtig ist oder nicht, in dem falschen Glauben, daß das zur Spiritualität führt — und das ist nicht der Fall.

Es ist sehr schwierig, eine plötzliche Veränderung irgendeiner Art vorzunehmen, ob es nun in der Ernährung oder in religiösen Lehren ist. Darum empfehle ich, daß jemand, der die ECK-Schriften studiert oder sich überlegt, ob er sich auf den Weg von ECK begeben soll, dies in kleinen Schritten tut. Lesen Sie die ECK-Bücher, studieren Sie sie monate- oder gar jahrelang, und machen Sie einen allmählichen Übergang, bevor Sie es aufnehmen. Das gleiche gilt für die Ernährung. Das Leben ist nicht so gemacht, daß man rasche Änderungen problemlos vornehmen kann.

Schöpfung

F: Ich habe eine Frage von meinem Sohn: »Hat Gott wirklich nur gesprochen, und die Welt war erschaffen?«

HK: Das fragen die Kinder immer. Sie kommen sehr schnell an den Kernpunkt einer Frage. Soweit wir es in Worte fassen können — die von der Mentalebene kommen und nicht in den spirituellen Welten sind — kann ich nur einfach sagen: »Ja«.

ECK und andere Lehren

F: Gibt es andere Organisationen und Bewegungen in der Welt, von denen du das Gefühl hast, daß sie mit ECK übereinstimmen?

HK: Einige sind sehr dicht daran. Es gibt viele Bewußtseinszustände, und die Wahrheit ist niemals verborgen. Wenn jemand nachforschen will, wird er herausfinden, daß die geheimen Lehren, von denen wir in ECKANKAR sprechen, nur für diejenigen geheim sind, die die Quelle in ihrem Inneren und die Möglichkeit, sie zu erschließen, nicht gefunden haben. Es gibt Lehren, die dem Weg von ECK sehr nahe sind, und ich erkenne auch die an, die weit von dem Weg von ECK entfernt sind. Sie erfüllen einen spirituellen Bedarf für einen bestimmten Bewußtseinszustand, den eine gewisse Gruppe von Menschen gemeinsam hat.

F: Gibt es irgend etwas, von dem du das Gefühl hast, daß es ECK gegenüber allem anderen, was zur Zeit auf diesem Planeten geschieht, als einzigartig auszeichnet?

HK: Was nahezu, aber nicht vollständig einzigartig daran ist, das ist die Lehre von Ton und Licht. Es gibt andere Wege, die dies nur zu einem gewissen Grade lehren, dann aber nicht weiter gehen. Was den Weg von ECK einzigartig macht, ist die Möglichkeit, spirituelle Befreiung in dieser Lebenszeit zu haben und das himmlische Reich zu erreichen, während man noch im physischen Körper lebt. Sehr wenige andere Wege werden Ihnen sagen, daß Sie das haben können.

Wir sprechen von der Ausdehnung des Bewußtseins, oder dem Seelenreisen, wobei Sie die Fähigkeit erlangen, in die himmlischen Welten zu gehen, und so einen sanften Übergang von diesem physischen Bewußtseinszustand zu dem spirituellen oder inneren vorzunehmen. Wenn Sie dies tun, dann sehen Sie, wie die Menschen auf der anderen Seite leben, und wenn Sie das Leben auf der anderen Seite verstehen lernen, verlieren Sie die Angst vor dem Tod. Sie entwickeln eine bessere Fähigkeit zu leben, zu verstehen und sich am Leben zu erfreuen, während Sie hier sind. Das ist die ganze Aufgabe des Weges von ECK: zu helfen, den höheren spirituellen Menschen zu entwickeln, mit dem Ganzen zu arbeiten, und nicht mit den Teilen.

Die meisten anderen Lehren arbeiten in Teilen. Sie werden zum Beispiel Astralreisen betonen, oder von der Mentalebene, den Mentalkörpern und dem dritten Himmel sprechen. Der heilige Paulus sprach vom dritten Himmel, und das entspricht der Mentalebene.

Ich kann Ihnen nichts davon mit Worten beweisen, aber Sie können die spirituellen Übungen machen und dorthin gehen, um es selbst herauszufinden. Wir können diese Werke niemandem beweisen, wir können nur die Methoden weitergeben. Dies ist ein anderer Vorteil des Weges von ECK. Sie können die spirituellen Übungen versuchen — es sind mehr als zweihundert in den geschriebenen Werken angegeben — und Sie können anfangen, Ihre eigenen Erfahrungen mit dem Ton und dem Licht Gottes zu haben.

In der Bibel gibt es einige Hinweise auf den Ton und das Licht Gottes, aber meines Wissens gibt sie nirgendwo Techniken an, um die Menschen zu befähigen, diese Erfahrungen selbst zu haben. Christus sagte, daß auch andere die Dinge tun sollten, die er tat, und noch größere; und doch verloren die Führer während der folgenden Generationen und Jahrhunderte die Kenntnis, wie man diese Dinge tut. Die feurigen Zungen und der Ton des brausenden Windes, die an Pfingsten kamen, sind zwei Aspekte von Ton und Licht, auf die die Bibel sich bezieht. Saul von Tarsus sah dies Licht, als er auf der Straße nach Damaskus war. Aber da die Führer nicht fähig waren, die Menschen zu Ton und Licht hinzuführen, machten sie die geheimen Lehren tabu.

Wir sollten in der Lage sein, diese Erfahrungen zu wiederholen, wie Christus sagte. Aber Sie werden feststellen, daß jeder, der zugibt, daß er sie heute hat, sofort von den orthodoxen Religionen unterdrückt wird. Da die Führer die Mittel und Methoden nicht kennen, mit denen man diese Erfahrungen in sicherer Weise haben kann, müssen sie mit Gesetzen gegen diese Praktiken vorgehen. Deshalb war es für die frühchristliche Kirche so wichtig, die Gnostik loszuwerden.

Man kann die Unfähigkeit vieler heutiger religiöser Führer genau beobachten, die Unfähigkeit, ihre Anhänger in das Licht und den Ton Gottes zu führen, so wie die Religionsgründer es taten. Deshalb arbeiten sie heute meist mit materiellen Mitteln und Macht — Dingen, die nichts mit Spiritualität zu tun haben.

Dies ist keine Kritik; es gibt viel Hilfe durch diese verschiedenen Wege zu Gott. Gott schuf sie für die verschiedenen Stufen der Seele. Ich möchte niemandes Glauben anzweifeln — alle unsere Glaubensrichtungen sind gültig —, und es gibt, im eigentlichen Sinn, keinen richtigen oder falschen Weg. Der Unterschied liegt in den Bewußtseinszuständen, die wir einnehmen.

Das Gleichgewicht von spirituellem und sozialem Bewußtsein

F: Gibt es eine Betonung des sozialen Bewußtseins in ECK?

HK: Wir erkennen an, daß die Eltern ihre Kinder so erziehen müssen, daß sie in diese Gesellschaft passen. Als die ECK-Schriften und Lehren in den späten sechziger Jahren herauskamen, verstanden manche Eltern falsch, was Paul meinte, als er sagte, ECK sei der Weg der Freiheit. Sie ließen ihre Kinder einfach laufen und handeln wie ein Haufen kleiner Ungeheuer.

Kinder müssen die Gesetze und auch ihre Pflichten und Verantwortung in der Gesellschaft lernen. Sie dürfen nicht meinen, dieser Weg der Freiheit gebe ihnen das Recht, in ein Lebensmittelgeschäft zu gehen und Bonbons zu klauen mit dem Gedanken: »Das ist mein Recht. Niemand kann mir vorschreiben, was ich tun soll, denn ich bin Seele, und ich bin frei.« Mit dieser Art von Freiheit kann man sich im Gefängnis wiederfinden.

Der soziale Aspekt in einem weiteren Sinne liegt darin, daß, wenn wir in erster Linie spirituelle Entfaltung im Leben suchen, wir auch fähig sein sollten, mit unseren Freunden und unserer Familie in einem höheren Sinne als zuvor Freude zu haben.

F: Sind wir unseres Bruders Hüter in dem Sinne, daß wir verpflichtet sind, die Welt zu verbessern, weil wir hier leben?

HK: Wir sagen zum Beispiel nicht: »ECKANKAR nimmt den Standpunkt ein, es sollte in Afrika keinen Hunger mehr geben.« Als Organisation halten wir uns aus sozialen Themen heraus. Jedoch trennen wir uns nicht vom Leben. Während wir ein höheres Verständnis erwerben, arbeiten wir in der Stille als einzelne. Wenn es darum geht, daß unsere Freiheit bedroht ist, zum Beispiel in bezug auf die Möglichkeit einer Frau zu wählen, ob sie ein Kind haben will oder nicht, dann können wir als einzelne sprechen, wenn wir wollen.

Als Werkzeuge für ECK heben wir alles um uns herum in natürlicher Weise an. Wenn Sie einem sozialen Verein beitreten oder mit einer Organisation Ihres Landes arbeiten wollen, dann tun Sie dies auf jeden Fall. Andere von Ihnen wollen vielleicht in politischen Gruppen arbeiten, um eine Verbesserung der Gesellschaft zu erreichen. Also tun Sie es. Wir müssen in irgendeiner Weise geben, aber wir mischen uns nicht in politische Angelegenheiten ein, indem wir Macht ausüben. Wir arbeiten als einzelne, nicht als formale Organisation der ECKisten, die gemeinsam eine Angelegenheit unterstützen und drohen, en bloc gegen jemand zu stimmen, weil er nicht mit unserer Denkweise übereinstimmt.

Wir gehen als einzelne in die Gesellschaft, und sie wird durch unsere Anwesenheit angehoben, nicht nur, weil wir stille Kanäle für das ECK sind, sondern auch, weil wir das, was uns interessiert, aktiv verfolgen.

F: Alles in diesen Lehren scheint die einzelne Seele zu betreffen. Es ist so persönlich, ohne Aufmerksamkeit auf die Umgebung. Ist das nicht zu selbstbezogen?

HK: Bevor Sie jemand anders helfen können, müssen Sie erst in der Lage sein, sich selbst zu helfen. Die schnellste und direkteste Art, dies zu tun, ohne noch mehr Karma, das Sie unglücklich macht, in Ihr Leben zu bringen, ist, Ihren eigenen Bewußtseinszustand anzuheben. Wenn ein Mensch angehoben wird, werden es zu einem gewissen Grade alle. Sie werden feststellen, daß zu viele Menschen, die hinausgehen und die Welt retten wollen, arm sind. Sie wollen hinausgehen und viel für andere Menschen tun, aber wenn man sie genau anschaut, stellt man fest, daß sie nicht einmal in der Lage sind, sich selbst zu helfen und ihr eigenes Leben in Ordnung zu bringen.

Es beginnt zu Hause, bei Ihnen selbst. Wenn Sie nicht dort anfangen, dann öffnen Sie Tür und Tor für die Einmischung in die Angelegenheiten anderer Leute, immer wenn diese Ihrer Meinung nach ihr Leben nicht richtig führen. Wir müssen zu Hause anfangen; bevor wir irgend jemand anders helfen können, müssen wir zuerst uns selbst helfen können.

Körperliches Training

F: Ich bin ein Läufer und habe an mehreren Marathonläufen teilgenommen. Wenn ich einen solchen langen Lauf hinter mir habe, dann habe ich ein ungewöhnliches Gefühl des Wohlbefindens festgestellt. Ich habe mich wirklich gefühlt, wie wenn ich eine Million Dollar hätte. Ich nehme an, das beruht mehr oder weniger auf der Endorphin-Ausschüttung im Körper, während er sich anstrengt. In gewissem Sinne ist das eine Droge, und ich frage mich, ob diese Art von Droge für die spirituelle Entfaltung in gleicher Weise schädlich ist wie chemische Drogen.

HK: Nein. Die Luft ist eigentlich das ECK, was hereinkommt. Es hat bestimmte Wirkungen, aber es ist mehr so wie das Licht Gottes, von dem ich gestern abend sprach: Wenn es sehr rein und klar einströmt, dann möchte man nur noch in Ihm baden.

Es ist besser, sich in den höheren Aspekten des Leben zu baden als in den negativen. Es ist nichts Schlechtes daran zu laufen, wenn Sie gesund sind, und solange Sie es in ausgeglichener Weise tun — Sie können nicht immerzu laufen; Sie wären sonst für Ihre Mitmenschen ziemlich nutzlos, wenn Sie nicht gerade Botschaften herumtragen oder dergleichen. Aber ich nehme nicht an, daß davon irgendeine negative Wirkung ausgeht, wegen der Anhebung, die es für viele Menschen bringt.

Erste Initiation

F: Wie erhält man die erste Initiation?

HK: Diese Initiation kommt im Traumzustand, nachdem Sie sich aktiv auf den Weg von ECK begeben haben. Im allgemeinen kommt sie zwischen sechs Monaten und einem Jahr nach dem Beginn des Studiums von ECK. Manche Menschen erinnern sich sehr klar daran — nicht jeder — aber ob Sie sich daran erinnern oder nicht, sie kommt. Sechs Monate ist eine ungefähre Schätzung; manchmal dauert es länger, manchmal kommt sie sehr bald. Die erste Initiation findet vollständig im Inneren statt. Die zweite Initiation wird im Physischen gegeben.

Den Tag richtig beginnen

F: Wie können wir bessere Kanäle für das ECK sein?

HK: Vielleicht finden Sie es hilfreich, sich jeden Morgen als ein Werkzeug für ECK zu erklären. Sprechen Sie zum Beispiel einfach etwas wie: Ich erkläre mich zum Werkzeug für Gott. Oder Sie können auch die ECK-Bezeichnungen verwenden: Ich erkläre mich zum Werkzeug für das SUGMAD (welches Gott ist), das ECK (oder den Heiligen Geist) und den Mahanta (welcher jener hohe Bewußtseinszustand ist, den wir anstreben). Dann gehen Sie für den Rest des Tages an Ihre Pflichten. Sie brauchen nicht einmal mehr daran zu denken: Sie wissen, daß jede

Erfahrung, die Sie an diesem Tag haben, Ihrer spirituellen Entfaltung dient. Wenn eine negative Situation mit Ihren Kollegen oder wie auch immer entsteht, dann gibt es einen Weg, damit umzugehen.

Sie werden feststellen, sich zum Werkzeug für den Heiligen Geist und Gott zu erklären, ist eine große Hilfe dabei, Ihnen ein Verständnis für den Sinn Ihres täglichen Lebens zu geben. Sie werden auch feststellen, daß es dazu beiträgt, morgens jenen Knoten aus dem Magen zu nehmen, wenn Sie zur Arbeit gehen müssen und es lieber nicht täten.

Den Übergang zu ECK vollziehen

F: Ich habe gehört, daß du einmal studiert hast, um christlicher Pfarrer zu werden. Wie hast du den Übergang vom Christentum zu so etwas wie ECKANKAR vollzogen, statt zu einem anderen christlichen Weg?

HK: Ich habe überall gesucht, auch als ich ein Christ war. Ich habe niemals befriedigende Antworten auf die Frage des Todes erhalten. Draußen auf dem Land, wo wir arbeiteten, mußte jemand das Grab ausheben, wenn jemand starb — oder hinüberging, wie wir in ECK sagen. Diese Arbeit überließ man meistens den jungen Bauernbuben. Ich sah dieses große, dunkle Loch, wie jemand in einen Sarg gesteckt und Erde darauf geworfen wurde; und ich sagte mir: »Ich möchte nicht in so ein Loch gesteckt werden, niemals.« Es gab auch andere Dinge, die mir Schwierigkeiten machten, so zum Beispiel, daß die Erlösung nur für die da war, die von Jesus gehört hatten.

Nun, das ist gut, dachte ich mir, aber seit Jesus geboren wurde, haben mindestens zwei Drittel der Menschen in der Welt nie von ihm gehört. Die einzige Antwort, die ich von meinen Lehrern erhielt, war entweder: »Das müssen wir der Gnade Gottes überlassen«, oder: »Sie sind verdammt.« Ich fragte mich auch nach all den Menschen, die vor Jesus lebten und die Prophezeiungen nicht kannten. Was war mit denen? Was war mit den Buddhisten und Hindus? Machte das ihren Weg zu Gott ungültig? Und ihr Bewußtsein? Mit anderen Worten, warum hatte Gott all diese verschiedenen Wege zugelassen? Sie hatten sicher auch das Licht der Spiritualität. Dies waren meine persönlichen Fragen, und sie hörten nicht auf.

Auch als ich formal noch ein Christ war, als ich zum Wehrdienst ging, hatte ich aufgehört, zur Kirche zu gehen. Ich stellte fest, daß sie im wesentlichen eine soziale Organisation war, die keine Möglichkeit hatte, mir zu zeigen, wie ich jenes Licht und jenen Ton Gottes finden könnte, von dem ich in der Bibel gelesen hatte. Ich fragte mich, wie dieses Versagen zustandegekommen war, und was geschehen war, dieses Wissen zu verlieren, das einmal existiert haben mußte. Dann begann ich mit einem privaten Studium, das einige Jahre dauerte und durch die verschiedenen Aspekte des Okkulten führte, durch verschiedene Wege, wie den der Rosenkreuzer und den von Edgar Cayce, und durch eine ganze Menge anderer Information. Ich studierte es ganz allein, weil ich es selbst wissen wollte.

Um diese Zeit stieß ich auf ECKANKAR. Das kam mir irgendwie bekannt vor. Jeder kommt zu ECK auf seine Weise. Es ist nicht etwas, das man rationalisieren oder erklären oder verteidigen kann.

Wenn Sie sich für die Werke von ECK interessieren, würde ich Ihnen empfehlen, einige der einführenden Bücher, die man kaufen kann, anzusehen. Diese werden Ihnen ein Verständnis der Grundlagen von ECK geben, so daß Sie einen Überblick erhalten und feststellen können, ob es dies ist, wonach Sie gesucht haben oder nicht.

Es kann sein und kann auch nicht sein. Dies ist eine gute Möglichkeit, es sich anzusehen, zu studieren, und mit den Spirituellen Übungen von ECK in Verbindung zu kommen, welche Sie vielleicht in der Zurückgezogenheit Ihres Hauses ausprobieren wollen, wo niemand Sie stört. Wir versuchen, auf diesem Weg von ECK Freiheit zu geben, in jeder Weise, für alle.

Ich danke Ihnen, daß Sie gekommen sind.

Regionales Seminar von Hawaii, Honolulu, Hawaii
21. November 1982

13
Einen Weg zu Gott finden

Ein amerikanischer ECKist ging vor einigen Monaten nach Hongkong, um eine musikalische Darbietung zu geben. Als wir uns dort gegen Ende seines Aufenthaltes trafen, sagte er, daß er sich die ganze Zeit dort schrecklich fremd gefühlt habe. Er sehnte sich geradezu, nach Hause zu kommen und fragte, ob ich jemals einen Kulturschock dieser Art erlebt hätte. Ich sagte: »Ja, als ich Wisconsin verließ und zum ersten Mal nach Texas zog.« Texas war etwa ebenso flach wie Wisconsin, aber es gab keine Bäume, die ich als solche bezeichnen würde. Ich war nicht im Osten von Texas, sondern in dem wüstenähnlichen Teil im Westen, wo es flach und sandig ist und wo es sehr wenig Vegetation gibt.

Der ECKist sagte, als er das erste Mal nach Wisconsin gekommen sei, hätte er auch diesen Kulturschock erlebt, weil es so flach war. Er stammte aus bergigen Gegenden. Ich sagte ihm, daß man als Einheimischer in Wisconsin viel Zeit damit verbringt, in den Wäldern zu wandern. Immer, wenn man sehen will, wo man ist, schaut man hinauf zu den Baumwipfeln, um zu erkennen, wo die Sonne am Himmel steht. Das war mein Gebirge. Wir alle brauchen etwas, zu dem wir aufsehen können, und das ein wenig höher und jenseits von uns ist, ganz gleich ob im physischen oder im spirituellen Sinn.

Wenn man in einer Stadt spazierengeht, ist es leicht, die Besucher von den Leuten, die dort leben, zu unterscheiden. Die Besucher schauen sich ständig um mit dem Kopf im Nacken. Für einen Bettler ist es sehr leicht, einen Touristen auszumachen, und er wird nicht zögern, direkt auf ihn zuzugehen und ihn um Geld zu bitten. Der Stadtbewohner, der in seiner Stadt zu Hause ist, schaut niemals nach oben. Er trottet einfach dahin und blickt nach unten auf das Pflaster, denn all die Ansichten — die Straßen und Gebäude und alles andere — sind sehr alltäglich geworden. Wenn ich in eine Stadt komme, die ich noch nie besucht habe, benehme ich mich wie ein Eingeborener. Wenn ich einen Bettler sehe, der nahe genug ist, um mich zu erwischen, dann blicke ich zu Boden und schaue für etwa einen halben Häuserblock auf meine Füße. Aber sie durchschauen das. Wenn man jedoch einen gewöhnlichen Sakko statt einem guten Jackett trägt und gerade so daherschlurft wie alle anderen, dann lassen sie einen in Ruhe.

Natürlich gibt es auch die ECK-Meister, die in Verkleidung kommen. Aber die lassen einen nicht in Ruhe, ganz gleich, wohin man schaut. Es gibt Menschen, die mit diesen ECK-Meistern Verbindung hatten, und zwar lange vor 1965, als Paul Twitchell die Lehren von ECKANKAR herausbrachte. Vielleicht sind Sie einer von denen, die mit der Macht des ECK Kontakt hatten oder mit einem, der eine Macht kannte und verstand, die größer war als er selbst.

Bewußtseinszustände

Wenn wir geboren werden, sind wir nicht nur mit bestimmten Anlagen gesegnet, sondern auch mit einem bestimmten Bewußtseinszustand. Es ist selten, daß jemand sehr weit über den Bewußtseinszustand hinausgeht, den er bei der Geburt mitbekommt. Es ist eine Sache, in einen Bewußtseinszustand hineingeboren zu werden, aber es ist nicht gut, auch darin zu sterben. Wenn Sie irgendeinen Weg betreten, ganz gleich, welcher es ist, sind Sie es sich selbst schuldig zu wachsen. Dieses Leben haben wir nur einmal, und in ECK möchten wir davon soviel wie möglich in voller Bewußtheit leben. Das suchen wir auf dem Weg von ECK: volle Bewußtheit.

Eine Frau, die mir kürzlich schrieb, meinte: »Wenn du von Gottrealisation sprichst, habe ich überhaupt keine Ahnung, wovon du sprichst. Aber ich weiß, was du meinst, wenn du Freiheit sagst.« In ihr brannte ständig diese dauernde Flamme, die verlangte, daß sie Freiheit haben sollte — spirituelle Freiheit. Wenn wir nicht in einem der höheren Bewußtseinszustände sind, angefangen mit dem kosmischen Bewußtsein und von da aus nach oben, bedeutet das nichts für uns. Wenn Dichter und Mystiker sich mühen, ihre Erfahrungen zu Papier zu bringen, lesen wir nur ihre schönen Worte. Es gibt keinen Weg zu erklären, was es bedeutet. Sokrates sagte: »Mensch, erkenne dich selbst.« Dabei handelt es sich nicht um ein Verstehen vom Verstand her, so wie Sie wissen, welche Art von Kleidern Sie gerne tragen oder was Sie im Lebensmittelladen kaufen wollen. Es ist etwas anderes. Und der einzige Weg, zu diesem Verständnis zu kommen, geht über ein Studium vom Licht und Ton von Gott.

Im Geschäftsleben sagt man, daß man bei einem Produkt die Aspekte herausstellen muß, die einzigartig sind. Es gibt verschiedene Wege, die vom Licht und Ton Gottes sprechen, aber sie sprechen davon sehr indirekt. Sehr wenige sind in der Lage, Ihnen zu genau sagen, wie Sie dieses Licht und den Ton erreichen können. Wir können das intellektuelle Verständnis von Gott haben, aber das ist nicht Gott, noch ist es ein Verständnis der Seele.

Erfahrung in Todesnähe

Anfang Januar gab es eine Fernsehsendung über Erfahrungen in Todesnähe. Sie handelte von Menschen, die bei irgendeiner Gelegenheit aus dem Körper herausgeführt wurden, meistens durch Krankheit, Herzanfall oder einen Unfall, in die anderen Welten gingen und dann zurückkamen. Manche der Dinge, die ihnen geschahen, waren sehr erstaunlich, aber einer der schlimmsten Schläge für sie war, daß sie hierher zurückkommen und in der physischen Welt leben und wie gewohnt weitermachen mußten.

Eine der Personen, die interviewt wurden, war eine Schriftstellerin. Sie hatte auf irgend etwas allergisch reagiert und dadurch die Fähigkeit verloren zu atmen. Einige Sekunden später fand sie sich außerhalb des physischen Körpers wieder. Jemand rief die Feuerwehr an, und sie kam angerast. Während sie außerhalb des Körpers war, konnte sie sehen, wie die Menschen herumrannten und versuchten, ihrem physischen Körper, der dort lag, Hilfe zu bringen. Zuerst dachte sie bei sich: »Ach, das bin ich. Alles ist vorbei.« Eigentlich denkt die Seele nicht, Sie nimmt wahr. Schließlich aber erkannte sie mit einem Schlag: »Das aber bin ich nicht. Ich bin ich.« Und sie verstand, daß es nur ihr Körper, ein physischer Tempel war, etwas, das sie bewohnt hatte. Es war nicht ihr wahres Selbst.

Die Prinzipien von ECK unterrichten uns und geben uns Vertrauen über das Leben hernach, während wir noch hier im physischen Körper sind, so daß wir Selbstrealisation und Gottrealisation erfahren und auch in diesem Leben in das himmlische Reich eintreten können.

Als diese Frau sah, wie ihre Familie und die anderen Menschen immerzu weinten, beschloß sie, daß sie an diesem Leid nicht teilhaben wollte, und so kehrte sie ihm den Rücken. Bald merkte sie, wie sie sich schnell von dieser Erde in den Raum entfernte. Wenn sie zurückschaute, sah sie die Erde in ein schönes glühendes Licht eingehüllt. Sie verspürte ein solches Gefühl des Friedens, daß es sie erschreckte, als ihr nahegelegt wurde, sie müsse in den physischen Körper zurückkehren.

Diese Menschen haben es schwer, sich wieder an die physische Ebene zu gewöhnen, aber der wesentliche Vorteil ihrer Erfahrung ist, daß sie keine Angst mehr vor dem Tode haben. Wenn sie die Prinzipien des Leben nicht kennen, haben sie nicht gelernt, daß sie jetzt zurückkommen und die Bestimmung erfüllen müssen, für die sie in diese Welt gekommen sind.

Ein anderer Gast in diesem Programm war ein Schulverwalter, der seinen Körper verlassen und das Licht Gottes gesehen hatte. Als er Ihm näher und näher kam, wurden die Liebe und Freude einfach unbeschreiblich. Er sagte, wenn man die glücklichste Erfahrung nähme, die man in seinem ganzen Leben je hatte, und sie mit einer Million multiplizierte, käme man da noch immer nicht heran.

Genau dies geschieht mit spirituell erwachten Menschen, welche diese höheren Zustände der Realisation haben. Es gibt davon nicht so sehr viele in der menschlichen Rasse. Wenn sie diese Erfahrung haben, gibt es keine Möglichkeit, anderen mitzuteilen, wie das ist, einfach, weil die Erfahrung so oft jenseits der Mentalebene liegt. Sie arbeiten als Seelen in den Welten des reinen Geistes. Ohne den Weg von ECK oder die Gesetze des Heiligen Geistes zu kennen, kämpfen sie darum, den

Frieden und die Harmonie des Wissens zu finden, daß sie genau jetzt und hier in einem auf ewig heiligen Augenblick leben, weil gerade der Boden, auf dem sie gehen, heilig ist.

Eine Heilung im Traumzustand

Eine Frau sah einen ECK-Meister etwa vier Jahre, bevor sie etwas über ECKANKAR herausfand. Sie ging durch äußerst schwierige Zeiten in ihrem Privatleben und war soweit gekommen, daß sie sogar daran dachte, sich das Leben zu nehmen. Sie verstand nicht, daß das Leben, wenn es hier schwierig ist, uns einfach eine Möglichkeit zu wachsen anbietet, und daß es für jedes Hindernis eine Lösung gibt — es gibt immer einen Weg. Sie wußte das nicht.

Eines Nachts kam ein ECK-Meister zu ihr im Traum. Der Hintergrund war ein sehr schöner Sandstrand mit einem klaren blauen Himmel. Der Mann ging mit ihr am Strand entlang zu einem Leuchtturm, und das war für sie der Punkt, von dem das Licht und der Ton Gottes in sie hineinströmten. Sie besuchte diesen Leuchtturm Nacht für Nacht, über ein Jahr lang, bis sie emotional, physisch und mental wieder geheilt war.

Dann, etwa 1969, kam sie mit den Schülern eines Sikh-Meisters in Verbindung, der seinen Körper verlassen hatte. Einer von ihnen war auf das Buch über Paul Twitchell gestoßen mit dem Titel *In meiner Seele bin ich frei*. Als sie hörten, daß in Las Vegas ein ECKANKAR Seminar sei, gingen einige von ihnen hin, um diesen Mann Paul Twitchell unter die Lupe zu nehmen. Hinterher sagten sie: »Ja, das ist der Mann!«

Jeder dieser Menschen ging zu seinem eigenen inneren Meister, der nicht in der Lage war, als physischer

Meister zu dienen, weil er gestorben oder hinübergegangen war, und fragte: »Ist dies der Meister für mich?«

Die Grundlage dieser Frage ist wichtig. Allzuoft glaubt der Mensch in seiner Eitelkeit, daß wenn er einen religiösen Weg oder eine Lehre findet, die für ihn gut genug ist, diese auch für alle anderen gut sein müsse. Ganz gleich, welchem Weg er folgt, kein Anhänger einer Religion ist so wie der Fanatiker, besonders derjenige, der gerade einen neuen Weg betreten hat. Zuerst ist er angeregt und so voll von Eingebungen, daß er allen übrigen Mitgliedern der Kirche lästig ist. Sie halten sich fern von ihm, bis er ein wenig abkühlt und etwas Vernunft annimmt.

Mit Gott in Verbindung stehen

Wir suchen Erfahrungen und direktes Wissen über das Licht und den Ton Gottes, weil dies die Kommunikation mit der Gottheit ist: Gott spricht durch Licht und Ton.

Wenn dieses Licht verschiedene Ebenen erreicht, sehen wir Es in verschiedenen Farben. Während unserer spirituellen Übungen kann es sein, daß wir ein wenig von diesem Licht erblicken. Im allgemeinen wird Es zuerst blau sein oder manchmal weiß, gelb oder grün. Dies ist das Licht Gottes, das hereinströmt und uns reinigt; aber die Menge, welche die Seele erhält, ist nur soviel, wie wir vertragen können.

Das Beste ist, vorsichtig zu sein und nicht zu viele ECK-Bücher oder andere Bücher über spirituelle Lehren zu lesen. Manchmal, wenn wir etwas von zwei oder drei Wegen gleichzeitig lesen, beschleunigt sich unser Karma, und wir wundern uns, warum wir ein so schwieriges Leben haben. Es ist sehr leicht, mit dem Finger auf den Weg zu zeigen, auf den wir zuletzt gekommen sind, und zu sagen: Das ist es, was all meine Schwierigkeiten verursacht. Das wirkliche Problem ist, daß wir nicht den gesunden Menschenverstand haben, uns zurückzuhalten und nicht unser spirituelles Frühstück, Mittagessen und Abendessen alles auf einmal zu essen. Es ist schon in Ordnung, drei Mahlzeiten oder mehr an einem Tag zu essen, wenn man sie verteilt und sich nicht eine spirituelle Verdauungsstörung zuzieht.

Das Blaue Licht kann auf verschiedene Arten kommen. Eine ECKistin, eine Fotografin, die in der Dunkelkammer arbeitet, erzählte mir die folgende Geschichte. Ich konnte sie würdigen, weil ich die letzten Jahre als Kameramann in der Druckerei gearbeitet hatte. Eines Tages hatte sie in der Dunkelkammer rotes Licht an für den Film, mit dem sie arbeitete. Während sie den Film entwickelte, wurde ganz plötzlich der Raum von einem strahlenden blauen Licht erhellt. Sie sagte: »Oh nein, wer hat denn die Tür aufgemacht?« Sie drehte sich um und wollte nachschauen, als ihr klar wurde, daß Es das Licht von ECK war. In genau diesem Augenblick, als ihr Verstand eifrig und vollständig mit ihrer Arbeit beschäftigt war, konnte dieses Licht Gottes hereinkommen. Und nebenbei bemerkt, Es zerstörte den Film nicht. Das Blaue Licht von ECK macht das nicht.

Thomas Merton, ein katholischer Mystiker, schrieb das Buch *The Seven Storey Mountain*, welches von seinem Kampf und seiner Suche berichtet, etwas von dem, was Gott von ihm wollte, zu erkennen und zu verstehen. Eines Tages, als er mit seinem Gesicht im Staub lag, sagte er: »Gott, ich weiß, was du von mir willst. Du willst, daß ich aufhöre, soviel über mich selbst nachzudenken.« Er hatte das Gesicht immer noch am Boden, sein Prior stand neben ihm und fragte sich, was da vorging, und er sagte: »Nein, nein, das willst du überhaupt nicht von mir. Du willst, daß ich mehr über dich nachdenke.« Dann begann er laut zu lachen: »Nein«, sagte er, »nicht einmal das ist es. Du willst, daß ich in die Bewußtseinssphäre gehe, in der es keine Gedanken gibt.« Thomas Merton hatte die Wahrheit erkannt, von der Sokrates sprach: »Mensch, erkenne dich selbst.« Das ist die Stelle, wo man über den Verstand hinausgeht. Der Verstand wird fallengelassen, und die Seele arbeitet durch direkte Wahrnehmung.

Es ist etwas, was man nicht erklären oder verteidigen kann; alles, was man tun kann, ist, auf die Spirituellen Übungen von ECK zu verweisen. Diese Übungen findet man in den ECK-Büchern. Die Bücher *ECKANKAR — der Schlüssel zu geheimen Welten* und *Spirituelle Aufzeichnungen* enthalten mehrere verschiedene Übungen. Man kann sie in den Stichwortverzeichnissen finden. Das Buch *In meiner Seele bin ich frei* von Brad Steiger, die Biographie von Paul Twitchell, beschreibt die Technik des »einfachen Weges«. Probieren Sie, ob das für Sie funktioniert. Nehmen Sie das als Kriterium. Es geht nicht bei jedem, so wie es auch nicht für jeden richtig ist, katholisch zu sein. Für einige ist es das Richtige, für andere nicht. Manche kommen einfach hier zu Besuch und schauen sich um, bevor sie weitergehen — vielleicht gehen sie als nächstes zur Episkopalkirche oder werden Atheisten.

Der heilige Paulus sagte, daß der Körper das Königreich Gottes niemals erreichen kann — und so ist es. Eines der Dinge, die ECKANKAR herausstellt, ist, daß es einen klaren Unterschied zwischen dem physischen Körper und dem Seelenkörper gibt.

Wie sich religiöse Lehren entwickeln

Religiöse Lehren können von einem ursprünglichen Führer ausgehen, der etwas Verständnis und Einsicht in die Himmel jenseits der physischen Ebene hat und der einige der Gesetze des Heiligen Geistes kennt. Er kann vielleicht in die anderen Welten, zur astralen, kausalen, mentalen und ätherischen Ebene reisen — und zur Seelenebene, welche die Trennungslinie zwischen den materiellen und den spirituellen Welten darstellt. Der ursprüngliche Führer kann reisen, und er kann sehen. Dann kommen die Schüler, welche versuchen, die Lehren des Meisters mit etwas weniger Licht weiterzutragen. Aber im Laufe der Zeit gehen auch diese Schüler hinüber.

Als Jesus sagte: »Folgt mir nach«, sprach er in gewissem Sinne zu dem niedrigen Bewußtseinszustand seiner Schüler. Und wenn sie sagten: »Ja, das tun wir«, meinten sie: »Wir gehen mit dir auf der gleichen schmutzigen, staubigen Straße. Kannst du das nicht sehen?« Aber das meinte er nicht. Er meinte, sie sollten mit ihm in den spirituellen Bewußtseinszustand gehen, in die höheren Ebenen. Das aber konnten sie nicht.

So bringt der ursprüngliche Führer die Botschaft und trägt das größte Licht, aber wenn er stirbt, geht er weiter. Andere Menschen, die meist nur die geschäftliche Seite einer Religion verstehen, werden die Führer. Aber da sie oft von der Wahrheit und Realität der Existenz des Menschen als Seele jenseits des physischen Körpers nichts verstehen, verbannen sie solche Dinge als Gnostik — einer der frühen Glauben im Christentum. Und recht bald wird das spirituelle Licht in dieser religiösen Lehre trübe.

Es gibt nicht eine einzige religiöse Lehre, die für jeden von uns die beste ist. Vielleicht gehören Sie heute einem bestimmten Glauben an, ganz einfach, weil Ihre Eltern dazu gehörten. Wenn Sie die Geschichte irgendeines Glaubens zurückverfolgen, werden Sie feststellen, daß er viele Veränderungen erfahren hat. Ich bin vertraut mit der lutherischen Kirche; und wenn ich weit genug zurückginge, würde ich auf Zeiten stoßen, wo meine Urururgroßeltern keine Lutheraner waren, weil es noch keine lutherische Kirche gab. Wenn ich noch weiter zurückginge, würde ich sehen, daß zu einer bestimmten Zeit alle Lutheraner Katholiken waren, aber die Kirche verlassen hatten, weil sie für sie versagt hatte. Die Führer wußten nichts mehr von dem spirituellen Licht und konnten ihren Anhängern keine Richtung mehr weisen. Wenn dies geschieht, wird das Dogma stärker, und die Liste von »tu dies« und »tu dies nicht« und »du sollst« und »du sollst nicht« wird länger. Aber solange eine Religion eine nützliche Funktion für die meisten Menschen erfüllt — und das kann alles mögliche sein, sogar ein gesellschaftliches Zusammentreffen — können diese Frieden und Trost bei ihren Nachbarn finden. Das ist gut — wenn sie dabei wachsen.

Es gibt für nahezu jeden auf dieser Erde eine Religion, die zu seinem Bewußtsein paßt, ausgenommen den Atheisten und den Agnostiker. Sie haben ihren eigenen Weg, ihr eigenes Ideal, ihren eigenen Berg, ihren eigenen Baumwipfel.

Führung auf der spirituellen Reise

Wenn Sie sich auf einen spirituellen Weg begeben und selbst wirklich keine Erfahrung haben, was machen Sie dann? Sie schauen sich um und hoffen, jemanden zu treffen, der weiß, wovon er spricht. Ich möchte nicht versprechen, daß Ihr Weg in ECK einfach sein wird, aber Sie werden die Hilfe der ECK-Bücher haben, aus denen Sie etwas über die Spirituellen Übungen von ECK lernen können, und Sie können sie für sich selbst zu Hause ausprobieren. Wenn Sie diese spirituellen Übungen versuchen — ob es nun nach einer Woche, einem Monat, einem Jahr oder zwei Jahren geschieht — zu irgendeiner Zeit sollten Sie beginnen, Erfahrungen mit dem Licht und Ton Gottes zu haben.

Oft sprechen wir vom Ton als der Flöte Gottes. Wir haben in der Tat ein Buch mit diesem Titel, das die Psychologie des Heiligen Geistes behandelt. Es kann sein, daß Sie den Ton einer Flöte, das Zwitschern von Vögeln, den Klang eines Orchesters, fließendes Wasser oder das Summen von Bienen hören. Jemand wird sagen: »Ich höre das Zwitschern von Sperlingen während der Kontemplation. Auf welcher Ebene bin ich?« Sie können sogar einen summenden Klang hören, ein HU mit einem *m* am Ende. Das ist eine Abwandlung des HU. Sogar das Wort *alleluja* ist eine Verzerrung des HU. Eigentlich ist es *Allah* und *HU — Allahu*. Schrittweise wurde es verändert, bis daraus Alleluia und dann Halleluja wurde. Viele Menschen verstehen nicht, woher diese Worte kommen, aber es sind Umformungen aus den spirituellen Werken.

Man kann sehr schnell feststellen, wie sich eine ursprüngliche Idee verändert, wenn man ein Kinderspiel mit dem Namen »Telefon« spielt. Einer beginnt und flüstert seinem Nachbar eine Botschaft zu, und die geht durch die ganze Runde im Raum. Unterwegs wird jeder sie ein bißchen anders hören, und wenn sie dann zu ihrem Erfinder zurückkommt, ist die ursprüngliche Aussage vollständig verändert. Wenn man alle Leute fragt, was sie gehört haben, findet man recht spaßige Variationen.

Deshalb müssen letztlich Sie selbst der Führer sein. Wenn Sie auf einem religiösen Weg sind und sich dort wohl und glücklich fühlen, dann bleiben Sie dabei. Wenn Sie auf einem Weg sind, der nicht wirklich zufriedenstellend ist, aber doch besser als das Gefühl zu haben, alleine im Dunklen herumzuirren — und wenn Sie ein bißchen ausprobieren und experimentieren wollen — dann könnten Sie die Spirituellen Übungen von ECK versuchen.

Bevor der Kompaß in Gebrauch kam, richtete sich die gesamte Navigation nach den Sternen. Die Segler, der Navigator und der Kapitän wußten, wo sie waren, indem sie ganz einfach die Sterne anschauten. Diese Methode hatte einen Nachteil — wenn man mitten in einem Sturm war, konnte man die Sterne nicht sehen. Das einzige, was man tun konnte, war, sich um des lieben Lebens willen festzuhalten, während man vom Kurs abgetrieben wurde, und man mußte den Sturm abwarten, bis man wieder sehen konnte, wo man war.

Als der Kompaß in Gebrauch kam, konnte der wissenschaftliche Verstand sofort sehen, daß es eine nützliche Erfindung war. Aber die ersten Kapitäne, die versuchten, ihn an Bord zu nehmen, erfuhren eine merkwürdige Reaktion von ihren Mannschaften: »Er ist mit dem Teufel im Bunde! Unser Kapitän arbeitet mit den dunklen Mächten!« Sie wußten nichts über Magnetismus, eine der niedersten Kräfte des ECK Stromes, und so konnten sie nicht verstehen, was die Nadel drehte. Die Kapitäne begannen, den Kompaß zu verbergen, wenn sie ihn an Bord brachten. Sie konnten jetzt viel besser navigieren und feststellen, wo Norden, Süden, Osten und Westen war — aber sie ließen sich nicht gern damit erwischen.

Die elektrische Kraft ist eine weitere niedere Manifestation des ECK, die wir nutzbar gemacht haben, so daß sie die Lichter leuchten läßt. Sie läßt Mikrofone arbeiten, so daß ich noch auf den hintersten Sitzen gehört werde. Wir nehmen unser Licht, unsere Wärme und Klimaanlage für selbstverständlich — solange bis etwas geschieht und uns diese Annehmlichkeiten nimmt.

Im November hatten wir ein ECK-Seminar in Hawaii. Gerade als wir abflogen, kam ein Hurrikan. Einer der ECKisten und seine Frau waren zu einem Urlaub auf den

Inseln geblieben, aber volle neun Tage lang gab es keine Sonne. Es war wirklich enttäuschend für sie, denn sie waren nach Wochen sehr sorgfältiger Planung den ganzen Weg von Connecticut gekommen. Es war alles ideal, nur die Sonne wollte nicht scheinen. Sie verbrachten sogar einen Tag am Strand unter bewölktem Himmel und hofften auch durch die Wolken hindurch braun zu werden.

Eines Nachts ging während des Sturms das Licht aus — die ganze Gegend lag vollständig im Dunkeln. Seit diesem Moment nehmen sie die Elektrizität nicht mehr für selbstverständlich. Der Wind blies so stark, daß sie sich vorwärts lehnen mußten, um überhaupt stehen zu können. Es war so dunkel, daß sie, wenn sie das Hotel verließen, die Eingangstür nicht wiederfinden konnten. Sie erlebten alle möglichen interessanten Situationen.

Falsch benutztes Wissen

Elektrizität war für den Menschen lange Zeit ein Rätsel. Er sah, daß Blitze vom Himmel kamen, aber er wußte nicht, was sie hervorrief. Er konnte nur ihre Wirkungen beobachten — brennende Bäume und Flächen — und versuchen, sich selbst und seine Familie zu schützen, indem er wegrannte und sich verbarg. Diese Kraft der Elektrizität, die aus den Wolken kam, wurde als eine Manifestation der Götter betrachtet, und schließlich wurden ganze Kulte darum aufgebaut. Diejenigen, die vorgaben, dieses Licht zu kennen und zu verstehen, wurden die Priester.

Menschen, die die Sonnenfinsternis verstanden, waren in einer noch besseren Lage, denn wenn sie vorhersagen konnten, wann sie kommen würde, hatten sie Macht über die Menschen. »Ihr seid böse gewesen«, sagten sie dann. »Die Gottheiten sind zornig über euch, und wenn ihr mir nicht alle eure Reichtümer gebt, wird die Sonne sich vollständig verfinstern.« Und wenn es dunkler und dunkler wurde, dann wußten sie, daß Eile geboten war und so sagten sie zu allen: »Beeilt euch, beeilt euch! Bringt eure Sachen hierher!« Bald danach konnten sie dann den Menschen sagen: »In Ordnung, ihr habt es gut gemacht. Die Götter sind versöhnt; jetzt kann die Sonne wieder scheinen.« Und die Menschen waren so dankbar. Dies ist ein Beispiel von ein wenig Wissen, das falsch genutzt wurde.

Die Wahrheit ist einfach. Sie ist so einfach wie der Gang nach innen mit Hilfe der Spirituellen Übungen von ECK. Ich kann Sie nicht in die himmlischen Welten mitnehmen, wenn Sie sich dahinschleppen und nicht gehen wollen. Ich würde es nicht versuchen. Keiner, der nur ein bißchen Spiritualität hat, würde jemals versuchen, einen anderen in einen höheren Bewußtseinszustand hineinzuzerren.

Das Unterscheidungsvermögen benutzen

Ich sprach heute mit einer Frau, die mir erzählte, daß sie eine alleinerziehende Mutter ist. Sie muß arbeiten, und gleichzeitig versuchen, ihre beiden Töchter großzuziehen, und sie hatte es sehr schwer. Kürzlich kam eine ihrer Freundinnen zu ihr, eine Frau, die sie respektierte, und die es etwas einfacher hatte, und sagte: »Du machst alles falsch in deinem Leben. Du bist zu zerstreut. Du bist einfach überall.« Die Frau sagte, sie sei ganz am Boden zerstört gewesen. Sie fragte sich, ob sie ein völliger Versager sei. Ich mußte ihr erklären, daß die Menschen, die uns den schlimmsten Schaden zufügen können, manchmal diejenigen sind, die uns am liebsten sind, weil unser Herz ihnen offensteht.

Wir müssen unser Unterscheidungsvermögen

benutzen und sicherstellen, daß die Menschen, denen wir nahestehen, wirklich an uns interessiert sind und nicht nur an sich selbst. Ich sagte: »Diese Frau hat etwas über dich gesagt, was gar nicht wahr ist. Deine Verhältnisse sind völlig anders. Du machst es sehr gut mit dem, was du leisten mußt. Die andere Frau ist frustriert. Ihre Ehe sieht vielleicht glücklich aus, aber sie ist schrecklich gelangweilt, und sie ärgert sich darüber. Deshalb beginnt sie, dir Ratschläge zu geben.«

Man sagt, daß ein Mensch, der unerbetene Ratschläge erteilt, tatsächlich dem anderen mitteilt: »Du bist nicht klug genug, um zu wissen, wie du dein Leben führen sollst.« Und was für eine Art von Eitelkeit ist das? Es gilt, ganz gleich ob wir von dem persönlichen oder spirituellen Leben eines anderen sprechen.

Spirituell auf eigenen Füßen stehen

Die ECK-Meister befürworten religiöse Freiheit für den einzelnen, so daß Sie die Wahl treffen und für sich entscheiden können: Ist dieser Weg richtig für mich? Ich kann Ihnen die Wegweiser zeigen. Ich werde Ihnen sagen, daß Sie in ECK das Licht und den Ton Gottes finden. Und wenn Sie Es nach einer angemessenen Zeit nicht finden, dann schauen Sie woanders — es ist dann einfach noch nicht Zeit, Sie sind noch nicht bereit dafür. Und wenn Sie Es finden, soll es Ihnen im täglichen Leben helfen, so daß Sie harmonisch, in Zusammenarbeit mit allem Leben, leben können und nicht das Gefühl haben, Sie müßten einen Gott suchen, der alles für Sie tut. Auf diese Weise werden Sie nie Selbstmeisterschaft erlangen. Wenn ich Ihnen gestatten würde, auszuruhen und sich auf meine Person zu verlassen, oder wenn irgendein Lehrer Ihnen erlaubt, sich auf ihn zu stützen, dann leistet er Ihnen einen schlechten Dienst, denn Sie lernen nicht, auf eigenen Füßen zu stehen.

Wir wurden mit Vorstellungen von einem Gott gefüttert, der uns heilt, ganz gleich, was wir falsch machen. Manche Menschen denken, sie brauchten nur zu bitten. Sie glauben, sie könnten anderen einen Rat geben, der vielleicht deren Leben zerstört, und wenn sie sagen: »Gott, bitte vergib mir«, wird das alles vergessen sein. Leider kennen diese Menschen das spirituelle Gesetz nicht. Der heilige Paulus sagte: »Was ein Mensch sät, das soll er auch ernten.« Und genau das bedeutet es. Man kann sich selbst zum Narren halten. Ein Mensch kann sich falsch ernähren, bis es seine Gesundheit beeinträchtigt, und dann argumentieren, er werde immer einen Arzt finden, der sich um ihn kümmert. Oder er kann Gott um eine Heilung bitten. Und wenn das nicht funktioniert, denkt er: »Gott hat mich nicht geheilt; deshalb kann der Gott dieses Glaubens nicht richtig sein.« In Wirklichkeit hat er eine Schuld gegenüber dem Heiligen Geist auf sich geladen; er muß sie selbst zurückzahlen. Niemand außer ihm selbst kann ihm helfen.

ECK ist der Weg, der uns verstehen läßt, wie wir unser eigenes Leben besser leben können, in voller Bewußtheit. Wir können unseren Platz unter denen einnehmen, die wach sind und ein verantwortliches Leben führen. Sobald wir dieses verantwortliche Leben führen können, haben wir mit Schuld nichts mehr zu tun. Die Schuld, die die Priesterschaft oder wohlmeinende Freunde oder Nachbarn, die mit ihrer eigenen Lage unzufrieden sind, uns auferlegen, bindet und kettet uns nicht mehr. Da wir das verstehen, können wir auch Mitgefühl haben. Wenn jemand hartnäckig ist, sagen wir einfach: »Ich möchte deine Hilfe nicht. Kannst du das nicht verstehen?« Wenn er das nicht kann, dann entziehen wir uns ihm schrittweise und finden einen anderen Freund, der zu unserem Bewußtseinszustand paßt. Niemand hat das Recht, uns unglücklich zu machen, wenn wir es nicht selbst zulassen.

Als Abraham Lincoln seine Ansprache in Gettysburg bei der Einweihung des nationalen Friedhofs für die im Bürgerkrieg gefallenen Soldaten hielt, war noch ein anderer Sprecher auf dem Programm. Dieser andere Mann war Edward Everett, der Kandidat für das Amt des Vizepräsidenten der Vereinigten Staaten gewesen war. Er war ein bekannter Redner und ein glänzender Sprecher, der ganze sechs Wochen vor dem Ereignis darum gebeten worden war, eine Rede zu halten. Er sollte der Hauptsprecher sein, und es war eigentlich nur ein Nebengedanke, als jemand sagte: »Wißt ihr, wir sollten vielleicht auch Präsident Lincoln bitten zu kommen, denn das ist ja ein nationales Ereignis.«

Ein Mitglied der für dieses Ereignis in Gettysburg beauftragten Kommission hatte seine Zweifel. Er sagte: »Glaubt ihr, er wird in der Lage sein, eine Rede zu halten, die zu dieser Gelegenheit paßt?« Lincoln hatte eine grobe Sprache; sie fanden, er könne nicht ausgefeilt genug reden. Tatsächlich sah es auch nicht so aus, als würde er beim nächsten Mal wiedergewählt werden. Das Bild war nicht so rosig, wie es für uns heute aussieht. Der Mann, der sich für die Freiheit und gegen Sklaverei einsetzte, war nicht auf dem Wege, wiedergewählt zu werden.

Schließlich beschlossen sie, ihn einzuladen. Der andere Mann, Edward Everett, hielt die erste Rede. Sie dauerte zwei volle Stunden, und als er fertig war, spendeten alle Beifall.

Lincoln war der nächste. Er hielt die Rede, die als die Gettysburger Ansprache bekannt geworden ist. Er betonte, daß die Vorväter unseres Landes sich aufgemacht hatten, um Freiheit zu verwirklichen — politisch und religiös, und daß diese Arbeit erst zur Hälfte getan sei, und daß wir jetzt in der Mitte eines Kampfes stünden, diese Freiheit wiederzugewinnen und aufrechtzuerhalten. Nach seiner Rede hatte er das Gefühl, er habe versagt und seine Rede sei zu einfach gewesen. Er sagte: »Ich hätte mehr auf die Männer eingehen sollen, die ihr Leben für die Freiheit gaben.« Dies wurde jedoch eine der berühmtesten Ansprachen in Amerika — eine Eingebung, ein Berg, ein Baumwipfel für viele Menschen, um sich spirituell danach auszurichten. Es war ein Schritt.

Als einzelne haben wir diesen Bürgerkrieg zwischen den positiven und den negativen Mächten in uns. Das geschieht, wenn der Heilige Geist mit uns und unserem Bewußtseinszustand in Verbindung tritt. Er wird eindringen und versuchen, die Starrheit des Verstandes aufzubrechen, die Starrheit, die entsteht, wenn wir älter werden und uns in unseren Gewohnheiten festfahren. Der Heilige Geist strömt ein, um dies aufzubrechen, so daß wir wieder das junge Bewußtsein eines Kindes erfahren können — denn wenn wir nicht wie die Kinder werden, können wir nicht in das himmlische Königreich eintreten. Das ist es, was der Heilige Geist zu tun versucht. Wir haben unseren eigenen Bürgerkrieg, der in uns stattfindet, und daran ist überhaupt nichts Schlechtes; es ist ein notwendiger Kampf, bei dem die ECK-Meister dem Wahrheitssucher helfen, gegen sein eigenes negatives Wesen zu Felde zu ziehen, um ihm die reinen positiven Gottwelten von ECK zu zeigen.

Ich möchte Ihnen danken, daß Sie gekommen sind. Es möge Segen sein.

Regionales Seminar, Seattle, Washington
22. Januar 1983

14

Das Licht Gottes

Ich ging gestern in den Kinderraum. Sie saßen alle sehr artig auf Stühlen in einem schönen Kreis. Ich war neugierig und so fragte ich: »Wie kommt es, daß ihr so dasitzt? Hat jemand euch gesagt, ihr sollt euch so hinsetzen?« Sie sagten: »Nein, wir haben uns irgendwie so hingesetzt.«

Eine junge Dame sagte mir, sie wollten am Sonntag im Hauptsaal ein Lied singen. Ich fragte sie, ob sie »Swingin' on a Star« singen würden. Ich habe das immer gerne gehabt; es hat etwas Helles, Glückliches, und das spiegelt das spirituelle Leben wider. Es sollte hell und glücklich sein, nicht finster, trostlos, trübe und voll düsterer Vorahnung. Eines der Kinder sagte, es sei ein bißchen hoch für ihre Stimmlage — ihre Stimme könnte umschlagen. Aber sie sagten, sie wollten es tun, und heute morgen sind sie gekommen und haben es für uns aufgeführt. Es ist interessant, wie Kinder wachsen und etwas Neues probieren wollen, gerade so wie die Erwachsenen.

Der Blaue Stern

Der Stern erscheint in ECKANKAR. Es ist der Blaue Stern, den der ECKist sehr oft sieht, wenn er die

Spirituellen Übungen von ECK ausführt. Sie gehen in den kontemplativen Zustand — schließen Ihre Augen und schauen sehr sanft auf den Punkt des Dritten Auges, des Spirituellen Auges. Singen Sie einen der Namen Gottes wie das HU, so wie wir es vor einigen Minuten getan haben. Einige sehen den Blauen Stern und andere nicht. Ich kann nicht behaupten, daß jeder ihn sehen wird — aber dies ist eines der Zeichen, daß der Innere Meister in Ihr Leben eintritt.

Das Licht von ECK

Ich sprach gestern abend mit einigen Freunden, und einer erzählte mir von einer Erfahrung, die sein Vater im Zweiten Weltkrieg hatte. Er war auf einem Handelsschiff auf dem Wege von England nach New York. Weil Krieg herrschte, war der Kapitän im Zickzack gefahren; aber als er achtzig Meilen von New York entfernt war, beschloß er, den direkten Weg zu nehmen, weil sie schon so nahe am Ziel waren. Und gerade um diese Zeit kam ein U-Boot vorbei und torpedierte das Schiff. Sein Vater landete in einem Rettungsboot mit einer Reihe anderer Leute.

Sie waren fast zwei Wochen lang auf dem Wasser, und es war eine sehr schwierige Zeit. Eines Tages schlief sein Vater ein, und bevor er wußte, was geschah, schwebte er in einem höheren Bewußtseinszustand über dem Rettungsboot. Er fand sich in goldenes Licht getaucht, das ihn wie ein Mantel umgab. Er hatte noch nie von irgend etwas Ähnlichem gehört; er wußte nichts von dem Licht von ECK. Mit einem unglaublichen Gefühl des Friedens, der Zufriedenheit und Harmonie beobachtete er die Menschen im Boot. Er machte sich keine Sorgen darüber, daß er es vielleicht nicht mehr zurück zu den Vereinigten Staaten schaffen würde; er nahm einfach das, was geschah, mit vollem Vertrauen an. An diesem Punkt, so sagte er, wußte er, was der Satz: »Gott ist Liebe« bedeutet.

Er war nur allzu bereit gewesen, in diesem hohen Bewußtseinszustand zu bleiben und einfach in die anderen Welten zu gehen, denn es war eine sehr glückliche und warme Erfahrung. Im Rettungsboot war es sehr kalt, und hier hatte er es sehr warm. Aber plötzlich hörte er eine feste Stimme: »Geh zurück.« Er wollte widersprechen, aber er wußte, daß es keinen Zweck hatte; seine Bestimmung hier auf der Erde war noch nicht erfüllt. Und so kehrte er in seinen Körper zurück, um ein aktiver Mensch im Leben zu werden, der Hindernissen und Herausforderungen mit Kreativität begegnet.

Vierzig Jahre lang behielt er diese Erfahrung für sich, bis vor kurzem, als er sie seinem Sohn erzählte. Er hatte niemals mit anderen Menschen darüber gesprochen, weil er glaubte, sie würden es nicht verstehen. Er sagte, andere hätten ihn ausgelacht und gedacht: »Der arme Kerl ist total weg.« Man kann niemand erzählen, wie es ist, das Licht und den Ton Gottes zu erfahren. Es ist nicht möglich. Er beschrieb es seinem Sohn als ein wirkliches Baden in dem strömenden Licht, das ihn umgab, während er auf das Rettungsboot herabsah und seine schlafende physische Form beobachtete. In diesem Augenblick hatte er die wirkliche Erfahrung des Lichtes Gottes.

Dies ist ein Beispiel von jemand außerhalb von ECKANKAR, der Erfahrung mit Licht und Ton hatte. Aber was bringt es Ihnen, nachdem Sie die Erfahrung gehabt haben? Was ist der Unterschied zwischen einem ECKisten, der sie in bewußter Weise manchmal während seiner Entfaltung hat, und einem Menschen, der sie ungerufen bekommt, wenn er nicht einmal weiß, daß es so etwas gibt? Was es für diesen Menschen bewirkte, war, ihm die Angst vor dem Tod, die Furcht vor dem Sterben zu nehmen; daher nahm es ihm auch die Lebensangst. Er konnte im Leben weiterschreiten und die nützlichen Dinge tun, die notwendig waren, um seine Bestimmung zu erfüllen.

Es gibt immer einen Ausweg

Als ich heute morgen unten war und ein Buch signierte, kam ich mit einer Frau ins Gespräch, und das führte dazu, daß ich das Wort *spirituell* zweimal schrieb. Ich fing an zu schreiben: »Mit spiritueller Liebe«, und dann während wir uns unterhielten, schrieb ich noch einmal »spirituell«. An diesem Punkt stellte sich die Frage: Wie kommen wir jetzt da heraus? So signierte ich: »Mit spiritueller Liebe, spirituell Dein« — und zeigte ihr, daß es immer einen Ausweg gibt. Ganz gleich was geschieht, ganz gleich was wir tun, es gibt immer einen Ausweg.

Es ist interessant, wie sich die Sprache entwickelt hat. Latein, an dem die meisten von uns wirklich kein Interesse haben, war die Sprache, die einige Jahrhunderte lang die christliche Kirche zusammenhielt. Wir meinen vielleicht, daß es nur eine einzige Version des Lateinischen war, die in all den verschiedenen Ländern und Kulturen den gemeinsamen Nenner für die katholische Kirche darstellte, aber es ist heute nicht allgemein bekannt, daß es auch in dieser Sprache Verfälschungen gab. Es kam so weit, daß die Kirchenmänner, wenn sie in Europa von Land zu Land reisten, sich nicht mehr miteinander verständigen konnten. Früher einmal war ihre Sprache einheitlich gewesen, aber schließlich konnten beispielsweise die Franzosen und die Italiener einander nicht mehr verstehen. Die physische Sprache hatte sich ganz ähnlich entwickelt wie beim Turm von Babel.

Unser Streben nach Glück

Es gibt auch eine natürliche Abschwächung oder Trübung des spirituellen Lichtes. In jedem Ereignis, auch innerhalb von uns selbst, im Rahmen unserer spirituellen Entwicklung, haben wir tatsächlich vier Stadien: das Goldene Zeitalter; das Silberne Zeitalter; das Bronzene oder Kupferne Zeitalter; und dann kommen wir zum Eisernen Zeitalter, und darin leben wir jetzt.

Das Goldene Zeitalter hat eine Entsprechung auf der physischen Ebene, die in alten Zeiten, vor der schriftlichen Überlieferung, auf anderen Kontinenten stattfand. Aber das eigentliche Goldene Zeitalter herrschte, bevor die Seele in die niederen Welten kam, und daran erinnern wir uns undeutlich, unbewußt in unserem Inneren, wenn wir hier nach Glück suchen. Unsere Suche nach Glück ist eigentlich die Suche nach Gott; es ist die Suche nach diesem Goldenen Zeitalter, als die Seele in den hohen Welten des Heiligen Geistes und den hohen Welten Gottes weilte.

Die Entfaltung der Seele

Es gab eine Zeit, bevor diese niederen Welten erschaffen wurden, da lebte die Seele in den Himmeln. Es ist schwierig, sich im Himmel so etwas wie eine selbstsüchtige, nicht wachsende Seele vorzustellen; aber es ist interessant, daß Sie niemand und nichts dienen wollte, außer Sich Selbst. Und deshalb sandte Gott die Seele in die niederen Welten hinab, die speziell für Ihre Erfahrung geschaffen worden waren. Die Mühen und Schwierigkeiten, sogar das Glück und die Freude — das volle Spektrum der Erfahrungen, die wir durch die fünf Sinne und jenseits davon kennen — sind da für die Entfaltung der

Seele, damit Sie eines Tages ein Mitarbeiter Gottes werden kann. Das ist der einzige Sinn des Ganzen.

Wenn Menschen fragen: »Was ist meine Aufgabe im Leben?« ist es sehr leicht zu antworten: »ein Mitarbeiter Gottes zu werden.« Aber das klingt so einfach, daß sie oft davongehen werden und die Frage immer noch in sich tragen. Sie suchen nach einer aufregenderen Antwort, wie zum Beispiel: »um ein großer Herrscher zu werden, vielleicht von einem Weltreich von ECKANKAR oder dergleichen.« Sie möchten bescheiden anfangen — ganz oben.

Eine andere Reaktion auf diese einfache Antwort ist: »Oh, ein Mitarbeiter Gottes. Na sowas.« Es klingt für sie nicht besonders verlockend, denn sie vergleichen es mit jenen Tagen, in denen sie sehr steif am Sonntag auf einer Kirchenbank saßen. Sie hörten dann jemand eine Weile lang reden und sangen ein paar Kirchenlieder — was für viele Menschen gut ist, aber andere wachsen darüber hinaus. Sie befürchten, ein Mitarbeiter Gottes zu sein bedeutet, Flügel zu haben und irgendwo herumzuflattern. Diese Vorstellung vom Himmel ist vermutlich eine Erinnerung an das Goldene Zeitalter, bevor die Seele nützlich wurde, bevor Gott sagte: »Du brauchst Erfahrung, damit du ein Mitarbeiter werden kannst.« Wir werden nicht eins mit Gott. Wir gehen nicht in Gott auf und verlieren auf ewig unsere Identität.

Sich dem Heiligen Geist hingeben

Thomas Merton, der christliche Mystiker, wurde zu der Einsicht gebracht, daß Gott uns über den Bereich der Gedanken hinaus in die reinen spirituellen Seinswelten führen will. Das ist es, was in den spirituellen Welten geschieht — wir lassen den Verstand fallen. Wenn ich davon spreche, den Verstand fallenzulassen, so meine ich das in bezug auf spirituelle Dinge. Es heißt nicht, daß Sie nicht mehr in die Volkshochschule gehen und einen Kurs über den Aufbau von Computern belegen sollen, weil Sie denken, darum wird der Heilige Geist sich schon kümmern. Wenn Sie sich um einen Job bemühen, werden Sie gewöhnlich gefragt: »Was haben Sie für Qualifikationen?« Sollten Sie versuchen zu sagen: »Nun, darum kümmert sich schon der Heilige Geist«, dann werden Sie bald feststellen, daß der Heilige Geist sich darum etwas besser kümmern wird, wenn Sie sich Ausbildung und Erfahrung angeeignet haben.

Wenn ich davon spreche, sich dem Inneren Meister, dem Heiligen Geist oder dem ECK hinzugeben, dann spreche ich von spiritueller Hingabe: die Probleme, Sorgen, Ängste und Kummer dem Inneren Meister zu übergeben und zu lernen, wie man sich hier im täglichen Leben um seine Sachen kümmert. Wenn dann irgendwelche Schwierigkeiten auftauchen, bekommen wir die spirituelle Einsicht oder sogar spirituelle Hilfe, um hindurchzukommen.

Mehr und mehr blicken wir auf den Heiligen Geist, aber mehr und mehr tun wir es selbst. Je mehr wir uns mühen, desto mehr Stabilität finden wir im Heiligen Geist und desto weniger bedeuten uns materielle Dinge — obwohl wir uns vielleicht immer noch an ihnen erfreuen. Es ist schließlich nichts Schlechtes dabei, wenn man im Schneesturm einen schönen, schweren Mantel hat.

Wir wollen keine Askese üben: Das ist nicht im Gleichgewicht. Buddha sprach davon. Er war als reicher junger Mann ins Leben gegangen, vor dem Anblick von Armut und Sorge beschützt, und als er in die Welt hinausging, sagte er: »Jetzt muß ich betteln und arm werden.« Er versuchte es mit Fasten, und das ging nicht so sehr gut.

Das einzige, was dabei herauskam, war ein Körper aus Haut und Knochen. Nach einiger Zeit sagte er, es muß einen Weg geben, ein gut ausgeglichenes Leben zu führen. Es muß einen mittleren Weg geben.

Im spirituellen Leben versuchen wir das Gleichgewicht zu finden, damit wir, wenn wir Gott erfahren und das Licht sehen — ob es nun das Blaue Licht oder etwas anderes ist — in der Lage sind weiterzugehen. Wir werden uns nicht krampfhaft fragen: »Werde ich Es je wiedersehen?« Wenn die Zeit reif ist, wird es geschehen. Andere werden den Ton hören. Dies sind die zwei Aspekte Gottes, von denen die ECKisten, und sogar jene, die äußerlich nicht in ECKANKAR sind, etwas zu lernen beginnen, und die sie in ihrem täglichen Leben erfahren.

Kontakt mit der Stimme Gottes

Ich habe die Biographie von Carl Jung, dem Psychologen, nicht gelesen, aber jemand erwähnte ihn neulich. In seiner Jugend sah Jung das Blaue Licht von ECK, während er Anfälle von Husten und Schmerz hatte. Er wußte nicht, was das war, aber jedesmal, wenn der Husten so schlimm wurde, daß er es nicht mehr aushalten konnte, erschien dieses Blaue Licht, und wenn er es ansah, traten an die Stelle der Schmerzen Zufriedenheit und Friede.

Wir stellen fest, daß jeder, der in dieser Welt seine Spur in positiver Weise hinterlassen hat, mit der Stimme Gottes — die als Licht oder Ton erscheinen kann — Kontakt hatte, manchmal bewußt, manchmal auch nicht. Edison, Ford und andere hatten die Fähigkeit, in ihrem Bewußtsein auf eine höhere Stufe zu gehen. Sie konnten eines der Museen besuchen, die wir in ECKANKAR sehr gut kennen — das Astralmuseum. Es gibt auf der Astralebene auch eine Bibliothek, die viele Schriftsteller dieser Erde im Traumzustand besuchen.

Spirituelle Gesetze und Gesetze der Ernährung

Ich habe heute morgen einen Frosch im Hals, und das scheint dann zu passieren, wenn ich eine Menge Brot gegessen habe. Als wir gestern abend auf unser Essen warteten, war die Bedienung ein wenig langsam. Jemand an unserem Tisch bat um etwas mehr Brot. Ich weiß, ich hätte dem widerstehen sollen, aber ich hatte seit Donnerstag nichts mehr gegessen. Ich kann normalerweise an einem Seminar besser arbeiten, wenn ich nicht zuviel esse. Am Freitag hatte ich nur ein bißchen Wasser getrunken und ständig gearbeitet, und am Samstag war dann der Zeitplan so voll, daß ich nur dazu kam, eine Handvoll Trauben zu essen. Und als dann am Abend jemand erwähnte, in der Nähe sei ein griechisches Restaurant, dachte ich, das klingt gut. Als wir dorthin kamen, war viel Betrieb, und nachdem wir bestellt hatten, begannen wir Brot zu essen. Wir warteten und warteten. Wir fragten uns wirklich schon, ob wir nur unser Brot bezahlen und dann gehen müßten, um für den Abendvortrag zurückzusein. Aber man wartet immer noch eine Minute länger. So saßen wir einfach da und aßen Brot — und taten das wirklich mit Vergnügen.

Auch ich habe meine Gesetze, und niemand anders erlegt sie mir auf. Es gibt Ernährungsgesetze und spirituelle Gesetze. Wenn wir uns entfalten, dann kommen wir oft sehr schnell in einen anderen Bewußtseinszustand — und ich meine damit in zwei, drei oder vier Jahren. Das ist schnell, wenn man bedenkt, daß viele Menschen, die dieses Leben auf anderen Wegen verbringen, fast ihr ganzes Leben lang in jenem Bewußtseinszustand bleiben. Das tun wir nicht; wir schreiten sehr schnell vorwärts.

Jedesmal, wenn Sie in einen anderen Bewußtseinszustand fortschreiten, können sich ihre Ernährungsgesetze ändern. Dann fangen Sie an, mit Diät und Vitaminen herumzuspielen. Wenn Sie schließlich nicht mehr weiterwissen, kann es sein, daß Sie zu einem Ernährungsfachmann gehen. Warum? Weil Sie durch verschiedene Bewußtseinszustände hindurchgehen und Ihr Körper dem Gesetz gehorcht. Wie oben, so unten. Wenn Sie in Ihrem Bewußtseinszustand wachsen oder wenn Sie sich einer weiteren Initiation nähern, ändern sich die Dinge, und Sie fragen sich, was da geschieht. Es ändert sich einfach Ihr Bewußtseinszustand. Auch Ihr Wort, Ihr geheimes Wort, wird vielleicht nicht mehr funktionieren, und Sie müssen darum bitten, ein neues zu finden.

Es gibt viele Organisationen, wie beispielsweise die Freimaurer, die sehr gut sind, weil sie den Menschen einen Kurs der spirituellen Ausbildung auf einer bestimmten Stufe bieten, wo sie die Grundlagen lernen können. Aber es kommt die Zeit, wo man sein Abschlußexamen ablegt und einen Schritt weiter geht. Wenn das geschieht, ändern sich die Dinge im äußeren Leben — einschließlich unserer Gesundheit — und dann müssen wir damit Schritt halten. Auch ich muß das. Manchmal muß ich mich damit wirklich herumschlagen, denn ich habe keine Zeit, mich hinzusetzen und zu studieren, was in der Ernährung am besten ist. So, wie Moden sich ändern, gibt es auch immer eine bestimmte Nahrung, von der alle Welt einfach weiß, daß sie der Schlüssel zu ewiger Jugend ist.

Der einzige Schlüssel zur ewigen Jugend, den ich Ihnen geben kann, ist ein spiritueller. Die Tabletten, die ich Ihnen geben kann, sind nicht solche, die alle Mineralien enthalten, die Sie brauchen, noch sind sie wie die beiden

Tafeln, auf denen die Zehn Gebote geschrieben sind. Alles, was ich Ihnen geben kann, sind die Spirituellen Übungen von ECK. Ich möchte hier auf keine spirituelle Übung eingehen — man findet sie in den ECK-Büchern, wie in dem Buch *ECKANKAR — der Schlüssel zu geheimen Welten*.

Der Innere und der Äußere Meister

Vor vielen Jahren besuchte ich in der Kirche einen Gottesdienst, in dem wir alle nach vorn kommen und erklären sollten, unser Leben gehöre Jesus. Ich aber war über dieses Stadium hinaus. Wie ich in *The Wind of Change* [Der Wind der Veränderung] erwähnt habe, war meine Wirtin entschlossen, mich zu retten. Sie wartete auf mich, als ich an diesem Tag nach Hause kam: »Machen Sie schnell! Wenn Sie sich beeilen, können Sie heute abend mit mir in die Kirche gehen.« Sie war ein guter Mensch, und ich hatte sie wirklich gern, und deshalb kam ich mit, als sie mich darum bat. Ihr Mann und ihre Kinder hatten wirklich nicht allzuviel für die Kirche übrig, und anscheinend sah ich so aus, als ob ich die Rettung ebenso nötig hätte wie irgend jemand sonst.

Der Pfarrer blickte mich direkt an, als wir uns in die erste Bank setzten. Ich nehme an, sie hatte ihm gesagt: »Ich bringe jemand mit!« Ich war direkt nach einer Doppelschicht von der Druckerei gekommen und hatte noch meine Arbeitskleidung an, aber sie waren bereit, mir das zu verzeihen.

Während also der Pfarrer mich ansah, rief er: »Seid Ihr gerettet?« Ich dachte bei mir: »Mehr, als du dir vorstellen kannst« — denn ich hatte das Licht und den Ton. Ich brauchte ihn nicht, damit er mir irgend etwas sagte. Aber andere brauchten ihn, und für sie war es gut. Meine

Wirtin sagte: »Wollen Sie aufstehen und gerettet werden?« Als sie begann, mich etwas zu sehr unter Druck zu setzen, sagte ich leise, so daß nur sie es hören konnte: »Aber Jesus kommt nicht.« Das sollte sie nicht verletzen, aber sie war in meinem Freiraum. Sie ließ mich dann in Ruhe.

Im Jahre 1527 wanderte der ECK-Meister Rebazar Tarzs im Himalajagebirge, und er hörte das Orakel von Tirmer. Das ist die Stimme der Prophezeiung, die vor vielen Jahren aktiv war, aber heute meist nicht mehr gebraucht wird. Die Stimme kam von den Bergen herab und rief: »Christus ist tot.« Gerade zu dieser Zeit begannen die Truppen Karls V., Kaiser des Heiligen Römischen Reiches, den Papst anzugreifen. Als Rebazar Tarzs die Feststellung »Christus ist tot« hörte, bedeutete das einfach, daß die Macht der Katholischen Kirche zu dieser Zeit zerbrochen war; das spirituelle Licht war erloschen. Zur gleichen Zeit begann die Reformation — 1517 schlug Martin Luther seine fünfundneunzig Thesen an die Tür der Schloßkirche zu Wittenberg; 1529 brach Heinrich VIII. mit der Katholischen Kirche und gründete die Kirche von England; und es kamen die Reformen von Calvin und Zwingli. Eine große Veränderung geschah.

Eine Kirche kann weiterbestehen, aber es ist ein lebender Meister nötig, um die Dinge im Physischen in Ordnung zu halten und die Menschen zum Inneren Meister zu führen. Beides ist nötig, der Innere und der Äußere Meister, und ein Buch kann das nicht leisten.

Wir lesen die ECK-Bibel, *Das Shariyat-Ki-Sugmad*, und die anderen ECK-Bücher, um uns zu informieren. Wir benutzen und prüfen diese Information mit Hilfe der spirituellen Übungen oder der kontemplativen Techniken. Wir erhalten die Information, aber dann erhalten wir auch den praktischen Maßstab, der zugleich damit kommt:

Ist dies wahr? Versuchen Sie es. Probieren Sie es selbst aus. Wenn es bei Ihnen funktioniert, großartig; und wenn es nicht geht, dann schauen Sie sich nach einem anderen Weg um, der für Sie paßt. Es gibt keinen Grund, an irgendeinem festzuhalten.

Überleben jenseits des physischen Körpers

Ich gehe in verschiedene Naturkostläden, kaufe ein wenig hier und ein wenig da, und verbringe die Zeit des Tages mit den Menschen, die ich dort treffe. Ich dränge ihnen ECK nicht auf und erwähne es normalerweise nicht einmal. Aber der Besitzer eines dieser Läden erzählte mir die folgende Geschichte:

Im Jahre 1972 war er auf eines der ECK-Bücher gestoßen *In meiner Seele bin ich frei*, und er hatte sich entschlossen, die Technik »des leichten Weges« zu probieren, eine spirituelle Übung, die in dem Buch angegeben wird. Und tatsächlich fand er sich in einem höheren Bewußtseinszustand. Zu seinem Schutz hatte er gebeten, daß einige ECK-Meister bereit stünden, um seine Sicherheit zu gewährleisten, und da er sich mit Karate befaßte, stellte er sich diese Wächter als groß, kahlköpfig, stark und muskulös vor. Er befand sich bald darauf in jenem Bewußtseinszustand, in dem er sehen konnte, wie sein physischer Körper dalag und schlief. Dies gab ihm ein Gefühl des Friedens und der Zufriedenheit und das Wissen, daß die Seele jenseits des physischen Körpers existiert. Aber dann nach einer Weile begann er ein wenig ängstlich zu werden. Obwohl er diese beiden starken Kerle sah und wußte, daß sie sich um ihn kümmern würden, wurde er doch ein wenig nervös, denn so sind wir nun einmal. Wir sagen, wir würden alles tun, um jenen höheren Bewußtseinszustand zu erreichen, und wenn wir ihn dann erreichen, sagen wir: »Das reicht für den Augenblick, danke.«

Er nahm das Buch fast zwölf Jahre lang nicht mehr in die Hand. Während wir sprachen, sagte ich ihm, daß es so viele Menschen gibt, sogar auf dem Weg von ECK, die sagen würden: »Ich täte alles für diese Erfahrung. Wenn ich das richtige Vertrauen haben könnte, daß ich noch lebe, nachdem dieser physische Körper beim Tod oder beim Hinübergehen fallengelassen wurde, wäre ich der glücklichste Mensch. Ich würde mein ganzes Leben dem ECK widmen, und dann könntest Du, Herr, bestimmen, wo es hingeht.«

Und Sie wissen, wie das ist — Versprechen sind einfach und billig. Wenn die Erfahrung ungefähr ein Jahr zurückliegt, wenn das Leben uns in einen höheren Entfaltungszustand bringt und die Dinge sich ein wenig beschleunigen, werden einige eben dieser Menschen sagen: »Ich kann das nicht mehr aushalten. Dies muß die Dunkle Nacht der Seele sein, von der der heilige Johannes vom Kreuz sprach.« Alles geht plötzlich zu schnell, und sie vergessen, wie begeistert sie einst waren. Mit dem Verstand ist es eine komische Angelegenheit — er vergißt. Und deshalb brauchen wir die Möglichkeit, wieder und wieder zur Quelle, zum inneren Tempel, zurückzugehen.

Ich kann Ihnen Geschichten von Menschen erzählen, die die ECK-Meister vor 1965 getroffen haben. Sie können von Menschen lesen, die diesen Bewußtseinszustand außerhalb des Physischen hatten. Aber das beste, was irgend jemand tun kann, ist, Ihnen zu zeigen, wie Sie selbst dort hingelangen können; mit Ihnen im Äußeren mit Hilfe der ECK-Bücher und der ECK-Kurse zu arbeiten, so daß Sie den Sprung auf die inneren Ebenen machen können und das Verständnis und die Hilfe finden, die Sie brauchen, Ihr tägliches Leben zu leben.

Ihr tägliches Leben ist das spirituelle Leben. Wie oft sagt jemand: »Wenn du nur diesen Schmerz wegnimmst und mir eine spirituelle Heilung zukommen lässt oder mir Geld gibst, dann bin ich eher in der Lage, das spirituelle Leben zu leben.« Sie machen sich nicht klar, daß dies die Erfahrungen sind, die Ihnen das spirituelle Verständnis geben. Wir lernen Mitgefühl zu haben. Das ist ein Teil unserer Erfahrung hier.

Mitgefühl und Losgelöstheit

Wir interessieren uns für die Seele, jeder von uns. Aber während wir dieses Verständnis erhalten, während wir in unserer Entfaltung wachsen und uns auf das Gottbewußtsein zubewegen, entwickeln wir auch viele andere Wesenszüge, und einer davon ist Mitgefühl. Wir haben jedoch gelernt, von den Problemen anderer Menschen Abstand zu halten. Wir können mit ihnen weinen, wenn sie weinen, lachen, wenn sie lachen, aber das Leid, das in unser Leben tritt, wird uns nicht zerbrechen. Wir können aufstehen und uns dem morgigen Tag stellen, weil wir sehen, dies war eine notwendige spirituelle Erfahrung für die Seele, damit Sie die spirituelle Grundlage erhält, die Sie braucht, um ein spiritueller Riese, ein Mitglied des Ordens der ECK-Meister zu werden, um ein Mitarbeiter Gottes zu werden.

Ich möchte Ihnen danken, daß Sie gekommen sind. Wenn Sie nach Hause gehen, nehmen Sie dieses Licht Gottes mit. Es wird nicht unbedingt wie eine Sechzig-Watt-Birne leuchten, so daß sie in ein Zimmer gehen können und sagen: »He, ich brauche kein Blitzlicht mehr!« Sie werden nicht einmal wissen, daß Ihr Blitzlicht eingeschaltet ist, aber andere Menschen können es feststellen.

Wenn Sie von diesem Seminar heimkommen und gefragt werden, ob Sie ein schönes Wochenende hatten, dann werden Sie vielleicht einfach sagen: »Ja, es war schön.« Sie werden vielleicht nicht einmal davon sprechen wollen, weil die andern möglicherweise gar nicht bereit sind, etwas von den ECK-Werken oder von einem spirituellen Seminar oder dergleichen zu erfahren. Aber sie werden es feststellen und sich dessen bewußt sein.

Anderen Freiheit geben

Sie können Freude haben an den Menschen, mit denen Sie arbeiten und leben. Lassen Sie ihnen ihr eigenes Wesen. Sie müssen ECKANKAR niemandem aufdrängen, so wie auch Sie nicht wollen, daß jemand Ihnen seine Religion aufdrängt. In den spirituellen Welten gilt das Gesetz der Fairness; ich muß dir Freiheit geben, damit du mir Freiheit gibst. Und trotzdem wissen wir, daß wir aufstehen müssen, um das zu schützen, was wir als den psychischen Freiraum um uns herum bezeichnen, und somit anderen Menschen nicht erlauben, uns ihre Lehren aufzudrängen.

Wir müssen nicht grob werden, wenn jemand ankommt und seine Religion aufdrängt. Wir können uns jederzeit einfach sehr behutsam zurückziehen und neue Freunde finden. Als letzte Maßnahme können wir sagen: »Wenn deine Religion für dich funktioniert, dann laß sie das für dich tun; aber sieh dich um und nimm zur Kenntnis, daß nicht die ganze Welt deinen Glauben teilt. Gott hat Hunderte von Wegen zur Verfügung gestellt; es gibt für jede Seele die Möglichkeit, einen Weg zu finden, der so zu Ihr paßt, daß Sie genau da ist, wo Sie hingehört.« Sie könnten vorschlagen, den Menschen diese Freiheit zu lassen.

Üben Sie Liebe. Üben Sie, Gott ist Liebe. Üben Sie Toleranz und Mitgefühl. Ich möchte Ihnen im Licht und Ton Gottes danken. Es möge Segen sein.

Regionales Seminar, Seattle, Washington
23. Januar 1983

15

Wie man ein Meister wird

Heute abend möchte ich darauf zu sprechen kommen, wie man ein Meister wird. Das HU, das Sie gerade gesungen haben, ist etwas, was ich allgemein gern singen lasse, bevor ich zu einer Gruppe spreche. Einerseits möchte ich diesen Klang nicht denen unter Ihnen aufdrängen, die Gäste und zum ersten Mal hier sind. Aber andererseits stelle ich fest, daß es die Dinge ein wenig einfacher macht, weil es das spirituelle Bewußtsein anhebt. Dies ist der Ton des HU, den Sie selbst singen können, wenn Sie Anhebung oder Hilfe in irgendeiner Weise haben möchten.

Ein Meister zu werden bedeutet eigentlich etwas sehr ähnliches wie das, was Kaufleute meinen, wenn sie von Mehrwert sprechen. Eine andere Art es auszudrücken ist, daß wir einen Schritt weiter gehen als wir müssen, einen Schritt mehr als der Durchschnittsmensch.

Wenn wir in den Traumzustand eintreten, können wir auf verschiedene Ebenen und in verschiedene Welten gebracht werden, um Erfahrungen mit den Wesen zu bekommen, die auf den Ebenen leben, zu denen wir gehen, wenn wir diesen physischen Körper fallenlassen, entweder weil er abgenutzt ist, oder nachdem wir viele Jahre hier verbracht haben. Es kommt die Zeit, wo uns klar wird, daß alles, was beginnt, auch enden muß. Es kommt der Frühling, Sie gehen durch den Lebenszyklus, dann kommt der Herbst, und das Jahr endet. Das ist ein natürlicher Vorgang, und weil es so ist, ist es interessant, daß wir so oft Angst davor haben.

Wir werden geboren, und wir kommen als ein Kind in dieses Leben. Zu dieser Zeit haben wir dabei nicht viel zu sagen, wie wir etwas machen wollen; jemand anders sagt es uns. Unsere Eltern versuchen uns in die Gesellschaft einzufügen, in der wir leben. Oft sind wir kleine Rebellen, und wenn wir damit anfangen, reden unsere Eltern von dem schrecklichen zweiten Jahr.

Als meine Tochter durch dieses Stadium ging, schaute ich mir das sorgfältig an und sagte, ich werde mich nicht von dieser Vorstellung von dem schrecklichen zweiten Jahr einfangen lassen. Aber wissen Sie, es ist doch etwas daran. Zu dieser Zeit haben Sie sich endlich daran gewöhnt, Eltern von einem kleinen Kind im Bettchen zu sein. Dann krabbelt schließlich das Kleine nachts aus dem Bettchen und marschiert durch das Haus. Um dieses schreckliche zweite Jahr herum kommt das Kind wirklich in Bewegung. An dem Kind ist nichts auszusetzen; es ist nur so, daß die Erwartungen der Eltern sich schnell ändern müssen. Zuerst war es mühsam, das Kind um zwei und um vier Uhr morgens zu füttern, aber man gewöhnt sich daran. Dann wird das Kind mobil und läuft im Haus herum. Es steigt in die Küchenschränke, holt das Geschirr herunter, untersucht es und läßt einiges fallen. Die Eltern beginnen sich zu fragen: »Was haben wir da gemacht?«

Einen Schritt weiter gehen

Kinder haben einen einzigartigen Blickpunkt, der für diejenigen von uns wichtig ist, die wirklich ernstlich nach persönlicher Meisterschaft streben. Als ich einmal die Spirituellen Übungen von ECK gemacht hatte und dann zu Bett gegangen war, sagte ich, ich wolle auf die anderen Ebenen gehen. Sie wären überrascht, daß soviel von dem, was dort geschieht und was die Menschen dort tun, dem ähnlich ist, was hier vorgeht. Es gibt Zeiten, in denen wir diese großartigen Erfahrungen mit Licht und Ton des Heiligen Geistes haben, und das sind die zwei Säulen oder Aspekte des Heiligen Geistes, die wir sehen und erkennen können. Manchmal erfahren Sie diese , aber wenn Sie Glück haben, können Sie die Fähigkeit entwickeln, bewußt zu sein und wahrzunehmen, was auf den inneren Ebenen geschieht.

An diesem besonderen Abend lud mich der Traummeister in eine Schule in einem Tempel ein , aber es war kein Tempel der Goldenen Weisheit. Während die Kinder hier auf der physischen Ebene Mathematik oder andere Dinge in der Schule lernen, werden sie zur gleichen Zeit auf den inneren Ebenen unterrichtet; ob es nun auf der astralen, kausalen, mentalen oder ätherischen Ebene ist, sie lernen. Was hier geschieht, ist die Zusatzausbildung für die physische Ebene.

Der Lehrer in dieser Tempelschule unterrichtete seine Schüler im Rechnen und sagte zu einem kleinen Jungen: »Du hast eine Tomate. Wenn du jetzt zehn Tomaten haben möchtest, wieviele mußt du dazukaufen?« Der kleine Junge zögerte nicht einmal. »Keine«, sagte er. Der Lehrer erwartete natürlich die Antwort »neun«. Wenn man eine hat und zehn haben will, dann braucht man neun weitere. Wo soll man sie kaufen? Ich weiß nicht, ob der kleine Junge kein Geld hatte, oder ob er nicht in der gleichen Weise dachte, wie ein Lehrer denkt, oder ob er ein Bauer war, aber er sagte: »Ich würde die Tomate aufschneiden, die Samen herausnehmen, sie einpflanzen, und dann würde ich viele Tomaten haben.«

Er benutzte diese Vorstellung des Kaufmanns vom Mehrwert und ging einen Schritt weiter. Die Gedanken des Lehrers bewegten sich innerhalb einer dicht abgeschlossenen Schachtel, welche Antwort logischerweise zu erwarten sei. Aber das spirituelle Leben, das wirklich spirituelle Reich, geht über den Verstand hinaus; es geht über die Logik hinaus. Es wäre mir unmöglich, dies zu erklären, denn wir hören und verstehen mit dem Verstand. Aber in den reinen spirituellen Welten arbeiten wir mit Wahrnehmung und Bewußtheit, mit Sehen, Wissen und Sein. Das ist etwas, was Ihnen keiner erklären kann. Alles, was ich oder irgend jemand sonst tun kann, ist zu sagen: Es gibt Spirituelle Übungen von ECK in Büchern wie *ECKANKAR — der Schlüssel zu geheimen Welten*. Einige sind in dem Buch *Spirituelle Aufzeichnungen*, und man kann sie ein paar Minuten lang am Tag machen. Es gibt auch die Technik des »leichten Weges« in dem Buch *In meiner Seele bin ich frei*. Sie finden sie im Stichwortverzeichnis. Probieren Sie diese spirituelle Übung, und blicken Sie auf einen Meister, mit dem Sie vertraut sind und bei dem Sie sich wohlfühlen. Es kann ein ECK-Meister sein, oder es kann sogar Jesus sein.

Den Herdentrieb überwinden

Ich ging heute am frühen Nachmittag zum Kapitol, um die Kammer des Senats zu sehen. Als ich die Stufen hinaufging, war gerade vor mir eine Reisegruppe — eine Menge Leute. Es ist interessant zu beobachten, wie schnell wir zu Schafen werden. Wenn wir die Meisterschaft anstreben, müssen wir damit aufhören. Es ist zu einfach. Ein Schild fordert uns auf, etwas zu tun — und so tun wir es, ohne uns jemals zu fragen, warum. Gibt es einen

Grund für dieses Schild, oder tun wir etwas, nur weil das Schild es fordert? Mit der Meisterschaft entwickeln wir die Fähigkeit, von allen Seiten alle Momente unseres Alltagslebens zu überblicken. Wir betrachten unsere Lage und unsere Probleme aus einer weiten Perspektive und treffen von diesem Blickpunkt aus die Entscheidung: Was werden wir tun, um dieses Problem zu lösen?

So ging ich also die Stufen hinauf. Wenn der Senat tagt, steht dort ein Metall-Detektor, durch den die Menschen hindurchgehen. Heute tagte der Senat nicht, und niemand bediente diesen Metall-Detektor. Es stand dort nur ein Holzgestell, so wie man es auf den Flughäfen sieht. Nur ein Holzgestell. Niemand war da, der sich darum kümmerte, es gab keine elektronische Anzeige, es gab absolut gar nichts. Man konnte wählen: Entweder konnte man die Treppe rechts hinaufsteigen und durch den Metall-Detektor gehen, oder man konnte links gehen, und dort war nichts im Wege. Auf dem Schild über dem Metall-Detektor stand: »Bitte durchgehen« oder so ähnlich. Obwohl ihn niemand bediente und keine Geräte an seinem Holzgestell angeschlossen waren, gingen die Menschen sehr sorgfältig hindurch. Sie schüttelten ihre Mäntel und entschlossen sich dann hindurchzugehen. Ich sah sogar, wie eine Frau sorgfältig ihre Geldbörse um das Holzgestell herum ihrem Mann auf der anderen Seite reichte. Er nahm sie, dann lächelte sie und ging einfach durch, weil das Schild ihr das so befahl.

All die anderen Menschen folgten den Leithammeln, und sie taten genau das, was die vor ihnen taten. Sie hatten bestimmte Vorstellungen, wie so etwas normalerweise abläuft, aber in diesem Fall bemerkte niemand, daß das Schild gar nichts bedeutete. Kinder drängten sich, um hindurchzugehen, eines nach dem anderen, auch wenn das überhaupt keinen Sinn hatte. Ich ging die Stufen hinauf und schaute mich um, ich wollte meinen Augen nicht trauen. Eine Frau kam zufällig gerade herunter, und ich stieß fast mit ihr zusammen. Wir kamen ins Gespräch, und ich sagte: »Haben Sie jemals so etwas gesehen?« Sie blieb stehen und schaute nur. Sie hatte so etwas auch noch nicht gesehen.

Die Menschen versuchten, um uns herumzugehen, als wir dort standen, dieses nette Gespräch führten und zusahen, wie sie so etwas Unglaubliches taten, ohne ihren Verstand zu gebrauchen, weil es ihnen nicht einfiel, das zu tun. Schließlich ging eine ganze Reisegruppe mit einem Führer hindurch, und wir gingen aus dem Weg. Ich fand diese ganze Erfahrung erstaunlich.

Das lebendige Wasser finden

Was wir suchen, ist das lebendige Wasser. Es ist das gleiche lebendige Wasser, das Jesus der Frau an Jakobs Brunnen anbot. Jesus war auf der Wanderschaft und am Ende eines langen Tages, und er war müde. Deshalb setzte er sich an den Rand des Brunnens, während seine Jünger in die Stadt gingen, um etwas Fleisch und Essen zu bekommen. Während er an diesem Brunnen außerhalb der Stadt Sychar saß, kam eine Frau — eine Samariterin — und holte Wasser. Jesus sagte: »Gib mir etwas zu trinken.« Sie verstand nicht recht, warum er das sagte, denn es gab eine starke Voreingenommenheit zwischen den Samaritern und den Juden — sie sprachen nicht miteinander — und sie sagte: »Warum sprichst du mit mir, einer Samariterin?«

Er sagte: »Wenn du mir Wasser gibst, werde ich dir lebendiges Wasser wiedergeben.« Dies ist das gleiche lebendige Wasser, von dem ein ECK-Meister namens Vaita Danu einige Jahrhunderte vorher zu Alexander dem

Großen gesprochen hatte.

Alexander der Große war nach Indien gekommen, um es zu erobern. Weder die Mazedonier konnten ihm widerstehen, noch irgendeines der anderen Königreiche. Er überquerte den Indus und schlug östlich davon sein Lager auf. Während er im Lager war, erschien ihm der ECK-Meister, ein sehr alter Mann. Er hielt in seiner Hand einen Wassersack und sagte: »Alexander, nimm dies und trinke.« Alexander zögerte einen Augenblick, und einer seiner Offiziere nahm ein Schwert, schlitzte den Sack auf und verschüttete so das ganze Wasser auf dem Boden.

Hätte er in diesem Moment das Wasser getrunken, wäre sein Spirituelles Auge geöffnet worden. Er hätte dieses lebendige Wasser erhalten, von dem wir sprechen — das Licht und den Ton Gottes. Dies wäre in ihn eingeströmt und hätte seinen Eroberungsdurst gestillt, der ihn von Land zu Land trieb.

Vaita Danu sagte: »Du wurdest geprüft und für mangelhaft befunden. Hättest du dieses Wasser genommen, wäre dein Spirituelles Auge geöffnet worden und du hättest die Herrlichkeit Gottes gesehen. So aber ist dir bestimmt, früh zu sterben. Du sollst durch das Leben wandern, Geburt um Geburt, um die Erde zu durchstreifen, bis der Lebende ECK-Meister in irgendeinem zukünftigen Leben wieder zu dir kommt und dir diese Gelegenheit bietet.« Er sagte Alexander, daß sein Leben bald zu Ende gehen würde, und so geschah es.

Dies ist die Suche nach dem lebendigen Wasser. Danach suchen wir — nach der ewigen Wahrheit. Wir haben nach dieser Wahrheit gesucht und geforscht in vielen Religionen und durch viele Lebensalter. Und wenn sie uns angeboten wird, müssen wir sie immer noch annehmen. Niemand kann uns zwingen, das lebendige Wasser zu trinken.

Mit Licht und Ton Gottes Verbindung aufnehmen

Spirituelle Klarheit und Erleuchtung stellen sich ein, wenn wir mit diesem Licht und Ton Gottes in Verbindung stehen. Der ECKist sieht das wirkliche Licht Gottes, das während der Kontemplation erscheint. Es gibt spirituelle Anhebung und nimmt das Karma, das während unserer vergangenen Leben erzeugt wurde, sowie das tägliche Karma aus diesem Leben weg.

Wir können ohne das Licht auskommen, aber nicht ohne den Ton. Es ist ein wirklicher Ton, den wir hören können. Es kann der Klang eines Orchesters sein; es kann der einer Flöte sein. Wir haben ein Buch mit dem Titel *Die Flöte Gottes*.

Das ist die einzige Art und Weise, wie Gott zu uns sprechen kann, entweder durch das Licht oder durch den Ton. Immer wenn wir eine Erfahrung im Inneren haben und eine dröhnende Stimme hören, dann kann das ein Meister sein, sichtbar oder unsichtbar, ein anderes Wesen oder ein Engel Gottes — aber es ist nicht Gott. Wir suchen die wahre Stimme. Sie gibt Weisheit und die Wahrheit, die über alles Verstehen hinausgeht.

Wenn wir beginnen, dieses Licht und diesen Ton in unserem Leben zu haben, dann zeigt sich das in der Art und Weise, wie wir unsere täglichen Angelegenheiten regeln. Unser tägliches Leben ist eine Spiegelung dessen, was im Inneren geschieht. Wir können spirituell erfolgreich sein, aber das heißt nicht unbedingt, daß wir reich werden. Wenn wir ein Ziel für ein Projekt setzen, dann sollten wir aus der Erfahrung ein Verständnis von den spirituellen Prinzipien gewinnen. Diese helfen uns in dem Sinne erfolgreich zu sein, daß diese Erfahrungen uns zum nächsten Schritt im Leben führen. Was wir Erfolg nennen, mögen andere Menschen als Versagen ansehen, weil wir einen anderen Blickpunkt haben. Und weil wir diesen Blickpunkt haben, haben wir ein Glück und eine Heiterkeit, die viele andere Menschen liebend gerne erfahren würden, die sie aber nie gefunden haben.

Sich der Herausforderung stellen

Einer meiner Nachbarn erzählte, daß er sich einmal dem Verkaufsteam einer Versicherungsgesellschaft angeschlossen hatte. Er wollte Verkäufer sein, aber er hatte nur Mißerfolge vorzuweisen. Bei jeder Firma, für die er vorher gearbeitet hatte, war er nicht fähig gewesen zu verkaufen. Am ersten Arbeitstag bei dieser Versicherungsgesellschaft sagte der Verkaufsleiter zu ihm: »Ich möchte Sie begrüßen und Sie mit allen anderen Herren und Damen bekanntmachen. Wir befinden uns gerade mitten in einem Verkaufswettbewerb, aber ich werde Sie nicht mit hineinnehmen, weil er schon halb um ist. Und ohnehin ist der Mann, der ihn all die letzten Male gewonnen hat, an der Spitze, und es sieht so aus, als würde er ihn auch dieses Mal gewinnen.«

Aber dieser neu eingestellte Mann, der anscheinend ein geborener Verlierer war, nahm die Herausforderung an. Er war bereit, diesen weiteren Schritt zu tun und sich der Herausforderung zu stellen, der er sich in seinem ganzen Leben vorher nie stellen konnte. Er sagte dem Verkaufsleiter, er wolle an dem Wettbewerb teilnehmen. Der Verkaufsleiter wollte diesen neuen Angestellten wirklich nicht mit einem verlorenen Rennen entmutigen, aber er stimmte zu.

Der Mann ging nach Hause, setzte sich hin und wertete jede Tätigkeit aus, die er in der Vergangenheit ausgeübt hatte, und die etwas mit Verkaufen zu tun hatte.

Er schrieb jede einzelne seiner Techniken nieder und überprüfte sie. Es war ein wichtiger Schritt — er brachte alle seine Erfahrungen zu Papier. Dann las er seine Aufzeichnungen durch und sagte zu sich selbst: Ich habe dies und jenes getan, und es hat nicht funktioniert. Ich werde da etwas ändern. Ich werde jetzt etwas vollständig anderes machen. Und das tat er. Er plante eine völlig neue Verkaufsstrategie.

Eines der Dinge, auf die er kam, war: Beginne niemals sofort mit deinem Verkaufsgespräch, wenn du das Haus deines Kunden betrittst. Das war etwas, was er bei seinen früheren Tätigkeiten falsch gemacht hatte, und er hatte immer versagt.

Dieses Mal betrat er das Haus eines zukünftigen Kunden und sprach erst einmal über das Haus selbst. Er begann über die hübschen Bilder an der Wand zu sprechen, oder machte den Leuten Komplimente über ihre Kleidung. Er sorgte dafür, daß sie sich wohl fühlten. *Dann* erst begann er mit dem Verkaufsteil seines Besuches.

Er gewann den Wettbewerb. Sein Preis war ein Anzug. Es war kein großartiger Preis — es war ein Konfektionsanzug — aber er trug ihn, solange er konnte. Als er abgetragen war, hängte er ihn in seinen Schrank als Erinnerung, daß es immer noch einen weiteren Schritt gibt.

Wenn wir versagen, gibt es einen Weg innerhalb unserer eigenen Möglichkeiten, zu Erfolg zu kommen. Dies tat er. Dies können auch wir tun. Die spirituellen Übungen öffnen unsere innere Bewußtheit. Wir erhalten Einsicht in die Handlungen, die wir besser machen können.

Den nächsten Schritt suchen

Etwa 1933 schrieb James Hilton ein Buch mit dem Titel *Der verlorene Horizont*. Es war die Geschichte von der heiligen Stadt Shangri-La, einem Paradies auf Erden. Im Jahre 1933 erholte sich die Welt noch vom Ersten Weltkrieg. Die Menschen waren voller Schrecken darüber, in was die Welt hineingeraten war. Das mußte der Krieg gewesen sein, der allen Kriegen ein Ende bereitete, aber die Geschichte von Hilton ging davon aus, daß wir es noch nicht geschafft haben.

In dieser Geschichte werden vier Menschen, die mit einem Flugzeug auf einer Hochebene gelandet sind, in ein Lama-Kloster namens Shangri-La gebracht. Es war in jeder Hinsicht ein Paradies; es war auf einem riesigen Berg verborgen, der auf keiner Landkarte verzeichnet war. Die vier Menschen waren in Wirklichkeit ausgesucht worden, um hier zu leben, aber das sagte ihnen niemand.

Im Laufe der Zeit wurden diese Neuankömmlinge mit den Lamas und den Menschen, die dort lebten, bekanntgemacht. Sie stellten fest, daß der Zweck von Shangri-La darin bestand, die Kultur des irdischen Planeten im Falle einer Massenvernichtung zu bewahren. Diese Meister hatten Langlebigkeit und andere Geheimnisse erlernt. Und es gab dort alle Annehmlichkeiten, sogar Sanitäreinrichtungen aus Ohio.

Als der alte Lama starb, wurde Conway, einem der vier Besucher, die Führung angeboten. Statt diese Aufgabe zu übernehmen, fragte er sich, warum jemand so lange leben sollte. Einige dieser Menschen waren mehrere hundert Jahre alt. Sie erklärten, daß sie daran arbeiteten, im Falle einer Katastrophe in der Lage zu sein, die Kultur der menschlichen Rasse wieder ans Licht zu bringen.

Aber Conway wußte, daß die wahre Weisheit niemals auf der Erde zu finden ist. So ging er mit einigen anderen Menschen weg. Man wollte ihn zum Meister von etwas machen, das der vergänglichen Welt von Raum und Zeit angehörte und das niemals Bestand haben würde. Er ging weg, weil er ein wahrer Sucher war. Danach, so berichtet diese Geschichte, wurde er in verschiedenen Teilen der Welt gesichtet auf seiner Suche nach dem nächsten Schritt in seiner spirituellen Entfaltung. Ihm war angeboten worden, was andere für den Höhepunkt spiritueller Entwicklung hielten; aber er sah sich das an und wußte als Seele instinktiv, daß dies eine Sackgasse war.

Spirituelle Stärke entwickeln

Sudar Singh, der ECK-Meister, lebte bis in die vierziger Jahre dieses Jahrhunderts, bevor er diese irdische Ebene verließ. Paul Twitchell sagte, er sei zu Sudar Singh gegangen, weil er etwas von ECK lernen wollte. Er entschloß sich, sein ganzes Leben den Lehren von ECK zu widmen und sie für jedermann, der etwas davon wissen wollte, erreichbar zu machen. Sobald er diese Verpflichtung eingegangen war, ging in seinem Leben alles schief. Er glaubte, er hätte schon vorher Schwierigkeiten gehabt — aber so etwas hatte er noch nicht erlebt.

Wenn sich ein Mensch einem spirituellen Weg oder einem Meister nähert, werden die spirituellen Strömungen in Bewegung gebracht, und das Karma, das in vergangenen Jahrhunderten aufgebaut wurde, beginnt in Form von Problemen zum Vorschein zu kommen. Diese Probleme versuchen uns von dem Weg abzuhalten, aber sie dienen auch einem praktischen Zweck. Indem wir diese Hindernisse überwinden, entwickeln wir die notwendige spirituelle Stärke, um den ersten Schritt auf irgendeinem Weg zur Wahrheit zu gehen.

Sudar Singh hatte einen anderen Schüler, welcher sagte, er suche eine Antwort oder einen Weg, alle seine Wünsche zu erfüllen. Sudar Singh war sehr entgegenkommend. Er sagte: »Ich werde dir einige Techniken geben. Benutze sie, und du wirst alles haben, was du dir wünschst.«

Der Mann verließ den Ashram und probierte sie einige Monate lang aus, und dann kam er sehr aufgebracht zurück. »Diese Techniken funktionieren nicht!« sagte er. »Du hast mir diese Techniken gegeben, und sie funktionieren einfach nicht. Was ist daran nicht in Ordnung?«

»Es liegt nicht an den Techniken«, sagte Sudar Singh. »Es liegt nie an irgendeiner Technik. Die einzig wahre Antwort, die du jemals finden kannst, liegt in dir.« Der Mann ging verstört weg und fragte sich: »Wozu sind die Techniken dann da?«

Techniken sind hilfreich, um Licht und Ton zu erreichen, aber man sollte sie niemals als Selbstzweck ansehen.

Sich einem Ideal verpflichten

Im spirituellen Leben müssen wir immer einen Schritt weiter gehen. Die unglaublichsten Hindernisse stellen sich uns entgegen, aber wenn wir uns dieses Ideal der Selbstrealisation oder Gottrealisation vorgenommen haben, unsere Aufmerksamkeit darauf halten und unser Leben mit gesundem Menschenverstand führen, das Beste tun, was wir tun können, ohne Furcht zu versagen, werden wir unseren Weg zu diesem Ideal bahnen, weil wir es müssen. Wir stellen ein Postulat auf, und es wird fester Teil unseres Wesens. Wir sagen: »Ich werde Selbstrealisation haben; ich werde Gottrealisation haben. Ich werde mich selbst kennenlernen. Ich werde lernen zu erkennen, wer ich bin und wer ich war, und ich werde wissen, wohin ich gehe.«

Ein Beispiel für Menschen, die in ihrem persönlichen Erfolg außergewöhnlich waren, sind die beiden Gründer von *Reader's Digest*, DeWitt und Lila Wallace, die damit im Jahre 1922 begannen. Dieser Mann, DeWitt Wallace, hatte eine Idee. Er könnte Geschichten sammeln, sie zusammenstellen und zu einer Zeitschrift verdichten. Sein erster Versuch, einige Jahre nachdem er die Hochschule verlassen hatte, war eine Zeitschrift für die Landwirtschaft. Er fand einige ausgezeichnete Artikel, die das Landwirtschaftsministerium der Vereinigten Staaten für die Bauern herausgab, aber die Bauern hatten keine Zeit, alle diese Artikel zu durchforschen. Wallace sammelte viele davon. Sie wurden von der Firma, für die er arbeitete, veröffentlicht, und dies war der erste Schritt.

Dann beschloß er, eine kleine Auswahl für das Geschäftsleben zusammenzustellen, aber es war ein Mißerfolg. Niemand kaufte sie. Die Sammlung für die Landwirtschaft war einigermaßen erfolgreich; er verdiente daran genug Geld, um mit dem Auto durch das Land zu reisen und für seine Veröffentlichung zu werben, aber die Auswahl für das Geschäftsleben war ein vollständiger Mißerfolg. Er fragte sich, warum es nicht geklappt hatte.

Er setzte sich mit Papier und Bleistift hin und schrieb alle Gründe auf, warum es eigentlich funktioniert haben sollte. Er kam zu dem Ergebnis, daß landwirtschaftliche Themen vielleicht funktionierten, aber daß sie nur einen begrenzten Leserkreis ansprachen. Und wie wäre es mit der allgemeinen Öffentlichkeit als Leserkreis? Plötzlich erweiterte sich seine Sicht, und er begann, eine riesige Leserschaft vor sich zu sehen, die die ganze Welt umspannte.

Nach dem Ersten Weltkrieg, während er sich in einem Lazarett in Frankreich von seinen Wunden erholte, las er eine Zeitschrift nach der anderen. Er stellte eine Reihe von Artikeln daraus zusammen und faßte sie zusammen. Dann kehrte er in die Vereinigten Staaten zurück und ging in die Zweigstelle St. Paul der Stadtbibliothek von Minneapolis, wo er etwa ein halbes Jahr lang daran arbeitete, die erste Ausgabe von *Reader's Digest* zusammenzustellen. Er druckte davon einige hundert Exemplare und ging damit zu Verlegern im ganzen Land. Sie schauten es durch, und niemandem gefiel es. Er versagte zum zweiten Mal. Er war schließlich sogar so weit, daß er mit seiner Idee zu den Verlegern ging und ihnen anbot, ihr Angestellter zu werden, wenn sie ihn nur an dieser Idee arbeiten ließen. Aber niemand wollte ihn damit beschäftigen.

Schließlich lernte er seine Frau Lila kennen, und zusammen, mit vereinten Fähigkeiten, waren sie in der Lage, Subskriptionen zu verkaufen. Zu ihrer Überraschung bekamen sie einige Aufträge. Danach begann Digest sich zu dem zu entwickeln, was es heute ist. Es ist überall. Ich mache keine Werbung dafür, aber es ist ein gutes Beispiel für ein Ideal, mit dem ein Mann Erfolg hatte. Er ging noch durch viele weitere Schwierigkeiten, aber das geht Ihnen nicht anders.

Ein Individuum sein

Sie haben nicht genug Geld, Sie haben keine gute Gesundheit, und Sie fragen sich: Was soll ich tun? Es gibt immer einen Weg.

Bei der Gesundheit ist der erste Schritt, sich an die Quelle der Heilung zu wenden, mit der man am besten vertraut ist und bei der man sich wohlfühlt. Wenn das ein Arzt ist, gehen Sie zum Arzt und lassen Sie sich untersuchen. Das ist dann Ihr Ausgangspunkt. Sie können sich entscheiden, weiter zu diesem Arzt zu gehen, oder vielleicht entschließen Sie sich, zu einem Facharzt zu gehen. Sie können ihren eigenen Weg planen. Und es gibt nicht nur eine Art der Ernährung auf dem spirituellen Weg. Vegetarisch zu leben ist nicht besser, als Fleisch zu essen. Gott kümmert sich wirklich nicht darum, was wir essen; überhaupt nicht.

Wenn wir lernen, wie man ein spiritueller Meister wird, dann tragen wir dieselbe geistige Einstellung in uns wie Paul Twitchell. Das ist krasser Individualismus. Paul nannte es: ein »Cliffhanger« zu sein. Man bekommt dabei das Bild von jemand, der an der Wand eines Felsens hängt und auf den Boden hinunterschaut, der Hunderte von Metern unter ihm liegt. Aber er hält sich fest. Die Frage ist: Wie ist er dorthin gekommen? Und wohin geht er? Aufwärts oder abwärts?

Cliffhanger war auch eine Bezeichnung für diese alten Kinovorstellungen am Samstagvormittag, als einige von Ihnen jung waren. Sie zeigten in Fortsetzungen solche Figuren wie Kapitän Marvel oder Mr. Adventure und später Batman. Der Grundgedanke dabei war, eine Geschichte zu nehmen, sie in zwölf gleiche Teile aufzuteilen und dann einen Teil pro Woche zu zeigen. Die Kinder kamen immer alle angelaufen, um die nächste Fortsetzung zu sehen. Um sicherzustellen, daß die Kinder in der folgenden Woche auch wiederkommen würden, war dann am Ende der Vorstellung ein aufregendes Ereignis. Mr. Adventure fuhr mit einem Lastwagen mit vollem Tempo auf eine Steinmauer zu. Plötzlich sah man dann den Lastwagen mit einer riesigen Explosion auf die Wand aufprallen. Dann verschwand das Bild, und eine Aufschrift erschien: »Was passiert in der nächsten Woche mit Mr. Adventure? Ist dies das Ende von Mr. Adventure?« Die Kinder saßen da und schrien: »Oh, nein!« Und sie kamen in der nächsten Woche wieder. Für die nächste Vorstellung fügten die Filmemacher dann eine zusätzliche Szene ein: Unmittelbar bevor der Lastwagen auf die Wand aufprallte, warf sich der tapfere Held, Mr. Adventure, aus dem Wagen und rollte in den Staub. Als die Explosion geschah, war er in Sicherheit, weil er einige hundert Meter vorher abgesprungen war. So etwas nannte man einen Cliffhanger.

Die Cliffhanger-Erfahrung bringt Sie in gewissem Sinne spirituell an eine scheinbar tollkühne Grenze zur Zerstörung. Ich meine das nicht hier im Physischen; hier arbeiten wir mit dem gesunden Menschenverstand. Aber spirituell sind wir Abenteurer. Wir versuchen Dinge, vor denen sich andere Menschen fürchten würden. Wir suchen Licht und Ton, wo andere Menschen Angst haben, daß so etwas vielleicht überhaupt nicht existiert. Und wenn Es zu uns kommt, bringt Es uns Frieden, Heiterkeit, Harmonie und Freude jenseits aller Worte.

Spirituelle Macht erlangen

Um die spirituelle Macht zu erlangen, von der ich spreche, müssen wir uns zuerst ein Ideal vornehmen — Gottbewußtsein, oder was immer es ist. Das ist es, wonach wir suchen. Dazu nehmen Sie in gewissem Sinne ständig an, daß Sie immer recht haben. Wenn ich das so einigen Leuten sagen sollte, dann weiß ich schon, was passieren würde: Sie würden es mißverstehen. Wenn aber jemand weiß, daß der erste Schritt, diese göttliche Macht in seinem Leben wirken zu lassen, in der Annahme besteht, daß er immer recht hat, er dann aber in seiner Verteidigung aggressiv wird, dann fehlt ihm die notwendige Harmonie.

Es geht eigentlich so: Ich habe immer recht, aber ich spreche nie davon. Das Prinzip wird unwirksam bei dem, der es mißversteht und etwas Exzentrisches oder Merkwürdiges tut. Man kann darüber nicht sprechen. Man handelt so, als ob man schon im Zustand der Gottrealisation sei, und dann führt man sein Leben so gut man kann. Eine andere Art, dies auszuführen, ist zu sagen: »Wenn der Meister hier wäre, wie würde er in dieser Situation handeln?«

Der zweite Teil dabei, die spirituelle Macht zu erlangen, ist zu wissen, daß das ECK oder der Heilige Geist schon jetzt in Ihrem Leben wirksam ist. Es wirkt schon in jedem Augenblick. Sie könnten sich dann fragen: Warum ist das Leben für mich so hart? Der Grund dafür, daß die Dinge vielleicht so schwierig sind, liegt darin, daß der Heilige Geist uns in höhere Bewußtseinszustände bringen will und wir das Geschenk ablehnen. Wir möchten die Dinge so tun, wie wir sie immer getan haben. Und ich kann Ihnen versichern: Wenn Sie das tun, dann bleiben Sie, wo Sie sind.

Auf dem spirituellen Weg zu sein bedeutet, diesem Wind der Veränderung, welcher der Heilige Geist ist, zu folgen. Wenn Sie auf einem wahren Weg zu Gott sind und sich in Ihrem spirituellen Bewußtsein entfalten, dann werden Veränderungen in Ihr Leben eintreten. Es kann nicht anders sein. Die Dinge werden sich ändern. Sie werden zuerst vielleicht nicht wissen, was da vorgeht, aber Ihre Freunde werden an Ihnen eine Veränderung bemerken.

Der dritte Schritt, diese spirituelle Macht zu erreichen, ist, den Namen Gottes zu chanten. Sie können *Gott* chanten oder singen, oder Sie können irgendeinen aus einer Reihe verschiedener Namen singen, wie *Spirit, ECK* oder *HU*. Das ist das Lied, das wir vorhin gesungen haben — der Ton des HU.

Sie finden mehr über dieses Thema und darüber, wie man durch die Spirituellen Übungen von ECK die Meisterschaft erreicht, in den ECK-Büchern. Sie können Ihre eigenen Entscheidungen treffen, ohne daß irgend jemand kommt und sagt: »So ist es« und Druck auf Sie ausübt. Sie können es für sich selbst bestimmen, in Ihrem eigenen Tempo und zu Ihrer eigenen Zeit.

Ich möchte Ihnen danken, daß Sie gekommen sind. Wenn Sie jetzt gehen, tragen Sie das Licht und den Ton des Heiligen Geistes mit sich. Das bedeutet nicht, daß Sie sehr feierlich herumgehen werden oder irgend etwas dergleichen, aber Sie gehen hinaus und freuen sich über alles, was Sie sehen und hören. Die jungen Leute werden morgen die gleiche Möglichkeit haben, zu leben und zu lernen und die spirituelle Einsicht zu gewinnen, was all das bedeutet.

Dies versuchen wir auf dem Weg von ECK zu tun: herauszufinden, was dieses Leben, das wir führen, tatsächlich bedeutet, und wie das spirituelle Bewußtsein es verbessern kann — sowohl heute als auch dann, wenn wir durch den Schleier in die wahren Welten des größeren Lichtes und des größeren Tones des Heiligen Geistes eingetreten sind.

Es möge Segen sein.

Internationale Jungendkonferenz von ECKANKAR
Washington, D.C., Freitag, 1. April 1983

16

Wie man Gott findet

Im Kinderraum fragten wir heute nachmittag die Kinder, ob sie irgendwelche Fragen hätten. Sie kamen mit einigen interessanten Fragen an, wie zum Beispiel: »Wann wurde Gott geboren?« Das war eine schwierige Frage, und so fragte ich die anderen, ob sie eine Antwort darauf wüßten. Tatsächlich haben Kinder oft schon ein Verständnis, das wir Erwachsenen erst versuchen zu erreichen.

Wenn man wissen will, wann Gott geboren wurde, paßt das eigentlich zu der Frage, wie man Gott findet, dem Thema, das ich heute abend ansprechen möchte. Gott zu finden ist ein interessantes Streben und ein sehr lohnendes, während wir unserem Weg durch die niederen Welten folgen und uns auf den Zeitpunkt vorbereiten, an dem wir in den Himmel gehen.

Vor einigen Wochen sprach ich mit jemand genau über dieses Thema, wie man Gott finden kann, und er erzählte mir, was seine Mutter dazu gesagt hatte. Als Agnostikerin glaubte sie, daß sie nicht wissen könne, ob es einen Gott gibt, und so brachte sie ihm ein Gebet bei, von dem sie sagte, es sei das einzige, das er jemals kennen müsse. Es ist von Joseph Ernest Renan und heißt »Agnostisches

Gebet.« Es geht so: »Oh, Gott, wenn es einen Gott gibt, rette meine Seele, wenn ich eine Seele habe.« Es ist ein Gebet, das alle Grundlagen umfaßt.

Suche nach dem Glück

Das ist die Suche, auf der wir uns befinden. Die Suche nach Gott ist die Suche nach Glück. Wir suchen in dieser oder jener Weise danach, und manche davon sind Umwege. Ein Betrunkener, der sein Glück in der Flasche sucht, sucht eigentlich Gott, aber er erinnert sich nicht daran.

Eine Höherinitiierte wurde von einer Gruppe von Unitariern gebeten, einen Vortrag über genau dieses Thema zu halten: »Wie findet man Gott.« Sie dachte darüber nach und entschloß sich, es zu tun. Sie sprach über die ECK-Prinzipien und darüber, was sie getan hatte, um die höheren Bewußtseinszustände zu finden, nach denen wir suchen: Selbstrealisation und schließlich Gottrealisation. Das bedeutet herauszufinden, wer und was wir sind, und was unsere Aufgabe im Leben ist. Als sie ihren Vortrag beendet hatte, sagte eines der Mitglieder der Unitarischen Kirche zu ihr: »Es ist sehr klar zu sehen, daß Sie irgendwie einen höheren Bewußtseinszustand erreicht haben, aber wie haben Sie das ohne Jesus geschafft?«

Und deshalb muß man die Frage, wie man Gott finden kann, von einem anderen, einem höheren Standpunkt aus betrachten. Man muß fragen: Wieviele Menschen, die das Christusbewußtsein suchten, haben in all den zweitausend Jahren, seit Jesus die Erde verließ, es je erreicht? Der heilige Paulus erreichte es, und er sprach davon, als er sagte, wenn er in Christus sei, sei er ein neuer Mensch. Er sprach von diesem Bewußtseinszustand, und was er damit meinte, war: Wenn ich in diesem Zustand des

Christusbewußtseins bin, dann bin ich ein neuer Mensch.

Als die ECKistin ihren Vortrag hielt, hörten die Menschen zu und hatten Ohren zu hören, daß sie die Wahrheit sprach. Aber es reicht nicht aus, die Wahrheit zu sagen. Es ist nicht genug, wenn jemand sagt: Ich habe die Wahrheit, wenn er Ihnen nicht den Weg zeigen kann, sie auch zu erreichen.

Vor langer Zeit wies jemand darauf hin, daß wir, wenn wir die Leiter hinaufsteigen, sie stehenlassen, damit diejenigen, die nach uns kommen, sie auch benutzen können. Dies geschieht durch Schriften und durch unsere Gespräche. Wir bringen dieses Licht des Heiligen Geistes auf unsere Weise in die Welt. Wir müssen nicht predigen, wir brauchen niemand am Kragen zu packen, wir müssen niemand dazu zwingen, zu unseren Versammlungen zu kommen oder irgend etwas von dieser Art. Die bequemste Möglichkeit, jemand zu antworten, der etwas über ECK herausfinden möchte, ist, ihm einfach ein Buch zu geben, wie z.B. *In meiner Seele bin ich frei*. Man kann erklären, daß es eine Technik enthält, die »Der leichte Weg« heißt. Sie können einfach sagen: »Du kannst es ausprobieren und sehen, ob es für dich funktioniert. Wenn ja, dann hast du Gold gefunden — heureka! Und wenn nicht, dann hast du nichts verloren. Du hast Information bekommen, und sie hat dir nicht weh getan.«

Der Blaue Stern von ECK

Jemand erzählte mir diese Geschichte von seiner neunjährigen Tochter, die eine Schülerin von ECKANKAR ist. Sie hatte eine Freundin, deren Familie christlich war. Eines Tages erklärte das kleine Mädchen ihrer Freundin, wie man die Spirituellen Übungen von ECK macht und das HU, den uralten Namen Gottes, singt. Ihre Freundin schien interessiert, mehr davon zu hören, und deshalb sagte sie: »Ich zeige dir einfach, wie man es macht.«

Als sie sich hinsetzten und mit der spirituellen Übung begannen, stieg ihre Freundin wirklich voll ein. Nach zwanzig Minuten dachte die ECKistin, sie sollte doch lieber nachsehen, was los war. Schließlich öffnete ihre Freundin die Augen. Die kleine ECKistin sagte: »Warum dauerte das so lange? Was hast du gesehen?« Die andere sagte: »Das war wirklich stark! Als ich meine Augen schloß und das HU sang, sah ich all diese Sterne. Der ganze Himmel war voller Sterne, und wie ich sie ansah, kamen alle zusammen und bildeten einen riesigen blauen Stern.«

Das ist der Blaue Stern von ECK. Er ist ein Zeichen für einen hohen spirituellen Bewußtseinszustand, der erscheint, um einem die Anhebung und den Segen des Augenblicks zu geben. Dieser Blaue Stern von ECK kann auch als blaue Kugel oder Scheibe gesehen werden. Man sieht Ihn vielleicht nicht jeden Tag, aber Er ist da und Er ist wirklich. Dieses Blaue Licht ist eine der Manifestationen des eigentlichen Lichtes Gottes. Man kann Gott nur durch Licht oder Ton erfahren.

Der Wind Gottes

Der Ton ist der wichtigere von den beiden Aspekten. Er kann als der Klang eines brausenden Windes erscheinen, wie in der Geschichte von Pfingsten gesagt wird, wo die Apostel und andere versammelt waren und der Heilige Geist über sie kam. Sie sahen gespaltene Zungen wie von Feuer, und dieser brausende Wind schien durch das Haus zu fegen und es zu erfüllen. Jesus sprach von dem Ton, als er sagte: »Der Wind weht, wo er will«, und er sprach davon, daß niemand weiß, wohin er geht oder woher er kommt. Niemand weiß das, weil es nicht ein

Wind ist, wie wir ihn uns gewöhnlich denken. Es ist der spirituelle Ton Gottes, der herabkommt und durch die inneren Ohren zu uns spricht. Seine Wirkung ist eine reinigende Anhebung der Seele.

Manchmal ist es schwierig, diese Dinge in Worte zu fassen, und ich glaube, jeder von Ihnen, der jemals versucht hat, die ECK-Botschaft weiterzutragen, oder jemandem etwas über ECK zu sagen, wird zustimmen. Bei der Antwort auf die Frage: »Was ist ECK?« kann es vorkommen, daß Sie verzweifelt versuchen, es in Worte zu bringen, und Sie fragen sich, ob Sie es gut genug gemacht haben. Heute nachmittag sprach ich mit einer Rhetoriklehrerin, die sagte, sie hätte Angst, einen Vortrag über ECK zu halten. Ich fragte, warum. Sie sagte, es sei deshalb, weil sie es so korrekt wie möglich machen wolle. Und da sie Rhetoriklehrerin ist, verstand sie nicht, warum sie darüber so besorgt war.

Jeder von Ihnen, der einmal Rhetorikunterricht genommen hat, könnte denken, der Lehrer kann alles und sollte in der Lage sein, mit Leichtigkeit einen Vortrag zu halten. Aber wenn uns etwas kostbar und wirklich wichtig ist, dann sind wir nicht nur vorsichtig damit, welchen Menschen wir es geben, sondern auch wie wir es geben. Wir versuchen die Botschaft so zu übermitteln, wie wir sie kennen, in der einfachsten Weise, die möglich ist.

Das gleiche kleine ECKistenmädchen, von dem ich eben schon sprach, ging mit ihrem Vater in ein Altersheim, um eine alte Tante zu besuchen. Als sie dort ankamen, lernten sie zum ersten Mal die Zimmergenossin der Tante kennen. Diese Dame war hoch betagt und konnte auf die andere Seite hinüberschauen und einen Eindruck von dem Leben auf den anderen Ebenen bekommen. Immer wenn sie mit anderen darüber sprach, hieß es: »Arme alte Sophie — sie verliert ihren Verstand.«

Das kleine Mädchen ging in das Zimmer, und als die angeblich senile alte Frau sie sah, sagte sie zu dem kleinen Mädchen: »Ich kenne dich. Ich habe dich gekannt, als du eine alte Frau warst.« Das kleine Mädchen zögerte nicht einmal. Sie blickte die alte Frau einfach an und sagte: »Ich habe dich gekannt, als du eine junge Dame warst.«

Und die Tante sagte: »Stört euch nicht an Sophie. Sie wird ein wenig senil.« Es ist einfach, die Alten und die Jungen unglaubwürdig zu machen, wenn sie nicht in unser begrenztes Wissen von den spirituellen Welten hineinpassen.

Das Seil der fünf Leidenschaften

Ein Mann schrieb mir und sagte, daß er Gott finden wolle, aber festgestellt habe, daß ihn die fünf Leidenschaften des Verstandes zurückhielten. Diese Lektion erreichte ihn in einer recht merkwürdigen Weise. Als er als Betreuer in einem Lager für geistig Behinderte arbeitete, gab man ihm die Verantwortung für einen kleinen Jungen, der es immer fertigbrachte zu verschwinden, sobald er ihm nur den Rücken zukehrte. Jedesmal, wenn sich der Betreuer umsah, war der kleine Kerl weg — und er wußte nicht, was er da machen sollte. Schließlich, in einer plötzlichen Eingebung, nahm er ein Seil und band es sich um den Leib. Man sollte meinen, er band es um den kleinen Jungen, nicht wahr? Aber er band es sich selbst um, und dann gab er das Ende des Seils dem kleinen Jungen in die Hand. Und das funktionierte. Der kleine Kerl rannte nie mehr weg, weil der Betreuer jetzt sein Gefangener war.

Er ging nach Hause und dachte darüber nach, und er sagte: »Weißt du, die negative Kraft hält mich in dem gleichen Zustand.«

Dieses Seil, das um den Leib der negativen Kraft gebunden ist, hat fünf Stränge, und dies sind die Leidenschaften des Verstandes: Ärger, Lust, Gier, Bindung und Eitelkeit.

Der ECKist begannn, über das Seil der fünf Leidenschaften nachzudenken, das uns in den niederen Welten oder den niederen Bewußtseinszuständen, dem menschlichen Bewußtsein, festhält. Ganz plötzlich fragte er sich: »Was mache ich da eigentlich, stehe da wie ein Idiot und halte dieses Seil fest?«

Er mußte nur das Ende des Seils loslassen, und dann wäre er frei. Als ihm dies klar wurde, machte er einen riesigen Schritt vorwärts in seiner spirituellen Entfaltung. Jetzt konnte er anfangen, die Dinge aufzugeben, die ihn davon abhielten, Gott zu finden, Frieden, Glück und Freude zu finden, die wir hier und jetzt erwarten dürfen.

Wonach wir suchen

Wir können den Himmel auf Erden finden. Als ECKisten versuchen wir, den Himmel zu finden, ganz gleich, wie unsere äußeren Umstände sind. Dann, ganz gleich, wie negativ die Situation erscheint oder wie arm wir sind, können wir immer zumindest ein wenig Glück an jedem Tag finden. Und das ist möglich.

Einige von Ihnen haben mir erzählt, Ihre Freunde und Nachbarn stellten fest, daß Sie, auch wenn Sie durch schwierige Zeiten gehen, dadurch nicht völlig vernichtet sind. Man kann weinen, aber man kann da auch sehr schnell wieder herauskommen. Die Nachbarn beobachten das und fragen sich: »Was hat dieser Mensch für ein Geheimnis, das ich selbst gerne hätte?« Das ist die Situation, in der sie darum bitten könnten, ein ECK-Buch zu lesen. Es dauert vielleicht noch einige Jahre, bis sie bereit sind, ein wenig weiter zu suchen und einen weiteren Schritt auf dem Weg zu machen.

Als ich heute morgen dabei war, unten im Bücherraum Bücher zu signieren, kam ein Herr und sagte: »Nun, ich bin ein bißchen neu hier.« Ich verstand genau, was er meinte. Man möchte sich etwas Neues ansehen, aber man zögert wegen der Ängste, die man mit sich herumträgt, dieser Ängste, die einem aufgeladen wurden. Die Angst vor dem Tod, der Verdammnis, der Hölle, kurz gesagt — vor allem Negativen. Aber wenn man in seinen Jahren etwas fortschreitet, dann stellt man fest, daß man eine Entscheidung treffen muß; man geht an der Gabelung des Weges vorbei. Schließlich sagt man sich: »Ich habe so viele Jahre auf diesem Weg zugebracht. Welche Sicherheit habe ich, daß irgendein anderer Weg für mich besser funktioniert, als der, auf dem ich bin?« Die Lebensenergie wird knapper, und vielleicht beschließt man, bei dem zu bleiben, was man hat. Es erfordert Mut, einen weiteren Schritt zu tun, ein wenig weiter zu gehen.

Für alle die unter Ihnen, die sich auf den Weg gemacht haben, ganz gleich, wie alt Sie sind, dies ist die Internationale Jugendkonferenz, wo wir der Seele, die keinen Anfang und kein Ende hat, Ehre erweisen. Sie existiert immer, über die Ewigkeit hinaus. Sie wurde natürlich von Gott geschaffen, aber außerhalb dieses Schauplatzes von Zeit, Raum, Materie und Energie. Weil dies wahr ist, ist es genauso paradox, von einem Anfang der Seele zu sprechen wie von einem Beginn Gottes.

Das Rad des Karma

Die meisten von Ihnen haben wahrscheinlich die Miniserie »Die Dornenvögel« im Fernsehen gesehen. Für diejenigen unter Ihnen, die sie nicht gesehen haben: Die

Geschichte spielt im australischen Hinterland. Sie beginnt 1915 und spielt um Pater Ralph, einen Priester, der zum Dienst dorthin geschickt wurde, weil er den Bischof kritisiert hatte. Er wurde verbannt, weil man dachte, diese Erfahrung würde ihn zur Vernunft bringen: In einigen Jahren könnte man ihn vielleicht in die Gesellschaft zurückholen. Die Geschichte erzählt sein Leben und das Leben einiger Generationen der Familie, mit der er in Verbindung kommt.

Einmal gerät ein Feuer außer Kontrolle, rast durch das Schafweidegebiet dieser Familie und bringt alles durcheinander. Zu diesem Zeitpunkt sind die Kinder der Familie alle erwachsen. Einer der Söhne geht in den Busch, um seinen Vater zu suchen, und stellt fest, daß das Feuer ihn getötet hat. Um den anderen Suchern mitzuteilen, daß er seinen Vater gefunden hat, nimmt er sein Gewehr und feuert drei Schüsse in die Luft. Gerade da kommt ein wilder Eber aus dem Busch gerannt und geht auf ihn los. Bevor er sein Gewehr neu laden kann, wird auch er getötet.

Seine Schwester Meggie sieht, daß sie in sehr kurzer Zeit ihren Vater, ihren Lieblingsbruder und den größten Teil ihres Hauses verloren hat. Sie ruft: »Warum hat Gott mir dies alles angetan?«

Pater Ralph versucht, sie zu trösten. »Aber Gott hat den Regen geschickt, um das Feuer zu löschen.«

In Verzweiflung sagt sie: »Und wer schickte das Feuer?«

Pater Ralph wandte sich ab, denn er wußte keine Antwort. Er verstand nichts vom Gesetz des Karma oder vom Rad des Lebens. Er verstand nicht, daß wir ernten, was wir säen. Hätte er das verstanden, dann hätte er zu Meggie von einem anderen Blickpunkt aus sprechen können. Hätte sie dieses Prinzip verstanden, dieses spirituelle Gesetz, dann hätte sie die Frage gar nicht stellen müssen. Es ist eine gute Geschichte, und sie wird oft in Wiederholungen gezeigt werden.

Wenn wir Klarheit darüber suchen, wie wir Gott finden können, müssen wir darüber nachdenken, was wir eigentlich bekommen wollen. Wir brauchen ein Vorbild, ob es nun Gott ist oder ein Innerer oder Äußerer Meister. Wir müssen mit einem Vorbild anfangen.

Verborgene Gesetze des Lebens

Diejenigen, die die Macht haben, halten die Menschen oft besonders gerne in Unkenntnis über die verborgenen Gesetze, die das Leben regieren; und in vielen Fällen kennen sie diese Gesetze selbst nicht. Das bezieht sich nicht nur auf die spirituellen Gesetze, so wie das, was ich gerade erwähnt habe — das Gesetz des Karma, das Gesetz von Ursache und Wirkung. Es gibt Zyklen, und es gibt Menschen, die die Muster untersuchen, um zum Beispiel herauszufinden, ob wir alle neun Jahre in eine Finanzkrise geraten oder nicht. Sie haben bereits festgestellt, daß immer, wenn es mit der Wirtschaft abwärts geht, der Kirchenbesuch steigt. Das ist eine sehr interessante Gegenüberstellung — wie Schallwellen, die sich kreuzen.

In einem Fall besuchte ein Versicherungsmann, der früher der Vorstandsvorsitzende einer der größten Versicherungsgesellschaften der Vereinigten Staaten war, einen Vortrag über das Thema der Zyklen. Der Sprecher stellte seine Theorie darüber vor, wie er mit einem hohen Grad an Sicherheit voraussagen könne, was die Zukunft bringt. Der Manager beugte sich vor und sagte zu einem seiner Partner: »Wenn es irgendwann so aussieht, daß an diesen Zyklen etwas Wahres dran ist, sollten wir die ganze Sache fallenlassen wie eine heiße Kartoffel. Vergessen wir es.«

Er schaute voraus und konnte die verheerenden Folgen für das Versicherungsgeschäft sehen, wenn die Menschen jemals Wind von diesem Wissen über die Wirtschaft bekämen. Dieser Versicherungsmann fürchtete, wenn jemand diese Untersuchungen über die Zyklen einmal vervollkommnen würde, könnten die Menschen mit Hilfe dieses Wissens entscheiden, wann es erforderlich ist, eine Versicherung abzuschließen, und wann nicht. Man könnte sagen: »Ich bin in einem ungünstigen Zyklus, ich glaube, ich täte gut daran, meinen netten Versicherungsvertreter zu besuchen und eine Versicherung für eine bestimmte Zeit abzuschließen.« Und wenn die Krise dann vorbei und man leidlich sicher wäre, daß wahrscheinlich im nächsten Jahr alles in Ordnung ist, warum dann Prämien zahlen? Der Manager sah, wie dies eine ganze Kette von Ereignissen in Bewegung setzen könnte, bei der das Versicherungsgeschäft letztlich der Verlierer wäre.

Jene, die Macht haben, hätten es lieber, daß die Menschen einige dieser Gesetze nicht kennen, die das Leben — die Wahrscheinlichkeiten in der Zukunft — steuern. Aber in ECK haben wir ein Buch mit dem Titel *Das ECK-Vidya, die uralte Wissenschaft der Prophezeiung*. Man kann es studieren, und dann beginnt man, durch den Traumzustand und äußere Studien Einsichten zu bekommen in das, was die Zukunft bringen könnte.

Die Furcht vor dem Tod überwinden

Wir erhalten ein wenig Wissen über den spirituellen Weg durch die Spirituellen Übungen von ECK, von denen einige in den Büchern zu finden sind. *ECKANKAR — der Schlüssel zu geheimen Welten* enthält einige, und drei weitere, die auch sehr gut sind, finden sich in dem Buch *Spirituelle Aufzeichnungen*. Sie können sie für sich selbst ausprobieren. Sie werden Einsicht in die Bedeutung des Lebens und des Todes gewinnen. Schließlich, warum wollen wir Gott finden? Hauptsächlich deshalb, weil wir uns dieser Erscheinung, die man den Todesengel nennt, werden stellen müssen, und das ist für viele eine Zeit des Schreckens. Sie fragen sich, wie sie das überstehen sollen.

Mit spiritueller Einsicht sind wir in der Lage, unser Bewußtsein so zu erweitern, daß wir auf die inneren Ebenen gehen können, die Wesen treffen, die dort leben, Erfahrungen gewinnen, viele Male in Bewußtseinszustände ein- und wieder ausstreten, und wirklich sehen können, wo unsere Heimat in der Zukunft sein wird. Zuerst werden wir uns undeutlich erinnern, dies im Traum gesehen zu haben, und später entwickeln wir die Fähigkeit, es in vollem Bewußtsein zu sehen. Wenn dann der Augenblick kommt, daß wir hinübertreten müssen, stellen wir fest, daß der Schleier des Todes nur ein Schatten ist. Er ist ein Schatten in der Welt des Lichtes. Er ist keine Sperre, keine Wand; er hat nicht mehr Bedeutung oder Substanz als ein Wolkenfetzen.

Eine ECKistin erzählte die Geschichte von ihrem Bruder, der ziemlich lange krank gewesen war. Weil er einige tausend Kilometer entfernt lebte, konnte sie im Physischen nicht bei ihm sein.

Eines Abends spürte sie einen starken Drang, zu kontemplieren und eine spirituelle Übung zu machen. Um elf Uhr nachts, als sie diese spirituelle Übung machte, konnte sie sehen, wie ihr Bruder wirklich hinüberging, heraus aus dem physischen Körper und hinein in den höheren spirituellen Körper. Er war kein ECKist, obwohl er von den ECK-Lehren Kenntnis gehabt hatte.

Sie sah ihn, wie er dastand und sein Bein schüttelte,

so wie man es macht, wenn man seine Hosen auszieht — man hat ein Hosenbein schon frei, und das andere hängt noch am Schuh, und man schüttelt seinen Fuß, weil man zu faul ist, sich zu bücken. Er schüttelte seinen Fuß und lächelte und sagte: »Ha, das war nicht halb so schlimm, wie ich gedacht hätte!« Und so war es auch. Alle seine Ängste waren grundlos. Er war ganz natürlich in eine höhere Welt gegangen, die ähnlich war wie diese, aber schöner und viel erfreulicher. Als sie das sah, wußte sie, daß er glücklich war. Er lachte sogar! Sein Zustand war weit besser, als in diesem von Krankheit gequälten Körper. Sie unterhielten sich eine Weile lang, und dann sagte er: »Weißt du, das ist alles wirklich sehr schön.« Und sie sah zu, wie er in dieses neue Leben hineinging.

Wir können unsere Freunde und unsere Familie auf diese Weise treffen, wenn es für uns segensreich ist. Ich behaupte nicht, daß jeder von Ihnen sehen wird, wie seine Lieben auf die andere Seite gehen, aber wenn Sie dazu bereit sind, ist es möglich. Es ist dann möglich, wenn Sie sich in spirituellem Sinne entwickelt haben; wenn Sie den Seelenkörper durch die Spirituellen Übungen von ECK entwickelt haben. Sie sind sehr einfach und Sie machen sie bei sich zu Hause, dann, wann es Ihnen paßt. Sie können die spirituellen Übungen so verändern, daß sie zu Ihnen passen. Man macht sie, solange sie einem helfen und man sich damit sicher und wohl fühlt, und man zwingt sich niemals in einen Bereich, der fremdartig oder erschreckend ist.

Sie stellen fest, daß die anderen Welten natürlich und voller Freude sind; und wenn Sie wissen, daß es keinen Tod gibt, haben Sie keine Angst vor dem Tod mehr. Wenn Ihnen klar wird, daß Sie in den Körper zurückgehen können, ohne daß diese Furcht Sie zurückhält, dann beginnt ihre kreative Vorstellung zu blühen. Es gibt keine

Hindernisse im persönlichen Leben mehr, wenn Sie sich Ihre Ziele für materiellen Erfolg und spirituelle Entfaltung setzen.

Oft suchen wir Gott, weil wir uns vor dem Tod fürchten. Wir wissen, daß er unvermeidlich ist. Aber wenn Sie imstande sind, diese Furcht zu überwinden, haben Sie den Vorteil, daß Sie jetzt vorwärts schreiten und dieses Leben voll und mit Freude leben können. Wenn Sie diesen Zustand der Verwirklichung erreichen, werden Sie feststellen, daß Sie glücklich sind. Das ist Freiheit und Fröhlichkeit, ganz gleich was passiert. Die Sorgen des Lebens können Sie eine Zeitlang herunterziehen, aber das dauert nicht Ihr ganzes restliches Leben. Weil Sie diese Sicherheit haben, werden Sie sich wieder aufrichten.

Der Wegweiser

In gewisser Weise klingt es vielleicht einfach, Gott zu finden — man macht die Spirituellen Übungen von ECK jeden Tag, hat Erfolg damit, und das Leben paßt. Das ist alles. Aber es gibt eine subtile Kleinigkeit, die geschieht, solange wir hier leben. Die negative Kraft hat eine Aufgabe: uns blind zu machen, uns anzulügen, uns schöne Geschichten zu erzählen — alles, was sie tun kann, um uns hier festzuhalten, um uns da zufrieden zu machen, wo wir jetzt sind, so daß wir nicht mehr weiter suchen. Sie baut alle möglichen Nichtigkeiten auf, die Karma erzeugen, bis schließlich die Last so schwer wird, daß wir darunter zusammenbrechen. Und das ist der Moment, in dem wir ernsthaft jemand suchen, der uns den Weg zu Gott zeigen kann.

In ECKANKAR schauen wir auf den Lebenden ECK-Meister. Er wiederum stellt Bücher zur Verfügung, und diese lesen wir, um die nächsten Schritte selbst zu tun.

In *Give and Take* [Geben und Nehmen], einem Buch über Geschäftsverhandlungen, erzählt der Autor Chester Karrass eine interessante Geschichte über eine Frau in Rußland, die den Weisen des Dorfes besuchte.

»Wir haben ein sehr schweres Problem in unserer Familie«, sagte sie. »Wir leben in so einer kleinen Hütte und haben kaum Platz genug für meinen Mann, unsere beiden Kinder und mich. Aber schwere Zeiten haben unsere Schwiegereltern gezwungen, zu uns zu ziehen.«

Der Weise dachte eine kurze Zeit darüber nach, und dann sagte er: »Nun, wenn das Haus überfüllt ist und du es so schwer hast, ich kann dir zeigen, wie du diese schwere Bürde loswerden kannst, so daß du glücklich wirst.«

»Wunderbar!« sagte sie.

»Hast du eine Kuh?« fragte er.

»Ja«, antwortete sie.

»Nimm die Kuh und bring sie ins Haus.«

Es war eine ganz winzige Hütte, und sie dachte, das ist doch irgendwie seltsam. Aber er hatte einen guten Ruf, und so ging sie heim und brachte die Kuh ins Haus. Das erwies sich als ein wirkliches Ärgernis, denn jedesmal, wenn die Kuh sich umdrehte, mußte die Familie von den Stühlen auf der einen Seite aufstehen, über die Kuh wegklettern und auf die andere Seite des Raums gehen.

In der folgenden Woche ging sie wieder zu dem Weisen. »Das ist ganz sinnlos«, sagte sie. »Die Kuh ist ein Ärgernis! Wir können nicht einmal essen, wir können nicht schlafen, wir können uns nicht bewegen, und immer wenn es mal ruhig ist, dann muht die Kuh!«

»Habt ihr Hühner?« fragte er.

Sie zögerte ein wenig, aber schließlich sagte sie: »Ja, wir haben einige Hühner.«

»Gut, nehmt die Hühner mit ins Haus.«

Sie wollte ihm gerade sagen, was er mit der Kuh und den Hühnern machen könnte, aber dann entschloß sie sich: »Schön, ich habe ihm nur eine Chance gegeben — jetzt gebe ich ihm zwei.«

Sie ging zurück nach Hause und brachte die Hühner herein, und das Ganze wurde eine richtige Schweinerei. Jedesmal, wenn die Kuh sich umdrehte, sprang die Familie von den Stühlen. Das erschreckte die Hühner, und sie flogen herum, und ihre Federn fielen in die Suppe. Die Schwiegereltern zankten sich, der Mann kreischte, die Kuh drehte sich um, die Hühner gackerten, und sie hielt es kaum bis zum Ende der Woche aus.

»Mir reicht es!« schrie sie den weisen Mann an. »Die Schwiegereltern sind schlimm genug, die Kuh kann ich kaum ertragen, aber die Hühner — das ist zu viel!«

»Schon gut«, sagte er. »Wenn es dich glücklicher macht, nimm die Hühner wieder heraus.«

Sie ging nach Hause und nahm die Hühner heraus. Eine Woche später kam sie wieder und sagte: »Ich bin viel glücklicher. Es geht viel besser, wenn die Hühner nicht im Haus sind. Man hört morgens nicht als erstes dies Gegacker, und die Kinder müssen nicht mehr die Federn aus der Suppe fischen.«

»Ich bin froh, das zu hören«, sagte der Weise. »Warum nimmst du nicht auch die Kuh aus dem Haus?« Sie fand, das sei eine wunderbare Idee. Sofort ging sie nach Hause, ließ die Kuh aus dem Haus, und sie, ihr Mann, die Kinder und die Schwiegereltern lebten danach allezeit glücklich.

Sie fragen sich, was diese Geschichte für einen spirituellen Sinn hat, nicht wahr? Schön, ich werde Sie darüber nachdenken lassen.

Wenn Sie versuchen, Gott zu finden, dann denken Sie, planen Sie, schauen Sie. Denken Sie zuerst: Was ist mein

Ideal? Dann planen Sie, was Sie tun können, um dorthin zu gelangen. Mein Vorschlag ist: Lesen Sie ein ECK-Buch. Aber was Sie auch tun wollen — was für einen Weg oder welche persönliche Schulung Sie wählen — es ist richtig für Sie. Dann schauen Sie. Sie schauen Menschen an, die im Leben erfolgreich sind, um festzustellen, was sie getan haben, Sie studieren das Leben der Heiligen und finden heraus, was sie taten.

Sie nehmen Bücher und Sie studieren das Leben anderer Menschen, aber noch wichtiger, Sie gehen nach innen. Sie gehen tief in Ihr Inneres mit den kontemplativen Techniken, und Sie kommen mit dem Licht und Ton Gottes in Verbindung. Und wenn Sie mit dieser Stimme in Verbindung kommen, wird diese Sie in Ihr Zuhause führen. Das ist der Ozean der Liebe und Güte, den wir Gott nennen. Damit möchte ich mich verabschieden. Es möge Segen sein.

Internationale Jugendkonferenz von ECKANKAR
Washington, D.C., Samstag, den 2. April 1983

17

Die Vairagi ECK-Meister

Ich möchte heute morgen gerne über die Vairagi ECK-Meister sprechen, über ihre Anwesenheit und ihre Bedeutung in unserem Leben, die oft nicht gesehen und erkannt wird.

Wir hatten kürzlich eine Reihe von Licht und Ton Workshops, die vielleicht einige von Ihnen besucht haben. Diese Workshops sollten den Teilnehmern die Gelegenheit geben, wieder einige Erfahrung mit dem Licht und Ton Gottes zu machen. Einige von Ihnen, die sich ECKANKAR vor vielen Jahren angeschlossen haben, hatten zu Anfang, als sie den Weg betraten, lebhafte Erfahrungen, und im natürlichen Lauf der Dinge haben Sie sie vergessen. Sie haben sich so an Ihre eigenen Erfahrungen gewöhnt, daß diese ihre Bedeutung verloren haben, und langsam verblaßte die Erinnerung daran. Durch diese Licht und Ton Workshops wurde die Erinnerung belebt, und die spirituellen Erfahrungen wurden wieder etwas Lebendiges, als das Licht und der Ton Gottes in die Reichweite der Seele kamen.

Wir schickten kürzlich zwei Leute nach Honolulu, um dort einen dieser spirituellen Workshops zu leiten. Bevor es anfing, überprüften sie den Raum für dieses Treffen, um sicher zu sein, daß Stühle und Tische an ihrem Platz waren und die Temperaturregelung richtig funktionierte. Sie dachten an die ECK-Meister, als sie die Mikrofone aufstellten, da sie deren Anwesenheit vor diesem wichtigen spirituellen Ereignis sehr stark spürten. Plötzlich hörten sie hinter sich ein sanftes, zischendes Geräusch. Als sie sich umdrehten, waren sie ganz schön überrascht zu sehen, wie die riesige Projektionsleinwand von oben bis unten durchriß. Ohne ersichtlichen Grund riß sie genau in zwei Hälften. Die beiden Leiter des Workshops fingen an zu lachen, als sie das sahen, und alles, was sie sagen konnten, war: »Schaut euch die Leinwand da an!«

Das war wie der Bildschirm des Verstandes, der aufgebrochen und auseinandergezogen werden muß, damit das Licht der Seele hindurchkommen kann. Die Meister hatten dafür gesorgt, daß die Verstandeskräfte, die im Weg waren, aufgebrochen wurden, um das reine Licht und den reinen Ton Gottes hereinzulassen, damit der Workshop erfolgreich würde.

Heute ist Ostern. Für viele von uns war das früher eine Angelegenheit von großer Bedeutung — eine Verjüngung und Belebung. Das Fest selbst stammt schon aus vorchristlicher Zeit. Sein Zweck war, ein Sinnbild der Erneuerung des Lebens und der Fruchtbarkeit zu sein, was heute durch den Osterhasen und die Ostereier dargestellt wird. Das ist fast so sehr ein Teil unserer Tradition geworden wie der Nikolaus. Und es ist merkwürdig — in dieser Mischung von Osterhase, Ostereiern und der Auferstehung wird es schwierig, das eine vom anderen zu trennen. Es ist interessant, wie leicht wir Dinge miteinander verbinden und sie zu einem Teil unseres tiefsten Glaubens machen, ohne überhaupt zu wissen, woher sie kommen.

Die Legenden von Ostern wurden gewebt seit der Zeit von Krishna, Zoroaster und anderen Erlösern der Vergangenheit. Um die Jahrhundertwende schrieb Kersey Graves ein Buch mit dem Titel *The World's Sixteen Crucified Saviors* [Die sechzehn gekreuzigten Erlöser der Welt]. Es berichtet von Auferstehungsgeschichten, die man sich schon in vorchristlicher Zeit erzählte, über Gottmenschen, die die Schwelle des Todes überschreiten, dann auferstehen und in den Himmel aufsteigen.

Ein Buch mit dem Titel *Jesus starb in Kaschmir* berichtet von den stillen Jahren im Leben von Jesus. Ob das jemand glaubt oder nicht ist eine persönliche Angelegenheit. Zu biblischen Zeiten, unmittelbar nach der Regierung von König Salomon, war Israel in zwei Königreiche gespalten. Das Nordreich hatte zehn Stämme, das Südreich zwei; und die Königreiche wurden angeführt von Jerobeam und Rehabeam. Die beiden Könige gerieten miteinander in Streit und begannen einen kleinen Krieg. Die Nordstämme versuchten, Hilfe zu bekommen, um die Südstämme zu überwältigen, aber die Südstämme gewannen den Kampf.

Nachdem die Nordstämme von den Assyrern gefangengenommen waren, verschwanden sie. Seit dieser Zeit heißen sie die zehn verlorenen Stämme Israels. Man vermutet, daß sie irgendwo nach Osten gebracht wurden, und auch heute noch gibt es in Kaschmir, Afghanistan und in dieser ganzen Gegend eine Reihe von Namen für Städte, Orte, Kasten und Familien, die genauso lauten wie die im Heiligen Land.

Es gibt Aufzeichnungen in Klöstern, die darauf hindeuten, daß Jesus durch die verschiedenen Länder als Kind, als Jugendlicher und sogar nach seiner Kreuzigung reiste, welche dieser Erzählung nach nicht so ausgeführt wurde, wie es damals bei den Römern üblich war, wobei man sicher sein konnte, daß der Mensch starb.

Der Sinn dieses Buches war zu behaupten, daß Jesus

über die Kreuzigung hinaus lebte und dann die zweite Reise in den Osten machte. Er wurde dort seßhaft, um seine Aufgabe bei den zehn verlorenen Stämmen zu beenden. Es gibt schriftliche Berichte mit Abstammungen und Stammbäumen, die angeblich bis zu der Zeit zurückreichen, wo er eine Familie hatte.

Wer von Ihnen daran interessiert ist, kann die Information einsehen und sie nach Herzenslust studieren. Bilden Sie sich dann Ihre eigene Meinung darüber, in wieweit die Tradition, die wir heute als Christentum bezeichnen, aus anderen Quellen entwickelt wurde. Vielleicht waren die Traditionen, die wir kennen, eine bequeme Art zu versuchen, die Spiritualität in jener Zeit zu verstärken.

Die frühen Christen waren sehr schlicht in ihrem Bewußtseinszustand. Als Jesus seinen Jüngern sagte, sie sollten ihm folgen, antworteten sie: »Wir sind ja da. Siehst du das nicht?« Er aber sprach davon, nach innen zu gehen; er meinte: »Kommt, folgt mir zu dem erhabenen Ort Gottes.« Es gab nur einige wenige, die verstanden, was er sagte, und doch standen seine Jünger im Bewußtsein höher als die meisten Menschen zu jener Zeit.

Die ECK-Meister und viele der anderen Menschen, die Wahrheit in die Welt tragen, sprechen oft in Parabeln und Geschichten. Jesus erzählte oft reine Gleichnisse, ohne die spirituelle Bedeutung hineinzuflechten. Eines Tages, als er eine Predigt am See gehalten hatte, fragten ihn seine Jünger, warum er den Menschen seine Lehren immer in Gleichnissen gebe. Er sagte: »Weil es Euch gegeben ist, die Geheimnisse des himmlischen Königreichs zu kennen, aber ihnen ist es nicht gegeben... Darum spreche ich in Gleichnissen zu ihnen.« Er bezog sich damit auf diejenigen, die außerhalb des Kreises seiner Jünger und engen Vertrauten standen. Die Gleichnisse waren also seine Lehre für die Menge. Dies ist ein Teil des Christentums, das auch heute noch oft als die Hauptlehre angesehen wird, obwohl Jesus tatsächlich sagte, sie sei es nicht.

Viele Meister, die auf die inneren Ebenen gehen können, haben Schwierigkeiten auszudrücken, was sie erfahren haben. Der heilige Paulus versuchte das zu übermitteln. Er berichtete, wenn er in die inneren Welten ging, habe er »unaussprechliche Worte« gehört, »die zu äußern einem Menschen nicht gestattet ist«. Er sah Dinge, die er in Worte nicht fassen konnte. Dies gilt für alle Meister, die auf die inneren Ebenen gehen können.

Die Gnostiker und die orthodoxe Kirche

In frühchristlicher Zeit gab es mindestens zwei Denkrichtungen. Eine wurde die orthodoxe Denkweise, die institutionelle Kirche, die sich im ersten und zweiten Jahrhundert zu entwickeln begann. Sie stand in direktem Gegensatz zu denen, die sich Gnostiker nannten. Paul Twitchell stellt in dem Buch *Briefe an Gail*, Band 1, fest, er sei ein Gnostiker. Er sagte dies, weil die Gnostiker Menschen waren, die nach innen gingen, um ihre spirituelle Autorität zu finden. Die Führer der orthodoxen, offiziellen Kirche hatten nicht die Fähigkeit, in ihrem Bewußtseinszustand jene Himmel im Inneren zu erreichen, und deshalb mußten sie sich auf eine künstlich aufgebaute apostolische Tradition verlassen. Und so entstand der Gegensatz zwischen diesen beiden Richtungen.

Das Merkwürdige ist, daß die frühe orthodoxe Kirche großen Wert auf die Wahrheit legte. Was geschah also, als Jesus starb? Wer würde in der Lage sein, die Lehren weiterzutragen? Jemand, der ihn im physischen Körper gekannt hatte. Die Nachfolge fand durch Menschen wie den heiligen Petrus statt, der Jesus gekannt hatte, als dieser lebte. In späteren Jahrhunderten hieß es, daß Petrus die Kirche gegründet habe, daß Petrus der erste gewesen sei, der Jesus nach seiner Auferstehung sah. Aber das stimmt nicht. Es war Maria Magdalena.

Ich gehe zu Ostern ein wenig auf dies alles ein, weil die Art und Weise, wie die ECK-Meister arbeiten und wie einige dieser Traditionen sich zu einem verwässerten, verfälschten Seitenzweig entwickelt haben, miteinander verflochten sind.

Der heilige Paulus war ein interessanter Mann. Er war es, der aus den Lehren Christi das Christentum, die eigentliche Grundlage von dem, was heute bekannt ist, entwickelt hat. Er nahm jüdisches Gedankengut, mischte es mit dem Christentum und machte es so für die Römer genießbar. Die römischen Soldaten hätten es nicht irgendeinem Haufen von Menschen gestattet, mit merkwürdigen, fremden Ideen anzukommen.

Aber die Anführer hatten das Gefühl, es sei nicht richtig, den heiligen Paulus zum Oberhaupt der Kirche zu ernennen. Die Schwierigkeit lag darin, daß er die Fähigkeit hatte, auf die inneren Ebenen zu gehen und zu sagen, er sei ein neuer Mensch, wenn er in Christus sei. Er meinte damit, im Christusbewußtsein. Keiner der anderen hatte diese Fähigkeit. Für den heiligen Paulus war Christus auf den inneren Ebenen die Autorität, sowohl bei seiner Erfahrung auf der Straße nach Damaskus als auch später. Seine Tradition beruhte auf dem inneren Menschen, und das war etwas, das die Kirche nicht akzeptieren konnte. Es war in Wirklichkeit der heilige Paulus, der die Lehren entwickelte, aus denen das Christentum, wie wir es heute kennen, entstand. Es war keineswegs der heilige Petrus.

Die Gnostiker brachten Schriften heraus, die behaupteten, daß sie mit Jesus sprachen. Daraus entstand ein ganzer Bereich des Denkens, der auf der inneren Erfahrung beruhte. Die Gnostiker glaubten, eine hohe Form spiritueller Offenbarung gehe von dem Menschen aus, der die Worte seines Meisters aufnahm und mit Hilfe seiner eigenen kreativen Vorstellung ausdrückte. Die orthodoxe, institutionelle Kirche meinte es umgekehrt — daß derjenige am höchsten stünde, der die alten Schriften Wort für Wort wiederholen könne, manchmal ohne zu verstehen, welche Bedeutung die ursprüngliche Aussage dem Sucher vermitteln wollte. Es war sehr interessant, wie die ganze Sache zustandekam.

Paul Twitchell war ein Gnostiker. Und in dem Sinn, von innen geführt zu sein, die Fähigkeit zu haben, nach innen zu gehen, bin ich es auch. Und wenn wir dann erst einmal dahin kommen, gehen wir hinaus in die Gottwelten.

Kontemplation und Meditation

Es ist einen großer Unterschied zwischen Meditation und Kontemplation. Meditation lehrt einen, nach innen zu gehen und still dazusitzen. Es ist die schwere spirituelle Technik des Ostens, während Kontemplation die sehr leichte von ECKANKAR ist. Meditation läßt die Menschen nach innen gehen und dasitzen in dem Versuch, den Verstand zur Ruhe zu bringen. Wenn sie das tun, werden sie passiv und ruhig. Sie fallen in Trägheit, eine Falle der negativen Kraft, und ihr ganzes Leben kann in Auflösung und Armut verfallen. Indien ist ein Beispiel eines Landes, das sich en masse der Meditation zuwendet — und schauen Sie sich die Armut dort an.

Kontemplation ist ein aktiver Weg. Wir setzen uns zwanzig Minuten lang hin, chanten einen heiligen Namen Gottes, wie zum Beispiel das HU, und suchen das Licht und den Ton Gottes. Wenn Es durchkommt, dann heißt das nicht, daß es nur eine einzige Erfahrung für das gesamte Leben ist, sondern Es kommt auf viele verschiedene Arten, zu vielen verschiedenen Zeiten und in ganz unterschiedlicher Intensität.

Das Licht und der Ton heben die Seele an und reinigen Sie, bringen Freude und Glück, die niemand je erfahren kann, der nur an die äußeren Lehren glaubt und auf sie vertraut. Darum sagen die ECK-Meister, daß man sich nie völlig auf irgendeine äußere Lehre verlassen kann. Die ECK-Schriften sind nur dazu da, einen nach innen zu führen. Es gibt viel gute Information und Erkenntnis in all den Büchern, einschließlich des *Shariyat-Ki-Sugmad*, aber diese sind nur eine physische Übertragung des vollständigen Buches, das sich auf jeder der verschiedenen Ebenen in den himmlischen Welten befindet.

Wie die ECK-Meister helfen

Die ECK-Meister arbeiten mit uns im stillen. Oft werden sie uns auf der Straße begegnen, und wir erkennen sie nicht. Sie kommen dann, wenn wir eine Lektion, wenn wir Einsicht oder Inspiration oder einen kleinen Anstoß brauchen, der uns auf die nächste Stufe unseres spirituellen Lebens hilft. Auf der physischen Ebene kann sich das auch in unserem Beruf und da, wo wir leben, widerspiegeln.

Als ich noch in Wisconsin lebte, war ich einmal sehr ruhelos geworden. Meine Arbeit bot keine Möglichkeiten mehr für persönliches Wachstum, und der Ort, wo ich wohnte, war auch sehr einengend geworden. Ich hätte nur sagen müssen: »Es ist Zeit, reiß dich zusammen!« Dann hätte ich meine ganze Kraft zusammennehmen und eine Entscheidung fällen müssen, umzuziehen und eine andere Arbeit zu finden. Aber ich konnte die Trägheit nicht überwinden und diesen Schritt tun.

An einem Winterabend zog ich meinen Mantel an und ging zu einem Spaziergang nach draußen, nur um meine Gedanken zu ordnen. Es hatte gerade angefangen, ein paar Flocken zu schneien; später sollte daraus ein Schneesturm werden. Ich ging um einige Ecken und kam zu einem kleinen Einkaufszentrum. Wegen der späten Stunde war es geschlossen, aber zwei Bars auf den gegenüberliegenden Seiten der Straße waren noch geöffnet. Als ich mich der Bar auf meiner Straßenseite näherte, sah ich einen Mann auf den Stufen herumstehen, der sich einfach an das Haus anlehnte. Er hatte zwei Krücken unter den Armen, und in dem Licht, das aus der Tür fiel, konnte ich sehen, daß sie nagelneu waren. Er sah so kräftig aus, daß ich erkennen konnte, daß er sie zum Gehen nicht brauchte.

Nur um die Zeit ein wenig zu vertreiben, hoffte ich, er würde ein Gespräch anfangen, als ich vorbeiging, und das tat er auch: »Haben Sie Feuer?« fragte er. »Ich rauche nicht«, sagte ich, und dachte, na ja, das war schon unsere Unterhaltung. Aber ich machte einen Versuch, sie in Gang zu halten. »Wissen Sie«, sagte ich, »es ist ungewöhnlich, einen Mann mit Krücken herumlaufen zu sehen, wenn er sie nicht braucht.«

Da starrte er mich mit äußerster Intensität an, und ohne ein Wort zu sagen, nahm er seine Krücken, überquerte die Straße und ging in die andere Bar. Hätte er irgend etwas zu mir gesagt, wäre das ganze Erlebnis vorbeigegangen, ohne daß ich weiter darüber nachgedacht hätte, weil es eigentlich vollständig gewesen wäre.

Werbeagenturen benutzen eine bestimmte Technik, wenn sie Plakate machen. Man könnte sie vielleicht die Technik »des Schuhs, der nicht fällt« nennen. Man sitzt unten und hört den dumpfen Ton, wie jemand eine Treppe höher einen Schuh auszieht. Man wartet und wartet nun auf das Geräusch, wenn der andere Schuh herunterfällt, und man kann die ganze Nacht nicht schlafen, weil man sich fragt, warum der Kerl ihn nicht fallen läßt. Werbeagenturen regen mit Plakaten die gleiche Art von Neugier an. Sie scheinen sehr ausgewogen und sehen für das ungeübte Auge sehr gut aus, aber irgendwie enthalten sie ein Element, das einem das Gefühl gibt, die Botschaft sei nicht ganz vollständig. Und dann möchte man herausfinden, was fehlt. Ganz passend ist da nun zufällig ein Auftragsformular angebracht, so daß man das Fehlende bestellen kann — und auf sehr subtile Weise haben sie erreicht, was sie wollten.

Genauso war es mit diesem Mann. Wenn er mir eine Antwort gegeben hätte, warum er mit Krücken herumlief, dann wäre die Erfahrung scheinbar vollständig gewesen, und ich hätte niemals mehr daran gedacht, mir darüber Fragen zu stellen.

Als ich in mein Zimmer zurückkam, setzte ich mich hin und dachte über diesen völlig gesunden Mann nach, der sich an zwei Krücken festhielt, die er nicht mehr brauchte. Warum trug er sie immer noch herum? Warum ließ er sie nicht einfach stehen?

»Moment mal!« sagte ich. »*Ich* trage auch zwei Krücken — eine ist meine Arbeit und die andere ist der Ort, wo ich wohne.« Ich hatte sie zu einer bestimmten Zeit meines Lebens gebraucht, um wieder auf die Füße zu kommen, nachdem ich schwierige Zeiten durchgemacht hatte, aber in der letzten Zeit hatte ich sie loswerden wollen. Warum tat ich es also nicht einfach? Ich sagte laut zu mir: »OK, ich habe verstanden!«

War dieser Mann einer der ECK-Meister, die still im Hintergrund stehen und einem niemals sagen, wer sie sind? Es ist schwer zu sagen. Sie werden sie treffen, aber

Sie werden es nicht erfahren, denn sie werden es Ihnen niemals sagen.

Jeder, der den Weg von ECK betritt, um ein ECK-Meister zu werden in der Hoffnung, Anerkennung und Beifall zu gewinnen, ist gewöhnlich enttäuscht. Die ECK-Meister arbeiten still im Hintergrund. Der Lebende ECK-Meister muß im Vordergrund arbeiten, aber wenn seine Arbeit beendet ist, dann übergibt er seine Pflichten einem Nachfolger, der durch seine besonderen Fähigkeiten am besten geeignet ist, die Botschaft von ECK auf der nächsten Etappe der Reise in die Welt zu tragen. Und von da an arbeitet der frühere Lebende ECK-Meister still im Hintergrund.

Lernen, mit dem Heiligen Geist zu arbeiten

Wir lernen, während wir fortschreiten, auch wenn wir Licht und Ton haben, auch wenn wir darauf eingestimmt sind. Wir lernen mit der Intuition zu arbeiten, und das ist eigentlich die Seele, die zu uns spricht und uns sanft führt, um unser Leben besser zu gestalten. Der Heilige Geist ist immer bei uns, führt uns immer, schützt uns immer, versucht immer, uns Freude zu bringen und unser Leben zu verbessern; das bedeutet aber nicht, daß wir immer bewußt sind und zuhören.

Als ich vor einigen Jahren ausgewählt wurde, nach Europa zu gehen und auf einem ECK-Seminar zu sprechen, stieg ich in einen Jumbo-Jet, der von New York flog. In den Minuten vor dem Abflug war das ganze Flugzeug voll — ausgenommen die zwei Sitze rechts und links von mir vorne in der Kabine. Als der Abflug näherrückte, stieg meine Hoffnung immer höher, daß ich für den Nachtflug alle drei Sitze für mich haben würde. Das bedeutete, ich könnte schlafen, ausgeruht ankommen und den Jet-lag überwinden. Mein Glück hielt sogar noch an, als die Türen geschlossen wurden und das Flugzeug startete.

Als ich gerade anfangen wollte, es mir bequem zu machen und mich zu entspannen, kam ein Steward vorbei und sagte: »Ganz hinten sitzt eine recht alte Dame, und sie läßt fragen, ob sie hierherkommen und bei Ihnen am Fenster sitzen kann.« Ich war nicht gerade begeistert von dieser Änderung meiner Pläne, aber erfüllt von der Freundlichkeit des ECK sagte ich: »Ja, natürlich.«

Es schien, als seien nur wenige Sekunden vergangen, als die kleine alte Frau den Gang entlang gehüpft kam, flink wie ein Osterhase. Sie ließ mir nicht einmal Zeit aufzustehen — sie quetschte sich an mir vorbei und ließ sich in den Sitz am Fenster fallen.

Ich saß auf dem mittleren Sitz und wollte mich gerade zum Gang hinüber setzen, als sie sagte: »Mein Mann sitzt noch hinten im Flugzeug. Er hat kranke Beine, und er muß am Gang sitzen, damit er sie ausstrecken und gerade halten kann.«

Nun denken Sie daran, ich bin ein ECKist; man sollte von mir erwarten, daß ich eingestimmt bin und weiß, was gespielt wird — aber ich war eher wie ein Kind in der Wildnis.

Sie setzte zum Angriff an: »Könnte mein Mann nicht hierherkommen und den Sitz am Gang nehmen? Wir könnten dann ein bißchen miteinander sprechen.«

Was sollte ich dazu sagen?

Sobald das Flugzeug den Steigflug beendet hatte, sprang sie wieder unglaublich schnell an mir vorbei, und in Rekordzeit waren sie und ihr Mann mit den kaputten Beinen wieder da, um mich noch mehr zu plagen. Sie sprang hinüber zum Fenster, er nahm den Sitz am Gang, und ich saß da zwischen ihnen. Und jetzt wurde er sehr gesprächig und beugte sich vor, um an mir vorbei mit seiner Frau zu sprechen und starrte mich dabei immer so unverwandt mit Blicken an, die sagten: Was ist das für ein Trottel, der einen Mann von seiner Frau trennt?

Sie waren noch nicht ganz fertig mit mir. Die Frau konnte sich denken, wie unangenehm mir das war, und so sagte sie zu ihrem Mann: »Dieser junge Mann hat freundlicherweise angeboten, auf deinen Sitz hinten im Flugzeug zu gehen.« Ich konnte es nicht glauben, als ich diese Worte hörte. Aber als der Steward das nächste Mal vorbeikam, sagte die Frau: »Dieser junge Mann hat sich bereiterklärt, nach hinten zu gehen, damit mein Mann und ich zusammensitzen und uns unterhalten können.« Ganz benommen nahm ich meine Sachen und folgte dem Steward zu dem allerletzten Platz im Flugzeug, direkt neben der Toilette, im Raucherabteil.

Ich glaube, die hat mich reingelegt, sagte ich mir, als ich da hinten saß und mir klar wurde, wie schnell die beiden gearbeitet hatten. Sie und ihr Mann hatten dieses kleine Spiel schon oft geübt. Und so lernte ich etwas und wurde viel weiser.

Das gleiche ist seitdem auf vielen Flügen passiert — Vater und kleiner Sohn oder andere Kombinationen — und andere, die mit mir reisen, springen sofort auf und verlassen ihren Platz. Wenn ich dasitze und das beobachte, sage ich mir: »Ihre Großzügigkeit wird vielmals gesegnet sein — aber ich rühre mich nicht von der Stelle!«

So gehen wir diesen Weg zu Gott, und wir tun unser Bestes. Auf dem Wege erhalten wir Hilfe sowohl vom Inneren Meister als auch von den ECK-Meistern, die unter uns wandeln. Sie kommen vielleicht verkleidet, sie können gut angezogen sein, sie erscheinen vielleicht als Geschäftsleute; aber sie werden die Worte des Heiligen

Geistes sprechen, die wir in diesem besonderen Augenblick brauchen.

Der losgelöste Zustand

Diese ECK-Meister vom Orden der Vairagi können dies tun, weil sie den losgelösten Zustand erreicht haben. Losgelöst heißt, dem Spiel des Lebens zuzuschauen — zu weinen, wenn wir müssen, zu lachen, wenn wir können — aber immer das Leben vom Standpunkt der Seele aus zu sehen und zu wissen, daß auch dies vorübergehen wird.

Ein Gedicht mit dieser Überschrift wurde von einem Mann namens Theodore Tilton verfaßt. Es erzählt die Geschichte von einem weisen König, einem Sucher, der die spirituelle Wahrheit suchte. Aber er hatte schon den Zustand der Losgelöstheit erreicht, den wir auf dem Pfad zu Gott suchen, wenn wir auf unsere persönliche Meisterschaft zugehen.

Dieser König hatte alle Reichtümer seines Standes, darunter auch die schönsten Juwelen aus Ländern jenseits der Meere. Aber während andere sich von solchen Reichtümern beeinflussen ließen, tat er das nicht. Er betrachtete oft den Siegelring, den er an der Hand trug, welcher das Zeichen seines königlichen Amtes trug. Er hatte darauf die Worte eingravieren lassen: »Auch dies wird vorübergehen.« Dies erinnerte ihn daran, einen losgelösten Standpunkt zu behalten, so daß er den Augenblick genießen konnte, ohne sich vom Schmerz des Verlustes ergreifen oder von der Illusion der Macht oder des Reichtums blenden zu lassen. Es hielt ihn im Gleichgewicht und gewährte ihm eine klare, gelassene Sicht auf das Leben.

Sogar wenn er seine liebliche Braut ansah, die schönste Jungfrau im Reich, sah er mit den Augen der Seele. Er sagte: »Vergängliches Fleisch muß zu Erde werden — auch dies wird vorübergehen.«

Er genoß den Augenblick und freute sich des Lebens, weil er in der Lage war, den Überblick zu haben, den wir unsererseits suchen.

Zeit verging, und der König zog in den Krieg. Während des Kampfes durchdrang eine Lanze seinen Schild und verwundete ihn schwer. Seine Männer trugen ihn zu seinem Zelt, und während seine Wunde heilte, konnte er den Schmerz fast nicht mehr ertragen. Aber während es ihm in den folgenden Wochen langsam besser ging, sagte er oft: »Auch das wird vorübergehen.« Es gab ihm eine Aussicht. Es gab ihm den spirituellen Blickpunkt.

Eines Tages ging er auf einen Platz, wo ihm zu Ehren ein Standbild errichtet worden war. Verkleidet ging er unter den Menschen und sagte demütig: »Was ist Ruhm?... Auch dies wird vorübergehen.«

Der König wurde ein sehr alter Mann, und jetzt, angesichts der Erscheinung des Todes, fragte er sich, was ihn auf der anderen Seite erwarte. Als er auf seinem Totenbett lag, mit ruhigem, zuversichtlichem Herzen, drang ein Sonnenstrahl durch die Vorhänge und fiel auf seinen Ring. Er blickte auf ihn hinab und sah die Worte: »Auch dies wird vorübergehen.«

Jetzt wußte er, daß es auch jenseits Leben gibt; daß das physische Leben nur ein Schritt in der Existenz der Seele ist, während Sie die Reife erwirbt, um ein Mitarbeiter Gottes zu werden.

Wir gehen nach innen, und wir finden das Licht und den Ton Gottes. Durch die spirituellen Übungen erreichen wir dann den losgelösten Zustand der Vairagi ECK-Meister. Wir finden Licht und Erleuchtung, die wahre Erleuchtung, die jenseits der emotionalen und mentalen

Ebenen liegt, jenseits des kosmischen und des ECKshar-Bewußtseins. Wenn dies geschieht — wenn wir das höchste Bewußtsein erreicht haben, das man auf dieser physischen Ebene kennt — dann gehören wir diesem Orden der ECK-Meister an.

Sie sollen wissen, daß Licht und Ton immer bei Ihnen sind. Ihre Reise nach Hause wird von Sicherheit und Freude begleitet sein; und wenn Sie nach Hause kommen, werden Sie sich spirituell entfalten. Es möge Segen sein.

*Internationale Jugendkonferenz von ECKANKAR
Washington, D.C., Sonntag, 3. April 1983*

18

Die kreative Kraft der Seele

Das Thema heute morgen ist die kreative Kraft der Seele. Ich versuche, Ihnen bei jedem Seminar Geschichten, Techniken oder irgend etwas zu geben, das Sie mit nach Hause nehmen können; irgendeine kleine Sache, die hilfreich ist, damit Sie sagen können, es hat sich gelohnt, das Seminar zu besuchen.

Hinter der Bühne gab mir gerade jemand diese Grußkarte. Sie ist von der Art, wie sie die Seele geben würde. Auf der Vorderseite steht: »Allgemeine Allzweck-Grußkarte«. Und dann steht unten, sehr sorgfältig, das Format: 13 mal 18 Zentimeter. Etwas Allgemeines ist in den Einzelheiten sehr genau. Die Botschaft, die die Karte bringt, heißt: »Was auch immer« — und das ist natürlich sehr allgemein. Und drinnen steht ein netter, kleiner, handgeschriebener Text: »Indem ich die einfachen Grundlagen von ECK täglich lebe, kann ich ein einfacher, nicht-allgemeiner Allzweck-Initiierter des Lichtes und des Tons sein; und ich wünsche mir nur, dem Heiligen Geist noch besser zu dienen.«

Vertrauen auf den Heiligen Geist finden

Gestern erzählte mir jemand von einem Gespräch, das zwischen vier jungen Damen, gerade am Beginn des

Teenager-Alters, stattfand, die mit dem Aufzug hinauffuhren. Obwohl sie noch Badeanzüge anhatten und in große Handtücher eingehüllt waren, sagten sie: »Wir gehen nach oben, um den Meister zu besuchen.«

Einige Leute im Aufzug waren ECKisten, andere nicht. Sogar die ECKisten konnten nicht umhin zu staunen, was diese Mädchen so sicher reden ließ. Ein Mann, der in dem Hotel eine Versicherungskonferenz besuchte, konnte sich nicht erklären, wovon sie sprachen. Er sagte: »Meister? Was meint ihr mit Meister?«

Sie sagten: »Haben Sie eine Ahnung von ECK?«

»Nein«, sagte er.

»Dann würden Sie es nicht verstehen.«

Als der Aufzug nach oben fuhr, sprachen sie untereinander: »Meint ihr, es ist wirklich in Ordnung, den Meister in unseren Badeanzügen und Handtüchern zu besuchen?«

Die Tür öffnete sich auf einem der oberen Stockwerke, und tatsächlich, da stand ich — einfach so im Gang. Ohne mit der Wimper zu zucken sagten sie: »Hallo, wir sind gekommen, um dich zu besuchen.« Ich sagte: »Ja, ich weiß.«

Viele von den jungen Leuten gewinnen Vertrauen auf den Heiligen Geist und auf ihre inneren Erfahrungen mit Licht und Ton, welches die beiden Aspekte Gottes sind, die anheben und die Reife der Seele bringen, nach der wir suchen. Sie werden in der Tat so sicher, daß sie lernen müssen, in der Schule vorsichtig mit dem zu sein, was sie ihren Freunden von ECK sagen. Es kommt darauf an, wie man es lebt. Man muß anderen Menschen ihre Freiheit lassen.

In der Schule redet meine Tochter nicht über ihre Verbindungen zu ECK, weil sie gelernt hat, daß es klug ist, es für sich zu behalten. Die wenigen Male, wo sie versuchte, darüber zu reden, schauten ihre Freunde sie komisch an.

Sie schließt am Mittwoch die vierte Klasse ab, und in den beiden letzten Schulwochen müssen sie mit einem Computer arbeiten. Der Computer stellt ein ganz neues Zeitalter in der Ausbildung dar. Computer bringen mich manchmal zur Weißglut — die Tasten funktionieren nicht, das Ding schließt sich vor einem ab, und auch wenn man es schüttelt, gibt es entweder die Wörter, die man eingegeben hat, nicht wieder aus, oder es bringt es fertig, sie ganz zu verlieren. Aber die Jugend lernt, ganz natürlich damit umzugehen. Sie wachsen damit auf, und es ist ein sehr interessanter Teil ihrer Ausbildung.

Ihre Klasse bekam die Aufgabe, eine Art Piktogramm auf dem Rechner zusammenzubringen. Sie entschied sich, ECK zu schreiben. Sie machte ein großes *E* aus kleinen *e*'s, ein *C* aus kleinen *c*'s und ein *K* aus kleinen *k*'s. Sie hat es noch nicht ausgedruckt bekommen, aber sie sagte: »Ich weiß, was meine Freunde sagen, wenn es ausgedruckt wird. Sie werden fragen: 'Was ist ECK?' und ich werde einfach sagen: 'Es ist der Heilige Geist. Mann, weißt du das nicht?'«

Die Kinder haben nicht das Gefühl, sich wegen ECK rechtfertigen zu müssen, denn es ist ein Teil ihres Lebens. Wir Erwachsenen sind zu ECK durch die Hintertür gekommen — auf dem Weg über andere Religionen. Oft versucht man, ECK mit dem zu vergleichen, was man vorher kannte. Paßt es zu diesem Weg? Ist es ebenso gut? Zeigt es uns die Zeitspur ebenso schnell? Erinnern wir uns ebenso gut an Träume? Wie steht es damit, in die Zukunft zu schauen? All diese komischen, kleinen Dinge gehen einem durch den Kopf.

Die ECK-Kinder haben das Licht und den Ton, und wenn eine innere Erfahrung kommt — wie zum Beispiel aus einem vergangenen Leben — dann nehmen sie sie auf. Sie sprechen mit ihren Eltern darüber und fragen: »Was bedeutet das?« Sie können versuchen, ihnen eine Antwort zu geben, oder noch besser, sie ermuntern, ihre eigene zu finden. Sagen Sie einfach: »Geh heute nacht wieder in den Traumzustand und sieh zu, ob du herausfinden kannst, was es bedeutet, und morgen früh können wir dann darüber sprechen. Wir wollen mal sehen, ob du es dann besser verstehst.«

Unsere eigenen Antworten finden

Ein wirklicher Meister oder ein Mensch von wirklicher Autorität versucht zu vermeiden, daß er in die Lage kommt, einem anderen, der die Wahrheit sucht, alle Antworten zu geben. Er möchte, daß der einzelne seine eigenen Antworten findet. Manche Menschen kommen aus Gewohnheit zu einem ECK-Meister, damit er ihre Probleme löst.

Beispielsweise versuchte sich jemand zu entscheiden, ob er in einem anderen Land ein Grundstück kaufen sollte. Er wollte einen Bauernhof kaufen, und das bedeutete eine vollständige Umstellung seines Lebens.

Er sagte: »Ich kann es in einem von zwei Ländern kaufen, und ich bin in einem der beiden mehr zu Hause. Welches soll ich kaufen?«

Ich sagte: »Nun, untersuche die ganze Lage wirklich sehr sorgfältig. Setz dich hin und mach eine Liste aller positiven Seiten und aller negativen Seiten. Lege sie nebeneinander und prüfe sie gründlich.«

Ich versuchte ihn dazu zu bringen, die Sache selbst objektiv zu betrachten, so daß er besser feststellen konnte, was alles mit einer derartig großen Veränderung verbunden war. Es war eine gewaltige Umstellung von seiner jetzigen Bürotätigkeit zur Landwirtschaft. Er wollte etwas anpflanzen, aber das kann ein hartes Leben sein. Man braucht Geld, um anzufangen, und außerdem Kenntnisse über die Feldfrüchte. Werden sie wachsen? Wenn nicht, hat man genug Geld, um es bis zum nächsten Jahr zu schaffen?

Bald nach unserem Gespräch schrieb er mir einen Brief: »Ich habe die Listen zusammengestellt und die ganze Information durchgearbeitet. Was soll ich jetzt tun?«

Ich gab ihm nicht die Antwort, die er sich wünschte. Ich schrieb ihm die folgende Mitteilung zurück: »Was geschieht, wenn du dich entscheiden mußt, welchen Dünger du kaufst? Nimm an, ich bin nicht da, oder dein Brief geht in der Post zwei oder drei Monate lang verloren. Was machst du dann mit deinem Bauernhof? Also entscheide dich selbst. Was willst du tun? Was wirst du tun? Wohin haben dich deine Fähigkeiten bis heute gebracht? Das ist dein Ausgangspunkt.«

Unsere Aufmerksamkeit konzentrieren

Mit der kreativen Kraft der Seele zu arbeiten, bedeutet zu lernen, wie man seine Aufmerksamkeit konzentriert. Oft höre ich: »Ich kann meinen Verstand nicht lange genug zur Ruhe bringen, um die spirituellen Übungen zu machen.« Das ist etwas, woran Sie arbeiten müssen, denn wenn sie in irgendeiner Sache gut sein wollen, müssen sie dafür einige Mühe aufwenden — ob Sie nun studieren, um Arzt zu werden oder irgend etwas anderes.

Der Weg von ECK beseitigt die fünf Leidenschaften des Verstandes nicht; wir lernen, sie unter Kontrolle zu halten. Wie? Durch konzentrierte Aufmerksamkeit, die Kraft der Seele, die durch das Chanten Ihres Wortes entzündet wird. Wenn Sie Ihr Wort chanten, haben Sie sofort die Kraft, sich im Bewußtsein so weit anzuheben, daß Sie in der Lage sind, aus jeder Situation einen Schritt zurückzutreten, damit sie Sie nicht überwältigt. Dann können Sie sie objektiv und ohne Emotionen anschauen und herausfinden, was geschieht. Fragen Sie sich: Ist es in meinem besten Interesse? Oder verwendet jemand seine kreative Vorstellung dazu, mich in eine Falle der Dimensionen seiner Zeit und seines Raums zu locken.

Wie man zur erwachten Seele wird

Wir streben danach, zur bewußten, erwachten Seele zu werden. Das bedeutet, von äußeren Einflüssen durch jemand anderen völlig frei zu sein. Wenn Sie dann in ein Lebensmittelgeschäft gehen, werden Sie nicht so von all den stummen Fingern beeinflußt, die von den Regalen her an Ihnen zerren, aus lauter schönen, bunten Schachteln heraus, welche sagen: Kauf mich! Kauf mich! Wenn du es tust, wirst du gesünder, reicher, klüger sein!

Vor zwei Tagen ging ich abends mit meiner Familie in ein Schnellrestaurant. Sie kennen diese Sorte — drei Minuten, nachdem man es betreten hat, sitzt man an einem Tisch und ißt seine Mahlzeit aus einer Schachtel.

Die Arbeit in solchen Schnellrestaurants ist eine gute Gelegenheit für junge Menschen, den ersten Schritt zur Unabhängigkeit zu tun. Es ist hart, dort zu arbeiten, und gewöhnlich ist das Beste, was man davon sagen kann, daß sie dort sehr schnell lernen, es müsse eine bessere Art geben, sich seinen Lebensunterhalt zu verdienen. Aber in der Zwischenzeit ist es etwas, das sie in ihren Lebenslauf hineinschreiben können, damit sie bei der Bewerbung für eine andere Tätigkeit bessere Aussichten haben gegenüber denen, die überhaupt keine Erfahrung haben.

Diese Restaurants sind fast wie ein Pferch, durch den

die Kunden hindurchgetrieben werden. Noch bevor wir ganz durch die Tür gekommen waren, sagte der junge Mann hinter dem Schalter schon: »Darf ich ihre Bestellung aufnehmen?« Ich versuchte, ihn zu ignorieren, denn wenn man mit Frau und Kind hereinkommt, ist es nicht so einfach, gleich eine Bestellung aufzugeben. Man muß ein bißchen verhandeln, bis man die Bestellung schließlich so weit hat, daß der Mann am Schalter daraus schlau wird und sie in die Kasse eintippen kann. Er versteht nicht, daß man ihm einen Gefallen tut, wenn man zögert.

Die Finger des jungen Mannes streckten sich schon, und ich konnte fühlen, daß es ihn geradezu juckte, uns noch einmal nach der Bestellung zu fragen. Ich versuchte weiter, seine Frage zu ignorieren und drehte mich sogar von ihm weg und blieb etwa drei Meter vom Schalter entfernt stehen.

Schließlich konnte er sich nicht mehr zurückhalten. »Was möchten Sie bestellen?«

»Warten Sie!« sagte ich, »Wollen Sie mir die Möglichkeit geben, mich zu entscheiden?« Er wollte nicht in meinen Freiraum eindringen, aber er tat es rundherum. Das nahm ihm und mir etwas von dem guten Willen und der Fröhlichkeit, und wir wünschten uns beide, es wäre nicht passiert. Als wir gingen, sagte ich ganz bewußt ein paar nette Worte zu ihm darüber, wie gut er seine Arbeit machte, und versuchte, die Sache wieder in Ordnung zu bringen.

Paul Twitchell tat einmal das Gleiche mit einer Frau, die sich in ein Initiiertentreffen eingeschlichen hatte. Paul hatte gesagt, es sollte ein Treffen für Zweitinitiierte und darüber sein, und sie war zu der Zeit keine Initiierte. Sie kam herein und fing an, viele, viele Fragen zu stellen. Ich konnte mir keinen Reim darauf machen. Ich war sehr aufgeregt. Wissen Sie, ich war auch kein Zweitinitiierter, aber ich hatte mich nicht eingeschlichen! Ich hatte an der

Registration erklärt, daß meine Initiation für den nächsten Tag angesetzt war, und ich erhielt die Erlaubnis teilzunehmen.

Als diese Frau anfing, alle diese merkwürdigen Fragen über psychische und okkulte Dinge zu stellen, sagte ich mir: »Ist das ECK? Was geht hier vor? Bin ich auf den falschen Weg gekommen?«

Ganz plötzlich sah Paul sie an und sagte sehr scharf: »Sie haben hier nichts zu suchen.« Ich fragte mich, ob er mich vielleicht auch meinte.

Das ist ein Beispiel davon, daß die Vorstellung sich selbständig macht. Ja, ich gehörte dorthin, aber obwohl ich die Erlaubnis hatte teilzunehmen, konnte ich nicht umhin zu denken: »Oh nein, was passiert mir jetzt?«

Als das Treffen vorbei war, entschuldigte sich Paul bei ihr. Er sagte: »Ich hätte nicht ganz so scharf reagieren sollen«, und er brachte es sehr freundlich wieder in Ordnung.

Uns selbst Ziele setzen

Ein Prinzip der Seele ist es, pünktlich zu sein. Wenn Sie dabei sind, in diese Welt ein System hineinzubringen und sich ein Ziel zu setzen, dann legen Sie auch einen Termin fest, an dem Sie es erreichen wollen. Was werden Sie tun, und wann werden Sie fertig sein? Ganz gleich, was es ist, setzen Sie sich ein Ziel und eine Frist, denn so beginnen Sie, mit der kreativen Imagination zu arbeiten.

Sie fangen damit an zu sagen: »Ich werde etwas tun.« Halten Sie es zu Anfang klein genug, damit Sie es auch wirklich fertig bringen. Sie wollen nicht so sein wie der Gärtner, der ständig Samen in einem Garten sät, der niemals Früchte oder Gemüse bringt. Wenn Sie immerzu

Samen in den Boden setzen, ohne etwas zu erreichen, sind Sie ziemlich bald entmutigt.

Setzen Sie sich Ihre Ziele so, daß Sie sie erreichen können. Wenn Sie vorhaben, nach den höheren Bewußtseinszuständen zu greifen, um Selbstrealisation und Gottrealisation zu erreichen, werden Sie sich Ziele setzen müssen. Und wo üben Sie das? Hier in Ihrem täglichen Leben.

Wenn etwas in Ihrem Leben Sie unglücklich macht, ob es nun die Höhe Ihres Gehaltes ist oder jemand, mit dem Sie zusammenarbeiten, setzen Sie sich neue Ziele — für sich und nicht für den anderen. Tun Sie dies im Namen des Heiligen Geistes, während Sie ihr Wort chanten und so handeln, als wären Ihre Ziele schon erreicht. So benutzt man die kreative Imagination; Sie leben den erfüllten Wunsch.

Den Schutz verstehen

Das Buch *Briefe an Gail*, Band 1, gibt Ihnen einige dieser Techniken. Sie könnten sie ansehen und sagen: »Ist das nicht etwas Psychisches?« Andererseits, schauen Sie Ihren Körper an: »Ist der nicht etwas Physisches?« Wir haben psychische Körper; sie sind ein Teil von uns. Wir haben die fünf Leidenschaften des Verstandes genauso wie die fünf Tugenden. Solange wir in dieser Welt sind, werden sie uns begleiten.

Wie Sie sich verteidigen können, wenn jemand einen psychischen Angriff auf Sie losläßt, steht auf Seite 28. Was auch immer Sie tun, gewähren Sie niemals einem Gedanken den Eintritt, der Sie in irgendeiner Weise schädigen kann, denn Sie sind Seele. Sie sind ewig — und nichts kann die Seele verletzen.

Wenn Sie dies fest in Ihrem Bewußtsein verankern,

bauen Sie sich den äußeren Schutz auf, so daß nichts hindurchkommen kann. Sie müssen wissen und verstehen, daß dies ein Zweck des Wortes ist, das Sie benutzen. Sie schaffen eine spirituelle Grundlage, auf der Sie so stark werden, daß Sie, ganz gleich, was auf Sie zukommt, augenblicklich daran denken, Ihr Wort zu chanten. Indem Sie dies tun, öffnen Sie sich für die volle Hilfe des Heiligen Geistes, die Sie bereits umgibt und Ihnen zur Verfügung steht. Es öffnet die Schleusen Ihres Verstehens.

Darum sprechen wir von den Kreisen der Initiation. Wenn Sie ein Initiierter des Zweiten Kreises sind, öffnet Sie dies für den Kreis der Bewußtheit, der dem Grad an Hilfe entspricht, den Sie von dem Heiligen Geist annehmen können. Wenn Sie in den Dritten oder Vierten Kreis eintreten, dann werden Sie sich in einem entsprechend größeren Umfang der Hilfe bewußt, die Sie vom Heiligen Geist annehmen können, und die bereits da ist. Das ist gemeint, wenn der Meister sagt: »Ich bin immer bei dir.«

Ihr Wort hilft Ihnen, sich zu öffnen und den Schutz anzunehmen, der Ihr Erbteil ist. Dazu gehören auch Informationen, die nötig sind, um Ihre Gesundheit zu verbessern, und die Führung dabei, den bestmöglichen Arzt, Zahnarzt oder Ernährungsberater ausfindig zu machen.

Das mache auch ich so. In dem Jahr, bevor ich diese Aufgabe erhielt, hatte ich wirklich keine Zeit, mich mit Gesundheitsdingen zu befassen und ich hatte auch keine Bewegung. Schließlich stellte ich fest, daß ich in meiner Ernährung und meinem Körpertraining etwas nachholen mußte, denn dieser physische Körper muß ein gutes Werkzeug sein. Wir halten ihn so gut in Stand, wie wir können.

Es gibt Zeiten, in denen man stark ist, und Zeiten, in denen man schwach ist. Wenn Sie schwach sind, dann finden Sie heraus, wie Sie Ihre Stärke wiederbekommen können, wie Sie mit dem arbeiten können, was Sie haben, und wie Sie mit Ihren Kräften das Beste erreichen können.

Wie man die kreative Vorstellung benutzt

Ich möchte Ihnen von jemand erzählen, der die kreative Vorstellungskraft auf interessante Weise benutzt. Es ist die Frau von Ray, dem Mann der guten Gerüchte, den ich in dem Buch *The Wind of Change* erwähnt habe. Rays Frau ist keine Schülerin von ECKANKAR, aber sie hat ihre eigene Methode, das Leben von ECK auf sehr natürliche Art zu führen. Sie macht sich niemals Sorgen, denn sie sagt: »Das übernimmt bei uns meistens Ray — und er macht das recht gut.«

Es pflegte sie zu beunruhigen, wenn ihr Kontostand unter fünfzehn Dollar fiel — aber doch nicht so sehr, daß sie keine Schecks mehr ausschrieb. Schließlich fand sie eine Möglichkeit, ihre Sorge zu überwinden: Wenn sie den Stand von fünfzehn Dollar erreicht hatte, hörte Sie einfach auf zu subtrahieren.

Als sie das erste Mal eine Mitteilung von der Bank erhielt, zeigte sie sie ihrem Mann. »Ray, was bedeutet NSF?«

»Oh, nein!« sagte er. »Das heißt: 'Not sufficient funds'.« ['Zu geringes Guthaben', Anm. d. Übers.]

»Oh«, sagte sie.

Aber sie hatte aufgehört, sich darüber Gedanken zu machen, ob sie genug Geld hatten, die Schecks, die sie weiterhin ausschrieb, abzudecken oder nicht. Ein paar Tage später, als eine weitere Mitteilung von der Bank kam, ging sie zu Ray und bat ihn wieder um eine Erklärung dieser rätselhaften Buchstaben NSF. »Du hast es mir neulich schon gesagt, aber ich habe es vergessen. Was sagtest du, heißt NSF?«

»Oh nein!« sagte er.

Ray fragte sich, wie er ihre Ehe aufrechterhalten und seine Frau, die es ablehnte, nach den Regeln anderer Leute zu leben, aus dem Gefängnis heraushalten könnte. Schließlich fand er einen Weg, heimlich mehr Geld auf das Bankkonto zu bringen, ohne es sie wissen zu lassen.

Und so schreibt sie Schecks aus wie gerade nötig und hört auf zu subtrahieren, wenn der Kontostand unter fünfzehn Dollar sinkt. Er überweist heimlich Geld auf das Konto — und indem jeder seine kreative Vorstellungskraft benutzt, haben sie es fertig gebracht, in ihrer Ehe Frieden zu halten.

Das funktioniert natürlich nicht in einer ECK-Familie, denn wenn Sie Schecks ausschreiben, die dann platzen, dann wird Ihr Partner sagen: »Ich habe den Vortrag gehört, also versuch nicht, mich reinzulegen.«

Wir zahlen auf unsere eigene Weise. Wir versuchen nicht, etwas umsonst zu bekommen. Wir stellen fest, daß es ohnehin nicht funktioniert, und daß wir dafür werden zahlen müssen. Aber innerhalb dieser Familie fanden sie einen Weg, dies ins Gleichgewicht zu bringen.

Rays Frau hat auch ihre eigene Art, mit der Zeit umzugehen. Sie kümmert sich gar nicht darum. Sie schaut niemals so auf die Uhr, wie ich es tue; sie ordnet die Zeit einfach neu, so wie es ihr paßt. Sie arbeitet als Seele. Sie erschafft ihre eigene Welt; und niemand tut das für Sie.

Ich habe sie vor etwa einem Monat besucht. Ray und ich saßen zusammen und redeten an diesem Abend ziemlich lange, und als es viertel nach zehn war, dachte ich, es wäre Zeit zu gehen. Ich sagte: »Du mußt morgen aufstehen und arbeiten, und deshalb gehe ich um halb elf.

Ich will dich nicht die ganze Nacht wach halten.«

»Nicht so wichtig«, sagte er.

Seine Frau kam gerade herein und hörte das. »Mach dir keine Sorgen deswegen«, sagte sie. »Ray bleibt jeden Abend mindestens bis Mitternacht auf.« Sie ist in ihrem Leben sehr offen. Mit Rays Zeit geht sie freigebig um.

Nachdem sie den Raum verlassen hatte, sagte Ray: »Paß auf, wenn sie denkt, du willst um halb elf gehen, wird sie einfach hereinkommen und die Uhr zurückstellen.«

»Du machst Spaß«, sagte ich.

»Nein. Überhaupt nicht. Ich kenne sie.«

Um halb elf standen Ray und ich auf und fingen an, uns zu verabschieden. Sie kam wieder herein und fragte: »Warum willst du gehen?«

»Weil es halb elf ist«, sagte ich.

»Kein Problem.« Sie ging hinüber zu der Standuhr, öffnete die Tür, stellte die Zeit auf halb zehn und schlug die Tür zu. »So«, sagte sie, »jetzt habt ihr mehr Zeit.« Und sie verließ den Raum.

Ray und ich setzten uns wieder.

»Fühlst du dich jetzt nicht viel wohler?« sagte er. »Und hast du gemerkt, daß der Druck der Zeit jetzt nicht mehr so auf dir lastet?«

Ich sagte: »Weißt du, das ist wirklich wahr. Ich fühle mich jetzt viel entspannter als vorher — und viel entspannter, als ich mich in einer Stunde fühlen werde.«

Das war eine der kreativen Techniken, die sie in ihrem täglichen Leben benutzte; sie weigerte sich, einer solchen Kleinigkeit wie der Zeit zu gestatten, ihre Welt zu regieren.

Wir lernen, wie wir als Seele überleben können, und der Schlüssel dazu sind immer die Spirituellen Übungen von ECK und das Wort, das Sie täglich benutzen. Experimentieren Sie mit den spirituellen Übungen. Entwikkeln Sie die Fähigkeit, auf gut Glück vorzugehen, von der Rebazar Tarzs sprach. Experimentieren Sie. Wenn etwas funktioniert, dann folgen Sie dem. Bleiben Sie dabei, bis Sie genug davon haben. Dann versuchen Sie etwas Neues.

Schauen Sie die grundlegenden Übungen durch, die in dem Buch *Briefe an Gail* angegeben sind. Verwenden Sie sie als ergänzende Übungen, wenn Sie das Gefühl haben, Sie wollen etwas Neues ausprobieren. Oder benutzen Sie die, die Sie in den *ECK-Satsang Kursen* finden. Was auch immer bei Ihnen funktioniert, benutzen Sie es. Erfinden Sie Ihre eigenen spirituellen Übungen. Sie können Ihre eigenen schaffen, denn Sie sind Seele, und in Ihrer Seele sind Sie frei.

ECKANKAR Creative Arts Festival, St. Louis, Missouri
12. Juni 1983

19

Mein Gott ist größer

Sudar Singh, der ECK-Meister, fand es schwierig zu lernen, wie er über die Botschaft sprechen sollte, die er erhielt, wenn er in die inneren Welten ging. Es klingt, als müßte es ganz einfach sein. Aber ich weiß, wer von Ihnen schon einmal versucht hat, mit anderen zu sprechen, die etwas von ECK erfahren wollen, hat festgestellt, daß es nicht immer so einfach ist. Wenn jemand Sie etwas über ECK fragt, lädt er Sie in sein Haus ein, in seinen Bewußtseinszustand.

Heute nachmittag traf ich einen kleinen Jungen draußen vor der Halle. Wir gingen zusammen spazieren. Unterwegs trat er auf einen Stein. »Der hat mich erwischt«, sagte er. Er erzählte mir seine ganze Familiengeschichte während unseres kleinen Spaziergangs, und dann sagte er: »Siehst du dahinten das Zelt? Da schlafe ich.«

Nur um zu sehen, was er dazu sagte, fragte ich ihn, ob er damit einverstanden wäre, wenn ich da übernachtete. Er schaute das Zelt genau an und versuchte, zu einem Entschluß zu kommen, ob er mich einladen sollte zu bleiben. Zuerst sagte er: »Ich glaube, es ist zu klein.« Dann dachte er noch ein bißchen länger darüber nach. »Na ja, vielleicht ist Platz genug.«

Wonach suchen wir?

Eine große Frage ist: Wonach suchen wir, wenn wir sagen, wir suchen Gott? Man kann hundert Menschen nehmen, die sich alle als Mitglieder der gleichen Kirche betrachten, und man wird hundert verschiedene Meinungen darüber finden, was Gott ist. Der Grund dafür ist, daß jeder dieser Menschen eine Seele ist, und die Seele ist ein einzigartiges Wesen, ein Funke Gottes.

Als ich den christlichen Glauben studierte, sagte ich mir einerseits: »Gott ist gut;« doch wenn ich krank wurde, dann sagte ich: »Lieber Gott, bitte, laß mich gesund werden.« Das ist ein lustiges Paradox. Hätte ich mir Zeit genommen, ein bißchen darüber nachzudenken, dann hätte ich vielleicht erkannt, daß, wenn alle Dinge von Gott kommen und Gott mir diese Krankheit geschickt hatte, ich sie vielleicht einfach hätte annehmen sollen, anstatt Gottes Urteilsvermögen in Frage zu stellen, indem ich ihn darum bat, er möchte sie von mir nehmen.

Manchmal rationalisierte ich es: Wenn ich gesund bin, dann ist es Gott; wenn ich krank bin, ist es der Teufel. Aber manchmal werden wir einfach deshalb krank, weil wir zuviel falsche Nahrungsmittel essen. Unser Körper kommt aus dem Gleichgewicht, und wir bekommen eine Erkältung, Grippe oder Magenverstimmung, und dann wünschen wir uns ein Wunder. Wir sind einen Augenblick lang krank und im nächsten Moment wieder gesund, und sobald wir uns besser fühlen, gehen wir wieder hin und essen wieder etwas von dem, was uns krank gemacht hat.

Ich machte Spaß mit jemand, der kürzlich mit mir reiste. Wir waren beide im Flugzeug luftkrank geworden — nicht schlimm, aber so, daß wir uns unwohl fühlten. Obwohl der Raucherbereich hinten im Flugzeug ist, wird der Rauch doch ständig herumgeblasen und umgewälzt, und man kommt nicht umhin, ihn immer wieder einzuatmen. Ziemlich bald kann es dann sein, daß man sich nicht mehr so wohl fühlt.

Als wir landeten, fühlte sich keiner von uns beiden sehr wohl. Ich hatte irgendwo gelesen, daß Ingwer gut zur Beruhigung des Magens sei, und hatte daran gedacht, einmal auszuprobieren, ob das wirklich funktioniert. »Ich habe in einer der Geschäftszeitschriften gelesen, daß Ingwer gut bei Reisekrankheit sein soll«, sagte ich zu meinem Gefährten. »Möchtest du es einmal versuchen?« Er nahm etwas davon und ich auch. Aber gleichzeitig gingen wir spazieren, um frische Luft zu bekommen. Bald fühlten wir uns beide besser. Die Frage war jetzt: Warum fühlten wir uns besser? War es der Spaziergang oder der Ingwer? Oder keines von beiden?

Das ist das Interessante, wenn wir Gott bitten, uns zu heilen. Wenn eine Heilung eintritt, kommt sie manchmal auf so natürliche Weise, daß wir sie einfach als selbstverständlich ansehen. So könnte zum Beispiel ein Freund zu uns kommen und uns einen Arzt enpfehlen. Der Heilige Geist benutzt jede Form, und wir erkennen vielleicht niemals, daß dieser Arzt das Werkzeug für die göttliche Heilung war, um die wir gebeten hatten.

Der Wunsch, die Zukunft zu kennen

Neben dem Wunsch, geheilt zu werden, sind die Menschen von dem Wunsch fasziniert, die Zukunft zu kennen. Das beruht häufig auf Angst. Ganze Industrien sind auf dieser Angst vor der Zukunft aufgebaut. Versicherungen sind ein Beispiel. Man muß sie für seine Gesundheit, für sein Auto und alles andere haben. Es ist nichts Schlechtes an einer Versicherung, wenn sie nicht auf Angst beruht. Wenn das Gesetz des Staates es verlangt, dann schließe ich natürlich eine Autoversicherung ab. Aber die Menschen wollen die Zukunft kennen, damit sie Schwierigkeiten, die entstehen, ausweichen können. Das erwächst aus der Angst vor dem Tod, oder noch schlimmer, der Angst vor einer sich lang hinziehenden Krankheit, die nur mit dem Tode enden kann.

Die Indianer Nordamerikas benutzten eine Technik, die man die Suche nach einer Vision nennt. Vor irgendeinem wichtigen Ereignis in seinem Leben fastete ein Indianer häufig drei oder vier Tage vollständig. Dann ging er in den Wald und wartete auf eine Offenbarung durch das Wesen, das wir heute den Inneren Meister nennen. Er ging dann nach innen, zum Herzen, wo er kontemplierte, nachdachte und eine Vision oder ein Zeichen suchte, das ihm Einsicht in die Zukunft geben würde. Dies war seine Art, nach innen zu gehen und mit Gott zu sprechen, um herauszufinden, wie er sein Leben ausrichten sollte.

Das Orakel von Delphi in Griechenland war ein anderer Versuch der Menschen zu erfahren, was die Zukunft für sie bereit hielt. Das Orakel selbst war unterirdisch. Dort war eine Frau, durch die, wie man glaubte, Apollo sprach. Wenn jemand kam, um das Orakel zu befragen, dann mußte er einige Wochen oder gar Monate draußen warten, bis eines Tages die Hohepriesterin kam und sagte: »Das Orakel wird dich empfangen.« Dann ging er in einen unterirdischen Raum, wo die Frau, die mit der tiefen Stimme eines Mannes sprach, ihm eine Prophezeiung gab.

In einem Fall kam ein Mann, der sehr schlimm stotterte, in der Hoffnung auf eine Heilung. Bevor er noch irgend etwas sagen konnte, sprach das Orakel mit lauter, dröhnender Stimme: »Du bist gekommen, um eine Stimme zu finden!«

Er wartete und hoffte, die Lösung seines Problems zu hören. Das Orakel fuhr fort: »Geh nach Lybien, erobere das Land und ziehe große Herden auf.« Zuerst widersprach er. Er wollte doch nur in der Lage sein, gut und ohne Stottern zu sprechen. Aber nachdem er über die Antwort nachgedacht hatte, beschloß er zu gehen.

In Lybien geriet er mit seinen Leuten in einen Kampf mit den Kriegern dort und gewann die Schlacht. Als alles vorbei war, stellte der Mann fest, daß er sein Stottern verloren hatte. Und durch diesen Feldzug hatte er jetzt das Land und die materiellen Güter, ein besseres Leben zu führen.

In gewisser Weise hatte er den Göttlichen Geist darum gebeten, seine Stimme zu heilen. Das Orakel wies ihm einen Weg, der ihm diese Heilung geben sollte. Er widersprach deshalb, weil er nicht verstand, daß der Heilige Geist in Wirklichkeit in einem viel weiteren Sinne für sein Wohlergehen sorgte: Nicht nur sein Sprachfehler wurde geheilt, sondern er erhielt auch die Dinge, die seiner spirituellen Entfaltung in diesem Leben dienten.

Sich spirituell entfalten

Diese spirituelle Entfaltung setzt sich sogar bei unseren Kindern fort. Ich bekam einmal ein kleines Modellflugzeug, so eines, das man von Hand startet. Als wir noch jung waren, brachten meine Brüder und ich immer eine Menge Zeit damit zu, Segelflugzeuge zu bauen und sie auf unserem Feld fliegen zu lassen. Mein älterer Bruder war sehr geschickt im Bauen von Modellflugzeugen. Er warf mit Worten um sich wie *dihedral, konische Wölbung, Quer-* und *Höhenruder*, und alle diese phantastisch klingenden Dinge. Weil er älter war, hörte ich aufmerksam zu und lernte von ihm.

Wir bauten ein Versuchsmodell von einem Segelflugzeug. Dann machten wir eine Kerbe an das Flugzeug, schnitten einen alten Autoschlauch in lange Streifen und benutzten diese als Schleuder, um das Flugzeug in die Luft zu katapultieren. Diese Dinger flogen hoch. Wir machten unsere eigenen Entwürfe mit kleinen Dreiecksflügeln, und wenn ein Flugzeug nicht ganz richtig flog, dann nahmen wir es wieder auf das Reißbrett und überarbeiteten es, bis es perfekt war.

Modellflugzeuge fliegen zu lassen war uns wichtig, weil es uns dazu brachte, zu etwas aufzuschauen. Wenn wir ein Flugzeug fliegen ließen, dann war es, als hätten wir einen Vogel fliegen lassen. Es war eine geheime Sehnsucht, die man als Kind in sich trug, ohne daß man sie genau festlegen konnte. Sie fand ihren Ausdruck, wenn man einen Drachen steigen oder ein Modellflugzeug segeln lassen konnte.

Deshalb schenkte ich, obwohl wir in der Stadt leben, meiner Tochter ein kleines Flugzeug, das man von Hand startet. Ich schnitt eine Kerbe hinein und beschaffte mir einige lange Gummibänder. Wir gehen einmal oder zweimal in der Woche damit auf den Schulhof, und immer wenn wir das Flugzeug fliegen lassen, achte ich darauf hinterherzulaufen. Das ist meine Art, Bewegung zu bekommen.

Eines Tages ließen wir das Flugzeug an einem Ende des Feldes fliegen, und am anderen Ende spielten einige Leute Baseball. Sie übten, die Bälle zu treffen, und ziemlich bald beschlossen die Burschen, welche den Bällen nachliefen, um sie einzusammeln, hineinzugehen und auszuruhen. Die anderen schlugen aber weiter ihre Bälle, und in kurzer Zeit lagen überall im Außenfeld die Bälle herum. Inzwischen startete ich mein Flugzeug. Es startete mit einem Pfeifton und flog ziemlich weit und landete bei einem Baseball, der weiter gegangen war als die anderen.

Kommt da doch einer kleiner Junge, so etwa neun Jahre alt. Er läuft zu dem Ball hinüber und ruft nach hinten zu seinem Freund, der ihn noch nicht entdeckt hat: »Schau mal, hier liegt ein Baseball.« Er versucht so zu tun, als ob der da zufällig und ohne Grund liege, und ignoriert all die anderen Bälle, die etwa drei Meter weiter liegen.

Ich stand gerade hinter ihm, um zu sehen, was er wohl tun würde. Mit einem schnellen Blick nach rechts und nach links bückte er sich, nahm den Ball und ließ ihn sehr sorgfältig in seine Tasche gleiten. Er merkte nicht, daß die Spieler weit dahinten sahen, daß er einen ihrer Bälle genommen hatte. Ich sagte zu ihm: »Der Ball gehört den Leuten da drüben; ich wette, sie werden sich freuen, wenn du ihn ihnen wieder bringst.« Der kleine Junge war überrascht; er wußte nicht, daß hinter ihm jemand stand.

Dann kam sein Freund angelaufen, und ich hörte diese kleine Stimme sagen: »Hallo, Harold.« Ich blickte mich um und sah, daß es ein ECKist war. Der andere Junge zog mit einem einfältigen Lächeln schnell den Ball aus der Tasche und warf ihn ins Gras.

Obwohl der ECKist weit entfernt gewesen war, als sein Kamerad den Baseball aufhob, kam er rechtzeitig hin, um eine interessante Beobachtung zu machen: Man kann nicht einmal so etwas Kleines wie einen Baseball klauen, ohne daß einem jemand über die Schulter schaut. Derjenige, der zufällig dabei half, diese Lektion über das Gesetz des Karma zu lernen, ist derselbe, der mit Ihnen im Inneren arbeitet.

Wir bringen unseren Kindern bei, die Rechte und das Eigentum anderer zu respektieren. Es gibt einen Spruch, der sagt, daß je näher jemand zu Gott kommt, desto reiner wird er in seinem Charakter. Das ist wahr.

Langeweile verstehen

Meine Tochter hütet sich, mir jemals zu sagen, ihr sei langweilig. Ich habe ihr gesagt: »Es gibt immer etwas zu tun, das Leben hätte dich sonst nicht dahin gestellt, wo du bist, deshalb erzähl' mir nicht, daß du dich langweilst. Es bedeutet, daß du nicht tief genug in dich hineingeschaut hast, um herauszufinden, was du gerade jetzt mit dir anfangen sollst.«

Eines Tages vergaß sie das. Sie lümmelte gerade auf dem Sofa herum, als sie sagte: »Papa, mir ist so langweilig« — und aus irgendeinem Grund fiel sie dabei einfach vom Sofa herunter. Vom Fußboden unten schaute sie zu mir hoch und sagte: »Papa, jetzt ist mir nicht mehr langweilig.«

Der Spruch aus der Bibel heißt: »Denn wie er in seinem Herzen denkt, so ist er.« Gedanken sind Dinge, und es ist wichtig, unsere Gedanken spirituell zu halten, so daß wir unsere Aufmerksamkeit darauf legen, ein Leben zu führen, das einen klaren Schritt in Richtung Wachstum darstellt. Bei allem, was wir tun, wachsen wir dabei? Lernen wir? Erfreuen wir uns dieses Lebens, während wir stark und gesund sind?

Der wichtige Punkt dabei ist, daß wir zu dem werden, was wir denken. Wir führen unser Leben entsprechend unserem spirituellen Verständnis des Lebens, und bevor wir den Weg von ECK oder einen anderen spirituellen Weg finden, der zu uns paßt, sind wir wie Fische auf dem Trockenen. Wir sind wie das häßliche junge Entlein; wir passen nicht dahin.

Das Gesetz von Ursache und Wirkung

Jemand schrieb mir von einem Bauernhof in Afrika. Er schrieb, eine Henne hätte einige Eier gelegt, die von einem komisch aussehenden Hahn befruchtet waren, dessen Hals und Kopf kahl waren. Immer wenn der Hahn in den Hof kam, lachte die ganze Familie über ihn.

Es war alles ganz lustig, bis die Eier ausgebrütet waren. Eines von den Küken schlüpfte aus und sah genauso aus wie der Hahn — kahler Kopf, kahler Hals. Weil das kleine Ding so häßlich und winzig war, hackten die anderen Küken auf ihm herum und brachen ihm schließlich das Bein. Um es zu schützen, mußte die Familie es ins Haus bringen.

Der Briefschreiber sagte: »Weißt du, es ist interessant, wie wir über diesen Hahn lachten, der kahl an Kopf und Nacken war, und jetzt merkten wir plötzlich, daß jemand ganz genau wie er in unser Haus einzog!«

Gedanken aller Art werden auf den Urheber zurückfallen. Man nennt dies das Gesetz des Karma oder das Gesetz von Ursache und Wirkung. Die ECKisten sind damit recht gut vertraut.

Das erinnert mich an einen Freund von mir, der gerne zum Zelten geht. Für ihn bedeutet das, in einem Zelt zu schlafen und ganz primitiv zu leben, aber seine Frau stellt sich darunter vor, in ein Motel mit Farbfernseher und einem Schwimmbad zu gehen.

Eines Tages, nach einer Auseinandersetzung darüber, ob man nun Zelten gehen sollte oder nicht, nahm er seinen Sohn und stürzte aus dem Haus. Sie war genauso glücklich, zu Hause zu bleiben — sie ist sehr bequem. Er sprang mit seinem Sohn ins Auto, und sie fuhren hinaus aufs Land, etwa drei Kilometer außerhalb der Stadt.

Kinder in einem gewissen Alter haben eine merkwürdige Vorliebe, seltsame Dinge zu tun, in denen man keinen Sinn und Verstand finden kann. Aus irgendeinem Grunde begann sein Sohn mit den Autoschlüsseln zu spielen. Er warf sie eine Weile lang in die Luft und dann ins hohe Gras. Irgend etwas anderes muß seine Aufmerksamkeit in Anspruch genommen haben, und er vergaß sie völlig. Später konnte er sich einfach nicht mehr erinnern, was er mit den Schlüsseln gemacht hatte.

Nach ihrer Übernachtung im Freien kam mein Freund zum Auto zurück und konnte nicht hinein. Er war draußen in einer einsamen Gegend, und es blieb ihm schließlich nichts anderes übrig, als seine Frau anzurufen. »Hör mal«, sagte er, »wir werden spät kommen. Wir haben die letzte Stunde damit zugebracht, im Gras herumzuscharren und nach den Schlüsseln zu suchen.«

Sie begann zu lachen: »Weißt du, du hast es ja so haben wollen«, sagte sie. »Das kommt für dich dabei heraus. Das ist dein Lohn.« Sie ist keine ECKistin, aber sie versteht die Gesetze des Lebens. Sie nannte es nicht Karma, weil sie es nicht unter diesem Begriff kannte, aber sie wußte um das Gesetz von Ursache und Wirkung. Sein Ärger war schnell zu ihm zurückgekommen; jetzt mußte er sehr geduldig nach den Autoschlüsseln suchen.

Der Schlüssel für die Selbstmeisterschaft, nach der wir streben, ist Selbstdisziplin. Wenn irgend etwas hochkommt, geraten wir nicht in blinden Zorn, denn die Seele hält unsere Emotionen und unseren Verstand unter Kontrolle.

Ich habe mit meiner Tochter gearbeitet und versucht, ihr etwas über Naturwissenschaften und das Gesetz von Ursache und Wirkung beizubringen. Ich kaufte ihr einen kleinen naturwissenschaftlichen Experimentierkasten, der dieses Gesetz demonstrieren sollte. Die Sammlung enthielt ein kastenförmiges Stück aus sehr leichtem, dünnem Kunststoff. Man sollte darauf ein Katapult setzen und darunter Räder anbringen, um einen Wagen daraus zu machen.

Ich sagte meiner Tochter: »Du brauchst dafür nicht Stecknadeln, sondern einen geraden Stab, der ganz durchgeht. Diese kleine Schachtel, die sie dir gegeben haben, ist zu leicht. Wenn du eine Stecknadel hineinstichst und versuchst, sie als Achse zu verwenden, dann werden nur drei Räder auf den Boden kommen; eines wird abheben.

So wie Kinder eben sind, wollte sie mir nicht glauben. Sie arbeitete und arbeitete und brachte das Ganze irgendwie zusammen, aber es hielt kaum. Ich versuchte ihr zu sagen, daß es eine verwegene Angelegenheit sei, und daß sie ihre Zeit damit verschwendete, aber sie ging gleich zum nächsten Schritt über. Das Prinzip dabei war, daß wenn mit dem Katapult eine Murmel abgeschossen wurde, diese leichte Kunststoffschachtel, jetzt ein Wagen auf Rädern, in die entgegengesetzte Richtung fahren würde.

Sie legte die Murmel in die Schlinge und schnitt den Haltefaden durch. Die Murmel schoß davon, der Wagen rührte sich nicht, und sie schrie: »Es hat geklappt!«

Ich sagte: »Ich fürchte, du versteht das nicht ganz richtig. Nicht die Murmel solltest du beobachten, sondern den Wagen. Der sollte sich in die umgekehrte Richtung bewegen wie die Murmel.«

»Oh«, sagte sie. »Dann hat es wohl doch nicht geklappt, nicht wahr?« Sie ist sehr geduldig dabei, die Gesetze des Lebens zu lernen.

Spirituelles Verständnis

Wenn wir mit unserer eigenen Suche beginnen, dann kann es sein, daß wir Gott um dieses oder jenes bitten. Wenn wir weiter fortschreiten, dann lernen wir, daß bei einem Gebet viel darin besteht, Gott zu bitten, etwas zu ändern, was Gott bereits zugelassen hat. Vielleicht hat Gott dies zugelassen, damit wir selbst etwas lernen. Und dann ändern sich unsere Gebete von: »Gott, nimm diese Krankheit von mir« zu: »Gott, laß mich verstehen, warum mir dies gegeben wurde.« Mit anderen Worten, wir beginnen, um spirituelles Verständnis zu bitten.

Zuerst suchen wir einen Meister, der uns spirituelle Entfaltung lehrt, der uns hilft, die Wahrheit zu finden und uns zeigt, wie man das Licht und den Ton Gottes findet. Wenn wir dann den Meister gefunden haben, erwarten wir, daß er alles für uns tut.

Sie kennen vermutlich die Personen in den Comics von Beetle Bailey — den Sergeant und Beetle. Auf einer dieser Karikaturen hat der Sergeant seine linke Hand fest um Beetles Gurgel; die rechte Hand ist zur Faust geballt, er holt aus und will Beetle gerade eins verpassen. Beetle steht einfach da, den Mund verzogen, ziemlich ergeben. Der sagt: »Beetle, du bist die größte Enttäuschung für mich.«

Im mittleren Bild redet der Sergeant weiter. Er hält Beetle immer noch mit der linken Hand am Nacken, mit der rechten holt er immer noch aus, aber er hat ihn noch nicht geschlagen. Er sagt: »Warum schaffe ich es nicht, daß du dich änderst? Warum bringe ich dich nicht zum Wachsen?«

Beetle ist natürlich nicht bereit, irgendeine Verantwortung selbst zu übernehmen. Auf dem dritten Bild wirft er alles auf den Sergeant zurück: »Nun, vielleicht hast du dafür einfach nicht die richtige Hand.«

Wissen Sie, es gibt praktisch in allem ein spirituelles Prinzip. Es ist in den Comics von Beetle Bailey, es ist überall. Die Menschen erbitten Hilfe von einem spirituellen Meister, ob es nun Jesus, Buddha, Krishna oder einer der heutigen Erlöser ist, und sie erwarten, daß der Meister alles für sie tut.

Die Motivation, Gott zu finden

Der Lebende ECK-Meister wird Ihnen bestimmte Aufgaben geben und sagen: »Wenn du das Licht Gottes sehen willst, dann tu dies.« Wir wollen das spirituelle Licht sehen, der Meister gibt die Hinweise, aber manchmal sind wir einfach zu faul, sie zu befolgen.

Er sagt uns, wir sollen bestimmte Übungen ausprobieren: »Führe die Spirituellen Übungen von ECK aus, verbringe Zeit damit, über etwas zu kontemplieren, das für dich heilig und schön ist, und du wirst auch den Ton Gottes hören.« Diejenigen von Ihnen, die in ECK sind und die Erfahrungen der inneren Ebenen haben, wissen, daß man die Stimme Gottes als Sphärenmusik hören kann. Sie erscheint, wenn man still in der Kontemplation sitzt. Manche von Ihnen hören Es als Flöte, als eine Sinfonie, als das Zwitschern von Vögeln oder das Summen von Bienen. Manchmal klingt es wie das Brausen eines Zuges, der vorbeifährt.

Aber wenn der Meister Ihnen die Techniken gegeben hat, damit Sie den Weg zu Gott finden — um diese reine Essenz Gottes zu Ihrer spirituellen Entfaltung in Sie einströmen zu lassen, um Ihnen Heilung und Einsicht in Ihre Zukunft zu geben — dann sind manche Menschen zu träge, nach den ersten paar Versuchen mehr Einsatz zu investieren. Dann versuchen sie, die Schuld auf den Lebenden ECK-Meister zu schieben, und sie sagen wie Beetle Bailey: »Nun, vielleicht hast du dafür einfach nicht die richtige Hand.«

Sie sagen, der Meister hat nicht die richtige Hand dafür, während es der spirituelle Schüler ist, der die

Selbstdisziplin nicht aufbringt.

Diejenigen, die den spirituellen Weg gehen wollen, möchte ich fragen: »Welches Motiv haben Sie, das so stark ist, daß Sie Gott in jedem wachen Augenblick des Tages zu suchen?« Manchmal ist es Einsamkeit.

Ein christlicher Missionar, der auch ein Mystiker war, reiste auf die Insel Mindanao auf den Philippinen, um mit den Eingeborenen zu arbeiten. Es war seine Aufgabe, den Eingeborenen seine Religion zu bringen, aber er stellte bald fest, daß sie ihre eigene Religion und ihre eigene Lebensweise hatten.

Er war dort unglücklich, ein Fremder in einem fremden Land, und einsam, weil seine Frau nicht bei ihm sein konnte. Nach einiger Zeit kam ihm der Gedanke, daß es ihm vielleicht eher gelingen würde, selbst glücklich zu sein, wenn er etwas über die Menschen und das, was ihnen wichtig war, erfahren könnte. Sein Gedanke war: Wenn ich in meinem eigenen Leben nicht froh und glücklich sein kann, welches Recht habe ich dann, als christlicher Missionar hierher zu kommen und zu versuchen, die Menschen von ihrem Weg abzubringen.

So begann er, sein Leben dem Lernen und Beobachten zu widmen, wobei er versuchte, jeden Augenblick in der Gegenwart Gottes zu wandeln. Er erkannte, daß das nicht immer geht, denn wenn man seine Aufmerksamkeit so sehr auf Gott richtet, daß man darüber seine Pflichten sich selbst und seiner Familie gegenüber vergißt, dann wird man für die anderen um einen herum nutzlos. Gott hat uns nicht hierhergebracht, damit wir von anderen gefüttert und versorgt werden, sondern damit wir die reichen Erfahrungen erhalten, welche die Seele braucht, um eines Tages ein Mitarbeiter Gottes zu werden. Das ist die Aufgabe der Seele. Das ist unsere Aufgabe.

Mein Gott ist größer

Einer der ECKisten erzählte mir heute nachmittag von einem sehr interessanten Menschen, den er getroffen hatte. Sein neuer Freund war ein Christ. Sie mochten einander und fühlten eine unmittelbare Beziehung. Der Christ war von der Art, die es liebt, Menschen anzuregen und ihnen zu denken zu geben. Als sie miteinander sprachen, sagte er sinngemäß etwa: Sage mir zwei Augenblicke in deinem Leben, in denen du absolut am glücklichsten warst.

Der ECKist dachte darüber nach und sagte dann: »Ich weiß nicht, wie es für dich ist, aber ich war dann am glücklichsten, wenn ich etwas gab.«

Der andere Mann sagte: »Du weißt, ich mag dich gern. Ich weiß nicht, woher du deine Ideen hast, aber ich denke so wie du, ausgenommen eins: Mein Gott ist größer als deiner.«

Der ECKist fing an so sehr zu lachen, daß der andere Mann recht erstaunt war. »Du bist nicht aufgebracht darüber, daß ich gesagte habe: 'Mein Gott ist größer als dein Gott'?«

»Überhaupt nicht«, sagte der ECKist.

»Warum nicht?« fragte er.

»Dein Gott ist größer«, sagte der ECKist, »weil du mehr brauchst.«

Auf anderen Wegen wurde Ihnen beigebracht, durch das Gebet dem göttlichen Wesen, das Sie kannten und anbeteten, Verehrung zu erweisen. Sie beteten zu Gott, und es funktionierte lange Zeit, aber das Gebet bringt einen oft in die Lage des hilflosen Bittstellers. Der wirkliche Zweck dieses Lebens ist es, die spirituellen Gesetze zu lernen, damit wir Meister in unserem eigenen Recht werden.

Über das Gebet hinaus

Jenseits des Gebetes ist das, was wir in ECK als Kontemplation bezeichnen. Eine kontemplative Technik besteht darin, etwas Inspirierendes zu lesen — einen Bibelvers oder eine Passage aus den ECK-Schriften — dann die Augen zu schließen und nach innen zu blicken, sehr sanft, auf die Gestalt eines ECK-Meisters, auf Jesus oder irgendeine Gestalt, von der Sie glauben, daß sie ein spiritueller Reisender ist. Bitten Sie, daß Ihnen die Wahrheit gezeigt wird. Sie können um Liebe, Weisheit und Verständnis bitten, aber etwa Größeres als diese drei Dinge, die nur Attribute Gottes sind, ist die Bitte um die Realisation Gottes.

Durch Kontemplation erreicht man ein Verständnis der mentalen und emotionalen Körper. Es gibt auch andere Wege, an das Leben heranzugehen. Ein anderer Schritt besteht darin, zu erforschen, wer und was man ist, und sich die Mühe zu machen, die spirituellen Gesetze zu lernen, wie das Gesetz von Ursache und Wirkung. Der dritte Schritt, etwas über die reinen spirituellen Wahrheiten zu lernen, geht über das Dienen. Dienen bedeutet, in irgendeiner Weise zu geben. Wenn man spirituell wachsen möchte, muß man etwas von sich geben. Es gibt keinen anderen Weg, sich spirituell zu entfalten und sich in die hohen Himmel Gottes zu erheben.

Das Buch *In meiner Seele bin ich frei* enthält eine spirituelle Übung mit der Bezeichnung »Der leichte Weg«. Wenn Sie noch nie eine spirituelle Übung gemacht haben und sie gerne mit dem Gebet vergleichen möchten, dann beten Sie abends, bevor Sie zu Bett gehen, und versuchen Sie danach eine spirituelle Übung. Sie können auf Jesus blicken oder auf irgend jemand anders, wenn Sie die Anweisungen ausführen, die für die Technik des »leichten

Weges« gegeben werden. Probieren Sie es selbst aus und sehen Sie, ob es einen Unterschied gibt, wie das Gebet und wie eine spirituelle Übung für Sie wirkt.

Wir wollen mit der Stimme Gottes, welche der Heilige Geist ist, in Verbindung treten. Diese Stimme Gottes kann man durch Licht und Ton erfahren, welche uns so anheben, daß wir in die hohen Zustände spirituellen Bewußtseins hinaufreichen. Nicht mehr durch die Hand des Schicksals gebunden, werden wir dann spirituell frei, um unseren eigenen Kurs für diese Lebenszeit und in die jenseitigen Welten abzustecken.

Beavers Bend Campout, Broken Bow, Oklahoma
9. Juli 1983

20

Die Geschichte von ECK in Kürze

Ich würde gerne für diejenigen von Ihnen, die neu sind, kurz auf die Geschichte von ECK eingehen. Paul Twitchell brachte die Lehren von ECK im Jahre 1965 wieder heraus, aber sie kommen aus einer Quelle, die vor der modernen Geschichtsforschung liegt. Die Lehren von ECK sind sogar älter als die arische Kultur, welche begann, kurz nachdem Atlantis im Ozean versunken war.

Ramas Aufgabe

Der Lebende ECK-Meister zu jener Zeit war ein Mann namens Rama, der aus den dunklen Wäldern Germaniens kam und nach Tibet reiste. Auf seinem Weg dorthin hinterließ er bei den Ureinwohnern Nordeuropas die Botschaft von ECK — die Lehre vom Ton und vom Licht Gottes und wie man das himmlische Reich in diesem Leben erreichen kann.

Sogar heute noch existiert eine schwache Erinnerung an das HU, den geheimen Namen Gottes, den er den Menschen hinterließ. Dieses Wort kann man still vor sich hin singen oder chanten, wenn man in Schwierigkeiten ist oder wenn man Trost braucht in Zeiten des Leids. Es gibt

Stärke, es gibt Gesundheit, es öffnet einen als Kanal für die größeren Heilkräfte des Heiligen Geistes.

Wenn Rama vom HU sprach, dann bezog er sich auf das göttliche Licht und den göttlichen Ton. Der Ton Gottes, der Hörbare Lebensstrom, ist das reinigende Element, welches die Seele anhebt, so daß Sie eines Tages zu Gott, Ihrem Schöpfer, zurückkehren kann.

Das Wort HU wurde später bei den Druiden gebraucht, aber diese wußten schließlich nichts mehr von seiner wahren Bedeutung. Das einzige, was von Ramas Lehren übrigblieb, war eine schwache Erinnerung an das Licht, und das hellste Licht, dessen sie sich bewußt waren, war die Sonne. Deshalb behaupten die Historiker heute, die Druiden hätten den Sonnengott HU verehrt.

Rama brachte die Botschaft von Gott, dem Göttlichen Wesen, das wir erfahren können. Wenn diese Erfahrung eintritt, nennt man sie Gottrealisation, und wir erkennen dabei, was die Bedeutung und der Sinn des Lebens ist und wie wir es führen müssen. Wir lernen die Gesetze des Heiligen Geistes. Wir lernen, wie wir Krankheiten vermeiden können, statt dem Schicksal ausgeliefert zu sein und das Gefühl zu haben, das Leben hätte uns irgendwie schlechte Karten gegeben.

Rama ging dann weiter nach Tibet, wurde dort aus seinem Körper herausgenommen und wurde zum Tempel der Goldenen Weisheit in der spirituellen Stadt Agam Des gebracht, wo Teile der heiligen Schriften von ECK aufbewahrt werden. Von dort brachte er die Botschaft von ECK nach Khara Khota, der damaligen Hauptstadt des alten Reichs von Uighur. Aber die Priesterschaft war mehr daran interessiert, das spirituelle Wohlergehen des Menschen unter Kontrolle zu halten, und so dauerte es nicht lange, bis er aus jenem Lande, das heute unter dem Sand der Wüste Gobi liegt, vertrieben wurde.

Rama ging zurück nach Tibet, wo er das Katsupari-Kloster gründete. Dann reiste er hinab durch Persien, den heutigen Iran, und dort legte er den Grundstein für den späteren Orden der Magi. Wieder einmal hinterließ er die Saat von ECK bei seinen Anhängern, von denen einige die Vorfahren von Zoroaster waren. Schließlich gab es sogar Nachfolger der Magi. Die Magi reisten später nach Westen, als ihnen der Stern winkte, der die Geburt von Jesus ankündigte, welcher aus einer anderen Linie von Meistern stammte. Christus lebte zu einer Zeit, als Zadok, der Lebende ECK-Meister, in Palästina wirkte. Sie trafen einander, aber ihre Aufgaben waren verschieden.

Rama setzte seine Reise fort und ging nach Indien. Hier hinterließ er die Lehre wiederum als Saat, aus der sich die Hindu-Religion mit ihren vielen Abkömmlingen entwickelte.

Die Reise der Seele nach Hause

Die ursprünglichen Lehrer kamen, um der Seele die Anregung und den Antrieb zu geben, Ihren Weg zurück zu Gott zu suchen. Während ihre Lehren vom Vater auf den Sohn und auf den Enkel weitergegeben wurden, wurde die Botschaft mehr und mehr verwässert. Die Lehren wurden verdreht, verändert und gingen verloren. Aber es gibt keinen Grund, die Menschen irgendeines Glaubens zu verspotten, denn Gott bietet einen Weg an — eine Religion, eine Lehre, einen Glauben — damit jede Seele, die einen Pfad zurück zur ursprünglichen Quelle sucht, den finden kann, der zu Ihr paßt.

Sie sind Seele. Sie sind ein einzigartiges, individuelles Wesen, denn alle Ihre Erfahrungen — die schlechten wie die glücklichen — machen Sie zu einem Wesen, das völlig anders ist, als jedes andere zu dieser oder irgendeiner Zeit.

Dieser kurze Geschichtsabriß ist die Grundlage dessen, was wir heute als ECKANKAR bezeichnen. Es ist eine Lehre, die anderen gestattet, ihrem eigenen Weg zu Gott zu folgen, indem sie anerkennt, daß jeder von uns auf seiner eigenen Stufe spirituellen Verstehens weilt — und das mit Recht. Die Erde ist demnach eine Übungsschule für spirituelle Kinder, wie wir es sind, auf ihrer Suche nach spiritueller Reife.

Die Aufgabe der Seele ist, ganz einfach, ein Mitarbeiter Gottes zu werden. Niemals eins mit Gott zu werden, sondern ein Mitarbeiter zu sein. Wir behalten unsere Individualität in alle Ewigkeit.

Die Kenntnis der Zukunft und der Vergangenheit

Es gab eine Zeit, in der ich die Zukunft wissen wollte, und ich weiß, viele von Ihnen wollen das auch. Ein Teil der Lehre von ECK bezieht sich auf die uralte Wissenschaft der Prophezeiung — das ECK-Vidya — und dies nennt man das Gottwissen. Es ist nur eine Seite der gesamten Lehre von ECKANKAR. Viele, die dem Pfad folgen, nehmen dieses Studium für sich auf, nicht nur um die Zukunft kennenzulernen und zu verstehen, sondern um tiefe Einsicht in ihre Gefühle zu gewinnen. Wenn nötig, können wir in die Vergangenheit blicken, manchmal im Traumzustand, damit wir die Erlebnisse sehen, die uns zu dem gemacht haben, was wir heute sind. Darüber hinaus können wir sehen, welche Art von Erfahrungen morgen vor uns auf dem Weg liegen, und dann haben wir die Wahl, ob wir den Weg wählen, der in eine problematische Situation hineinführt, oder nicht. Aber das werden nicht viele von uns tun. Wenn wir etwas voraussehen, das nicht sehr angenehm ist, dann neigen wir dazu, es zu umgehen.

Ein Schritt über die Prophetie hinaus ist das spirituelle Element der Werke von ECK, und das ist die Fähigkeit, im Augenblick zu leben.

Spirituelle Prinzipien in dem Buch *Der geheimnisvolle Fremde*

Mark Twain, der amerikanische Humorist, schrieb eine Geschichte, zu deren Vollendung er zwölf Jahre und drei Fassungen brauchte. Die gekürzte Fassung hat den Titel *Der geheimnisvolle Fremde,* aber in ihrer vollen und endgültigen Form heißt sie *No.44, Der geheimnisvolle Fremde.* Die Geschichte spielt im mittelalterlichen Österreich, etwa fünfundvierzig Jahre nach Gutenbergs Erfindung der Druckerpresse.

In jenen Tagen der Inquisition wurde alles, was mit dem gedruckten Wort in Verbindung stand, als Teufelswerk angesehen. Es untergrub die Arbeit der Kirche, die zu jener Zeit sehr daran interessiert war, die Menschen in Unkenntnis zu halten. Man hielt sie viel zu sehr mit dem Versuch beschäftigt, am Leben zu bleiben, als daß sie irgendwie Zeit zum Lernen haben konnten. Bekanntlich kann derjenige, der über Wissen verfügt, zu Lebzeiten seinen Weg aus den niederen Welten heraus und in die Himmel finden; deshalb war Ausbildung nicht für Arbeiter oder Bauern und ganz gewiß nicht für Frauen vorgesehen. Sie war den Mönchen vorbehalten.

Die Aufgabe von Satan und der gesamten irdischen Existenz liegt darin, uns hier festzuhalten, nicht nur durch schlechte Dinge, sondern durch die Vergnügungen und durch angenehme Zeiten. Seele schläft in der

Karnevalsatmosphäre des Lebens ein, wo Sie weiter nichts verlangt, als nur die wilden, blindmachenden Vergnügungen zu genießen, ohne Sich klarzumachen, daß dies alles eines Tages langweilig wird.

Wenn es also langweilig wird, was dann? An diesem Punkt würde ich ECKANKAR als nächsten Schritt anbieten, obwohl es vielleicht nicht der Weg für jeden ist. Wenn der Weg, dem Sie heute folgen, Ihre Aufmerksamkeit oder Ihr Interesse nicht mehr fesseln kann, dann sind Sie es sich selbst schuldig, einen neuen zu finden. Es sollte einer sein, auf dem Sie wachsen können und lernen, was Sie wissen müssen, um den nächsten Schritt zu tun. Eines der Prinzipien oder Gesetze von ECK ist, daß es immer noch einen weiteren Schritt gibt. Es gibt immer noch einen weiteren Himmel.

Mark Twains Hauptperson war ein Drucker, der eigentlich ein Wesen von einer anderen Bewußtseinsstufe war. Er kam von den reinen Welten jenseits der mentalen Bereiche, die in der Bibel als der dritte Himmel bezeichnet werden. Der heilige Paulus sprach von einem Mann, den er vor vierzehn Jahren gekannt hatte und der in den dritten Himmel hinaufgebracht worden war. Dies entspricht dem, was wir die Mentalebene nennen.

Dieses Wesen kam herab in der Gestalt eines Druckerlehrlings von etwa sechzehn oder siebzehn Jahren. Er kam zu einem riesigen Schloß, in dem der Druckermeister einen kleinen Raum benutzen durfte, und in diesem Schloß waren sie vor dem Aberglauben der Stadtleute sicher.

Der volle Name des jungen Druckers war Nummer 44, Neue Serie 864962 — aber um der Kürze willen bat er, 44 genannt zu werden. Er hatte wunderbare Fähigkeiten und beherrschte alle möglichen Tricks. Einmal befreundete er sich mit einem anderen Lehrling, der August hieß. Eine weitere Person in der Geschichte war der Priester, der als

Hauptstreiter der Inquisition in der Stadt handelte.

Vierundvierzig ging an jede Arbeit, die ihm vorgesetzt wurde, mit Liebe und Vorfreude heran, während August seine Zeit damit verbrachte zu versuchen, seinen Freund zu bekehren. Vierundvierzig sagte, er wolle lieber nicht bekehrt werden. August fragte ihn, warum nicht.

»Ich würde zu einsam sein«, sagte er.

August fragte: »Einsam? Wieso?«

Vierundvierzig sagte, er wäre dann der einzige Christ.

Mark Twain hatte eine sarkastische Meinung über die Religion. Er sah sich sehr genau die Christen an, die am Sonntagmorgen ihr Leben auf eine Art führten, und in der übrigen Woche völlig anders. Und deshalb ließ er 44 andeuten, daß er, wenn er Christ würde, der einzig wahre Christ wäre — ein sehr einsames Wesen.

Vierundvierzig lehrte August ein geheimes Wort, um die Fähigkeit zu entwickeln, unsichtbar zu werden. Es war sehr ähnlich dem Gebrauch des geheimen Wortes in ECKANKAR, welches wir benutzen, nicht um unsichtbar zu werden, sondern um uns an den Heiligen Geist anzuschließen. Dies ist ein Wort, das einem die Fähigkeit zum Seelenreisen geben kann, indem man aus dem physischen Körper heraus in den Seelenkörper geht.

Vierundvierzig erwähnte etwas Merkwürdiges. Er sagte: »Der Ort, von dem ich komme ...«. Und August wollte sagen: »Wo ist das?«, aber jedesmal, wenn er es versuchte, war seine Zunge gelähmt. Vierundvierzig hatte gewisse Kräfte, und er wollte nicht, daß irgend jemand wußte, daß er aus einem Bereich des Lichtes kam. Er sagte, daß er da, wo er herkäme, die Zukunft wissen könnte. Er konnte alles wissen, was in den nächsten Augenblicken geschehen würde, er hatte Einsicht in die Gegenwart, und er kannte die Vergangenheit.

August dachte, dies sei eine wunderbare Gabe. Vierundvierzig entgegnete mit Begriffen eines Produktionsvorgangs. Er sagte, er wird nur dann von der Kenntnis der Zukunft erlöst, wenn er auf die Erde kommt. Wegen der merkwürdigen Bauart der Erde kann er dort die prophetischen Wirkungen ausschließen und von der Zukunft unbehelligt sein.

Vierundvierzig ging umher, verkleidet als der Zauberer, dem er viele der Wunder zuschrieb, die er selbst vollbrachte. An einem Punkt verfolgten ihn die Leute aus der Stadt und der Priester, um ihn auf dem Scheiterhaufen zu verbrennen. Als die fackeltragende Menge die Straßen vor dem Schloß füllte, rief er August zu, wie wunderbar das sei: Er wußte in diesem Moment nicht, was die Zukunft barg! Aber er hatte keine Angst — er beherrschte die Kunst, sich unsichtbar zu machen und vieles andere.

Der springende Punkt hierbei ist, daß diese Prinzipien des Heiligen Geistes in der Literatur und in unserer Kultur eingebettet sind. Die Wahrheit ist niemals verborgen. Sie steht der Seele, die den nächsten Schritt gehen möchte, immer zur Verfügung.

Wie der Heilige Geist heilt

Ein weiterer interessanter Bereich sind wunderbare Heilungen. Die Menschen verstehen nicht immer, daß der Heilige Geist durch die allgemeinen Kanäle der Medizin heilt, wie zum Beispiel durch den Arzt oder den Zahnarzt. Und wenn es unsere finanzielle Lage ist, die der Heilung bedarf, dann kommt diese vielleicht auf dem Weg über einen Buchhalter — einen Rechnungsprüfer oder dergleichen. Die Technik »Der leichte Weg«, eine der Spirituellen Übungen von ECK, wird von Paul Twitchell in dem Buch *In meiner Seele bin ich frei* von Brad Steiger angegeben. Diese kreativen Techniken lösen die spirituelle Kraft aus, die all das bringt, was für unsere spirituelle Entfaltung gut ist.

Das heißt nicht, daß der Heilige Geist und das geheime Wort oder die heiligen Namen Gottes für materiellen Gewinn gebraucht werden sollen, denn dafür sind sie nicht da. Aber wir benutzen die spirituellen Worte, die in den ECK-Schriften angegeben werden, für die Anhebung des Bewußtseins. Und wenn Sie spirituell wachsen, dann muß sich Ihr ganzes Leben verbessern.

Diejenigen von Ihnen, die seit vielen Jahren beten und damit zufrieden sind — machen Sie es auf jeden Fall weiter. Aber die von Ihnen, die das Gefühl haben, es müsse irgendwie einen besseren Weg geben, sich an die göttliche Macht zu wenden, möchten jetzt vielleicht eine spirituelle Übung versuchen. Die Technik des »leichten Weges« zeigt Ihnen, wie man mit einem Meister arbeitet, der einem vertraut ist. Es kann Christus sein, es kann Buddha sein, oder es kann einer der ECK-Meister sein; eine Ihnen bekannte Person, der Sie vertrauen und die Sie lieben.

Die Liebe ist dabei ein wichtiges Element, denn wenn Sie beten oder wenn Sie die spirituellen Übungen ausführen, dann muß es vor allem zum Wohle des Ganzen sein. Allzuoft betet einer, sein Nachbar möge es schwer haben, damit es ihm selbst gut geht. Oder er verletzt die Gesetze, indem er Gott bittet, eine Last von ihm zu nehmen, und vergißt dabei, daß Gott diese Last ja zugelassen hat, damit der Betreffende die Gesetze des Heiligen Geistes lernen kann.

Die Stimme Gottes

Es gibt etwas, das als der Hörbare Lebensstrom bezeichnet wird, und das ist die Stimme Gottes. Es ist ein

Strom, der wie eine Welle aus dem Herzen Gottes kommt und hinausfließt in alle Welten. Die Seele muß diese Welle ergreifen und lernen, wie Sie auf dieser Stimme Gottes reiten und damit arbeiten kann. Die einzige Art, die Stimme Gottes zu erfahren, ist durch Licht und Ton.

Wenn Sie in Ihrer Kontemplation eine tiefe, dröhnende Stimme hören, dann kann es ein Meister sein, der als ein Werkzeug oder Beauftragter Gottes spricht, aber es ist nicht der höchste Gott, welcher nur als Licht und Ton erfahren werden kann.

Den Ton kann man auf viele Arten hören, wie den einzelnen Ton einer Flöte. Für viele klingt Es wie das Summen von Bienen. Manchmal ist Es wie ein Elektromotor, der mit sehr hoher Frequenz surrt; zu anderen Zeiten kann Es klingen wie ein Orchester oder wie ein Donner. Die Art, wie Sie Es hören, hängt davon ab, wo Sie in Ihrem Bewußtseinszustand stehen, wenn Sie Ihr Wort chanten.

Wir können vom physischen Bewußtseinszustand auf die Seelenebene mitgenommen werden oder auch zur Mentalebene oder Kausalebene, wo wir die Erinnerung an unsere vergangenen Leben haben. Der Meister arbeitet oft im Traumzustand, weil er dann leichter durchkommt. Ängste können blockieren und einen davon abhalten, die Freiheit, Kraft und Weisheit auszuüben, die das Erbteil der Seele sind. Im Traumzustand kann der Innere Meister beginnen, mit Ihnen zu arbeiten, um Ihnen das vertraut und angenehm zu machen, was auf der anderen Seite kommt.

Der Sinn, die Wege von ECK zu lernen, liegt darin, die Furcht vor dem Tod zu überwinden, und das geschieht, indem man lernt, daß die Seele ewig lebt. Sie hat keinen Anfang und kein Ende. Eines der großartigen Gesetze Gottes ist, daß die Seele existiert, weil Gott Sie liebt.

Seelenbewußtsein

Eine Frau erzählte mir letzte Woche von ihrem Abenteuer mit ihrem ersten Fallschirmabsprung vor einigen Jahren. Ihr erster Sprung wäre tatsächlich fast ihr letzter gewesen.

Sie sprang aus dem Flugzeug mit dem angeschnallten Fallschirm und machte zum Fallen ein Hohlkreuz, wie man es ihr beigebracht hatte. Aber sie bog ihren Rücken zu sehr, und diese Biegung erzeugte einen Unterdruck, so daß der Druck der Luft über ihre Vorderseite lief. Deshalb wollte sich der Fallschirm nicht öffnen, als sie die Reißleine zog. Sie hatte nicht die Geistesgegenwart, die Leine ihres Rettungsfallschirms zu ziehen. In Panik schrie sie so laut, wie sie konnte: »Gott, hilf mir!«

Plötzlich fand sie sich im Seelenkörper wieder, an einem Punkt oberhalb ihres fallenden physischen Körpers. Mit der Wahrnehmungskraft der Seele, die unbegrenzt und unmittelbar ist, konnte sie sehen, worin das Problem lag. Das war alles, was nötig war. Sie kehrte sofort in ihren Körper zurück und streckte ihren Rücken, und als der Unterdruck schwand, öffnete sich der Fallschirm.

Sie zitterte richtig, als sie auf den Boden kam, denn wenn man sich auf so etwas Abenteuerliches einläßt, dann möchte man doch eine zweite Chance haben. Einen Moment lang war sie sich nicht so sicher, daß sie sie bekommen würde.

Dies war ihre erste Erfahrung mit einem Bewußtsein außerhalb des physischen Körpers. Von da an begann sie danach zu suchen, wie sie diese Erfahrung, in höherer Bewußtheit zu weilen, erneut haben könnte, um im Seelenkörper zu leben und zu handeln und so die Meisterschaft über ihr Leben zu erringen.

Wenn wir vom Seelenbewußtsein aus arbeiten, können wir unser eigenes Schicksal gestalten. Wir sind nicht mehr die Sklaven unserer Leidenschaften. Ich behaupte nicht, daß Sie keine Krankheiten mehr haben werden; ich möchte auch nicht sagen, daß es umso leichter wird, je weiter Sie auf dem Pfad gehen. Wenn andere die Lasten erkennen könnten, die man trägt, wenn man weitergeht, dann würden sie sagen: »Wenn das Spiritualität ist, vergiß es.«

Aber wir werden größer, wir werden stärker. Unsere Sicht ist tiefer, und wir haben ein besseres Verständnis davon, wo wir sind, wohin wir gehören, und wie nötig es ist, eines Tages mit der Reise zurück zum Herzen Gottes zu beginnen.

Wer von Ihnen mehr erfahren möchte, kann die Spirituellen Übungen von ECK ausprobieren, um herauszufinden, ob sie wirklich für ihn passen. Sie sind es sich selbst schuldig, den Weg zu Gott zu finden, der für Sie richtig ist.

Nachmittag in ECK
Johannesburg, Südafrika, 16. Juli 1983

21

Schritte zur Selbstmeisterung

Der Weg von ECK ist in erster Linie für das spirituelle Wachstum da. Aber wenn wir in unserer spirituellen Entfaltung zunehmen, dann greifen wir auch weiter aus in die Gemeinschaft, und wir beginnen, Dinge zu tun, die unser eigenes Leben leichter und besser machen. Und wir fördern mit uns auch andere.

Schritt für Schritt vorgehen

Die spirituellen Übungen — das Chanten des Namens Gottes — sind wirklich wichtig. Wenn Sie erwarten, auch nur igendwelche Fortschritte zu machen, dann müssen Sie sie tun. Es gibt Menschen, die mir sagen: »Ich habe solche Schwierigkeiten bei den spirituellen Übungen — sie funktionieren bei mir nicht.« Wenn ich sie fragen würde: »Machst du die spirituellen Übungen regelmäßig?«, dann würden sie einfach mit »Ja« antworten. Was heißt das? Einmal im Monat? Einmal im Jahr? Sie werden es sehr hilfreich finden, sie jeden Tag zwanzig Minuten lang zu machen.

Sehr oft hören wir, daß jemand seine Einstellung so formuliert: »Ich war bei den Rosenkreuzern und einigen anderen Gruppen. Da ich schon so viel weiß — praktisch ein Kronprinz Gottes bin — warum muß ich dann in ECKANKAR mit der ersten und zweiten Initiation wieder anfangen?«

Die Meinung, die man von sich selbst hat, ist im allgemeinen viel besser, als die von irgend jemand anders. Man hat eine falsche Einschätzung seiner wirklichen Erfahrung und möchte nicht Schritt für Schritt vorgehen.

Anderen Freiheit gewähren

Vorhin erzählte heute jemand von einem hier ansässigen Christen, der sich einer Satsangklasse anschloß, damit er vorgeben konnte, er studiere mit den ECKisten, während er in Wirklichkeit versuchte, sie zu bekehren. Ich weiß nicht, wie die Klasse es fertigbrachte, ihn ein ganzes Jahr lang zu ertragen. Eines Tages entschloß er sich, nach Amerika zu reisen, um eines der größeren Seminare zu besuchen, wo er den Lebenden ECK-Meister zu bekehren hoffte. Aber er kam nie weiter als bis London. Seine Frau wurde krank, und er mußte nach Hause zurückkehren. Das muß für ihn wirklich enttäuschend gewesen sein.

Ihm wurde niemals klar, daß hinter der ganzen Sache der Heilige Geist stand, der anderen Menschen die Freiheit gewährt, ihren eigenen Weg ohne Einmischung zu gehen.

Eines der guten Dinge, die man bei ECK finden kann, ist eine Gemeinschaft von Wesen, die einige der subtileren Dinge, die geschehen, wahrnehmen können. Wenn Sie versuchen, das Ihren Nachbarn zu erzählen, dann werden die denken, Sie sind ein bißchen komisch — und irgend etwas stimmt mit Ihnen nicht. Versuchen Sie orthodoxen Denkern zu sagen, wie der Heilige Geist arbeitet, sie werden Ihnen nicht glauben. Wenn Sie zuviel sagen, ziehen sie sich zurück; und wenn Sie hartnäckig sind, dann steckt man Sie in eine Heilanstalt. Jede Anstrengung wird unternommen, um denjenigen, der nicht in die orthodoxe Denkweise hineinpaßt, unglaubwürdig zu machen, damit er nicht Unruhe erzeugen und die Menschen dazu bringen kann, selbständig zu denken.

Wie man das Fasten am Freitag praktiziert

Jemand fragte nach dem Zweck des freitäglichen Fastens. Der Zweck dieses Fastens ist unter anderem Selbstdisziplin, dem Körper eine Erholungspause zu gönnen, indem man nicht soviel ißt, und in Verbindung mit den Chelas in der ganzen Welt zu stehen, da wir es alle zur gleichen Zeit tun. Es ist so ähnlich, wie wenn Sie ein Initiierter des Zweiten Kreises werden und eine innere Kommunikation mit anderen Zweitinitiierten haben. Einige von Ihnen sind sich dessen bewußt, andere nicht.

Das freitägliche Fasten ist eine Zeit, die dafür vorgesehen ist, ein wenig Aufmerksamkeit auf die spirituellen Aufgaben zu lenken. Wenn wir hier unten auf der Erde im menschlichen Bewußtsein eingeschlossen sind und das Problem der fünf Leidenschaften haben, die uns niederhalten und uns elend und unglücklich machen, dann stellen wir fest, daß die spirituellen Übungen und das freitägliche Fasten uns ganz langsam anzuheben beginnen.

Gelegentlich bittet jemand darum, daß eine Menge Karma auf einmal weggenommen werden soll. Ich empfehle es normalerweise nicht. Mir selbst ist es schnell weggenommen worden, und das bringt Unordnung. Es erzeugt ein Vakuum in unserem Leben, und dann stürzt das restliche Karma in das Loch, wo das ECK plötzlich ein großes Stück herausgenommen hat. Deshalb arbeiten die ECK-Meister oft im Traumzustand. Das gestattet Ihnen, etwas hier, etwas da abzuarbeiten, und es geschieht schrittweise, so daß das Leben nicht über Ihnen zusammenbricht.

Wenn Sie Schwierigkeiten in der Familie oder bei der Arbeit haben und die Sache bewältigen wollen, dann können Sie am Freitag fasten. Es gibt verschiedene Arten, das Fasten auszuführen. Es gibt das mentale Fasten, das teilweise Fasten und das Wasserfasten. Sie sind alle gleich gut; es hängt davon ab, welches für Sie das richtige ist. Vielleicht wollen Sie es diese Woche auf die eine Art und nächste Woche auf die andere Art machen. Es hängt von Ihrem Arbeitsplan und von den Anweisungen Ihres Arztes ab. Sie haben vielleicht ein bestimmtes Gesundheitsproblem, zum Beispiel einen niedrigen Blutzuckerspiegel, und Sie müssen deshalb regelmäßige Mahlzeiten haben, um ihre Arbeit verrichten zu können. Das ist eine der Realitäten des Lebens hier unten.

Ich habe festgestellt, daß es hilfreich ist, wenn die Zeiten besonders schwierig sind, auch am Dienstag zu fasten. Manchmal habe ich mehr als eine Art des Fastens zur gleichen Zeit gemacht; wenn man die Aufmerksamkeit auf dem Mahanta hält, kann man das. Ich habe zur gleichen Zeit mental wie auch teilweise gefastet. Dann habe ich am Freitag manchmal ein Wasserfasten gemacht.

Es gibt verschiedene Wege, das mentale Fasten auszuführen. Einer ist, alle negativen Gedanken aus dem Verstand zu verbannen. Wenn etwas Negatives hochkommt, lassen Sie es einfach los. Der andere ist, Ihre Aufmerksamkeit so vollständig auf dem Inneren Meister zu halten, daß sich kein negativer Gedanke einschleichen kann.

Einmal versuchte jemand, mir meine Arbeit zu kündigen. Ich hatte keine Ersparnisse und wußte nicht, was ich machen sollte. Wenn es mir dann wirklich schlecht ging, dann machte ich ein Fasten mit Obstsaft am Dienstag. Das pflegte die Woche ins Gleichgewicht zu bringen. Es war nicht dazu da, irgend jemand zu beeinflussen; ich wollte mich nur spirituell so reinigen, daß ich die Situation durchstehen konnte. Aber manchmal passierten dann alle möglichen ungewöhnlichen Dinge im Leben derer, die vorhatten, mich anzugreifen. Sie bekamen so viele Schwierigkeiten, daß sie für mich keine Zeit mehr hatten.

Das teilweise Fasten ist eine andere Art, das freitägliche Fasten auszuführen. Das bedeutet, nur Obst zu essen oder Fruchtsaft zu trinken oder nur eine Mahlzeit am Tag zu sich zu nehmen. Es gibt da ein große Breite an Möglichkeiten — finden Sie heraus, was für Sie am besten paßt. Das bewirkt, daß Sie beginnen, aus der karmischen Umgebung, in der Sie sich heute befinden, herauszugehen. Spirituelle Entfaltung beginnt da, wo Sie heute sind. Deshalb ist das freitägliche Fasten eine Möglichkeit, uns selbst Stück für Stück aus unserem Karma herauszuziehen. Es hilft uns auch, die Fähigkeit zu entwickeln, unsere Probleme mit weit größerer Leichtigkeit zu handhaben. Es ist eine ausgezeichnete Möglichkeit, einen Schritt in Richtung auf unsere eigene Meisterschaft zu tun.

Klatsch vermeiden

Als Führer in ECK ist eines für Sie wichtig: Wenn Sie Klatsch hören, dann beenden Sie das, und zwar schnell. Gehen Sie ihm an die Wurzel. Wenn jemand etwas über einen anderen sagt, was mit der Verbreitung der Botschaft von ECK zu tun hat — nicht mit seinem persönlichen Leben, sondern mit der Verbreitung der ECK-Botschaft — dann gehen Sie dem auf den Grund. Wenn von jemand berichtet wird, er störe eine

Satsangklasse, dann gehen Sie zuerst zu dem Arahata und sehen Sie, ob man es da lösen kann. Wenn es da nicht gelöst werden kann, dann arbeiten Sie mit den örtlichen Höherinitiierten zusammen.

Erledigen Sie Klatsch sofort, und lassen Sie sich nicht in der Falle fangen. Er führt nach unten. Es ist schön zu klatschen, aber plötzlich stellen Sie fest, daß Sie dabei den kürzeren ziehen. Ihre spirituelle Erfahrung bleibt stehen und nichts geht mehr. Dann kommen Sie, ohne zu wissen, warum es geschah, und bitten um Hilfe. Ich kann nichts tun, als zurückzutreten und Sie selbst den Grund für ihre Schwierigkeiten herausfinden zu lassen. Es ist ein wichtiger Punkt. Wenn Sie hören, wie jemand über einen anderen spricht, hören Sie nicht zu.

Ich würde empfehlen, daß Sie, als die Führer in ECK, Ihr persönliches Leben für sich behalten. Was mich betrifft, ich kümmere mich nicht darum, wie Sie Ihr persönliches Leben führen — mir ist das gleichgültig — aber ich kümmere mich dann darum, wenn es in Verbindung mit der ECK-Botschaft nach außen dringt. Wenn Sie Ihre Probleme von zu Hause in die Satsangklasse hineintragen, dann verwickeln Sie die anderen ECKisten mit hinein. Ehe- und Liebesbeziehungen sind da besonders beliebt. Wenn Menschen ihre Probleme hineintragen, dann betrifft und stört das alle übrigen. Und es hat überhaupt nichts damit zu tun, SUGMAD zu dienen, und das ist, was wir alle in erfreulicher Weise zu tun lernen.

Wenn Sie irgendwelche Fragen oder Bemerkungen haben, dann heben Sie einfach die Hand.

Kreatives Fasten

F: Sagen wir mal, von mir wird erwartet, daß ich am Freitag an einem Geschäftsessen teilnehme, das notwendig ist, um einen Geschäftsabschluß zu erreichen. Die zehn anderen Teilnehmer wissen nichts von ECK, aber ich als ECKist möchte fasten. Soll ich da einfach geradeheraus sagen: »Entschuldigung, ich faste«, und dann sehen, wo meine Berufslaufbahn bleibt?

HK: Hat irgend jemand von Ihnen etwas dazu zu sagen, was Sie tun würden, oder wie Sie es bereits machen, wenn so etwas an einem Freitag geschieht? Wie gehen Sie damit um?

ECKist: Man könnte einen Kompromiß wählen und nur ein leichtes Essen zu sich nehmen.

HK: Das ist natürlich das teilweise Fasten. An diesem speziellen Tag könnten Sie ein teilweises Fasten machen, indem Sie nur diese eine Mahlzeit essen. Irgendwelche sonstigen Bemerkungen oder Ideen?

ECKist: Wie wäre es, einfach am Samstag zu fasten?

HK: Das kann man, aber Freitag ist besser. Sie werden es wirksamer finden. Sehr viel wohltuender. Sie können am Freitag mental fasten und dann einfach beobachten — Sie werden überrascht sein. Es dauert eine Weile, aber wenn der Heilige Geist will, daß Sie auf eine andere Weise fasten, wird Er dafür sorgen, daß es am Freitag funktioniert. Deshalb vertrauen Sie auch auf den Heiligen Geist. Tun Sie, was Sie können innerhalb der Möglichkeiten zu fasten, mit denen Sie arbeiten müssen, und im Laufe der Zeit werden Sie in der Lage sein, so zu fasten, wie Sie gerne möchten.

ECKist: Wenn es möglich ist, dann verlege ich das Treffen auf einen anderen Tag. Wenn es nicht möglich ist, und je nachdem, wer daran teilnimmt, esse ich vielleicht nicht, aber ich sage nicht, warum. Ich sage nur: »Freitags esse ich nichts.«

HK: Das ist ein guter Vorschlag. Seien Sie zurückhaltend damit. Machen Sie ihre Aussage einfach und klar. Es dauert eine Weile, bis man es schafft, den ganzen Tag lang nichts zu essen, und manche von Ihnen werden es aus Gesundheitgründen oder wegen ihrer Arbeit nicht können. Aber wenn Sie es können und wollen, dann tun Sie es auf alle Fälle. Nehmen Sie irgendeine der Möglichkeiten zu fasten, die Ihnen ein gutes Gefühl gibt und sich für Sie als richtig erweist.

ECKist: Eine anderer Vorschlag ist, den Leuten zu sagen: »Ich habe heute keine rechte Lust zu essen, aber ich setze mich gerne dazu und trinke etwas.«

HK: Das ist auch eine gute Idee. Er benutzt seine kreative Fähigkeit. Dies ist der Schatz der Seele — wie kann man es besser ausdrücken? — wobei Sie mit Ihrer eigenen Meisterschaft arbeiten.

Das Fasten hat Sie in eine schwierige Situation gebracht, und das erste, was Ihnen vielleicht in den Sinn kommt, ist: Warum mache ich mir überhaupt die Mühe? Aber dann sagen Sie recht bald: Ich habe aber andererseits Erfahrungen mit dem Licht und Ton und dem Inneren Meister; und wenn dies dazugehört, sie zu erhalten, dann soll es so sein.

Sie lernen, wie man schwierige Situationen umgeht, und das ist sehr gut.

F: Was tust du, wenn dein Chef dir befiehlt, mit dem Fasten aufzuhören und zu essen?

HK: Wenn es bedeutet, daß ich sonst gefeuert werde, dann würde ich essen.

Andere geben lassen

Die ECK-Meister lassen Menschen geben. Es gibt die Geschichte von Jesus, der sich von einer Frau die Füße mit duftendem Öl salben ließ. Die ganze Szene spielte sich wahrscheinlich ein bißchen anders ab, als sie durch die biblische Geschichte bekannt ist. Es gab vermutlich eine Menge von anderen kleinen Einzelheiten, die im Laufe der Jahrhunderte von den Schreibern ausgelassen wurden. Wir wissen beispielsweise nicht, wie sich das Leben für diese Frau veränderte, die in der Lage war, Jesus die Füße zu salben, aber das ist wahrscheinlich der wichtigste Teil der Geschichte.

Um zu verdeutlichen, was den Menschen manchmal gegeben wird, damit sie sich für den Heiligen Geist öffnen können, möchte ich die folgende Geschichte von Paul Twitchell erzählen. Paul gewährte den Menschen ihren Freiraum. Wir haben all diese Vorstellungen darüber, was ein ECK-Meister ist und was nicht. Manche Dinge, die er tut, erscheinen vielleicht schockierend, aber der Sinn ist, im Chela eine Reaktion in einer Weise hervorzurufen, die ihm hilft, mit sich selbst klarzukommen. Dann kann er die Sache ganz genau ansehen und entscheiden: Wie wichtig sind meine Bedenken darüber, was die Gesellschaft sagt, im Vergleich mit der Wahrheit?

Sehr oft sind wir eingeschlossen in Trübsal, Schmerz und Einsamkeit aufgrund dessen, was unsere Nachbarn sagen könnten. Wegen des Geredes der Leute haben wir Angst, für ECK, für den Heiligen Geist, einzutreten und unser eigenes Leben zu führen. Das ist das soziale Bewußtsein. Aber auf die eine oder andere Weise werden die ECK-Meister den einzelnen da herausholen. Manchmal werden sie vielleicht sogar den Chela in Verlegenheit bringen. Ich versuche das im allgemeinen nicht zu tun, jedenfalls nicht absichtlich, Sie brauchen sich also nicht zu beunruhigen.

Paul wohnte einmal in einem Hotel wegen eines ECK-Seminars. Als Schriftsteller und Journalist lernte er, indem er die Arbeiten anderer las, nicht nur zum Vergnügen, sondern um zu sehen, wie sie ihre Schriften aufbauten. Es gab natürlich auch eine Zeit der Entwicklung in seinem literarischen Stil. Wenn Sie seine verschiedenen ECK-Werke lesen, können Sie sehen, wie sich Paul spirituell entwickelte. Das ist eines der Prinzipien von ECK: Es gibt immer noch einen weiteren Schritt. Und das betrifft auch die ECK-Meister.

Er entspannte sich und las einen Kriminalroman, als das Telefon klingelte. Eine Frau rief an und sagte, sie würde gerne hinaufkommen und ihm die Füße salben. Dies klingt heutzutage fast bizarr, aber für sie war es das nicht. Der Innere Meister hatte ihr gesagt, daß dies für sie ein großes Geschenk der Liebe sei, und so fragte sie Paul, ob er damit einverstanden wäre.

»Gut, ja«, sagte er.

»Wann wäre ein guter Zeitpunkt dafür?« fragte sie.

»Jetzt wäre ein guter Zeitpunkt dafür«, sagte er.

»Ich komme gleich hinauf.«

Er legte den Hörer auf und ging wieder daran, seinen Kriminalroman zu lesen. Bald erschien die Frau an der Türe mit allen ihren Ölen und Düften und Tüchern im Arm. Paul hatte niemals vorher seine Füße salben lassen. So sagte sie: »Darf ich jetzt deine Füße salben?« Er sagte: »Ja, nur zu.« Er setzte sich wieder, streckte seine Füße aus und las weiter in seiner Geschichte.

Es ist eine Menge Vertrauen auf ECK nötig, um da weiterzumachen und so etwas zu tun. Es war ein Geschenk der Liebe für den Heiligen Geist, denn als der Mahanta, der Lebende ECK-Meister, war Paul ein Werkzeug für das göttliche ECK, und manchmal läßt einen der göttliche Geist Dinge tun, bei denen andere sich sorgen würden, was dazu wohl die Nachbarn sagen werden.

Einen ECK-Meister kümmert das nicht, und wenn Sie

Ihre eigene Meisterschaft erreichen, wird es Sie auch nicht kümmern. Das heißt nicht, daß Sie vor Ihren Nachbarn mit Dingen auftrumpfen werden, die Ihnen am Ende eine Inquisition des zwanzigsten Jahrhunderts auf die Fersen setzen. Man benutzt seinen gesunden Menschenverstand. Man versucht, so glatt wie möglich durch dieses Leben zu kommen.

Sie beendete das Salben seiner Füße, trocknete seine Zehen sehr sorgfältig und sagte dann: »Paul, ich danke dir vielmals.«

»Bitte sehr«, sagte er. Sie ging aus der Tür und nahm ihre Tücher und Öle mit, und er las einfach seinen Krimi weiter.

Jemand, der später davon hörte, war ziemlich schokkiert. Die ECK-Meister werden in jeder Weise wirken, die nötig ist, um die Türen der Seele aufzuschließen, damit Sie sehen können, daß es keine heiligen Kühe auf dem spirituellen Weg gibt.

Spirituelles Überleben lernen

Wir müssen uns alle irgendwie herumschlagen. Man nennt das spirituelles Überleben. Und wir lernen, daß wir, um zu überleben, alles Nötige tun, um etwas zum Funktionieren zu bringen, besonders, wenn wir erkennen, daß es ein fester Bestandteil unseres spirituellen Selbst, des Seelenkörpers, ist.

Ich will Ihnen ein Beispiel geben. Sie machen die spirituellen Übungen und benutzen das Wort, das Ihnen in der zweiten Initiation gegeben wurde. Und siehe da, zwei Wochen vergehen, und das Wort funktioniert nicht mehr. Sie sind hier draußen in einer abgelegenen Gegend von Südafrika, vermutlich mindestens einige hundert Meilen von dem nächsten ECK-Initiator entfernt, und Sie fragen sich: »Was soll ich jetzt tun? Ich habe ein Wort erhalten, aber es wirkt nicht mehr.« Manchmal wird Ihr Wort alle verschiedenen Initiationen überdauern, von der Zweiten an aufwärts; manchmal geht es zwei Initiationen lang, und dann brauchen Sie ein neues. Was machen Sie also?

Ein neues Wort finden

Sie beginnen, daran zu arbeiten, ein neues Wort zu finden. Lesen Sie das *Shariyat-Ki-Sugmad*, und wenn Sie dort ein Wort finden — vielleicht *Anami* oder einen anderen Namen, der das Reich Gottes oder das SUGMAD bezeichnet — chanten Sie es; versuchen Sie es gleich am Abend. Finden Sie heraus, wie es wirkt.

Versuchen Sie ein anderes Wort und experimentieren Sie damit, denn wenn Sie weiter voranschreiten, wird Ihnen mehr und mehr die Verantwortung dafür übergeben, mit den spirituellen Übungen zu arbeiten und ein Wort zu finden. Die Verantwortung liegt bei Ihnen. Sie müssen herausbringen, wie es geht, und es gibt einen Weg.

Wenn Ihr Wort aufgehört hat zu wirken, und Sie ein anderes brauchen, das Sie durch den Rest Ihrer zweiten, dritten oder vierten Initiation trägt, wo immer Sie sich gerade befinden, dann gehen Sie zuerst in die Kontemplation. Machen Sie den Verstand leer und achten Sie darauf, welche Worte im Vordergrund Ihres mentalen Bildschirms erscheinen.

Nehmen wir einmal an, Ihre Initiation erfordert ein einsilbiges Wort. Stellen Sie fest, ob sich eines der Worte oder einer der Gedanken oder Eindrücke, die Ihnen zufällig in den Sinn kommen, auf die Silbenzahl reduzieren läßt, die das Wort hatte, das Ihnen bei der Initiation für den Kreis, in dem Sie sich befinden, gegeben wurde. Probieren Sie, ob Sie das machen können. Wenn Sie ein Wort finden, dann benutzen Sie es, probieren Sie es aus und schauen Sie, ob es wirkt. Wenn nicht, dann warten Sie eine oder zwei Wochen und versuchen Sie es mit einem anderen Wort, denn Sie sind es, der es finden muß. Wenn es immer noch nicht funktioniert, dann können Sie freitags etwas ernsthafter fasten. So habe ich es gemacht.

Was mich betrifft, so ist es in Ordnung, wenn Sie einmal im Monat eine Erfahrung mit Licht und Ton haben, den Inneren Meister sehen oder eine innere Erfahrung haben, von der Sie wissen, daß sie spirituell ist. Sie haben in Wirklichkeit viel mehr Erfahrungen. Ich möchte, daß Sie sich im Monat mindestens an eine erinnern, damit ihr Vertrauen nicht sinkt. Aber es ist noch besser, sich der Hilfe des Heiligen Geistes im täglichen Leben bewußt zu sein.

Ja zum Heiligen Geist sagen

Irgend jemand mußte für dieses Seminar die Koordination der Veranstaltung übernehmen. Ich kann mir gut vorstellen, wie sich diese Person gefühlt hat, als sie gebeten wurde, dieses Ereignis zu organisieren und eine Möglichkeit zu finden, sich mit der Mannschaft in den Vereinigten Staaten auf ökonomische Weise zu verständigen.

Was waren deine ersten Gefühle, als du feststelltest, daß du die Glückliche sein solltest, die hier einspringen mußte?

ECKistin: Mein allererster Gedanke war: »Kann ich das überhaupt?« Dann sagte ich: »In Ordnung, ich bin darum gebeten worden, dann sollte ich wohl auch die Fähigkeit haben, es zu tun.«

HK: Es ist wirklich ein guter Anfang, ja zu sagen; das war der erste Schritt. Dann kam der zweite Schritt, und sie mußte sich einfach hinsetzen und nachdenken: Was jetzt? Einen Ort für das Seminar finden. Sie versuchte sich das Endziel vorzustellen. Wieviele Menschen würden in dem Raum sitzen? Sie machte auch diesen Schritt, und nachdem sie ihn sich vorgestellt hatte, ging sie daran und versuchte ihn zu finden.

Nun ja, wie so die physische Welt ist, war kein Raum für zweihundert Personen zu einem vernünftigen Preis zu bekommen. Alles mißlang. Als die Zeit dann näher rückte, mußte sie sich festlegen, und sie tat es für diesen Saal. Und alles machte sie Schritt für Schritt.

Das ist ein ECK-Prinzip: Wenn eine große Aufgabe vor Ihnen liegt, dann zerlegen Sie sie bis zu dem kleinsten und folgerichtig ersten Schritt, was auch immer das ist. Sie nehmen sich für den Anfang ein kleines Ziel vor, und dann setzen Sie sich selbst einen Termin. Von da aus arbeiten Sie weiter. Das ist das grundlegende Prinzip.

Probleme lösen

Einige der alten griechischen Philosophen pflegten vom Ganzen aus zu denken. Sie gingen vom Überblick aus. Der westliche Mensch denkt gewöhnlich in Teilen. Die meisten Menschen denken nur in Bruchteilen; und weil sie es tun, können sie nicht einen Schritt zurücktreten und einen Blick auf die gesamte Lage werfen; deshalb unterliegen sie einem Problem, bevor sie auch nur einen Schritt getan haben.

Es ist auch gut, für die Hilfe anderer offen zu sein. Wenn Sie die Antwort nicht wissen, dann rufen Sie einfach andere ECKisten an, um Hilfe zu erhalten. Sie müssen als Führer in ECK nicht alles wissen, keiner von Ihnen;

in seiner Gnade hat das SUGMAD es so eingerichtet, daß es Menschen gibt, die nur darauf warten zu helfen. Und durch die Ausdehnung des Bewußtseins finden Sie diese.

Bei der Initiation des Zweiten Kreises erweitert sich Ihre Bewußtheit und umfaßt eine bestimmte Stufe der Hilfe, die bereits da ist. Und beim Dritten Kreis wiederum erweitert sich Ihre Bewußtheit so, daß Sie die Hilfe annehmen und erkennen, die das ECK schon bereitgestellt hat. Das ist es, was es heißt, von Augenblick zu Augenblick zu leben — für jedes Problem steht eine Lösung bereit; wir müssen sie nur finden. Vielleicht ist es nicht die endgültige Lösung, aber ein erster Schritt. Aber Sie müssen genug Selbstvertrauen haben, um den ersten Schritt zu gehen, ob es sich nun um ECK oder einen anderen Lebensbereich dreht. Sie müssen lernen zu sagen: »Ja, ich kann das.« Und sobald Sie das lernen, gehört Ihnen die Welt.

Die Motivation verstehen

Auf dem spirituellen Weg sagen wir: Stell keine Fragen; aber das bezieht sich auf eine bestimmte Art von Fragen wie diese: Wo stehe ich jetzt in meiner spirituellen Entfaltung? Im Vergleich wozu? Im Vergleich zu dir selbst? Dann bricht die Frage in sich selbst zusammen. Es ist unwichtig, wo man spirituell steht. Das ist die Art von Fragen, die Sie wirklich nicht zu stellen brauchen. Alles, was Sie tun müssen, ist zu sagen: Wie finde ich einen Weg, zu einer Erfahrung mit Licht und Ton Gottes zu kommen? Wie kann ich den Meister im Traumzustand treffen? Wie kann ich Seelenreisen? Das sind Dinge, für die Motivation nötig ist.

Jemand erwähnte, er wisse nicht, wie man Menschen mit Motivation finden oder sie motivieren könne. Und das kann man wirklich nicht. Es gibt Menschen, die zu jeder Zeit motiviert sind. Manche sind eine Weile lang motiviert, und dann nehmen sie sich eine Ruhepause — die Ruhepunkte in der Ewigkeit. Es gibt einen natürlichen Zyklus, den wir durchlaufen: Aktivität, Ruhe, Aktivität, Ruhe. Ein ECKist lernt, den mittleren Weg zu gehen, wo er die Aktivität und die Ruhe für sich arbeiten läßt, so daß er ein bewußter Mitarbeiter Gottes für die vierundzwanzig Stunden des Tages wird.

Das Leben mit Mut angehen

F: Ist es im Hinblick auf spirituelle Gefräßigkeit nicht eine gute Idee, die spirituellen Übungen dreimal am Tag zwanzig Minuten lang zu machen, wenn man das Gefühl hat, dies sei der Weg zu Licht und Ton?

HK: Sie können das tun, solange Sie sorgfältig darauf achten, nicht introvertiert zu werden. Man kann introvertiert werden; sogar ein ECK-Center kann introvertiert werden. Ganz plötzlich sind die Veranstaltungen nur für uns. Wir haben vergessen, nach draußen zu gehen. Und die wahre Freude des Lebens liegt darin, soviel Mut aufzubringen, zum Beispiel auf die Straße zu gehen und sich auszudenken, wie man einen neuen Job findet, wenn man seinen verloren hat. Das könnte bedeuten, daß man eine Menge alter Vorstellungen darüber, was man verdienen und was man tun sollte, wegwerfen muß. Man braucht viel Mut dazu.

Zu oft haben wir am Anfang eines spirituellen Weges das Gefühl, das auch ich hatte, daß dieses ganze Leben ein großer Fehler sei. Das einzige, was ich wollte, war Seelenreisen, um aus meiner unerfreulichen Umgebung herauszukommen. Ich war damals in Japan stationiert, und ich hatte nur den Wunsch, wieder zurück auf die

Farm zu kommen. Das ist alles ganz schön, aber man kann nicht leben, indem man vor dem Leben davonläuft, und genau das versuchte ich. Das Leben voll zu leben erfordert einen Sinn für das Abenteuer, aber wir wachsen da schrittweise hinein, in einer Geschwindigkeit, die wir handhaben können.

Hat jemand eine gute Geschichte, die er erzählen möchte?

ECKist: Als ich vor etwa vier Jahren ECKANKAR kennenlernte, hatte ich das Problem, meine Familie davon zu überzeugen, daß ich das Richtige tat. Ich wurde unter Druck gesetzt, zu einem Psychiater zu gehen und mich untersuchen zu lassen. Mir kam der Gedanke, dies sei ein indirekter und sehr subtiler Weg, die Botschaft von ECK zu verbreiten, denn der Psychiater hatte natürlich nie von ECKANKAR gehört. Um eine gute Möglichkeit zu schaffen, daß wir über ECK auf dem richtigen Niveau diskutieren könnten, nahm ich eine Reihe von ECK-Büchern mit zu dem Treffen.

Meine Frau war froh, daß ich bereit war, wenigstens die Möglichkeit in Erwägung zu ziehen, daß ich hier etwas Falsches tat. Ich hatte zugestimmt, mich den Ergebnissen der psychiatrischen Untersuchung zu beugen.

Bei dem ersten Treffen sagte ich zu ihm: »Herr Doktor, mein Problem ist eigentlich kein Problem. Wie ich es sehe, geht es darum, mit dem Leben zurechtzukommen. Und damit Sie verstehen, warum ich das bin, was ich bin, können Sie diese Bücher durchsehen.«

Er nahm die Bücher sehr gelassen und blätterte sie durch, als ob er sagen wollte, er kenne schon alle diese verrückten Ideen. Ich konnte ihn geradezu denken hören: Ich habe Medizin studiert, ich habe schon von allen erdenklichen Ideen des Menschen gehört, und dieser Kerl ist eben auch so ein Spinner — wahrscheinlich hat er noch einen versteckten Trumpf.

Als ich nach Hause kam, fragte meine Frau: »Wie fühlst du dich jetzt, nachdem du bei diesem Kopfjäger warst?« — so wie sie ihn bezeichnete. Ich sagte: »Nun, wie es scheint, kann er sich keinen Reim darauf machen. Ich weiß nicht, ob die Worte über seinen Horizont hinausgehen, ob er über das geeignete Vokabular verfügt oder ob er ein orientalisches Lexikon braucht, oder was los ist. Ich gab ihm sogar das *ECKANKAR Dictionary*, nur, damit wir uns verständigen können.

Das ging einige Wochen lang so weiter. Ich ließ mich von drei verschiedenen Psychiatern untersuchen, denn ich wußte, daß ich recht hatte. Ich wußte es einfach. Aber meine Familie meinte, es sei deren Sache, das zu bestätigen. Nachdem auch der dritte Psychiater kein Problem finden konnte, beschloß meine Familie, daß sie weiter nichts tun konnte, als mich in Ruhe zu lassen.

Ich glaube, wenn man von einem inneren Wissen erfüllt ist, daß das, was man tut, richtig ist, dann muß man einfach weitermachen und es tun. Wie Paul Twitchell schon erwähnte, es sind nur die Kühnen und Abenteuerlustigen, die Erfolg haben.

HK: Die Familie dieses Mannes stellte sich gegen ihn, als er den Weg von ECK gehen wollte. Da es ein Teil ihrer Bedingungen war, ihn in Ruhe zu lassen oder nicht, war er einverstanden, sich einer psychiatrischen Untersuchung zu unterziehen. Er mußte auch die Entscheidung des Psychiaters annehmen. Seine Familie dachte, er sei ein Mondsüchtiger, und der Psychiater werde ihn schon überreden, diese Geschichte mit ECK fallenzulassen. Aber er unterzog sich der Untersuchung von drei Psychiatern und ging damit weit über seine ursprüngliche Zusage hinaus, sich dem Spruch eines Psychiaters zu unterwerfen, und keiner von ihnen konnte feststellen, er sei verrückt.

Man braucht viel Mut, allein um sich so einer Sache zu unterziehen. Man muß sehr stark sein. Wenn Sie in Ihrem Inneren wissen, daß Sie recht haben, dann müssen Sie das auch durchziehen, wenn Sie mit sich selbst leben wollen. Es ist das Leben von ECK; eine sehr mutige Weise, an das Leben heranzugehen. Er war willens zu tun, was immer dafür nötig war, und auf sich zu nehmen, was immer damit auf ihn zukäme.

Pünktlich sein

Wir haben gerade noch einige Minuten. Und wo wir gerade dabei sind, ein weiterer Punkt, der genau hierhergehört, ist, daß man pünktlich beginnt und endet. Sie werden feststellen, daß viel von Ihrem Erfolg als Führer davon abhängt, eine Anfangszeit für ein Treffen festzusetzen und dann zu dieser Zeit anzufangen, auch wenn nicht alle da sind. Wenn es Zeit ist aufzuhören, dann hören Sie zu der Zeit auf, die Sie vereinbart haben. Wenn es ein paar Minuten länger dauert, ist das in Ordnung; aber ein einstündiger Kurs darf nicht zwei Stunden dauern.

Wir können eine Tagesordnung festsetzen, die in den Zeitplan hineinpaßt, dabei Zeit für eine Diskussion einplanen, und uns dann daran halten. Sich Ziele vorzunehmen und Termine zu setzen wird Sie in den materiellen und den spirituellen Bereichen des Lebens weit bringen.

Das spirituelle Leben führen

ECKist: Ich wollte nur sagen, daß die anderen Lehren, mit denen ich mich befaßt habe, anscheinend eine Trennung zwischen spirituellem und materiellem Leben herbeiführen. Der ECK-Weg scheint irgendwie ständig das Spirituelle mit dem Materiellen zu verbinden.

HK: Wenn Sie am Anfang den Pfad betreten, sehen Sie einen Unterschied zwischen dem materiellen Leben und dem spirituellen. Aber wenn Sie weiter fortschreiten, dann stellen Sie fest, daß das ECK die beiden tatsächlich so glatt miteinander verwebt, daß es keinen Unterschied gibt. Es ist alles das spirituelle Leben.

Wenn Sie versuchen, einen Unterschied zu machen und zu sagen: Dies ist materiell und das ist spirituell, dann sagen Sie im wesentlichen, daß dieses physische Leben keine Bedeutung in Ihrer spirituellen Entfaltung hat. Es hat aber eine ganz wesentliche Bedeutung, weil wir beim Zusammentreffen mit anderen Menschen unser Karma abarbeiten. Das geschieht im allgemeinen nicht mit unbelebten Objekten, es sei denn, Sie versetzen Ihrem Auto einen Tritt, weil ein Reifen platt ist, und arbeiten das Karma dadurch ab, daß sie sich am Zeh wehtun. Das hat nichts damit zu tun, was der Wagen dachte; es ist eine Folge dessen, was Sie getan haben. Es gibt diese Verschmelzung im Leben, und das ist eine sehr gute Einsicht.

Am nächsten Wochenende werden wir beim Europäischen Seminar in Holland sein. Auf meinen Reisen bekomme ich manchmal Geschichten und Ideen, wenn ich Ihnen zuhöre. Ihre Erfahrungen gehen hinaus in die Welt, und sie helfen dabei, die ganze Menschheit anzuheben.

Vielen Dank.

Treffen der Führerschaft, Johannesburg, Südafrika
16. Juli 1983

22

Die drei Stufen des Wissens

Die Menschen sind fasziniert von der Zukunft. Das Orakel von Delphi hatte eine sonderbare Anziehung für die Griechen. Sie kamen und warteten ganze zwei Monate lang, bis die Priesterin eines Tages endlich sagte: »Das Orakel will dich jetzt empfangen.« Sie standen demütig vor dem Orakel, während die donnernde Stimme Apolls durch die Priesterin eine Weissagung gab.

Wie der Heilige Geist arbeitet

Ich erzählte kürzlich die Geschichte eines Mannes, der das Orakel besuchte, um sein Problem mit dem Stottern loszuwerden. Das Orakel sagte ihm, er solle nach Lybien gehen, das Land erobern und verschiedene Viehherden züchten. Dies verstörte ihn sehr, weil das Orakel, genauso wie das ECK, uns kaum jemals genau das gibt, um das wir bitten. Es wird auf bessere Weise zustande kommen. Wenn wir offen sind und die Wege des göttlichen Geistes und die Gesetze des Lebens verstehen, wird Er uns weit mehr geben, als wir erwartet haben.

Der Heilige Geist, welcher zu jener Zeit durch das Orakel arbeitete, hörte die Bitte des Mannes, aber die

Antwort, die ihm gegeben wurde, erforderte etwas Vertrauen auf seiner Seite und den Willen, selbst einen Schritt zur Erreichung des Ziels zu tun. Der Mann folgte wirklich dem Willen des Orakels. In Lybien geriet er mit seinen Mannen in ein Gefecht mit den lybischen Kriegern. Als er den Kampf gewonnen hatte, merkte er plötzlich, daß er seine Stimme wieder voll beherrschen konnte. Das Stottern war weg. Und weil er den Feind geschlagen hatte, stand das Land jetzt offen für ihn, um seine Herden aufzuziehen und Erfolg zu haben.

Der Heilige Geist tut nicht die Arbeit für uns. Wenn Sie um eine Heilung bitten, läßt Er vielleicht einen Freund Ihnen von einem guten Arzt erzählen. Aber wenn Sie sich der Arbeitsweise des Heiligen Geistes nicht bewußt sind, dann kann es sein, daß Sie die Hilfe, die Sie erhalten, geringschätzen und das Verdienst dem Arzt zuerkennen, ohne jemals zu verstehen, daß der Arzt ein weiteres Mittel, ein weiteres Instrument des göttlichen Geistes ist, Heilung in diese Welt zu bringen.

Ein älterer Mann kam einmal nach einem Vortrag bei einem Seminar zu mir. Sehr leise, so daß niemand anders ihn hören konnte, sagte er: »Während ich da drinnen saß, wurde ganz plötzlich meine Hörfähigkeit wiederhergestellt. Ich danke dir für die Heilung.« Statt lang und breit auf seinen Dank an mich einzugehen, sagte ich einfach: »Bitte sehr.« Wenn Sie Erfahrung darin haben, ein offener Kanal für den Heiligen Geist zu sein, dann haben Sie gesehen, wie um Sie herum Heilungen geschehen. Oft war der Betroffene sich nicht bewußt, daß die Heilung geschah, weil Sie ein offener Kanal waren. Sie haben keine Strahlen ausgesandt, Sie haben keine Hand aufgelegt, Sie ließen nicht seinen Rücken krachen wie ein Chiropraktiker — obwohl auch das ein gute Heilmethode ist. Sie waren ein offener Kanal für den Heiligen Geist, und der Heilige Geist führte die Heilung dann aus. Das ist es, wonach wir als Seele suchen.

Die Aufgabe der Seele ist es, ein Mitarbeiter Gottes zu werden, das Licht und den Ton zu schmecken, die sprudelnde Nahrung von Gott. Die Stimme Gottes kann man nur als Ton hören und als Licht sehen. Dies ist der Hörbare Lebensstrom. Es ist das, was die Bibel als das Wort bezeichnet. Der Heilige Johannes schrieb: »Im Anfang war das Wort... Und das Wort wurde Fleisch und wohnte unter uns.«

Das ECK-Vidya

Die Prophezeiung des ECK-Vidya arbeitet auf unauffällige, subtile Art. Die ursprüngliche Kunst des ECK-Vidya ist die höchste Methode, die Aufzeichnungen der Seele von diesem und von vergangenen Leben zu lesen, um zu verstehen, wer und was Sie heute sind. Diese Fähigkeit, sich selbst zu erforschen, entweder durch eine direkte Lesung der Seelenaufzeichnungen oder durch den Traumzustand, in dem Sie Bilder von vergangenen Leben sehen und Einsicht in Ihr heutiges Leben gewinnen können, all das ist ein Aspekt von ECKANKAR. Es ist nur ein kleiner Teil, ein kleiner Abschnitt. So gerne wir die Zukunft auch wüßten, es kommt doch eine Zeit, wo es langweilig wird, sie zu kennen.

Solange jemand noch nicht weiß, wie man sie lesen und sehen kann, sagt er vielleicht: »Oh, Herr, das größte aller Geschenke wäre es, in die Zukunft sehen zu können, damit ich mein Leben glücklich und erfolgreich machen kann. Und wenn ich dann glücklich und erfolgreich wäre, dann würde ich dir viele Geschenke zurückgeben.« Sie wissen, wie das geht: Bitte, Gott, mach mich reich, damit ich es dir zurückgeben kann. Mit ein wenig Nachdenken würde der Bittsteller darauf kommen, daß Gott, wenn Er wirklich reich sein wollte, den Mittelsmann einfach umgehen und alles haben könnte. Und es ist eine Tatsache, daß von dem Geld, das einmal durch die Hände der Menschen geht, nicht viel zurückkommt — trotz aller großzügigen Versprechungen. Stattdessen heißt es dann: »Gott, gib mir mehr, denn der Mann von der Steuer beißt ein Stück ab.« Und wenn mehr kommt, dann ist es merkwürdig, daß immer noch weniger zurückgegeben wird. Ich behaupte nicht, daß das auf jeden zutrifft, oder daß wir die Reichen nicht mögen und die Armen fördern, denn das ist nicht der Fall. Spiritualität hängt nicht von der Dicke Ihrer Brieftasche oder der Höhe Ihres Bankkontos ab.

Das ECK-Vidya arbeitet auf seine Weise. Vor vielen Jahren, als ich bei einer bestimmten Firma arbeitete, schloß sich ein Freund von mir eines Abends aus seinem Auto aus. Als ich dastand und ihn beobachtete, wie er versuchte, wieder in sein Auto zu kommen, öffnete sich plötzlich das ECK-Vidya, die uralte Wissenschaft der Prophezeiung. Das ist eine Fähigkeit, die ich als die goldenzüngige Weisheit bezeichne. Ich beobachtete ihn, und plötzlich verstand ich, daß ich kurz davor war, von dieser Firma entlassen zu werden. Ich wurde aus meiner Arbeit ausgeschlossen.

Bald kam ein Mann angefahren und stellte meinem Freund einen Drahtkleiderbügel zur Verfügung. In sehr kurzer Zeit war er in der Lage, in sein Auto hineinzukommen. Als ich sah, wie er das Schloß mit diesem Draht öffnete, wurde mir klar, wie ich mit meiner Situation umgehen könnte: Ich rufe meinen Chef an; während ich mit ihm über irgend etwas anderes spreche, wird sich das Gespräch in einer Richtung öffnen, die ihm hilft zu erkennen, welche Beiträge ich für die Firma geleistet habe. Und so wurde es auch gelöst. Dies ist eine Art, wie das

ECK-Vidya arbeitet, und es arbeitet kaum zweimal nacheinander in der gleichen Weise.

Das Lesen im Kaffeesatz ist eine Verfälschung des ECK-Vidya. Es ist so ähnlich wie die Reaktion eines Affen, wenn er beobachtet, wie ein ECK-Meister das ECK-Vidya liest. Der Affe würde versuchen, die äußeren Handlungen nachzuahmen, welche scheinbar die Resultate hervorrufen.

Wenn ein Affe den obigen Vorfall beobachtete, würde er zum Beispiel daraus schließen, daß es gewisse Schritte gibt, die man tun muß, um die Zukunft vorherzusehen. Zuerst würde er herausbringen, wie man die Autotür abschließt. Dann würde er herumlaufen und einen Draht suchen und damit solange herumfingern, bis er schließlich die Tür öffnen könnte. Von da an würde das eine Tradition werden, die der Affe seinem Sohn und seinem Enkel weitergeben würde, und im Laufe der Zeit würden auch diese Tatsachen entstellt. Schließlich müßte es dann eine bestimmte Automarke sein; man würde eine bestimmte Sorte von Kleiderbügeldraht verwenden und eine bestimmte Zeit damit zubringen müssen, hineinzukommen.

Dies zeigt, wie die Verzerrungen der ursprünglichen Praktiken und Lehren der ECK-Meister entstehen. Die grundlegende Lehre spaltet sich immer wieder auf, und die Folge sind die vielen unterschiedlichen Konfessionen und Sekten im Hinduismus, Buddhismus und Christentum. Aber jeder Mensch in jeder Religion, in jeder Ecke jeder speziellen Konfession, kann die Botschaft vom Licht gerade so finden, wie sie ihn betrifft. Sie paßt zu ihm, aber sie wird nicht zu seinem Nachbarn passen. Die Seele ist ein einzigartiges Wesen. Sie ist anders als Ihr Nachbar, weil Sie unterschiedliche Erfahrungen in diesem Leben und in allen vergangenen Leben hat, nicht nur auf der physischen Ebene, sondern in den Ebenen oder Himmeln, wo Sie existierte, bevor Sie in diese Welt kam.

Von diesen Informationen wird viel in den ECK-Büchern mitgeteilt. *ECKANKAR — der Schlüssel zu geheimen Welten* ist ein gutes Buch für diejenigen von Ihnen, die neu in ECK sind. Das Buch *In meiner Seele bin ich frei* von Brad Steiger enthält eine einfache spirituelle Übung mit dem Namen »Technik des leichten Weges«. Die Anweisungen zur Ausführung dieser Technik gibt Paul Twitchell in dem Buch. Sie finden sie im Stichwortverzeichnis. Wenn Sie es mit dem Gebet versucht haben und jetzt eine spirituelle Übung ausprobieren wollen, dann ist das eine gute Übung für den Anfang. Sie zeigt, wie man auf einen spirituellen Meister blickt, und das kann Jesus, Buddha, Krishna oder einer der ECK-Meister sein. Schließen Sie die Augen und gehen Sie in sehr leichter, sanfter Weise in die Kontemplation. Resultate werden Sie vielleicht innerhalb eines Tages erreichen, innerhalb einer Woche, eines Monats, und für manche kann es auch ein Jahr dauern. Sie können es ausprobieren und für sich selbst herausfinden, worin der Unterschied zwischen einem Gebet und den spirituellen Übungen besteht.

Wie finden Sie Gott?

Wie finden Sie Gott? Was gibt Ihnen die Sehnsucht nach Gott? Es ist etwas Undefinierbares; und ich kann nur sagen, daß es oft hilfreich ist, wenn Sie Schmerz, Leiden und Einsamkeit erleben. Wenn das Leben Sie in eine Ecke drängt und Sie nirgendwo anders hingehen können, dann hören Sie schließlich damit auf, sich auf sich selbst und Ihre materiellen Besitztümer zu verlassen. Und wenn Sie es aufgeben können, sich an irgend etwas in der äußeren Welt zu binden und sich darauf zu verlassen, nur dann haben Sie die Chance zu sehen, wie sich die Tür zur inneren Wahrheit Gottes öffnet. Nur dann können Sie den Weg zu spiritueller Freiheit finden.

Der Weg zur spirituellen Freiheit führt immer über die Spirituellen Übungen von ECK. Vielleicht haben Sie es mit Beten versucht, so wie ich es jahrelang tat. Schließlich wachsen Sie über bestimmte Arten des Gebets hinaus, zum Beispiel Gott zu bitten, er möge den Willen eines anderen so ändern, wie es Ihrem Willen paßt. Wenn Sie auf dem spirituellen Weg fortschreiten, dann verstehen Sie, daß es schwarze Magie ist, eine Gebet dazu zu benutzen, die Meinung eines anderen Menschen zu beeinflussen.

Viele Menschen in den orthodoxen Glaubensrichtungen haben das Gefühl, es sei ihr Recht und Privileg, für jemand anders zu beten, er möge in ihre spezielle Religion eintreten, damit er von der Hölle gerettet wird. Das ist die Eitelkeit des Menschen, die gleiche Eitelkeit, die den Menschen einst glauben ließ, die Erde sei der Mittelpunkt des Universums. Galileo versuchte der Kirche zu sagen, er habe durch seine Beobachtungen etwas ganz anderes herausgefunden, und er wurde der Inquisition überantwortet. Ich habe gehört, daß gerade im letzten Jahr eine besondere Dispens erteilt wurde, so daß die Kirche die Schande der Inquisition von ihm nahm.

Ein Leben des Vertrauens auf den Heiligen Geist

Ein ECKist erzählte mir von einem Vorfall, der mir als irgendwie amüsant auffiel. Er arbeitete mit einem Mann, einem Christen, zusammen, der ein Geschäft für Flugzeugbergungen betrieb. Seine Aufgabe war es, nach Mexiko zu fliegen, wenn dort ein amerikanisches Flugzeug abgestürzt war. Er versuchte, es wieder flugfähig zu machen und in die Vereinigten Staaten zurückzubringen. Nach mexikanischem Recht wird jedes Flugzeug, das sich eine bestimmte Zeit lang im Land befindet, automatisch Eigentum des mexikanischen Staates. Die einzige Möglichkeit, diese Beschlagnahme zu verhindern, liegt darin, einen erfahrenen Piloten und einen Mechaniker dorthin zu senden, die zusehen müssen, das Ding lang genug zum Fliegen zu bringen, daß es über die Grenze kommt und gerade auf der anderen Seite des Rio Grande landet, der die Grenze zwischen Mexiko und den Vereinigten Staaten bildet.

Dieser Mann hatte auf seine Weise gelernt, wie man mit dem Heiligen Geist arbeiten kann, den wir als das göttliche ECK bezeichnen. Er sagte, er sieht sich das Flugzeug einfach an, ersetzt ein paar Teile, und ohne überhaupt den Motor anzulassen weiß er, ob das Flugzeug fliegen wird oder nicht. Sein Leben hing jedesmal von seiner Entscheidung ab, und er hatte immer recht. Wenn er feststellte, daß das Flugzeug nicht zu reparieren war, dann baute er das ganze kostbare Funk- und Navigationsgerät aus, packte es in sein Flugzeug, und ließ die übrige wertlose Hülle da.

Dieser Mann und der ECKist hatten gegenseitigen Respekt voreinander entwickelt. Eines Tages sagte er zu dem ECKisten: »Ich weiß nicht, wo du deine Ideen her hast«, — sie hatten niemals über ECKANKAR gesprochen — »aber so gerne ich dich auch habe, es gibt eines, was ich dir sagen muß: Mein Gott ist größer als dein Gott.«

Der ECKist antwortete mit Lachen. Der andere Mann konnte nicht verstehen, warum er nicht ärgerlich wurde. »Hast du nicht vor, deinen Gott zu verteidigen? Ärgert es dich nicht, daß ich gesagt habe: Mein Gott ist größer als dein Gott?« Der ECKist konnte sein Lachen gerade solange unterdrücken, um nur zu sagen: »Dein Gott ist größer, weil du mehr brauchst.«

Er konnte dieses Zugeständnis machen, weil er gelernt hatte, ein Leben im Vertrauen auf den Heiligen Geist zu führen. Das bedeutet zu tun, was man kann, um sein Leben in Ordnung zu bringen, und wenn man alles, was man kann, zu hundert Prozent erfüllt hat, dann tritt der Heilige Geist ein und hilft durch ein Wunder. Der heilige Paulus sagte: »Ich habe gelernt, in jedem Zustand, in dem ich bin, zufrieden zu sein.«

Während ich kürzlich in Griechenland reiste, machte ich eine merkwürdige Feststellung. Die Leute sind glücklich und freudig, weil ihr Himmel, soweit ich sehen konnte, zum größten Teil hier auf der Erde ist. Sie haben zu essen, sie haben zu trinken, sie haben eine Familie, und das ist alles, was sich jemand wünschen kann. Sie sind vollkommen glücklich da, wo sie sind, warum also sollten sie einen Himmel nach diesem Leben suchen?

Es ist eigenartig, daß in den Kulturen, wo eine Religion ihre Mitglieder im Stich läßt, die Trauer und der Kummer beim Sterben eines geliebten Menschen am größten sind. In den Kulturen, wo man die Gesetze des Heiligen Geistes versteht, den Wind der Veränderung, da findet man sehr wenig von diesem tiefen, schweren Leid, das sonst so viele Wochen und Monate dauern kann.

Wir können weinen, wenn geliebte Menschen uns verlassen, denn wir haben uns aneinander gewöhnt — aber wir können uns viel schneller wieder aus dem Kummer erheben. Es ist schon in Ordnung zu weinen; es ist eine natürliche Reaktion, und wir müssen unsere Gefühle nicht unterdrücken, aber wir lernen doch, sie unter Kontrolle zu bringen. Wenn wir genug geweint haben, können wir das zur Seite legen und sagen: »Das Leben geht weiter.« Das war immer so und wird immer so sein. Und schließlich können Sie einfach sagen: »Das Leben ist. ECK oder der Heilige Geist ist. Das Leben geht über die Ewigkeit hinaus.«

Die drei Stufen des Wissens

Jemand sagte mir, wenn er versucht habe, den Menschen die Botschaft von ECK zu bringen, dann pflegte er ihnen zu sagen, daß es der Weg zu spiritueller Befreiung ist — zu Weisheit, Macht und Freiheit. Dann pflegte er zu sagen: »Um den hohen Zustand Gottes und die dazugehörigen Attribute zu erreichen, gehen wir durch die Zustände der Selbstrealisation und der Gottrealisation.« Aber, sagte er, diese Worte sind so groß, daß sie für die Menschen keine Bedeutung haben. Sie haben keine Vorstellung davon, was es heißt, wenn man von Selbstrealisation oder Gottrealisation spricht.

Die Frage ist: Was kann man den Menschen über das Streben nach dem Zustand der Allwissenheit sagen? Was kann sie Schritt für Schritt führen, damit sie sich spirituell entfalten, um dann in die Zustände der Selbstrealisation und Gottrealisation einzutreten?

Es gibt drei Stufen. Die erste ist die *Kontemplation* oder die Spirituellen Übungen von ECK. Hier lernen wir, den Verstand und die Emotionen unter Kontrolle zu bringen. Das ist unbedingt notwendig, wenn man lernen will, im losgelösten Bewußtseinszustand zu leben wie die großen ECK-Meister. Losgelöst heißt nicht emotionslos; es bedeutet, daß wir — ganz gleich was wir im Leben besitzen — nicht niedergeschmettert sind, wenn es uns weggenommen wird. Es heißt, daß unsere Haltung geprägt ist von dem absoluten Vertrauen, daß das Leben uns geben wird, was unserem spirituellen Nutzen dient.

Die zweite Stufe ist das *Studieren*. Wir studieren

unseren eigenen Aufbau oder unsere spirituelle Konstitution und die spirituellen Gesetze des Lebens. Wir stellen eine wirkliche Untersuchung darüber an, was nötig ist, in dieser Welt in Glück und Freude zu leben, statt ein Opfer des Schicksals zu sein.

Die letzte Stufe ist das *Dienen*. Dienen bedeutet, aus jeder Bewegung, jedem Gedanken, allem, was wir tun, das Beste zu machen. Ganz gleich, was wir denken oder welche Handlung wir ausführen, es wird daraus die fruchtbarste Tat, die wir als Seele tun können, welche lernt, ein Mitarbeiter Gottes zu werden. Ich habe mich auf dieses Dienen oft bezogen als auf das Gesetz der Wirtschaftlichkeit. Das heißt, daß wir in jeder Weise das Beste suchen. Wir versuchen, in jeder Hinsicht besonders gut zu sein. Wenn wir ein Bild malen, dann wird es das beste sein, das wir heute malen können. Morgen aber werden wir es besser können. Wenn wir heute ein Buch schreiben, dann wird es sehr gut sein; aber das Buch, das wir morgen schreiben, wird noch besser sein. Wir benutzen das Gesetz der Wirtschaftlichkeit: Nur so viele Worte wie nötig, und das ist alles.

Wir haben also die spirituellen Übungen, das Studieren und dann haben wir das Dienen oder das Gesetz der Wirtschaftlichkeit.

Wenn Sie neu in ECK sind, dann kann ich Ihnen nur empfehlen, die spirituellen Übungen auszuprobieren. Führen Sie sie aus. Schauen Sie in das Buch, das ich vorher erwähnte, *In meiner Seele bin ich frei* von Brad Steiger. Versuchen Sie eine spirituelle Übung am Abend, wenn Sie zu Bett gehen. Für diejenigen von Ihnen, die in ECK sind, möchte ich empfehlen, mit den spirituellen Übungen jeden Tag fortzufahren. Das ist der Schlüssel zur spirituellen Entfaltung.

Als ECKist werden Sie auch großen Nutzen daraus ziehen, sich täglich zum Werkzeug für das SUGMAD zu erklären, welches Gott ist; für das ECK, welches der Heilige Geist ist, und für den Mahanta, den hohen Bewußtseinszustand, welcher das Potential darstellt, das Sie als Seele haben. Tun Sie das jeden Morgen.

Diejenigen, die das wollen, die unternehmungslustig sind und im Traumzustand lernen möchten, werden feststellen, daß entweder ein ECK-Meister oder einer der anderen Meister Sie besuchen wird. Ein ECK-Seminar ist ein guter Zeitpunkt für Sie, die Aufmerksamkeit auf den Traumzustand zu lenken, um zu sehen, wer kommt und Ihnen etwas von den Geheimnissen zeigt, von der Musik Gottes — der Flöte, dem Donner, dem Orchester — den reinigenden Klängen. Und um zu sehen, welcher der Meister erscheint, um Ihnen das Licht zu zeigen — das blendend weiße Licht, das gelbe Licht, das blaue Licht oder auch das grüne Licht.

Licht und Ton sind die reinigenden Elemente der Seele, und jeder von Ihnen kann sie erreichen.

Europäisches Seminar von ECKANKAR,
Den Haag, Niederlande
23. Juli 1983

Glossar

Begriffe in KLEINEN GROSSBUCHSTABEN werden im Glossar an anderer Stelle definiert.

ARAHATA. Ein erfahrener und qualifizierter Lehrer für Klassen in ECKANKAR.

CHELA. Ein spiritueller Schüler.

EBENEN. Die Stufen des Himmels, zum Beispiel die Astral–, Kausal–, Mental–, Ätherische und Seelenebene.

ECK. Die Lebenskraft, der Heilige Geist oder Hörbare Lebensstrom, der alles Leben erhält.

ECKANKAR. Die Religion von Licht und Ton Gottes. Auch als die uralte Wissenschaft des SEELENREISENS bekannt. Eine wahrlich spirituelle Religion für das Individuum in der modernen Welt, bekannt als der geheime Weg zu Gott via Träume und SEELENREISEN. Die Lehren bieten einen Bezugsrahmen für jeden, der seine eigenen spirituellen Erfahrungen erforschen möchte. Von Paul Twitchell, dem Gründer in unserer Zeit, 1965 herausgebract.

ECK MEISTER. Spirituelle Meister, die Menschen in ihren spirituellen Studien und Reisen helfen und sie beschützen. Die ECK Meister gehören einer langen Linie gottrealisierter SEELEN an, die die Verantwortung kennen, die mit spiritueller Freiheit einhergeht.

HU. Der geheime Name für Gott. Das Singen des Vortes HU, gesprochen »Hju«, wird als Liebeslied für Gott aufgefaßt. Es wird im ECK Gottesdienst gesungen.

INITIATION. Das ECK Mitglied verdient sie sich, indem es sich spirituell entfaltet und Gott dient. Die Initiation ist eine private Zeremonie, in der der einzelne mit dem Ton und Licht Gottes verbunden wird.

LEBENDER ECK MEISTER. Der Titel des spirituellen Führers von

ECKANKAR. Es ist seine Pflicht, SEELEN zu Gott zurückzuführen. Der Lebende ECK Meister kann spirituelle Schüler im Physischen als Äußerer Meister, im Traumzustand als Traummeister und in den spirituellen Welten als Innerer Meister unterstützen. Sri Harold Klemp wurde 1981 der Lebende ECK Meister.

MAHANTA. Ein Titel, der die höchste Stufe des Gottbewußtseins auf der Erde beschreibt, oft im LEBENDEN ECK MEISTER verkörpert. Er ist das Lebende Wort.

SATSANG. Eine Klasse, in der Schüler von ECK einen monatlichen Kurs von ECKANKAR studieren.

SEELE. Das Wahre Selbst. Der innere, heiligste Teil jeder Person. Die Seele existiert vor der Geburt und lebt nach dem Tod des physischen Körpers weiter. Als Funke Gottes kann die Seele alle Dinge sehen, wissen und wahrnehmen. Sie ist das kreative Zentrum Ihrer eigenen Welt.

SEELENREISEN. Die Bewußtseinserweiterung. Die Fähigkeit der SEELE, den physischen Körper zu transzendieren und in den spirituellen Welten Gottes zu reisen. Das Seelenreisen wird nur vom LEBENDEN ECK MEISTER gelehrt. Es unterstützt die spirituelle Entfaltung und kann den Beweis für die Existenz Gottes und das Leben nach dem Tod liefern.

DAS SHARIYAT-KI-SUGMAD. Die heiligen Schriften von ECKANKAR. Die Schriften bestehen aus zwölf Bänden in den spirituellen Welten. Die ersten beiden wurden von den inneren EBENEN durch Paul Twitchell, den Gründer von ECKANKAR in unserer Zeit, niedergeschrieben.

SPIRITUELLE ÜBUNGEN VON ECK. Die tägliche Anwendung gewisser Techniken, um mit dem Licht und Ton Gottes in Berührung zu kommen.

SUGMAD. Ein heiliger Name für Gott. SUGMAD ist weder männlich noch weiblich; ES ist die Quelle allen Lebens.

TON UND LICHT VON ECK. Der Heilige Geist. Die zwei Aspekte, durch die Gott in den niederen Welten in Erscheinung tritt. Sie können durch inneres Betrachten und Hören und mit SEELENREISEN erfahren werden.

WAH Z. Der spirituelle Name von Sri Harold Klemp, gesprochen »Wah Sie.« Es bedeutet die Geheime Lehre. Es ist sein Name in den spirituellen Welten.

Index

Abtreibung 37, 39, 40, 220
Afrika 219, 373
Agam Des 352
Agnostik 85, 285
»Agnostisches Gebet« 285
Ägypte(r)(n) 5, 45, 82, 143
Aktiv sein 113
Alexander der Große 271
Alkohol, trinken 37, 72, 86, 186, 206, 210, 286
Allah 238
Allahu 238
Alleluja 238
Allergie 230
Anami 374
Anglikaner 184
Angst 12, 111, 134, 141, 157, 180, 292, 335
   hält einen zurück 360
   vor dem Leben 250
   vor dem Tod 180, 336
   vor Versagen 277
Anhebung 359
   der Seele 55, 116, 289, 310, 320
   durch den Heiligen Geist 18, 27, 169, 288
   durch die Kraft Gottes 88
   durch Licht und Ton 349
   durch Träume 116
   für die ganze Menschheit 382
   selbst 49
   spirituelle 43, 151, 272
   Wissen und persönliche 134
Anregung 353
Apollo 336, 383
Apostel 47, 288
Apostolische Tradition 307
Arahata 368
Arbeit 105, 253, 310, 324, 366, 378
Ärger 29, 48, 65, 171, 191, 196, 291, 342
Arische Kultur 351
Armut 221, 253, 309
Arten
   ausgestorbene 94
   gefährdete 95
Arzt 36, 119, 129, 160, 213, 243, 279, 323, 328, 335, 358, 366, 379
Ashram 162, 277
Askese 213, 253
Assyrer 305
Astralebene 57, 58, 64, 74, 75, 88, 89, 90, 113, 119, 120, 133, 134, 145, 203, 205, 208, 236, 254, 267
Astralkörper 69, 146
Astralmuseum 134, 205, 254
Astralreisen 68, 119, 133, 182
Astrologie 120, 143
Atemübungen 5
Atheismus 85, 235

Atlantis 351
»Auch dies wird vorübergehen«
  316
Auferstehung 71, 304
Aufgabe
  der ECK-Meister 134
  der Seele 43, 49, 117, 135,
    169, 354, 385
  des ECK 153, 167, 172, 217
  des Lebenden ECK-Meisters
    176
  des Tons 168
  im Leben 286, 346
  seine ~ erkennen 74
  spirituelle 79, 365
  von Jesus 306, 353
Aufmerksamkeit 91, 97, 126,
  212, 277, 323, 340, 366, 394
Aufsehen zu Höherem 228
Augenblick
  leben im 140, 232, 355, 377
  Segen des 288
Ausbildung 253, 256, 267, 321,
  355
Aussterben, Arten 94
Australien 132, 151, 154, 192,
  207, 293
Auto, sich ausschließen 386
Autorität 176, 307
Ballast 22
Baptisten 184
Barmherzigkeit 47, 49
Baseball 338
Batman 280
Bauernhof 100, 182, 322, 379
Beetle Bailey 344
Befreiung
  spirituelle 148, 190, 217, 392
Beherrschung, Verstand und
  Gefühle 342, 392
Bekehrung 48
Bettler 228
Bewegung
  für den Emotionalkörper 109
  körperliche 31, 109, 153
Bewußtheit 198, 267, 328, 377

volle 229, 243, 296
Bewußtsein(s)
  Buddhi~ 175, 199
  Christus~ 176, 199, 286, 308
  der Seele 58, 361, 362
  einfacher ~zustand 306
  einmischen in den ~zustand
    anderer 32, 47, 213
  Erweiterung des 82, 133, 182
  geboren werden in einen
    ~zustand 55, 137, 229
  höherer ~zustand 3, 8, 47, 49,
    57, 83, 95, 100, 130, 229,
    231, 236, 241, 249, 254,
    259, 282, 286, 288, 349
  jemanden in sein ~ einladen
    333
  kosmisches 83, 174, 199, 229
  Krishna~ 175
  Mahanta~ 176
  menschliches 95, 114, 117,
    198, 291, 365
  physisches 360
  soziales 53, 219, 371
  spiritualisieren 59
  spirituelles 137
  Stufe(n) des 6, 17, 20, 22, 23,
    44, 102, 117
  und Veränderung 255
  vier Zustände 4
  von Kindern 245
  wählen des eigenen
    ~zustandes 9
Beziehungen 34, 209
Bibel 20, 23, 38, 39, 40, 44, 46,
  47, 112, 118, 157, 177, 199,
  218, 224, 340, 348, 356, 385
  Neues Testament 11, 17
Bibliothek, auf der Astralebene
  134, 255
Bildschirm
  des Verstandes 304, 374
  innerer 68, 157
Bindung 48, 114, 191, 291, 388
Blauer Stern 69
  von ECK 19, 172, 191, 247,

288
Blinder Fleck 214
Böhme, Jakob 168
Briefe an den Lebenden ECK-Meister 109
Briefe an Gail, Band 1 307, 327, 332
Britisches Weltreich 73
Bronzenes Zeitalter 251
Bruderschaften, geheime 45
Buddha 75, 213, 253, 344, 359, 388
Buddhismus 171, 224, 387
Bürgerkrieg, amerikanischer 244
Cayce, Edgar 224
Chiropraktiker 384
Christentum
  Geschichte 44, 62, 85, 250, 304, 307
  Glaube des 223, 334, 364, 387
  Missionar 346
  modernes 143
  Sonntags~ 177, 357
Cliffhanger 280, 281
Computer 253, 321
Damaskus 308
Demut 37
Denken
  im Ganzen 376
  in Teilen 203, 376
Denker
  orthodoxer 364
Dienen(s) 35, 79, 107
  auf dem Weg von ECK 148, 393
  Kinder darüber belehren 108
  sich selbst 8
  Taten des 29, 80, 121, 186, 193, 348, 393
  und Seele 8, 251
Dienst
  der Liebe 193
  für SUGMAD 368
  geben 145, 319
Disziplin

des Lernens 113
spirituelle 57, 105, 121, 142
und Träume 5, 163
»Dornenvögel, Die« 292
Drittes Auge 157, 159, 248
Drogen 72, 73, 82, 210, 221
Drucker 171, 356
Druiden 352
Dunkelkammer 234
Dunkle Nacht der Seele 20, 260
Ebene(n)
  ätherische 58, 88, 120, 133, 145, 203, 205, 236, 267
  auf andere gehen 267
  des Himmels 124
  endlose 206
  fünfte 6
  höhere 66, 75, 206
  innere 25, 52, 54, 64, 82, 89, 94, 124, 140, 158, 204, 208, 260, 296, 307, 345
  physische 38, 52, 55, 64, 88, 89, 130, 135, 144, 148, 204, 205, 231, 236, 251, 318, 387
  Polizei auf den inneren 72
  spirituelle 135
  unsichtbare 206
ECK 175
  -Center 378
  -Lebensstrom 212
  -Satsang 158
  als Wind der Veränderung 282, 391
  arbeitet im Leben 282
  Aspekte von 46, 83, 131, 288
  Botschaft von 8, 23, 158, 289, 313, 333, 351, 367, 392
  das Leben von 31, 33
  die Wohltaten des 167, 208
  eins sein mit dem 70
  etwas im Namen des ~ tun 327
  Grundlagen von 319
  im täglichen Leben 200
  ist nicht teilbar 121, 179
  keine Trennung vom 124

399

Kern der Lehre von 2
Manifestation des 157, 159,
 179, 204, 239, 288
mit dem ~ arbeiten 390
öffnen für das 154, 159
sich wegen ~ rechtfertigen
 321
Stab der ~-Macht 144
Strom des 118, 189
Versuch, das ~ zu steuern 9
ECK-Meister
 als Mitarbeiter Gottes 55, 261
 arbeiten im Hintergrund 6,
  19, 176, 183, 310, 313, 315
 arbeiten im Inneren
  zusammen 124
 arbeiten mit Chelas 7, 10, 25,
  54, 75, 82, 93, 126, 245,
  268, 310
 auf der physischen Ebene 185
 Aussprüche der 310
 Bilder der 81, 87
 entfalten sich immer weiter
  173
 Erfahrungen mit 25, 87, 159,
  228, 232, 260, 271, 359
 Geschichten aus dem Leben
  der 51
 Gesicht 75, 91, 348
 lassen Menschen geben 370
 Lehren der 387
 Nachfolge der 183
 rufen Reaktionen im Chela
  hervor 371
 Schutz durch 154
 sich einen ~ vorstellen 115,
  388
 sprechen in Gleichnissen 306
 treten für Freiheit ein 242
 und Chela 13
 und Losgelöstheit 392
 unsichtbare 126
ECK-Satsang Kurse 332
ECK-Vidya 354
 arbeitet auf subtile Weise 386
 öffnen des 34
 Studium des 4, 159, 295
 und Astrologie 45, 144
 und frühere Leben 34
ECK-Vidya, Das,
 die uralte Wissenschaft der
 Prophezeiung 295
ECKANKAR
 -Bücher 3, 12, 24, 29, 31, 38,
  46, 59, 61, 67, 78, 87, 102,
  111, 136, 150, 181, 199, 200,
  224, 233, 237, 258, 260,
  287, 291, 301, 379, 388
 -Büro 5, 9, 110
 -Klassen 112
 -Kurse 2, 12, 78, 123, 124,
  181, 182, 211, 260
 -Schriften 310, 352
 als nächster Schritt 356
 Aspekte von 4, 235, 298, 354,
  385
 Bedeutung des Wortes 181
 Einführung in 46, 289, 379
 Führer in 32, 121, 145, 210,
  213, 367, 381
 Geschichte von 45, 131, 141,
  143, 351
 hören von 25, 43, 87
 in den Vereinigten Staaten 38
 Jugend in 18
 Kontemplation in 309
 Lehre von 17, 91, 102, 122,
  131, 132, 138, 149, 151,
  167, 179, 181, 191, 276
 missionieren in 23, 153, 262
 Organisation 8
 Schüler von 88
 Seminare 35, 78, 104, 232,
  239, 255, 262, 292, 313,
  319, 371, 375, 382, 394
 sich ~ anschließen 303
 Studium 12, 96, 118, 123, 205
 und andere Religionen 2, 46,
  216, 321
 und Initiationen 364
ECKANKAR — der Schlüssel zu
 geheimen Welten 3, 26, 46,

58, 60, 105, 111, 131, 183,
 200, 235, 257, 268, 295, 388
ECKANKAR Dictionary 380
ECKist(en)
 als Gruppe 63
 Disziplin der 393
 Erfahrungen von 227, 247,
  272, 288, 296, 314, 339, 347
 Glaube 85
 können andere Welten
  erreichen 11
 Kontakt mit anderen 3, 92,
  365
 und der innere Meister 89
 und Nicht-ECKisten 123
 wonach wir als ~ suchen 291
Edison, Thomas 134, 254
Ego 186, 208
Ehe 108, 115, 172, 209, 214,
 242, 330
Ehrlichkeit 66, 97, 123
Einbildung 175
Einsamkeit 135, 346, 371, 388
Eisernes Zeitalter 251
Eitelkeit 48, 186, 233, 242, 291
Elektrizität 84, 239
Emotionen 79
Endziel 376
Engel 272
England 64, 248
 Kirche von 258
Entfaltung
 bitten um größere 107
 Erfahrung und 249
 Ergebnis der 33
 Fortschritte machen in der
  123
 Fragen dazu 19
 Hilfe bei der 104, 135
 höherer Zustand 260
 hört niemals auf 7, 49, 55
 nächster Schritt 10, 173, 358
 spirituelle 25, 83, 117, 125,
  141, 219, 251, 276, 291,
  298, 318, 337, 345, 359,
  367, 377, 382, 393

und der Ton Gottes 18
und Erfahrung 2, 164
und Karma 20
und Reinkarnation 14, 71
und Veränderung 81
Erde 50, 56, 62, 80, 231, 354,
 358, 365, 389
Erfahrung(en)
 außerkörperliche 130, 182
 bewußte 112
 direkte 46, 137, 201
 ein Mitarbeiter zu werden 92
 Einschätzung der 364
 gewinnen 84, 206
 Gottes 11, 45, 254
 in Todesnähe 230, 248
 individuelle 17, 40
 innere 33, 63, 117, 139, 308
 spirituelle 40, 55, 111, 170,
  261, 368
 von Kindern 32
Erfinder 134, 157, 205
Erfolg 274
 als Führer in ECK 381
 im täglichen Leben 12, 301,
  346
 im Verständnis der Träume 6
 materieller 7, 298, 359
 mit kreativen Techniken 61,
  112, 115
 mit Seelenreisen 60, 206
 mit spirituellen Übungen 164,
  173, 215, 298
 spirituellerer 272
Erleuchtung 272, 317
Erlöser 304, 345
Erlösung 132, 149, 223, 257, 389
Ernährung 86, 119, 160, 215,
 256, 328, 334
 Fachmann 256, 328
 Nahrungsallergie 155
 und niedriger Blutzucker 366
 und Spiritualität 213, 215
Erschaffung
 der niederen Welten 251
 der Seele 8, 36

unserer eigenen Welt 35, 59
von Krankheiten 129, 147
Erster Weltkrieg 275, 278
Erwartungen 167, 198
Ethik 33, 123
Europa 13, 250, 313
Everett, Edward 244
Ewiger Jude 148
Ewigkeit 232, 252, 292, 378, 392
Fähigkeiten 8
Familie 110
Fanatiker 233
Fasten 160, 212, 213, 215
  als Disziplin 212
  am Freitag 160, 212, 365, 368, 375
  mentales 160, 212, 366
  teilweises 366
  und Visionssuche 336
  Wasser~ 366
Fate (Zeitschrift) 182
Faulheit 345
Flöte Gottes, Die 272
Flugzeug 69, 313, 334, 361
  Bergungsgeschäft 389
Fluß
  kreativer 31
  nach Außen 35, 78, 107, 110
  nach Innen 35, 78, 107
Fortschritt 20, 161, 363
Fotograf 234
Frankreich 250
Frauenbewegung 74
Freiheit
  der Seele 360, 392
  des Bewußtseins 37, 38, 186
  des religiösen Glaubens 242
  für andere 91, 123, 154, 244, 262, 320, 364
  Gott zu finden 44, 95, 178
  nicht zu beten 19, 40
  sein Leben geben für 245
  seine Probleme zu haben 47
  spirituelle 229, 298, 349
  und spirituelle Entfaltung 70, 135

uns selbst als Werkzeug für das ECK zu öffnen 22
von Karma 49
zu wählen 29, 45, 225
Freimaurer 102, 256
Freiraum 258
  psychischer 178, 262
Freude 96, 231, 251, 281, 291, 297, 298, 310, 313, 346, 391
Freundlichkeit 314
Frieden 41, 62, 83, 231, 232, 248, 254, 259, 281, 291, 330
Fröhlichkeit 325
Frühere Leben, blicken auf 33
Führung 237, 313
  im Inneren 90
Galileo 389
Garten 13, 326
Geben 110, 347, 370
Gebet 347, 359
  für andere 22, 389
  in der Schule 19, 63
  um andere zu ändern 47
  und Bewußtsein 37
  und spirituelle Übung 348, 388
Gedanken
  als Dinge 340
  negative 160, 171, 212, 366
Geduld 77, 179, 194, 343
Gefräßigkeit 37
Gefühle 62
Gegenteil 205
Geheimnisvolle Fremde, Der 7, 355
Geld 7, 12, 60, 73, 101, 110, 115, 157, 159, 196, 261, 272, 279, 294, 323, 327, 329, 358, 386
Gemütsleiden 118
Genehmigung 186
Genesis 39
Geschäft 12, 229
Geschäft(e) 101, 210
  und Religion 236
Geschichte 33, 236
  vom Affen 387

vom Aufzug 320
vom Fallschirmabsprung 361
vom Fußballspielen 21
vom Metalldetektor 269
vom Pfennig 21
vom Piktogramm 321
vom weisen König 316
vom weisen Mann 299
vom zu geringen Guthaben 329
von den zwei Pflaumenbäumen 13
von der Grußkarte 319
von der Reisekrankheit 335
Gesellschaft 189, 220
Gesetz(e)
 biblische 177
 bürgerliche 92, 153, 219, 335
 der Ernährung 255
 der Liebe 201
 der physischen Welt 27
 der Wirtschaftlichkeit 393
 des Heiligen Geistes 20, 47, 53, 153, 231, 236, 352, 356, 359, 391
 des Karma 20, 27, 48, 53, 58, 177, 294, 339, 341
 des Lebens 114, 177, 201, 294, 342, 343, 393
 des Schweigens 111
 Gottes 360
 spirituelle 54, 56, 84, 142, 146, 147, 149, 176, 186, 198, 243, 255, 262, 294, 348
 verändern sich 56
 Verletzung der spirituellen 65, 66, 84, 178
 von Ursache und Wirkung 177, 294, 340, 342, 348
Gesundheit 352
 als Ziel 60
 Fanatiker 104
 Fragen darüber 19
 physische 119, 279, 340
 Probleme mit der 11, 159, 196, 212, 215

und psychisches Heilen 48
Veränderungen in der 256
verbessern 328
Gettysburger Ansprache 244
Gewohnheiten 29, 37, 79
Gier 48, 291
Give and Take [Geben und Nehmen] 299
Glauben 45, 65, 132, 148
Gleichgewicht
 auf der Suche nach Gott 112, 135, 253
 durch Initiationen 89
 durch kreativen Fluß 31
 finden 36, 62, 208, 222, 316, 330
 zwischen aktiv und passiv 114, 378
 zwischen positiv und negativ 74
Gleichnis 306
Glück 61, 95, 109, 129, 135, 167, 179, 190, 231, 310, 346, 391
 hängt vom Standpunkt ab 273
 nach dem Tode 297
 Sinn des 251
 streben nach dem 251, 291, 385
 Suche nach dem 286, 299
Gnostik(er) 44, 45, 68, 73, 218, 236, 307, 308
Goldene Regel 177
Goldenes Zeitalter 135, 251, 252
Gopal Das 82
Gott(es)
 ~bewußtsein 10, 176, 190, 261, 281
 arbeiten im Namen 10
 Aspekte von 167, 254, 267, 320, 348
 Attribute 70, 348
 das Leben widmen 204
 direkter Kontakt mit 40
 eins sein mit 19, 70, 252, 354
 finden 290, 300, 388
 Gnade 10, 57
 Hand 25

Herz 39
   ist größer 347, 390
   ist Liebe 249, 263
   Name 43, 102, 173, 248, 287,
     309, 351, 359, 374
   Seele als Funke 44
   Stufen zu 10, 22
   suchen 286, 334
   Verbindung mit 90, 272
Gottrealisation 392
   als objektive Realisation 4
   als Ziel 2, 104, 123, 150, 157,
     170, 277, 286, 327, 348
   einen anderen daran hindern
     66, 178
   erreichen 36, 352
   suchen 56, 112, 176
   und Vairag 25
   verstehen 229
   Weg zur 122, 125
   Zustand der 145, 282
Gottsucher 2
Gottwelten 203, 309
Gottwelten von ECK 84
Graves, Kersey 305
Griechen(land) 391
   Philosophen 205, 376
   Restaurant 255
   und Träume 5
Grundlage 261, 328
Guter Wille 325
Halleluja 238
Haltung
   absoluten Vertrauens 392
   alte 79, 89
   Folgen der 59, 147
   geistige 11, 29
   mutige 21
Handlung, karmalose 122
Harmonie 8, 91, 159, 232, 242,
   248, 281
Haus des Unvergänglichen
   Wissens 6, 64
Hawaii 196, 204, 239
Heiler 129, 147
Heilige Kühe 373

Heilige(r) 190
   Johannes 17, 46, 385
   Johannes vom Kreuz 260
   Leben 301
   Paulus 11, 20, 177, 199, 218,
     235, 243, 286, 307, 308,
     356, 391
   Petrus 307, 308
Heiliger Geist 23, 47, 175, 190,
   199, 349
   offen sein für 79
Heiliges Land 305
Heiliges Römisches Reich 258
Heilung
   anderer 65
   Bitten um 147, 243, 335, 384
   daraus lernen 119
   durch das ECK 118, 337, 345,
     352
   durch Meister 7, 147
   im Traum 232
   Methode der 7
   physische 11, 48
   Quelle der 279
   Selbst~ 65
   sich die ~ verdienen 337
   spirituelle 129, 261
   wunderbare 358
Helfen
   sich selbst 220
Herausforderung 249, 273
Herz
   des Menschen 194
   Gottes 8, 36, 90, 360, 362
   öffnen 241
Hierarchie, spirituelle 55, 75,
   87, 185
Hilfe
   vom heiligen Geist 11, 328,
     375
   von anderen ECKisten 376
   von SUGMAD 377
Hilton, James 274
Himalaja 51, 258
Himmel
   auf Erden 291, 391

der Buddhisten 88
der Christen 88
der Hindus 88
dritter 11, 17, 199, 217, 356
Gottes 348
Schlüssel zum 43
Stufen des 17, 118
Tod und 133
Vorstellung vom 251
Himmlisches Reich
  eintreten in 32, 53, 170, 174, 245
  in diesem Leben erreichen 2, 132, 217, 231, 351
Hinduismus 171, 224, 353, 387
Hingabe 36, 156
Hochschule 253
Hölle 18, 45, 389
Hörbarer Lebensstrom 17, 23, 190, 352, 359, 385
HU
  als Name Gottes 170
  der Ton Gottes 102, 170, 238, 352
  Funktionen des 91, 181
  in anderen Lehren 141
  Schutz durch 91, 136
  singen 43, 54, 173, 265, 282, 288, 309, 351, 363
  und spirituelle Übungen 93
Humor, Sinn für 77, 94, 191, 207
Hunger 219
Hurrikan 239
Ideale 281, 301
Illusion 57, 316
Imagination
  kreative 327
In meiner Seele bin ich frei 3, 26, 131, 182, 200, 232, 235, 259, 268, 287, 348, 358, 388, 393
Indianer 336
Indien 51, 183, 271, 309, 353
Individualität 38, 53, 280, 354
Ingwer 335

Initiation
  als letzte Prüfung 102
  äußere 65, 88, 145
  dritte 64, 65, 144, 328, 374, 377
  durch andere Meister 74, 146
  Erfahrungen bei der 79
  erste 64, 79, 81, 88, 139, 164, 222, 364
  fünfte 89
  in das Licht und den Ton 88, 102
  innere 65, 88, 209
  Kreise der 328
  sich der nächsten ~ nähern 256
  vierte 65, 328, 374
  zweite 23, 65, 79, 88, 145, 164, 222, 364, 374, 377
Initiator 373
Initiierte(r)
  Acht~ 149
  Berichte 164
  ECK- 9, 23, 24, 33, 319
  Erst~ 78
  Fünft~ 64, 158
  Höher~ 35, 286, 368
  Sechst~ 149
  Zweit~ 89, 325, 328, 365
Initiiertentreffen 325
Inkubationszeit 96, 136, 200
Innerer Meister
  als Vorbild 294
  arbeiten im Namen des 116
  Aufmerksamkeit auf den 110, 154, 212
  dem ~ Erlaubnis geben 79, 93, 105, 115, 162
  den ~ sehen 159, 161, 375
  den ~ treffen 114, 164
  Erfahrungen mit dem 370
  Form des 27
  Gegenwart des 54
  Hilfe vom 54, 56, 67, 112, 315
  Hingabe an den 156, 253
  im Traum 93, 360

405

löst Karma auf 147
mit dem ~ reisen 139, 145
schließt den Vorhang vor der
    Vergangenheit 141, 162
und Disziplin 78, 345
und Kinder 32
und spirituelle Übungen 10
und Wissen der Zukunft 4
Inquisition 355, 389
Internationale Jugendkonferenz 292
Introversion 378
Intuition 245, 313

Jakobs Brunnen 270
Japan 3, 131, 182, 378
Jehova 74, 204
Jesus Christus
    als spiritueller Lehrer 67, 87, 143, 268, 348, 359, 388
    auf den inneren Ebenen 54, 75, 348
    Geburt 353
    glauben an 45, 223, 257, 258, 286, 344
    Heilungen durch 11, 65, 148
    Lehren und Aussprüche von 10, 17, 57, 60, 212, 218, 236, 270, 288, 307, 370
    Reisen 305
    stille Jahre 305
Jesus starb in Kaschmir 305
Jüdische Tradition 270, 308
Jugend
    ewige 256
    Fragen der 18, 285
    Gelegenheiten für die 283
    in ECKANKAR 320
Jugendliche
    Gelegenheiten für 321
Jung, Carl 254

Kälberpfad 17, 27
Kapitän Marvel 280
Karate 259
Karl V. 258

Karma
    abarbeiten 11, 208, 212, 382
    auflösen 72, 365, 367, 382
    aus früherem Leben 272, 276
    Ballast als 23
    beschleunigt sich 233
    eines Volkes 73
    Herren des 120
    Last des 298
    Muster 179
    Rad des 170
    Schulden des 20, 147, 243
    Strom des 2
    tägliches 272
    übernehmen 24, 115
    und Fasten 213
    und Heilen 65
    Verteilung des 58
    weniger ~ erzeugen 10, 220
Karrass, Chester 299
Kaschmir 305
Käsefabrik 101
Katholizismus 235, 237, 258
Katsupari-Kloster 353
Kausalebene 58, 75, 88, 89, 120, 133, 145, 203, 205, 236, 267, 360
Kausalkörper 146
Kern der ECK-Lehre 2
Kernenergie 213
Khara Khota 352
Kind in der Wildnis 314
Kind(er) 19, 32
    Anpassung an die Gesellschaft 219, 266
    Bewußtsein 32, 53
    Disziplin 32
    Standpunkt 266
    unterrichten 108
Kirschen 14
Klatsch 37, 65, 91, 367
Kommunikation
    innere 70, 141
    mit ECK-Meistern 126
    mit Gott 40, 199
Kompaß 239

Konfessionen, christliche 44
Kontaktlinsen 129
Kontemplation
  als aktiver Weg 309
Konzil von Nizäa 68
Kopfschmerzen 155
Körper
  ätherischer 146
  den ~ verlassen 63, 265
  emotionaler 348
  Leiden 96
  physischer 24, 39, 49, 56, 57, 70, 72, 119, 132, 145, 146, 153, 170, 174, 217, 235, 259, 361
  psychischer 327
Körpertraining 328
Kraft
  der Seele 360
  Gottes 88
Krankheit 65, 230, 334, 344, 352
Kreativität
  der Seele 94
  und Herausforderung 249
Kremation 71
Krieg 62, 92
  zwischen positiv und negativ 245
Krieg der Sterne 90
Krishna 304, 344, 388
Krücken 311
Kult 240
Kulturschock 227

Lagerbetreuer 290
Landwirtschaftsministerium 278
Langeweile 340
Las Vegas 171, 232
Latein 168, 250
Laufen 221
Leben
  Erneuerung 14
  gerät in Verwirrung 146
  karmafreies 10

physisches 382
spirituelles 123, 148, 162, 268, 381
von ECK 31, 108, 155, 195, 329
Vorstellung vom 44
zurückziehen vom 2
Lebender ECK-Meister
  als innerer Meister 4, 103, 140
  an der Spitze der spirituellen Hierarchie 75
  arbeitet im Traum und im Äußeren 4
  früherer 183
  mischt sich nicht ein 84
  Nachfolger 81, 121, 144
  Persönlichkeit und spirituelle Seite 97
  Rolle 18, 23, 52, 143, 176, 313
  Schutz vom 200
  typischer Tag im Leben 109
  und Chela 123, 189, 345
  und das lebendige Wasser 271
  und Dienen 107
  und Karma 120
  wesentlich in ECK 140
Lebendiges Wasser 270, 271
Lehre
  äußere 310
  im Traum 5
  reine 3
  religiöse 50, 82, 102, 215, 235, 236
  universale 17
Lehrer 55, 67, 99, 149
Leid 231, 352, 391
Leidenschaften des Verstandes, fünf 114
  als Grund der Schuld 48
  Ausgleich für 37
  beseitigen 323
  in den niederen Welten 122, 327, 365
  Seil der 291
Leiter 287

407

Lektion 11, 24, 147, 206
Leuchtturm 232
Licht
  blaues 83, 233, 234, 248, 254, 288, 394
  Botschaft vom 387
  der Seele 304
  des Heiligen Geistes 46, 50, 237, 287
  einem anderen bringen 152
  Erfahrungen mit dem 303
  Erinnerung an das 352
  Farben des inneren 137, 233
  gelbes 233, 394
  goldene Scheibe 69, 83
  goldenes 248
  Gottes 2, 26, 81, 168, 231, 261, 345
  grünes 233, 394
  inneres 6
  kann verbrennen 189, 190
  rosa 168
  sehen 159, 161
  von ECK 136, 234, 248
  Weg des 199
  weißes 171, 233, 394
Licht und Ton 23
  Erfahrung mit 55, 60, 116, 170, 238, 249, 267, 309, 320, 370, 375, 377
  Gottes 69, 167, 242, 352, 360
  in ECKANKAR 132, 257
  Lehre von 216
  Realität 18
  strömen durch den Einzelnen 79, 107, 138, 187, 193, 214, 232
  Studium 229
  und der innere Meister 97
  und Jugend 321
  und orthodoxe Religionen 46
  Verbindung mit 46, 151, 159, 164, 277, 281, 301
  weitergeben 195
  Wissen von 48, 149
  Workshop 303

zuviel 29
Liebe
  bitten um 348
  der ECK-Meister 24
  erhalten 154
  für die Familie 191
  geben 35, 263, 372
  Gottes 41, 231, 360
  Taten der 29, 214
  und Spiritualität 359
  von ECK 40, 136
Lincoln, Abraham 244
Logos 131
London 364
Losgelöstheit 36, 37, 47, 102, 105, 115, 261, 316, 317, 392
Lust 48, 291
Luther, Martin 258
Lutheraner 45, 237
Lybien 337, 383, 384

Macht
  der niederen Welten 12, 90
  der othodoxen Religionen 18
  des ECK 121, 228
  durch Initiationen 79
  gewinnen 22, 135
  Gottes 84
  göttliche 281
  höhere 155
  politischer Gebrauch 220
  spirituelle 281, 282
  über andere 22, 158
  und Spirituelle Reisende 70
Machtausübung in Religionen 19, 44
Magie, schwarze 9, 72, 82, 89, 94, 389
Magnetismus 84, 239
Mahanta
  als Werkzeug für das ECK 372
  Bewußtsein 70, 174, 199
  blaues Licht des 69, 70, 83, 155, 173, 175, 199
  den ~ sehen 81

408

Gegenwart des 69
handeln im Namen des 122
Manichäer 73
Mann der guten Gerüchte 329
Männlich 73
Maria Magdalena 308
Marihuana 72
Mark Twain 7, 36, 355, 356, 357
Maßstab, spiritueller 137, 161
Medikamente 118, 160
Meditation, transzendentale 142
Medium 56
Mehrwert 265, 268
Meister
    äußerer 97, 178, 191, 257, 258, 294
    wahrer 322
    wahrer Test für einen 179, 200
Meisterschaft 265, 282, 316, 370, 373
Menschenverstand, gesunder 2, 277, 281, 373
Mentalebene 120, 133, 141, 145, 148, 203, 205, 216, 217, 231, 236, 267, 317, 356, 360
Mentalkörper 146, 217, 348
Merton, Thomas 234, 252
Messers Schneide 177
Milarepa 82
Militärdienst 3, 131
Mitarbeiter Gottes
    als Aufgabe der Seele 8, 22, 49, 70, 84, 92, 96, 136, 169, 252, 317, 346, 354, 393
    Bedeutung von ECKANKAR 181
    bewußter 378
    ECK-Meister als 261
    und Dienen 79, 145, 173
Mitgefühl 25, 47, 116, 147, 186, 243, 261, 263
Mittlerer Weg 213
Modellflugzeug 337
Motivation 346, 377

Mr. Adventure 280
Musik
    Freiheit, sie zu lieben 34
    Gottes 8, 18, 394
    in früheren Leben 33
Mut 104, 292, 381
Mystiker 229, 234, 252, 346

Nam 175, 199
Natur 12, 18
Naturkostladen 259
Naturwissenschaft 27, 239, 342
Navigation 239, 390
Negative Kraft 7, 8, 91, 117, 290, 298, 309
New York 204, 248, 313

Offenbarung 309, 336
Okkultismus 146
Orakel
    von Delphi 336, 383
    von Tirmer 258
Orden der Magi 353
Orden der Vairagi 23, 25
Orthodoxe Religionen 257
    als Kirchen 218, 307, 309, 334, 355
    Anweisungen in 142
    Heilige 190
    lassen Mitglieder im Stich 391
    und Gebet 389
    und Glauben 45
    und Himmel 6, 203
    und Karma 20
    Vorstellungen über den Tod 153, 174, 223
Ostern 304, 308
Ozean der Liebe und Güte 39, 168, 301

Palästina 62, 353
Papst 258
Partnerschaft 135
Persönlichkeit 58, 97, 126, 242
Pfingsten 47, 218, 288

Pflaumenbäume, die zwei 1
Phänomene 103, 104
Priesterschaft 243, 352
Prinzipien
  der Seele 326
  des Lebens 231
  mißverstehen 281
  spirituelle 80, 143, 196, 272, 344
  von ECK 230, 286, 376
Probleme 12, 27, 80, 84, 85, 159, 167, 171, 223, 361
  als Möglichkeit zu wachsen 232
  anderen ihre ~ lassen 186, 261
  durch ~ Erfahrung gewinnen 207
  lösen 322, 337
  Sinn der 251, 276
  Umgang mit 250, 253
  Ursachen für 169, 191, 195, 234, 276, 359, 368
Prophezeiung 336
  lesen im Kaffeesatz 387
  Stimme der 258, 383
Prüfungen als Sechstinitiierter 149
Psychiater 379, 380
Psychische
  Angriffe 90, 327
  Fähigkeiten 83
  Fragen 326
  Kräfte 72, 94
  Strömungen 50
  Techniken 327
  Wellen 12
Public Relations 23, 24
Pünktlichkeit 381

Rama 351
Ratschlag 242, 243
Rauchen 37, 125, 210
  Zigaretten 72, 311
Reader's Digest 278, 279
Rebazar Tarzs 6, 23, 24, 51, 62, 79, 127, 183, 258, 332
Reformation 258
Reich Gottes 22, 60, 235
  zuerst suchen 22, 112, 157
Reichtum 316
Reife 317, 320, 354
Reinigung 179, 289
  der Seele 8, 47, 90, 117, 149, 233
  des Bewußtseins 18
  durch Licht und Ton 310, 394
  und ECK 211
  und Fasten 367
Reinkarnation 14, 27, 50, 59, 100, 158, 170
Reisekrankheit 335
Religionen
  und der Ton 3, 229
  und Wahrheit 271
Renan, Joseph Ernest 285
Respekt
  vor dem Eigentum anderer 339
  vor dem Freiraum anderer 20, 53, 325
Rettungsboot 248, 249
Rhetoriklehrerin 289
Römisches Reich 73, 305, 308
rosa 137
Rosenkreuzer 148, 224, 363
Ruhm 317

Satan 7, 8, 355
Satsang, ECK- 9, 364, 368
Saul von Tarsus 218
Schicksal
  dem ~ ausgeliefert sein 352
  Hand des 349
  sein ~ gestalten 362
Schlafzustand 4, 124
Schlüssel
  Auto-~ 192, 341, 342
  im Auto vergessen 151
  verlieren 192
Schmerz 66, 96, 207, 212, 254, 371, 388

Schnellrestaurant 324
Schöpfung in den niederen
    Welten 80
Schriften der Essener 212
Schriftsteller 134, 230, 255
Schuld 48, 177, 243
Schüler 99, 149, 236
Schulung
    spirituelle 10
Schutz 327
    durch den Heiligen Geist 90,
        91, 96, 125, 136, 170, 328
    durch die ECK-Meister 90
    durch HU 43, 91
    in ECKANKAR 69, 105, 154
    vom inneren Meister 72, 102,
        116
Schwingungen 55
Seele
    als Funke Gottes 334
    arbeitet auf verschiedenen
        Ebenen 113
    Aufzeichnungen der 385
    erhält spirituelle Entfaltung
        25
    erwägt das nächste Leben 71
    Existenz der 58, 236, 317
    Freiheit der 332
    hat volle Verantwortung 48
    Heimat der 46, 103, 353
    im Vergleich mit Verstand 68
    ist ewig 56, 89, 100, 118
    kreative Fähigkeit der 370
    kreative Macht der 319, 323
    Mittel der 274
    Natur der 68, 141
    Regungen der 138
    Reise zurück zu Gott 14, 175
    Schaden zufügen 327
    Schulung der 62
    sich als ~ bewußt sein 130
    Standpunkt der 316
    steht über dem Verstand 29
    sucht Erfahrung 26, 114, 261
    und der Tonstrom 175, 272
    und Gott 194

    und Intuition 313
    Wahrnehmung der 230, 235,
        268, 361
Seelenbewußtsein 36, 39
Seelenebene 8, 58, 133, 145,
    203, 236
    besuchen 64, 74, 90, 120, 145,
        206, 208, 360
    Erfahrung auf der 88, 89, 144
    Musik der 64
    Töne auf der 64, 65
    und andere Religionen 133
    und höhere Welten 12
    und höhere/niedere Welten
        203, 204
Seelenkörper 24, 55, 57, 89, 130,
    145, 174, 235, 297, 361, 373
Seelenpartner 208
Seelenreisen 52, 60, 68, 69, 81,
    119, 120, 183, 377, 378
Seelenwanderung 95
Segen 179, 288, 297
Segnungen 99
Sehen, Wissen und Sein 60, 67,
    120, 268
Selbst
    ~disziplin 342, 346, 365
    ~erkenntnis 74, 208
    ~hilfe 221
    ~meisterschaft 94, 198, 242,
        363
    ~verantwortung 26, 147
    ~vertrauen 388
    ~wissen 4
    ~zerstörung 206
Selbstrealisation 286, 392
    als Selbstwissen 4, 10
    als spirituelles Bewußtsein
        169
    als Ziel 277, 327
    Befreiung und 190
    Lebender ECK-Meister führt
        Chela zur 131
    und Karma 58
Seven Storey Mountain, The 234
Shangri-La 275

Shariyat-Ki-Sugmad, Das 102, 144, 149, 258, 310, 374
Sicht
  größere 129, 362
  innere 69
Sikhs 232
Silbernes Zeitalter 251
Silberschnur 68
Singapur 152, 192, 195
Sinn
  der Existenz 190
  unserer Existenz 35, 206
  von Problemen 181
Sinne 67, 251
Sklaven 362
Sklaverei 244
Sokrates 208, 229, 235
Sonnenfinsternis 240
Sonnengott 352
Sorgen 253, 298, 329
Soziale Themen 220
Spiritismus 58, 89
Spirituelle Aufzeichnungen 17, 26, 76, 84, 136, 142, 144, 183, 203, 206, 235, 268, 296
Spirituelle Befreiung 49
Spirituelle Übungen von ECK
  als Disziplin 10, 57, 345, 365
  als Schlüssel zu den ECK-Werken 26, 172, 183, 363
  als Schlüssel zum Himmel 43, 331
  als Schritt zum Wissen 392
  als Techniken 85, 93, 124, 131, 258
  ausprobieren 76, 112, 144, 239, 362
  ECK-Meister in 87
  Erfahrungen durch 155
  heben das Bewußtsein an 57
  in ECK-Büchern 76, 111, 182, 199, 225, 235, 237, 268, 282, 295, 358
  individuelle 211
  jemand einführen in die 235, 287

Liebe durch 41
praktizieren 3, 78, 93, 153, 158, 298
Schwierigkeiten mit 134
übertreiben 378
und das Licht Gottes 233
und der Ton Gottes 3
und die Entwicklung des Seelenkörpers 297
und die Liebe Gottes 41
und ECK-Meister 140
und Erfahrung 24
und Gleichgewicht 31
und kreative Vorstellung 60, 83, 211
und Verbindung mit dem Heiligen Geist 46, 217
und Wahrheit 241
Unterschied zur Meditation 114, 153, 309
zur Anhebung des Bewußtseins 182
Spiritueller Reisender 123, 133, 198, 348
Spirituelles Auge 133, 140, 173, 248, 271
Sprache 250
Sprechen 281
Stärke 340, 381
  des Heiligen Geistes 90
  innere 11, 117
  spirituelle 276
  und Probleme 12, 147, 168, 169
  uns selbst zu helfen 187, 352
Steiger, Brad 235, 359, 388, 393
Steuern
  den Heiligen Geist 94
Stimme Gottes 17, 46, 83, 116, 135, 139, 175, 190, 254, 272, 301, 349, 360, 385
Strom, spiritueller 276
Suche nach einer Vision 336
Sudar Singh 51, 183, 276, 277, 333
SUGMAD
  als Gott in ECKANKAR 135,

168
in erster Linie wesentlich auf
  dem Weg von ECK 139
und materieller Erfolg 7
Sünde 26, 48, 66
»Swingin' on a Star« 247
Symbole 116

Talent 80, 92, 323
Tätigkeiten, tägliche 206
Tauber Mann 384
Technik
  »Der leichte Weg« 3, 26, 131,
    200, 235, 259, 268, 287,
    348, 358, 359
  des Heilens 65
  kontemplative 348
  kreative 59, 60, 61, 76, 83,
    114, 124, 319, 331, 359
  mit dem inneren Meister zu
    arbeiten 54
  mit dem Verstand zu arbeiten
    67
  spirituelle 26, 46, 85, 93, 131,
    162, 277, 327, 345
  Traum~ 162
Telefonspiel 238
Tempel
  ~schule 267
  der goldenen Weisheit 64,
    115, 124, 136, 162, 352
  für Träume 5, 267
  im Inneren 151, 159, 191,
    194, 260
Termin 326, 376
Teufel 334, 355
  mit dem ~ im Bunde 239
Theologiestudium 131, 168, 174,
  223
Tibet 82, 351
Tiere
  Dinosaurier 95
  häßliches Entlein 341
  Hühner 299
  in der Wildnis 171
  kahler Hahn 341

Kätzchen 100
Katze 100
Kuh 299
Schafe 178
Wale 95
Tilton, Theodore 316
Tischtennis 154
Tisra Til 161
Tod
  als Hinübergehen 130, 260,
    296
  Engel des 296
  Furcht vor dem 153, 217, 231,
    249, 292, 295, 297, 360
  geliebter Menschen 180, 296
  Leben nach dem 18, 130, 174
  Schleier des 296
  von Tieren 100
Ton
  ~strom 175
  ~welle 175
  als Spärenmusik 345
  als Stimme Gottes 345
  Brausen des Meeres 137
  Brausen eines Zuges 345
  Brummen 18
  den ~ hören 17, 81, 131, 159
  des heiligen Geistes 8, 47
  des HU 102
  Donner 360, 394
  eines Elektromotors 360
  eines Orchesters 238, 272,
    345, 360, 394
  Flöte 18, 47, 64, 84, 137, 178,
    238, 272, 345, 360, 394
  gleicht Negativität aus 212
  Gottes 3, 84, 154, 170, 190
  in anderen Religionen 3
  Rauschen des Windes 47, 288
  Summen 179, 238
  Summen von Bienen 18, 84,
    137, 345, 360
  von fließendem Wasser 238
  von Streichinstrumenten 137
  Zirpen von Grillen 178
  Zwitschern von Vögeln 238,

345
Totgeburt 71
Touristen 228, 268
Trägheit 309
Trauer 100
Traum
  ~tagebuch 63
  ~zustand 255
  arbeiten mit dem ~zustand 4, 15, 25, 63, 360
  Bewußtheit 113
  Botschaft 117
  Deutung 116
  ECK-Meister im 52, 82, 87, 366, 377
  Erfahrungen im 113, 255, 265
  Initiation im 139, 222
  Karma abarbeiten im 208
  lernen im 394
  Mahanta im 4, 81, 105, 162, 179, 200
  sich erinnern 161, 163, 321
  spiritueller 116
  Studium 6, 88, 136, 141, 150
  und vergangene Leben 89, 354, 385
Traummeister 117, 267
Tröster 23, 47, 190, 199
Twitchell, Paul
  als Gnostiker 307
  als Gründer von ECKANKAR 51, 176, 182, 228, 351
  Ausagen und Lehren von 95, 103, 114, 371, 380, 388
  Biografie 3, 232, 235, 358
  Erfahrungen von 276, 325
  erwarb das Recht der Meisterschaft 183
  Treffen mit 22, 75, 77, 232

Übelkeit 138
Übergeben 253
Überleben 78, 79, 88, 130, 131, 172, 259, 331, 373
Übungen, verändern 124
Uighur 352

Unabhängigkeit 324
Unitarier 286
Unsichtbarkeit 357
Unterscheidungsvermögen 241
Unvorhersehbarkeit 79

Vairag 25, 47
Vairagi
  Orden der 261, 303, 316, 317
Vaita Danu 270
Vegetariertum 86, 215, 280
Veränderungen
  akzeptieren 101, 102
  der Gesetze 56
  im äußeren Leben 256
  schrittweise 2, 215, 366
  um ~ bitten 343
  und Initiationen 256
Verantwortung 53, 66, 243, 374
  vollständige 48
Verdauungsstörung, spirituelle 12, 29, 234, 378
Verehrung 123, 347
Vereinigte Staaten 63, 138, 204, 248, 278, 294, 375, 390
  Senat 268
  Verfassung 19, 38
  Vizepräsident 244
Vergangene Leben
  Ergebnisse aus 387
  sehen 180
  sich erinnern an 89, 111, 135, 140, 141, 360
Vergötterung 81
Verkaufen 273
  Techniken 274
Verlangen 112
Verlorene Horizont, Der 274
Verpflichtung 277
Versicherungsgesellschaft 273, 294, 335
Verstand(es)
  ~kraft 304
  ~prozeß 67, 68
  Aufgabe des 66, 235, 252
  Beherrschung des 122

Fähigkeit zu verstehen 100
ist langsam 68, 79
läuft in Rillen 29
leermachen 374
Persönlichkeit als Teil des 57
physischer 113
Starrheit des 245
und spirituelle Übungen 83, 323
vergißt 260
Wert legen auf den 141
Verständigung mit anderen 57
Verständnis
  für das Leben 243, 348
  mangelndes 66
  mentales 229, 268
  spirituelles 33, 344
  von uns selbst 362
Verstehen
  der Seele 229, 328
  was Gott ist 230, 334
Vertrauen 171, 319, 372, 391
Verzögerung 114
Vitamine 104, 256
Vorbild 294
Vorsehung 231, 249
Vorstellung
  bildhafte 60, 80, 114, 157, 212, 376
  innere 158
  macht sich selbständig 326
  schöpferische 59, 212, 297, 309, 324, 326, 329, 330
Vorurteil 45

Wachstum 7, 229, 237, 310, 340, 348, 363
Wah Z 6
Wahrheit
  Betonung auf 307
  darum bitten 54
  erkennen der 170
  ewige 271
  Gottes 389
  ist einfach 241
  ist nicht geheim 99, 102, 143, 216, 358
  Lehre der 102, 123, 287
  Sehnsucht nach 138
  spirituelle 316, 348
  Stufen der 44
  suchen 245, 271, 322, 348
  und der Ton 272
  Wesen der 176
Wahrnehmung 67
Wallace, DeWitt and Lila 278
Wasser, lebendiges 271
Weg
  Bedürfnisse auf dem spirituellen 4, 347
  der Freiheit 219
  Fortschritt auf dem 131
  spiritueller 22, 53, 59, 118, 129, 133, 139, 149
  und spirituelle Beschleunigung 179, 198
  von ECK 10, 26, 35, 81, 85, 90, 99, 120, 139, 146, 158, 198, 243, 260, 313, 323, 363, 380
  zu Gott 1, 4, 21, 28, 43, 72, 99, 137, 167, 184, 218, 227, 315, 316, 354, 362
  zur Wahrheit 276
Weisheit
  den nächsten Schritt zu wissen 22
  der Seele 360, 392
  goldenzüngige 386
  in der Bibel 175
  Quelle der 131, 134
  und der Ton 47, 272
  und religiöse Führer 44
  und spirituelle Entfaltung 83, 135, 348
  und spirituelle Reisende 70
Welle, australische 207
Welt(en)
  der Materie 50, 88, 131
  Gottes 17, 241
  höhere 251
  innere 38, 74, 87, 146

niedere 12, 90, 91, 120, 122, 133, 136, 142, 145, 251, 291, 355
physische 50, 91, 93, 153
Reine positive Gott~ 131, 245
Schlüssel zu den spirituellen ~ 194
spirituelle 12, 50, 67, 283
Werbeagentur 311
Werkzeug
  als ECK-Meister 94
  für das SUGMAD 105, 222, 393
  für den Heiligen Geist 9, 22, 35, 50, 62, 92, 122, 139, 146, 152, 157, 173, 198, 220, 222, 352, 384, 393
  für den Mahanta 222, 393
Wesenheiten 71, 72, 89, 90, 127, 210
Wind of Change, The 100, 257, 329
Wisconsin 182, 227, 310
Wissen(s) 355
  drei Stufen des 392
  falsch benutztes 240
  Quelle des 38, 131
  vom spirituellen Weg 295
  von den spirituellen Welten 290
  von Gott 44, 47, 354
  von Licht und Ton 233
  von sich selbst 10, 80
Wohlstand 60, 84, 135, 386
Wohlwollen 123
Wohnungen 17, 118, 199
World's Sixteen Crucified Saviors, The [Sechzehn gekreuzigten Erlöser der Welt, Die] 305
Wort 17
  das geheime 256, 323, 328, 332, 357, 359
  das verlorene 102
  der Initiation 102, 374
  ein neues ~ finden 374

Gottes 190
heiliges ~ auf jeder Ebene 205
in der Bibel 131, 385
Singen 323, 327, 328, 360
Wunder 121, 122, 170, 176, 184, 196, 198, 334, 358
Wunsch 189

Zadok 87, 143, 353
Zahlenmystik 146
Zahn des Tigers, Der 76, 199
Zehn verlorene Stämme Israels 305
Zeit
  der Heilige Geist hat viel 48
  Schauplatz der 292
  Umgang mit der 330
Zeitspur 321
Zelten 341
Zensor 117
Ziel
  das der Mühe wert ist 60, 112, 148, 285
  des Lebenden ECK-Meisters 131
  in diesem Leben 138, 327
  positives 114
  Schritt, das ~ zu erreichen 384
  setzen 114, 272, 326, 327
Zoroaster 304, 353
Zsa Zsa 100
Zufriedenheit 37, 41, 248, 254, 259
Zukunft
  die ~ wissen 136, 140, 295, 296, 321, 335, 354, 358, 383
  verändern 35, 60
Zustand des Seins 252
Zweck
  der spirituellen Übungen 193
  des Lebens 347
»Zwei Weber, Die« 25
Zweifel 70
Zweiter Weltkrieg 248
Zyklen 196, 266, 294, 378

Wie man mehr über ECKANKAR, die Religion von Licht und Ton Gottes, erfahren kann

Warum sind Sie für Gott ebenso wichtig, wie jedes berühmte Staatsoberhaupt, jeder Priester, Pfarrer oder Heilige, der jemals lebte?
- Kennen Sie den Sinn Gottes in Ihrem Leben?
- Warum erscheint der Wille Gottes so unvorhersagbar?
- Warum sprechen Sie mit Gott, aber praktizieren keine Religion?

ECKANKAR kann Ihnen zeigen, warum Gottes besondere Aufmerksamkeit weder zufällig, noch einigen bekannten Heiligen vorbehalten ist. Sie gilt nämlich jedem einzelnen. Sie gilt jedem, der sich dem Göttlichen Geist, dem Licht und Ton Gottes öffnet.

Die Menschen möchten das Geheimnis von Leben und Tod kennen. Um diesem Bedürfnis zu entsprechen, haben Sri Harold Klemp, der heutige spirituelle Führer von ECKANKAR, und Paul Twitchell, der Gründer von ECKANKAR in unserer Zeit, eine Reihe monatlicher Kurse geschrieben, welche die Spirituellen Übungen von ECK vermitteln. Sie können die Seele auf einem direkten Weg zu Gott führen.

Jene, die ECKANKAR studieren möchten, können diese besonderen monatlichen Kurse erhalten, welche klare, einfache Anweisungen für spirituelle Übungen geben.

Die Mitgliedschaft in ECKANKAR beinhaltet:

1. Die Möglichkeit, Weisheit, Nächstenliebe und spirituelle Freiheit zu gewinnen.
2. Zwölf monatliche Kurse mit Informationen über die Seele, die spirituelle Bedeutung von Träumen, Techniken zum Seelenreisen und über Wege, eine persönliche Verbindung zum Göttlichen Geist herzustellen. Sie können sie allein zu Hause oder zusammen mit anderen in einer Klasse studieren.
3. Die *Mystic World,* ein vierteljährliches Rundschreiben mit einer Weisheitsnotiz und Artikeln des Lebenden ECK Meisters. Sie enthält auch Briefe und Artikel von Schülern von ECKANKAR aus der ganzen Welt. Eine deutsche Ausgabe der *Mystic World* ist auf besondere Bestellung erhältlich. Informationen über die Bestellung erhalten Sie, wenn Sie sich zur Mitgliedschaft in ECKANKAR anmelden und angeben, daß Sie die deutsche Sprache bevorzugen.
4. Besondere Zusendungen, um Sie über kommende ECKANKAR Seminare und Aktivitäten in der ganzen Welt, über neu verfügbares Studienmaterial von ECKANKAR und anderes zu unterrichten.
5. Die Möglichkeit, an ECK-Satsangklassen und Buchbesprechungen an ihrem Wohnort teilzunehmen.
6. Die Möglichkeit, zu einer Initiation zugelassen zu werden.
7. Die Teilnahme an bestimmten Treffen für Mitglieder von ECKANKAR bei ECK Seminaren.

Wie Sie Kontakt aufnehmen können

Wenn Sie an einer Mitgliedschaft interessiert sind, oder an kostenloser Information über ECKANKAR, wenden Sie sich bitte an ECKANKAR, Att: Information, P.O. Box 27300, Minneapolis, MN 55427 U.S.A., Tel.: 001–612–544–0066 (Mo–Fr 8.00–17.00 Uhr US–Zentralzeit).

Einführende Bücher über ECKANKAR

Das Buch der ECK Parabeln, Band 1
von Harold Klemp

In einer Serie von über neunzig leicht zu lesenden Geschichten—viele dem heutigen Leben der Schüler von ECKANKAR entnommen—zeigt uns Harold Klemp, wie man die verborgenen spirituellen Lektionen in den täglichen Geschehnissen finden kann.

Dieses Buch ist ein guter Begleiter beim Studium der ECK Kurse. Es läßt uns die Geheimnisse des Seelenreisens, der Träume, des Karma, der Gesundheit, Wiedergeburt und—als Wichtigstes von allem—der Initiation in das Licht und den Ton Gottes in alltäglichen Umständen erkennen, die wir verstehen können.

Kind in der Wildnis
von Harold Klemp

Dieses Buch teilt eine unglaubliche Erfahrung aus erster Hand mit, die für immer Ihre Art, über das Leben zu denken, verändern könnte. Es ist die Geschichte vom wahren Kampf eines Mannes auf Leben und Tod, um in den höchsten Zustand spiritueller Bewußtheit einzutreten, welcher der Menschheit bekannt ist: Die Gottrealisation.

"An verborgenen Stellen dieses Buches stecken Hinweise, wie auch Sie die Herrlichkeit Gottes erlangen können", sagt der Autor Harold Klemp.

Seelenreisende des Fernen Landes
von Harold Klemp

Harold Klemp gibt einen faszinierenden Bericht, wie er der Mahanta, der Lebende ECK-Meister, ein spiritueller Führer unserer Zeit wurde. Er macht Sie mit den spirituellen Geheimnissen anderer ECK-Meister bekannt, denen er als Seelenreisenden auf seinem Weg begegnete.

ECKANKAR—der Schlüssel zu geheimen Welten
von Paul Twitchell

Diese Einführung in das Seelenreisen enthält einfache, halbstündige spirituelle Übungen, die Ihnen helfen, Ihrer selbst bewußter zu werden als Seele—göttlich, unsterblich und frei. Sie werden Schritt für Schritt lernen, die Geheimnisse des Lebens vom Standpunkt der Seele aus zu entwirren. Dieser Standpunkt ist Ihre einzigartige Bestimmung und der Sinn in diesem Leben. Sie werden lernen, wie man persönlich mit der Gottkraft, dem Heiligen Geist, in Verbindung kommt und welche verborgenen Ursachen in Ihrem täglichen Leben wirken—alles, indem Sie sich der uralten Kunst des Seelenreisens bedienen.

Wenn Sie schnell bedient werden wollen, rufen Sie in USA unter der Telefonnummer 001 612 544-0066 an, um mit Kreditkarte Bücher zu bestellen. Oder schreiben Sie an ECKANKAR, Att: Information, P.O. Box 27300, Minneapolis, MN 55427 U.S.A.

Vielleicht gibt es eine ECKANKAR Studiengruppe in Ihrer Nähe

ECKANKAR bietet dem spirituellen Sucher eine Vielzahl örtlicher und internationaler Aktivitäten. Mit Hunderten von Studiengruppen in aller Welt ist ECKANKAR auch in Ihrer Nähe! Viele Gegenden haben ECKANKAR Center, wo Sie in einer ruhigen Umgebung ohne jeden Druck die Bücher durchblättern können, mit anderen, die ebenfalls an dieser uralten Lehre interessiert sind, sprechen können, und wo sie an neu beginnenden Gesprächsklassen teilnehmen können, die sich mit dem Thema beschäftigen, wie man die Eigenschaften der Seele erwirbt: Weisheit, Macht, Liebe und Freiheit.

In aller Welt veranstalten ECKANKAR Studiengruppen besondere eintägige oder Wochenend–Seminare über die grundlegende Lehre von ECKANKAR. Sehen Sie im Telefonbuch unter ECKANKAR nach oder rufen Sie in USA unter der Telefonnummer 001 612 544–0066, um Informationen über Mitgliedschaft zu erhalten und zu erfahren, wo das von Ihnen aus nächste ECKANKAR Center liegt. Oder schreiben Sie an ECKANKAR, Att: Information, P.O. Box 27300, Minneapolis, MN 55427 U.S.A.

☐ Bitte senden Sie mir ein Veranstaltungsprogramm mit den nächstgelegenen ECKANKAR Informations–Gesprächs– oder Studiengruppen in meiner Gegend.

☐ Bitte senden Sie mir weitere Informationen über die Mitgliedschaft in ECKANKAR, welche ein zwölf-monatiges spirituelles Studium beinhaltet.

Bitte mit Schreibmaschine oder Blockschrift ausfüllen: 941

Vor–/Nachname_____

Straße & Nr._____

Postleitzahl & Ort _____

Staat/Land _____